经济与管理科学：
从思想、思维到研究过程与方法

郑小京　著

中国财经出版传媒集团
中国财政经济出版社

图书在版编目（CIP）数据

经济与管理科学：从思想、思维到研究过程与方法/郑小京著．--北京：中国财政经济出版社，2022.6
ISBN 978-7-5223-1321-4

Ⅰ.①经… Ⅱ.①郑… Ⅲ.①经济管理-科学方法论 Ⅳ.①F2-03

中国版本图书馆CIP数据核字（2022）第054391号

责任编辑：彭　波　　　　责任印制：史大鹏
封面设计：卜建辰　　　　责任校对：胡永立

中国财政经济出版社 出版
URL：http：//www.cfeph.cn
E-mail：cfeph@cfeph.cn

社址：北京市海淀区阜成路甲28号　邮政编码：100142
营销中心电话：010-88191522
天猫网店：中国财政经济出版社旗舰店
网址：https：//zgczjjcbs.tmall.com
北京财经印刷厂印刷　各地新华书店经销
成品尺寸：170mm×240mm　16开　28印张　436 000字
2022年6月第1版　2022年6月北京第1次印刷
定价：138.00元
ISBN 978-7-5223-1321-4
（图书出现印装问题，本社负责调换，电话：010-88190548）
本社质量投诉电话：010-88190744
打击盗版举报热线：010-88191661　QQ：2242791300

PREFACE 序

时值初冬，接到师弟郑小京教授的电话，说他的《经济与管理科学：从思想、思维到研究过程与方法》书稿已完稿，问及可否为其专著作序？作为多年故交和学术同行，我为他的学术成就感到高兴，为之作序也是义不容辞，便欣然提笔。

我与小京相识于武汉珞珈山，都师从著名管理学家徐绪松教授。他扎实严谨的研究作风一直令我印象深刻。20 多年的时间里，他笔耕不辍，多部学术著作和论文付梓见刊。两年前，听他说要写一本关于经济与管理科学研究的工具书，好给该领域的众多研究者以便捷参考，我就非常期待。后来，他建立了学术微信公众号，持续地发表微信文章，畅谈对经济管理研究的见解和思考，积累起来达几十万字之多。这些文章所覆盖的内容从研究的科学思想到思维构建，再到研究过程的设计，方法的选择和应用，为经济与管理科学初学者拨云见雾、指明方向。我每每读来，都觉得妙趣横生，颇有收获。可以说，这本书具有独特价值。真正有意义的作品，可以不受既有思维体系的羁绊，可以打破常规的掣肘。这本书抛开了研究的传统范式，专注于科学的核心，将多学科、多领域的知识兼容并包，融会贯通，我想，这正是科学所推崇的"普适性"。

小京博士文字功底扎实。本书中的每一篇文章既有科学的严谨，又不失文字的优美，让人读来，全无科普书籍的枯燥之感。把科学和文学恰当地糅合到一起，郑小京博士是此道中的高手。

在这本书里面，小京博士鲜明地表达了一个观点：就经济与管理的科学研究来说，问题最重要，而科学问题的寻找远远重要于对问题的分析。并且，他认为，经济学或者管理学领域的一篇文章，其思想的重要性无论怎么强调都不为过。其实，我们也经常谈到这些问题，但系统加以分析的不多见，而这本书给了我们比较系统的答案。

经管领域的学术文章，大多注重方法而轻视思想，这是一个老大难问题。这本书不仅阐述了如何提取科学思想，使得经济与管理的科学研究成果更加深刻准确，而且还专门提出一种科学思想实验的体系，按照这个科学思想实验的体系，有助于寻找到关键问题，提炼出有价值的思想。

这本书强调了科学思维的重要性，分析了经济与管理科学思维的提取、转化、培育等方法体系，尤其提出了升维、降维与更维的思维方式。他在书中，提出的复杂系统、微宏观结合、适度粒度、动态性、拓扑结构差异性以及临界等思维，能够在很大程度上将经济与管理科学研究中非常复杂的问题，变得相对简单一些。我认为，这个体系对经济与管理领域的相关学者具有一定的借鉴意义。

作为一本讲经济与管理研究方法的书，研究方法是这本书不可或缺的一部分。在郑小京教授的论述中，他认为研究过程比研究方法更重要。除此之外，他还强调了定性分析在经济与管理科学研究中的重要性以及不可替代性，他反复强调经济学与管理学不能被数学或其他理学绑架。就定量研究方法而言，他就经典的、现代的以及先进的研究方法进行了深入浅出的论述，简明扼要地说明这些方法的特点，还重点论述了这些方法的适用条件及其在具体使用过程中的一些技巧。虽然只是简明的论述，但其本质却被刻画得入木三分。

本书除了理论论述，还列举了大量的案例，并且针对这些案例进行剖析，阐述自己的观点。其中很多思想观点具有很好的科学性与创新性。这些案例的加入，让原本枯燥的理论，变得丰满与生动起来。

这本书，是郑小京教授用笔与纸将数十万的文字一个字一个字地写出来的，初稿摞了厚厚一沓。在当今数字时代，能沉下心来用手写书的学者，并不多见。我将这本书推荐给读者，希望能够给读者一定的帮助。

陈彦斌

教育部中国人民大学国家经济学教材建设重点研究基地执行主任

中国人民大学特聘教授

2020 年 11 月 14 日

PREFACE 前言

喜欢理科思维的严谨，但更喜欢文科的飘逸。严谨令我不敢胡言乱语，飘逸让我能够放飞自我。于是我开始用飘逸飞扬的文字描述严谨审慎的科学研究，也想用开放宽容的心境思考科学研究的思想。

很早就关注一个问题：经济与管理是科学吗？周围很多朋友都说，经济与管理是一个应用技术，不能称之为科学。或者说，凡属应用的，都是技术，都很容易。

在本书中，我们最基本的观点就是：经济与管理是一门科学，是一门由于涉及人的主观能动性而比其他科学更难的科学。目前的研究，常常因为没有抓住经济与管理科学的核心而导致陷入技术的陷阱之中。这是因为他们都忘记了一个事实：任何科学，最重要的不是问题，不是方法，而是思想。没有思想的科学，就是没有大脑的傀儡娃娃。一门科学，不仅要有思想，而且应该有自己独特的思维和研究方法。这些环环相扣的内容最后应该能形成一个完整的生态链。非思想不卓越，很多卓越的科学猜想到目前仍然没有被证明的原因，只因当下的手段难以证实而已。

作为一门科学，经济与管理之难，不需再论，但科学问题则一定要找准。缺乏科学问题，就等于不是科学，就没有科学价值。科学来自于实践，但高于实践。在探索的过程中，我们一个又一个地揭开经济与管理中尚未探索问题的神秘面纱。

好的经济管理的科学思维非常重要，很多科学家陷入困境的主要原因并非方法不先进，并非知识储备不够全，而是在于思维受限。往往升一下维度，就可以洞察问题的关键所在；降一下维度，就可以将科学问题转化成技术问题；换一个维度，可能让难题转换成可以求解的问题。

是的，如果能够积极地探索经济与管理中那些尚未发现的谜团，称之为科学就理所应该了。

即使面对一个科学问题，没有采取科学的研究过程以及科学的研究方法，就不能对科学结论进行严谨的证明。虽则我们认定实践是检验真理的唯一标准，然则实践检验的代价太大，证明其正确的方法总是可以变化的。在经济与管理科学探索的过程中，有人善定性分析，通过寥寥数语，将问题分析得透彻；有人善定量分析，通过抽象归纳，分析确定事物变化的特征与规律。但无论如何，总可以找到合适的方法分析。鲁迅善笔，润之善兵，道相异，宗归一。经济与管理科学应该是一个交叉科学，这就导致科学家会采用各种各样的方法进行研究，在本书中，我们没有能力将所有的方法进行论述，只能是挑出来一些我们熟悉的方法作为代表，与各位进行共享。即使是我们熟悉的方法，我们也只是点到为止，说明这个方法的核心观念所在，给读者留更多的拓展空间。

最为关键的，我们一直认为，就经济与管理科学研究来说，方法并不是最重要的，思想与思维才是。

在本书中，我们首先探讨了经济与管理科学论文，粗谈了千转百回、高潮迭起的武侠体，以及细细道来、润物细无声的易安体两种比较典型的体例构造 story 的方式。然蓦然回首，突感巨大的苍白感，故而添加几个比较重要的内容给予润色，试图将严肃的科学通过丰富多彩的文学表现出来。

科学问题是经济与管理科学区别于技术的关键所在，故而在书中试图记述一个观点：科学问题区别于其他的，不仅在于它的深邃性，还在于它的普适性。所以，我们在阐述了科学问题如何发现、如何在经济与管理研究中归纳出一系列科学问题的基础上，探索经济与管理科学问题凝练的基本框架。

我们一直推崇科学思想优先致胜的观点，在这种思想的影响下，我们先分享了科学思想的价值，阐述了科学思想是经济与管理成为科学的关键因素，并且谈论了如何才能萃取科学思想的方法。同时，为了更好地说明问题，重点阐述了经济与管理科学探索中的思想实验。虽则思想实验在其他领域的研究中大放光彩，而在经济与管理中却无人敢试。我们试图努力说明经济与管理思想实验的设计、实施与结果分析等这些相关的事情，希望这种貌似“高大上”的思想浸入经济与管理科学家的脑海。

科学思维的重要性似乎不必详谈，在本书中，我们阐述了经济与管理科学思维的特点，分享了科学思维的凝练过程与方法。我们着迷于科学思维的维度变换，试图讲述一个在不同维度空间中分析科学问题，致使难题被解锁的“故事”。另外，为了避免这些过于抽象的理论造成太多的困惑，介绍了10种具体的思维以及他们的实现方法。我们努力而为，虽不尽兴，但留余地，期盼完美。

虽说研究过程与研究方法不是经济与管理的重点，然而这种外在美亦可让读者赏心悦目。好的研究过程，不仅让我们享受思想冲击与思维过渡的畅快淋漓，也能体现科学的凝重与不可亵玩性。在本书中，我们强调了方法适用边界条件的重要性，分享了一些我们比较了解的研究方法以及这些方法的适用条件。然经济与管理科学研究的方法非常多，可惜我们知识有限，只能在沧海中分享一小部分，以供读者批评指正。

在本文的撰写过程中，潍坊科技学院的青年教师孙翠萍、李欣、马文惠等人给予了很大的帮助，他们把我甚为潦草的手稿整理成Word文字，并对本书的语言进行了大量的修改，使之更加顺畅。因为他们的帮助才让本书迅速与读者见面，在此表示深深的感谢。

伤于此，感于心，我们凭心，写一本书，虽则不能解决所有的问题，但却望给这泓经济与管理科学探索的渊潭中增添一点“异音”。然囿于思维，限于能力，书中不乏纰漏之处，恳请各位学者多多指正。

CONTENTS 目录

第1章 科学论文

1.1 何为科学

——倚遍阑干，只是无情绪。人何处，连天衰草，望断归来路。

科学是什么？在很久以前，人们就试图寻找正确的答案。然而，到如今为止，仍然有一定数量的人不了解这个问题。这不能埋怨人们的理解力不够，也不能批判科学家不够努力，而是多方作用的结果。直到今天，我们绝大多数人，包括一部分科学家，对于科学的理解并不准确。为此，什么是科学？科学的本质是什么？科学需要我们做什么？等等。这一系列的问题就需要重新审视。

科学是有其定义的，科学是建立在可检验的解释和对客观事物的形式、组织等进行预测的有序的知识系统，是已系统化的、可公式化的知识。其对象是客观现象，内容是科学理论，形式是语言，包括自然语言与数学语言。随着科学研究的发展，科学的对象不断扩展与更新，促使人类越来越可以真正认识这个世界的真谛。同时，科学的内容也在不断变化，存在从无到有、从部分到全面、从量变到质变的一个过程。至于科学的形式，科学语言也会随着科学的发展不断变化，比如以前的数据指的是结构化的数据，而目前的数据则包括非结构化的数据。这些所有的变化，不仅丰富了科学成果，并且还能造福于人类社会的发展。

从上文可知，科学是一个知识系统，由许许多多的知识点构成。它是连贯的，即使对于一个小的问题，在一定的逻辑下，也应该是一个又一个推理所构成的有机整体。何况，我们在这里所谓的科学，应是由若干个小的科学问题所构成的更大的整体。实际上，客观事物也在不断变化，从无到有，再到无。自然规律中，永恒不变的是这种变化。故此，随着事物的变化，永远都有新的现象、性质、特征不断出现，最后导致研究永无止息。举例来说，爱因斯坦狭义相对论的基本假设之一是光速不变性，其直接推论就是光子的静止质量必须为零，因此实验检验光子是否具有非零的静止质量一直备受关注。但到目前，这一假设已不成立，这个约束放宽之后所得的结论又推动了科学发展。

显然，科学必须是正确的，不能是错误的，这一点很重要。科学的正确性虽然说起来简单，然而真正做起来却很难。这是由于人的自我局限性所致，我们很难保证在若干年之后，这个认识依然是正确的，也许当前认识的错误的知识，在若干年之后，有可能是正确的。因此我们只能保证它是相对正确的。

从科学的意义上讲，正确的结果一定不是编造的，一定不是随口胡诌的，一定是经过严密论证的。因为编造的谎言经不起岁月的洗礼，随口胡诌的理论经不起实践的检验。可惜的是，在当今科学界，由于功利主义盛行，导致部分学者为了能够发表文章，不惜作假，致使学术不端现象的发生。功利主义盛行的结果是涌现了大量的文章，从表面上看，科学成果的数量在剧增，但是实际上，其中造假的学术成果却导致科学停滞不前，为此很多国际优秀期刊都在撤稿。这也提醒我们要对科学开始敬畏与敬重起来，而不是去轻视它、污蔑它。其实，只要我们敬重科学，就会将自己的心血置于科学研究的领域，从而踏踏实实地去发现世界中未曾发现的现象，唯有如此，才能做得出当之无愧的科学成果。

其实，学术造假是为人所不齿的，有些伪科学的假结论可能会导致生命的代价。虽然在经济与管理中伪科学成果不会导致人们失去生命，但却容易造成经济组织财产的损失，故而，我们应该敬畏科学。

然而，在人类社会上，甚至于在科学界，仍然有一大批人混淆了科学与技术之间的区别，错把技术当科学，把科学当技术。国内目前对科学与技术存在概念混淆和管理混同的情况，从概念、立法、管理到评价体系都把科学与技术混为一谈，这对我国科学研究和技术创新都带来了一系列负面影响。其实，科学区别于技术之处，在于技术都是从无到有，需要人的创造才能问世，而科学是一直存在的，不过一直未被人们发现而已。通过探索，总可以找到一个新的现象，或者发现一个规律，并用这个规律指导现实中的各种事情，我们称之为科学，这是科学研究的目标之一。然而，因为世界太复杂，而人类的能力又是有限的，虽然科学家很努力，但仍然有很多的现象或科学规律并未被发现。进一步来说，阻碍科学探索的原因很多，思想、思维、方法、技巧，其中任何一个不够都导致科学的推进止步。在科学浩瀚的海洋中，我们不能对所有的问题进行分析，仅仅能就作者熟悉的经济与管理方面入手，在本书中探讨经济与管理科学研究中的思想、思维与方法，故我们以此为切入点，阐述经济与管理科学研究中的那些现象以及这些现象背后可能掩藏着的科学所面临的危机。

经济与管理这一科学其实特别复杂，这一点在本书的各个地方都会得到比较详细的阐述。因此，对其的研究就显得异常复杂：一方面，我们试图从大量的事实中发现规律，并想用这些规律指导经济与管理的发展；但另一方面，经济与管理又热衷于创新，因为创新才可以让它们在一个限定的时空中拥有一个“超额利润”的源泉，这又是“反规律”的事情。这似乎是一个悖论——在某些条件下，“经济人”或“管理人”喜欢规律，因为规律让整个事物变得有序；但在另一些条件下，“经济人”或“管理人”又喜欢反规律，喜欢出奇制胜，让整个事物处于“无序和有序的边缘”这个创新区域。故此，结果的认可度受很大的限制，被很多“经济人”冠以“伪科学”的帽子。这种复杂在各个领域中蔓延，最终导致失宠。

这种伪科学的现象盛行，最后导致经济与管理科学研究的成果备受质疑，很多人甚至认为经济与管理科学本身就是伪科学。其实，正如前面所说，经济与管理确实是一门科学，并且这门科学比自然科学难得多。那些宣称经济与管理伪科学的人，他们并不了解经济与管理科学的本质，因此才会如此说。从科学界来说，经济与管理科学的研究受到功利主义的影响太深，我们已有的研究不彻底，没有研究透。可能做了一点点的成绩，来不及证明对错，就迫不及待地宣称自己拿到了打开世界神秘大门的钥匙。这种功利主义统治下的科学界，最终将会因为这种自辱的方式而没落。

在非理性行为的刻画中，“免费的代价”这种行为可以对这种功利主义进行比较深刻的诠释。何为免费，其本质是通过一些诱惑，让人们迷失自己最初的目标。科学研究的初衷绝不是让自己满足功名的需求，而应是探索世界未解之谜。正如俄罗斯数学家 Perelman 所说，“数学上的发现或结论，如果被证明了是对的，就一定是最大程度的奖励”，其实对于其他科学亦是如此。媒体戏剧化的“韩春雨论文事件”报道过程反映出传统实用主义科技观仍在当前我国科学家和媒介观念中占据主导地位，也为科学、技术与社会学者提供了一次难得的机会去审视当前我国科学家的真实知识生产及其与媒体科学传播的真实互动过程——如何在功利主义价值观与理想主义价值观之间保持合理的必要张力。

在这种功利主义盛行的大背景下，科学便衰落了。在古时期，科学的价值在于让一部分人（我们称之为工程师）听懂，他们才会有所想、有所思、有所做，从而改变世界。毕竟这种对未知的发现不是每个人都能理解的。可能有人不理解祖冲之：算圆周率有什么用？然而在现在，似乎人人都是科学家，大多数人，尤其是那些评价科学研究结果的人，都认为自己应该懂，他们听不懂的就是假的，是伪科学、是玄学，这种思想一直笼罩着整个科学界，直接影响科学的发展。那有一个问题就会被提出来：为什么要去做科研？干脆做科普算了！

就这样，科学被庸俗化了。

当然，我们自古以来对科学的重视程度还不如技术。至今仍津津乐道的、让人自豪的四大发明也属于技术之列。在中国古代，最受重视的莫过于医学与哲学了。医学一直就有，并且在中华文明史上大放光彩，虽然并未受到史学家的足够重视，但毕竟从未断过，一直走到了近代，期间受到以还原论思想为主的西医的冲击而没落了一阵，丢失了很多宝藏，但却仍然很珍贵。而哲学则是断断续续的发展，虽然在特定的时期，哲学统治着人们的各种行为，但却与当时的政治、环境有关。其他的科学，比如数学、物理等大多都是我们国家的科学家在后期才追赶的。从目前的态势判断，我们在很多领域极其落后，故此，可以说在科学领域中我们还比较落后，需奋力追赶才是。

可惜我们却走上了相反的路，让庸俗来主导科学的发展，最后势必导致科学家不必努力地去探索未知世界。因为他们会付出太多，但也许会毫无收获，而倘若退下来做大众都可以看得懂的东西，既可以满足大众对“科学认识层次很高”所导致的科学水平很高的虚荣心，也可以尽量多次地撬动大众的眼球，为自己的功名打下坚实的基础。

世界的发展需要贵族，离开了他们，将会平庸停滞不前。科学就应贮备具备这种属性，科学的平庸化是对科学最大的伤害。

其实，这种伤害普遍存在。之前，笔者曾经碰到一个做风险研究非常有名的科学家。我们进行交流的过程中，他一直在讲政治风险、经济风险，这些术语弄得笔者一头雾水，因为他一直没有说清政治风险是什么。笔者认为总有一些风险事件可以描述这个政治风险，并且需要一些变量来测定这个事件是否发生。后来我同他聊风险识别以及风险评估，发现他没有掌握相应的理论基础。他所讲的内容媒体每天都在讲，老百姓人人都在讨论，而深层次的东西，我却未曾看到——当然并不排除他为了藏拙而故意不讲这些的可能性。后来，我专门查了一下他的成果，也未曾发现在这方面有论述。再讲一个事例，依然是风险管理的科学家，他曾在一个著名的期刊中讲了一个风险评估的事情。对于同一件事，他分别用概率论、BP 神经网络、贝叶斯推理等多种方法做了一遍，然后得出哪一种方法比较准确的结论。但我更希望看到这个风险发生的规律是什么，也就是说，哪一个风险因素达到什么区域就会导致此风险事件的发生。甚至，我更想看到，在不同的特定条件下，这个风险事件会不会发生，什么时间发生，一旦发生估计会持续多久，会造成多大的损失等诸如此类问题的结论。比如说，在这次新型冠状病毒肺炎发生的时候，这些结论更为重要。准确的结论依赖于对新型冠状病毒肺炎风险发生规律的把握，而不是不经过论证就顺口胡诌的论点。

为何如此，只因我们自甘堕落，重方法而轻思想，将科学沦为技术，藏于市井杂耍之中，最终都要被湮灭。

回想一段历史，在战国时代，魏国盛产人才，但由于机制不好，人才流失严重，最后导致灭亡。历史上，因为不尊重科学而灭亡的事情不胜枚举。这里，笔者引用一下杜牧的心声："灭六国者，六国也，非秦也；族秦者，秦也，非天下也。嗟乎！使六国各爱其人，则足以拒秦；使秦复爱六国之人，则递三世可至万世而为君，谁得而族灭也？秦人不暇自哀，而后人哀之；后人哀之而不鉴之，亦使后人而复哀后人也。"

我们必须警惕，对于科学，我们必须将其看成科学，纯粹的科学，而不糅人其他的杂质。让我们国家的科学界中多一些 Perelman，科学才能变回科学。

修心，是中国学术界应该做的！

能做到这一点，其实很难，因为要耐得住寂寞，经得起打击，坐得住“冷板凳”，的确很难。唯有如此，才可以担得起发现真理、探索世界、揭开谜团的担子，才称得起科学家的称谓。

科学的最终目标是解开世界未解之谜，然而这个世界实在是太复杂了，只有不断地探索，才会逐层剥开一层层神秘的面纱。说到底，科学是回答为什么的一个体系，怎么样的一个体系。一目了然的东西，我们不能称之为科学，至少它不是未解之谜。

在经济与管理领域中，有很多非常难的、至今没有找到答案的问题等待着科学家一点一点地去分析。很多问题，表面上是给出了答案，但仔细分析就可知道，它其实回答的仍然是表象，而非本质。譬如说，在经济与管理中我们总在谈论合作，那么，人与人为什么会合作？这就是一个很深的问题。纵观几千年的人类历史，我们就可以知道，合作是多么困难的一件事。有人合作是为了获利，这似乎成了目前最为接受的一个解释。但这个答案真的对吗？我想这个答案是有问题的。有的企业合作也许是为了“生存”，有的合作是为了学习别人之长，有的合作是为了拓展社会关系，有的合作则是为了规避风险，有的合作则毫无理由——就是喜欢，但喜欢是毫无理由的。那么这种合作就由此而复杂。由于在供应链选择合作伙伴时，即使是再多优秀的企业，也可能会选错合作伙伴，其主要原因便是这个问题的复杂性。但是却有一个故事能够用来描述这一现象，“我们坐在一辆车上，上来了很多人，我不知道他能否坐在我旁边的座位上，即使坐在我身旁，也不知道他是否会在下一站离开，不知道他能否一直陪着到终点站”，这个 story 仅仅是一个 story，依然没有解决为什么的问题，故此，不能称之为科学。因此，应该问一些更加深层次的问题，为什么企业与企业能够合作。事实上，我们生存在两个不同规范的环境，一个是社会规范，另一个是市场规范。很好区分的，凡是提及金钱的都被我们纳入到市场规范中，只有当我们所做的无关金钱时才可用社会规范来看待。社会规范成本低，但是只要有一次违反社会规范原则，就很容易回到市场规范。供应链企业之间的合作，也应该遵循社会规范与市场规范的悖论选择。那么一个问题就会提出来：供应链企业合作过程中，对于哪一类的供应链及节点企业，哪种范式更合适？一旦这些最基础的、最本质的问题找到答案，很多问题便会迎刃而解；如果这些问题没有解决，那么很多问题便会悬而未决，这些问题便称之为关键科学问题。

另外一点，科学研究的文化对科学的发展具有非常重要的影响作用。目前，科学界中提出的基本思想是“顶天立地”。所谓的顶天，称之为要有创新，要有很高的理论高度；所谓立地，称其需结合实际，解决实际中的问题。如果按照如此说法，弦理论一定不会被称之为科学，因为它实在不好立地。很多做理论的亦是如此。我们永远也想不明白为什么要“立地”，正如搞不懂屡屡被问“你做的这个成果有什么用”的想法一样。其实我个人部分赞同张五常先生的观点，“理论永远不可能被事实证实，只可以被认可。找不到事实推翻就是认可，这是科学方法的一个重点。”科学理论，在当前找不到可以落脚的事实。但也许会在以后找到。因为科学研究的特点限定了没有最终的明确的目标，只能在探索，也许会在将来，随着相关领域的结果与规律被发现，这个理论就派上了用场。但功利主义的科学评价者或科学管理者不会喜欢的。其实，立地的事情可以做，也需要去做，这是对科学发现的外推。但这已不是科学家的主要任务。应交予工程师去干。比如说，我们发现了一个能够科学设定经济规划的理论，那么，工程师就可以用这个理论，对当地的情形进行设定，然后，确定了对应的变量的值以及参数的值，就可以利用这个科学理论去对当地的经济组织进行规划。从这个角度上看，我们认为，后面的工作更像“技术”。

“大胆假设，小心论证”，这个北京大学提出的科学探索“文化”点明了科学属性以及科学探索过程的特点。科学研究必须要有丰富想象力的支持，要善于假设，不仅要假设一些学术界公认正确的事情，而且还可以假设一些背反“常识”的结果。也许这些奇奇怪怪的观点或结论，会在某些条件下证实是对的呢？比如说，在以前，我们曾假设光速是速度的极限，并在此假定约束条件下，做了一些傲人的成果。但光速的确是速度的极限吗？也许不是。前段时间曾看过一篇文章，科学界认为光速是极限速度的条件有两个：①达到光速的物质没有静止质量（比如，光子就没有静止质量）；②不传递任何达到光速的物质的任何信息。然而，随量子力学的发展，这两个前提条件便受到了质疑：宇宙中的超光速膨胀，膨胀中远离我们而去的各种天体，它们会带走自身的信息。量子纠缠，也会传递信息。最后得到假设，超光速应该存在；并且在超光速面前，光速像乌龟一样慢。

但在经济与管理学术界，这种“大胆假设”的思想是比较少见的。很少有大胆的假设与创新性的科学理论被提出，反而有一批谨慎的科学家在论证很多政策的科学性。跟着政策走，已经成为一种风气，政策已成为一种风向标。我并不是指责政策的不正确性，而是认为科学家应该担负起为国为民的责任，在决策前为政策提供备选的方案，而应将实施的事情、完善的任务交给工程师去做。

那么，一旦假设错了，怎么办？或者一旦做出一个错误的结果，怎么办？我们认为，一旦这个错误被证明是错的了，且被千万人批评，他的科学价值比那些做出了“平庸”正确结果的那些研究价值更大，因为它证明了“此路不通”，可以让科学少走很多弯路。鉴于此，我们不能总表扬那些做得对的，也应该表扬那些做的错的——至少在当时的条件下看起来是错误的结果。否则，谁还敢去大胆假设，毕竟，科学研究的特征表明了的确要摸索，要试错。故此，允许错误存在，除非这个错误是在功利主义下的不道德的造假。在一定条件下，我们还可以鼓励这种大胆的，粗看特别有趣的结果的研究。也许在某个条件下，它就是对的，比如“搞笑诺贝尔奖”就是鼓励那种勇于想象的奖项，事实证明，这种奖的得主也的确有获得真的诺贝尔奖的先例，比如安德烈·海姆对石墨烯的发现，就是世界上目前唯一同时获得搞笑诺贝尔奖与诺贝尔奖的科学家。我们大胆猜测，这种大胆想象，并且敢于推翻已成定论的猜测的研究，很有可能就是一个重大发现。

虽然我们呼吁真正的科学家出现，但当真的科学家来临时，他们是否能被世界认同，则成为科学的一个大的问题。从科学发展史来看，很多优秀的成果是在发现者去世之后才被认可的，这个事实足以说明科学家的不易。毕竟，很多科学发现的结果，只能被少部分人认同，或不被人认同——因为科学探索基本上都是针对未知领域中黑箱的解锁，而能够触摸到这一问题的，毕竟是极少数的。

可是我们毕竟不是神，不一定能知道他的成果的价值，能做的，只能是创造一个适当的环境，以利于科学的发展。

当年，钱学森先生提出科学之问的时候，我们国家同日本的状况基本上差不多。这么多年过去了，我们发现这个与我们文化极为相似的民族似乎找到了这个问题的答案，正在努力地追赶着欧美。然而到目前为止，我们却依然在纠结着这个问题。我不是钱学森那样的大家，也无法给这个问题准确的答案，但却可以给出自己的见解，把科学当成科学看待，当成科学去做，纯粹一些，让那些原本不属于科学的杂质远离这块净土吧。

1.2 经济与管理是什么样的科学

——旧时天气旧时衣。只有情怀不似、旧家时。

经济学与管理学是一门年轻的科学，作为新科学，是否可以按照经典科学的价值判断进行分析？笔者认为，除了普适性的判断标准之外，还应该满足经济与管理的特色，而不能用传统的眼光看待这些研究的价值。

前文中，关于“科学的观点”的讨论，让我们了解了科学性对于研究工作的重要作用。在众多的科学中，经济与管理是不是科学？如果称之为科学，那么它到底是一门什么样的科学？本节将探索这一问题。

关于经济学与管理学科学性的争论由来已久。有人说，经济与管理是一门应用科学。此话自是没有问题，它肯定不像物理、数学、哲学一样，主要研究基础理论，鉴于经济与管理研究对象的复杂性，注定了它是一门区别于自然科学的科学。但也不会像汽车维修一样全部服务于实践。毕竟，作为科学，它应该是一套理论体系、知识体系，而不是一套可供实践操作的“应用手册”。事实上，很多经济与管理圈内人士质疑本学科的科学性，如果本身对这个问题缺乏信心，他们就更不可能去追寻经济与管理科学的真谛。

近些年来，对于经济与管理科学的认知，发生了重大的分歧。一部分科学家认为经济与管理科学应该像经典的理论一样，比如说二因素理论（激励—保健因素）、边际成本理论等，做一些接地气的重大突破。而另一部分科学家则认为，对于经济与管理科学来说，不仅应该提出一些原创性的基础理论，还应当进入精细化时代，即应当利用基础科学的工具，将一个又一个的

"大胆提出"的猜想证明了。还有一部分科学家认为经济与管理的重点在于应用，比如如何在现实中调动人的主观能动性，让其愿意主动为组织出力。

我们倾向于第二种，但更加强调思想与思维的重要性。

首先，科学提供的是一套知识体系，而不是一个工艺手册或工艺标准，无法给出直接的答案。而经由管理者从理论中推断，在实际中可能用到的技术。经济与管理科学亦是如此，故它的结论应该是指导一大类同样性质的科学研究，而绝不是一个又一个的个案。就像牛顿第二运动定律，它是一个科学，但在面对导弹轨道的特殊问题时，单纯地使用这一公式，则不能得到想要的结果。在实际中，需要将各种力都考虑进去，然后才能计算出最为准确的轨道方程。这一部分，我们称之为技术。对于经济与管理的科学来说，科学的价值来源于它能指导一个又一个的实际问题。比如说，在一开始被称之为科学的科学管理理论，在很短的时间内被替换掉的主要原因就是它试图把在个例中的成功案例强行外推，将每个"动作"都规定死，使其丧失了弹性。本质上，科学管理理论就是混淆了科学与技术的区别，这种思想其实在我们中国的近些年来一直存在。"温州模式""珠江模式""寿光模式"，这些模式一个接一个地被提了出来，其实，科学家不仅关心温州、珠江、寿光等模式的特征、性质、规律等，而且关注这些模式能不能外推到其他的领域。他们会认为，这些模式都有自己的强约束，这些强约束，要么与当地的文化有关，要么与当地的资源有关。这种强约束的"模式"，如果没有找到科学问题，即将这些约束抽象成资源——比如有形资源与无形资源（例如，市场资源与社会资源）——进行研究，所得到的结论才具有更强的科学性。在这个过程中，我们强调将"强的约束条件"弱化或取消，这就意味着这个问题能够在很多个条件下适用，这种普适性的存在恰好是科学性的体现。

其次，经济与管理科学，自 21 世纪以来，其基本的框架已经搭建起来了，但很多理论还比较空洞，需要更深刻的细节进行填充。但这种深入并不意味着非要用数学将其证明出来。如果过分的追求数学意义上的证明，则容易让经济与管理科学被数学所绑架。同理的，经济与管理科学也不能被物理、计算机、哲学、生物等绑架。如前所述，经济与管理科学最核心的问题在于能否抓住科学问题，找不到科学问题的经济与管理科学更容易被数学、物理、生物、计算机等绑架。即便如此，也需要深邃的科学思想作为支撑才称之为科学。在我们的观念中，科学思想对于经济与管理的科学研究处于不可替代的地位。而这种思想要求科学家不仅对经济与管理进行深入的探讨，得到经典研究中尚没有发现的结论，而且要求科学家不断挖掘新的领域，逐层的完善这些已有的体系。

经济与管理科学的确是一门应用科学，而非基础科学。但应用科学不等于实用科学，实用科学这个口号，会直接将经济与管理科学段位拉低，使之成为“经济与管理技术”①。这种区别，正如应用数学与实用数学的区别一样。

应用科学要求经济与管理的科学家，从各个现实的经济与管理中所选择的一个问题的不同的例子中抽象出来对应的科学问题，这个科学问题不仅可以解决一大堆同类的问题，具有很强的普适性，而且从本质上找到了这一类问题的关键核心所在。同样对所有一些大致的猜想，并采用合适的方法，经过逐步的小心论证，就可以得到结果，升华后便可得到结论。从这点上讲，方法论也是保证经济与管理科学性的重要方面。

科学是一系列的知识按一定的逻辑所形成的知识体系，绝对不是几个孤立的知识点。当然，当与这些点所相通的其他点被逐一攻克时，所对应领域的成果就可以称之为科学体系。那些孤立的点，我们称之为先驱。科学家精神驱使科学家将“先驱”做成“体系”。这个体系就是本学科内研究人员共同认可的信念、基本原理、主要观点、各种方法和技术等的结合体。在经济与管理学界，由于其复杂性，很少有一个人做完一个体系，而是由一系列的科学家前赴后继的、解开一个又一个的谜团，最后形成一个完整的、成熟的理论体系。

鉴于这一点，我们认为，那些出于功利主义的科研行为则不会如此。他们对待经济与管理科学像游击战的方法，打一枪换一个地方，从来不找一个固定的领域深入下去。他们会以论文以及课题的数量和质量为“指挥”，强调自身的价值。然而，对某个领域的贡献，则很是有限。故此，我们认为它

---

① “实用主义”在经济与管理的科学研究中盛行，且主导着整个科学研究的目标与道路。但从本质上讲，实用主义使得一个又一个的研究失去了远大的理想以及坚实的基础。而薄弱的基础研究成果对于经济与管理的长期发展是致命的缺陷。比如效用理论统治了经济与管理的研究很多年，如果打破效用理论的束缚，重新创造一个新的理论，那么对于经济与管理方面的研究，意义更大。

所做的，还不够称之为真正的科学。这种仅仅关注偶然事件，不去从偶然事件中找出必然事件以及必然规律的研究，缺乏普适性，其价值也大打折扣。

缘何？只因经济与管理科学的确很难，它的难度，远远大于自然科学研究的难度。但从经典的理论中，很难发现这一点，其原因在于经济与管理科学太年轻，有太多的谜团还没有解开。以致让我们有一种错觉——经济与管理比计算机、医学简单得多。但是随着研究的不断深入，会逐渐揭开更加复杂的、更深奥的一个又一个科学问题。我们在接下来的内容中，简单的阐述一下它的复杂性来源。

曾经有人说，21 世纪是复杂系统或复杂性科学的时代，这话不假。经济与管理的科学研究亦是如此。比如说金融，很早以前，人们就将金融系统看成一个复杂系统进行分析。在这个系统中，金融系统中的每个个体被看成一个又一个 Agent，他们随机的，或以某种偏好的对某种产品进行选择，最后描述了金融系统的运行特征，在建模中，将金融参与者，下到股民、普通的储蓄用户，上至国家的中央银行的各个主体的性质以及行为特征，通过某种语言（数学、计算机、生物）表达出来，然后弄清楚这个具有有限智能性、有限社会性、有限自治性的 Agent，在所设定的交互作用规则下，可以对系统中的某些事件进行的现象、规律进行刻画，只要准确，就可以拿来使用。而会计，这个规则特别强的领域，科学家引进了大数据、人工智能等先进的思想与方法，可将很多强规则的工作用 AI 代替。显然，这种算法可以为基本的会计工作带来很大的便利，也可以将更多的科学家推到更高维度的领域，如会计准则差异化下的合规问题，如新产品开发中的资金管理问题，这些问题都异常复杂，除了关系复杂，环境也很复杂，且未来充满了各种不确定性，显然，用经典的方法很难获得深刻的结论，而利用复杂系统则效果更好。

经济与管理最复杂的在于人的活动，而人的活动存在很大的不确定性——在环境没有任何差异的前提下，也许后一时刻的选择与前一时刻的选择会截然不同，那么完全没有办法像描述蚂蚁一样描述人的行为。对于人所形成的组织，其实更复杂。比如说一群聪明人所形成的群体未必很聪明，一群简单的人所形成的群体未必智商很低。这种极其复杂的问题虽在自然界有所讨论，但在人类为主的经济与管理界，则鲜有成果，只因其过于复杂的原因，让这种研究停滞不前。

其实，复杂性是经济与管理科学中一个最基本的特征。比如说，在管理理论中，纵向一体化被放弃之后，人们开始追逐横向一体化，也证明横向一体化比纵向一体化更有利于企业的灵活多变性与自适应能力。然后，要想让横向一体化的组织发挥其最佳职能，提高运作效率，其核心是合作。但至今为止，合作经常失败的原因始终未被破解，我们会经常看到一种现象：明明是合作特别密切的两个经济人，不知为何突然反目成仇。苏联与我国合作破裂的例子，虽然对其原因有诸多方面的分析，但按照本节的观点，仍然处于肤浅的“技术”层面上的解释，无法形成一个普适的理论。实际上，从历史的长河看，竞争更占主导地位。那么，合作的边界条件是什么，其实是一个非常复杂的问题。

鉴于经济与管理科学的复杂性，我们可以断定，在此研究的道路上，布满了荆棘，希望经济与管理科学研究的成果越来越好。

1.3 什么样的论文才够资格称之为科学论文

——楚歌难掩霸王气，乌江之畔魂何依。且化奔腾东流水，
年年月月待虞姬。

楚汉争霸以项羽的乌江自刎，刘邦得以胜利而告终。虽然如此，但历史上对项羽的赞誉绝不逊色于刘邦，毕竟项羽书写的那篇悲情故事，让后人铭记于心。

科学研究的成果有多种表现形式，论文是其中一种方式，著作也是。当然，还有其他的形式——比如说在我国“两弹一星”研制过程中，很多科学家做出了非常卓越的成就，但却超越了文字。退一步，我们可以说，论文绝代表不了科学研究的成就。因为科学研究的本质是探索世界奥妙，揭示世界未被发现的韵符，而不是发表论文。故，唯论文论，对科学发展的贡献，很难界定。因为“论文数量”不代表“学术贡献”。有的人也许一生没有写多少篇论文，但他们在科学的长河中永垂不朽。有的人写了很多的文章，也不一定会被人记住。如此可见，论文与科研之间无必然的联系，不是科学发现

价值高低的必要条件，仅仅是充分条件，那些错误地将论文看成科学发现的人，其实是别有用心的人[①]。

尽管如此，科学论文仍然是科学探索发现的一种比较重要的表现形式。那么什么样的文章，才有资格被称之为科学论文?

我读了一些文章，经常会碰到一些“水文”，这些文章弱化了学术观点，只是给出了一个科学研究的过程与方法。前文中说，科学论文是用来展示科学发现的，但这些“水文”，不但没有给出新的科学发现，而且可能会给世界一个错误的钥匙。无论这个错误的钥匙是有意还是无意给的，他们实际上会伤害科学的发展。

是的，那些不能够给出科学规律或现象发现的文章，或者故意给出错误发现的文章，均不能称之为科学论文。科学研究是一个系统的探索过程，通过现象之间的关系找到某种理论和命题，得出一般性的结论，最终以论文或著作的形式呈现出来。然而很多论文读了很久就发现他无非是重复别人已有的研究成果，或者是在其他的情境下，换一个场所，所得到的结果而已，根本算不上新的发现，怎么能称之为科学论文?

我想起了少时上学时，老师上课讲了一个数学或物理理论，然后在课后的习题中出了一个对应的作业题的情境。例说，利用杨辉三角，可以知道:

$$(x+y)^4 = x^4 + 4x^3y + 6x^2y^2 + 4xy^3 + y^4 \tag{1.1}$$

成立，那么根据这个公式计算 $(2a+3b)^4$ 的值。

然后，学生将 $2a$ 与 $3b$ 分别看作 x 与 y，代入和的四次方公式中，就可以有

$$\begin{aligned}(2a+3b)^4 &= 16a^4 + 4\times 8a^3\times 3b + 6\times 4a^2\times 9b^2 + 4\times 2a\times 27b^3 + 81b^4 \\ &= 16a^4 + 96a^3b + 216a^2b^2 + 216ab^3 + 81b^4 \end{aligned} \tag{1.2}$$

现在，不少数量的经济与管理科学文章就是这种思路，显然，这种“解题”思路所体现的是技术，而探索思路所表现的才是科学。

---

① 其实，我们可以说，科学研究的成果，并非论文可以表示，换句话说，论文不等于科学研究，科学研究也不是论文撰写。科学论文仅仅是科学成果的一种表现形式而已。举反例来说，祖冲之对于 π 的发现，中华人民共和国成立初期“两弹一星”的研究，就没有科学论文的支撑。当然也有一些重要的发现，比如相对论，就是通过论文来表现的。然而在如今，由于科学的迅速发展，功利主义的盛行，对于科学发现的评价越来越难，很多人就用科学论文来衡量科学发现的重要性，这其实是很偏颇的一种做法。

因此，我们可以说，论文算不算科学，不在论文自身，而在于论文想要展现给读者的发现是否是科学的。有科学价值的，才称之为科学；无科学价值的，则不配称之为科学。

虽然说科学价值在特定的条件（知识水平、时期等）下难以判定是真是假，但可以判定，凡是平庸的成果无非都是重复别人的成果。在没有重复他人结果的前提下，我们经常提到的术语称之为“创新”，显然，这些创新对于科学发展的重要性显而易见。值得注意的是，正如在前篇《何为科学》与《经济与管理是什么样的科学》章节中所述，即使是错误的结论，也是有科学价值的——至少他告诉我们此路不通。

能在多大程度上推动科学的发展，成为科学论文判定的一个标准。虽然有些成果被后人证明了是错误的，但其价值也是不可磨灭的。毕竟，真理是相对的，是从对一个又一个谬论的批判中不断走向最终正确道路的一个过程。否定失败的科学，是不尊重科学研究的基本规律的，最终会严重伤害科学。

可见，科学论文不仅仅是论文，而是应该超越论文本身，如果能折射出科学发现的新成果，我们称之为科学论文，否则，不能算科学论文。

在本书中，我们一直在贯穿一个观念，即“科学是什么”。在科学中，思想、思维、研究过程与方法重要性的优先序应如何排列才能称之为真正的科学。在前文中，我们一直在论述这个问题。如果解决了这些问题，我们就称之为科学，而体现其发现的，称之为科学论文。

当然，仅仅这个还是不够的，优秀的科学论文，不仅要表达一个科学发现，而且还应该有一定的可读性。也就是说，能将一个有趣的科学发现，通过引人注目的方式表达出来，能让读者弄清楚作者的观点以及结论，将科学发现传播出去。

其实这个要求还是很高的，要有理性的展示，即一个科学发现，从客观的角度向其他读者讲述这一发现是什么；另外，趣味性、艺术性则是这些成果美的体现。有感染力的文章，可以更好地吸引读者来分享我们成果，有利于科学传播。

在目前的科学研究中，论文是科研成果一种重要的展示方式，因此在其写作中的“美感”还是应该注意的。

由于科学论文是客观地向读者表达一个观点，揭示一个未曾发现的规律，因此，像极具美感的诗、词、赋的形式，必然不适合于科学成果的表达。因为这些题材的文章均属于感性世界的产物，与理性的科学之间，无法合二为一。比如我们无法用“遥想公瑾当年，小乔初嫁了，雄姿英发。羽扇纶巾，谈笑间，樯橹灰飞烟灭”这种词解决企业竞争策略中低价的价值这一问题。科学与文学之间确实存在着一定的鸿沟，那么，科学论文所说的美从何而来？

我们认为，科学论文的美，主要体现在它的逻辑推理过程。换句话说，文章中的每一句话、每一个句群，都非常单调乏味毫无诗意，但每个句群或段落之间所形成的语群，则表现出了很强的诗意与韵律感，这才有了趣味性。

在科学文章中，有一种体裁，其实是最不可取的。即整篇文章毫无逻辑，罗列了一大堆逻辑混乱的语群，貌似每一小部分都令人振奋人心，但放在一起，只能加深整体的混乱。这种论文不仅不能揭示一个真理，披露一个新的观点，展示一个事物发现的规律，而且还令智者迷茫，让真理迷失，不堪称其为科学论文①。

另一种体例也是不推崇的，我们姑且称之为说明文题材。一上来就介绍概念，然后就说它有何种属性，这种体例的最大问题在于“授其然，不授其所以然”，与科学探索的初衷相悖。当然，有一些体例是科学界所推崇的，比如说武侠体、易安体等，感兴趣的学者可阅读相应的篇章。

无论如何，科学论文的价值在于内容，在于科学发现的现象、规律等的价值大小，在于其科学性、首创性和逻辑性，论文仅仅是一个结果呈现形式而已。

让我们重新回顾前文所说的观点：科学论文只是科学研究的一种表现方式，不是科学研究成果的全部，也不是科学研究的全部。进一步，科学研究最吸引人的、最有意思的不在于它的最终成果，而在于那个令人着迷、彷徨、疯狂、惊喜的过程。从这个角度上看，作为科学研究成果的一种表达方式，它浓缩的科学研究发现，远远高于论文本身。“文在章外”就是对其更好的诠释。

---

① 我们在本书中强调逻辑的重要性，实际上，逻辑是科学称之为科学的前提。没有逻辑，人的思维就是混乱的，不能被他人通透理解的，简单的说，科学之所以被广大人民认可，根本上就是他是有逻辑的，并且他的描述符合现象。宗教也有自己的逻辑，但是它的逻辑不符合现象，可以说，逻辑加现象就是科学的一部分依据。——康德，《纯粹理性批判》

“文在章外”要有很多的心思、心血、思想融入到篇章中，这样的文章足以称之为科学论文——至少它从头到尾都透露出对科学的敬畏之情，故此，作者才不敢随便乱写，不敢胡写，也不敢夸张地写，将成果客观地推介给世界。

除了论文之外，著作是一种非常重要的科学传播方式。撰写著作，需要深厚的知识积累，任何一部学术著作都应该是作者心血的结晶。然而可惜的是，在目前的中国，能认真写著作的人很少了，很多人的眼中，认为著作的价值远远低于科学论文，其实这种观点是可以理解的。毕竟在中国，有一大部分人写书，都要大量的参考别人的观点，甚至可以抄袭别人的成果，这必然导致了著作地位下降的事实。然而，在我个人看来，用心血写出来的著作，不仅系统地分析、探索某一个科学问题，而且能给读者更多的科学信息量，让那些“真正”的、“深刻”的结论，给学术界的“后人”们更多的启示。可惜的是，我们不敬畏科学，写书的时候，不去用心，目标绝非科学，而是功名利禄，从而导致书被忽视。

从这个意义上讲，真正的科学著作是科学论文的升华版。从人类的文明史上，可以知道，著作对于科学的作用是极其重要的。

著作的写法，与论文则稍不同。由于考虑到系统性，与科学文章中仅仅考虑一个小的科学问题的紧凑性相比可适当放松一下。但就我个人而言，我还是非常喜欢用紧凑的逻辑推理写一本书，力争让这本书成为名副其实的科学著作。

近些年，我们的科学发展很快，涌现了一大批优质的科学论文。然而，与此同时，我们国家也成为了国际期刊出版公司撤稿的大国。很多已经发表在国际期刊上的论文因学术不端，或其他理由被撤稿，其实也暴露出我们对科学不严肃的态度，更暴露出科学管理体制的一些问题，我们真诚地希望，科学更像科学，科学论文能承载更多的纯粹的科学成果，而非其他。

1.4 科学论文的体例

汉兴，始徵召故老，搜集残文，其体例纰缪，首尾脱落，难可详论。

好的文章仅仅在内容上有创新性是不够的。在形式上，好文章应该具有好的表现形式。这种表现形式除了语言、标题、注释等要素之外，也包括体例。期刊论文有论文的体例要求。如果文章的体例不当，就好比一位美女穿了一件不得体的衣服，外表形象大打折扣。因此，论文写作不可不注意文章体裁。

1.4.1 科学论文中的story及其武侠体构造

——飞雪连天射白鹿，笑书神侠倚碧鸳

少时喜欢武侠小说，毫无理由地喜欢，武侠小说、武侠电影给我们留下了不灭的印象，可见武侠这种体例是非常具有吸引力的，那么，科学论文是否可以写成武侠体例，让读者留下不灭的印象呢。如果在科学论文中，我们多发展几个“杨过”“楚留香”，那么这篇论文无疑能够在很大程度上吸引读者，可以说体现了科学研究的有趣这一特点。

总而言之，科学论文一般分成引言、正文、结果与结论几个部分。尽管是科学论文，如果写的没有趣味，其可读性就降低了不少。故此，除了科学发现自身的价值外，其表现形式也很关键。我认为，如果用一个故事（story）情节将整个发现展示出来，会达到非常好的效果，下面就以武侠小说的体例说明这一点。

就武侠小说而言，一般一开始会营造一个引子，或是天下大乱，或是某个恶人称霸武林，各路英雄纷纷出马，去杀这个大BOSS，然而或是因内力不足，或是因招式受限，都失败了。然后有一个主人公粉墨登场，不管这个主人公有何缺陷但他的视角不同，又因某种奇遇或经历而内力大增，更巧的是，他得到一套武功秘籍（笈），从而在武功上有了很大的突破。最后经过千辛万苦，打败了坏人，给天下带来了太平。

就科学研究而言，那个大坏人类似于科学研究尚未攻克的难题，视角相当于思维的切入点，内力相当于对问题的洞察能力以及理解程度，招式相当于研究方法。由于科学研究是枯燥的，其结论是无趣的、过程是晦涩的。如果按照story的形式让整篇文章像武侠小说一样具有跌宕起伏的情节，具有曲折多转的高潮低谷，具有丰富多彩、充实丰厚的内容，其可读性则会增加不少。

下文将按照各个部分阐述其story的实现。

1.4.1.1 引言

优秀的武侠小说都有一个引子，这个引子一般点出一个很强的背景，然后将故事一点一点地铺开。与之对应的，科学论文中也需要一个引子，我们称之为引言，引言是对所研究的科学问题进行介绍，表明其研究具有价值的部分。不仅要表明研究的科学性，而且要表明这一研究的创新性，为了达到这一目的须做到：

（1）花少量（极少量）的笔墨说清楚研究的问题及这一问题的研究意义，也就是说，表明研究的价值所在。这类似于武侠小说的背景，我们称之为故事背景。

（2）迅速切入这个研究的核心内涵，将问题的本质说清楚，从而抽象出关键科学问题。这一系列关键问题之间必然有这种那种的逻辑关系，说明这种关系极为关键，一是可厘清研究对象的性质、功能与结构；二是可将研究的问题简化成若干个相互（联系的）关联的子问题；三是可根据这种逻辑关系整理已有的参考文献，将其研究展现给读者。

（3）花一定的笔墨按某种逻辑关系将这几个关键科学问题研究进展阐述清楚，描述国内外的科学家是如何——“败下阵来”的。这个环节及其重要，需要有高度的归纳性，而不是将文献进行简单的罗列。因此，首先要说清楚几个关键科学问题之间的关系（已在（2）中诉请，此处不必赘述）。即使对于同一关键问题，也必须按一个“线索”对其进行抽丝剥蚕，将文献按这一线索归为几类，对于同一类的，分别从谁（作者）、视角、思维过程/方法、结论四个层面上高度抽象、归纳，对于不同的技术层面的描述，尽可能转化成后文中能用的符号或表达方式。最后，需指出已有研究的缺陷所在。当然这种缺陷体现在思想（研究视角）、研究方法、限定条件（或使用背景，或数据来源）、结果四个方面——值得注意的是，这些缺陷中，有些是我们可以hold住的，有些不是，需要对其进行分类说明。这一部分类似于武侠小说中各路大侠纷纷落马，主人公对其分析的一个过程。

（4）既然找到了“前任”失败的原因，就需要解决这些问题。也就是需要给读者一个“序幕”让其预览一下故事。实际上，这部分需要说明以下信息：如何解决这个问题，切入点与思维是什么？具体的思路是什么？分为几个步骤？各个步骤是如何融入后文的？预设结论是什么，在何处有突破，创新在何处？

1.4.1.2 以独到的视角对研究的问题进行分析、抽象

突破的前提是，我们需对研究的问题进行深刻的分析。找出问题对应的科学问题的性质及复杂性所在。为达到这一目的，我们将围绕下列内容展开。

（1）将研究问题从功能、特征与性质、结构上进行分析。

分析对象的本质，从而将问题的环境以及自身的特征刻画清楚。分清外因、内因之间的关系，问题对应对象的特征、结构是什么？有无共性问题，如果有共性，希望凝练成一个科学问题，进而把科学问题抽象成一类问题，使这一类问题成为可推广到其他多个领域的问题。

（2）对这一类问题，经典的做法是什么样的？无论是从视角、思维、方法都要说清楚（注：是我们的研究基础，无关的不需提出）。分析经典研究的不足，是约束条件发生变化，还是系统功能发生变化，或是运作机理发生变化。根据这些变化，对经典的模型进行修订。在模型修订过程中需考虑以下问题：

①文章中抽象的系统与经典的是否相同。包括变量是否相同、环境是否相同。功能与结构是否相同等。

②对于经典的模型来说，减变量属于重大突破，换掉某些变量属于伪科学（是否增加了随机性），进一步讲，需要对应系统的属性，说明加、减变量以及换掉变量的原因（如果改变系统属性，如将确定性系统改为随机系统，则属于重大突破）。

为解决这一问题。我们做以下的例子：

例如，经典的模型为

$$y = ax_1 + bx_2 + c \tag{1.3}$$

我们加了变量 x_3 之后，模型变成：

$$y = ax_1 + bx_2 + cx_3 + d \tag{1.4}$$

经典模型为何没有考虑 x_3 呢？因为有人已经证明了以下结果：

$$x_3 = mx_1 + nx_2 \tag{1.5}$$

将其代入（1.4），方程（1.4）变成：

$$y = (a + m)x_1 + (b + n)x_2 + d = a^* x_1 + b^* x_2 + c^* \quad (1.6)$$

模型本身没有发生改变，然而在不知情的条件下，加入 x_3，造成了多重共线性，并且使模型发生变化，造成错误。

故：经典模型之所以成为经典，是做了最大程度的精减，例如，牛顿运动定律 $dv/dt = a$ 即是从 $\partial v/\partial t = a$ 约减而来的。

③模型的求解方法有何不同，是否采用了新的方法，是否采用了新的 trick 或技巧。使得对于重大改变之后的模型得以求解。这种方法上的创新性需要强调。

例如，经典的系统为：

$$\dot{x} = f(x) + \omega \quad (1.7)$$

修改后的系统为：

$$dx = f(x)dt + \omega dz \quad (1.8)$$

其求解过程也将发生重大的改变。

总而言之，对问题的抽象类似于武侠小说中的对敌方武功分析过程，以及寻求解决问题的思路的过程。在这一过程中，作者的视角、切入点、思想及思维过程需得到集中的展现，我们希望没有太多的废话。

1.4.1.3 求解与分析

(1) 因为我们用了一个模型，所以求解的过程极其关键。这一部分类似于修炼武功的过程。为了让这个过程变得富有内容，且过程有艺术性，更多的人不愿使用顺序法，而加入插序、倒叙等方法。

比如，在经典的（容易被熟视无睹的）做法中，一般我们在条件 A 前提下，得到 B。其思路为：

$$A \rightarrow B$$

但我们可以采用下面的思路：

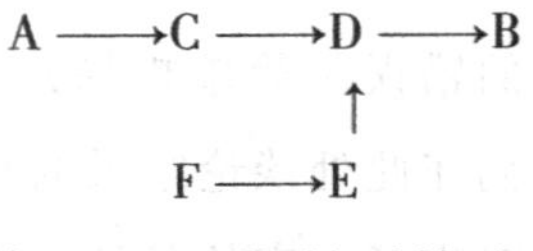

也就是说，通过已知条件 A 不可能得到结论 B，或者强行得到的结论是错的。以为 A 只能推出 C，C 也只能推出 D，但独立的 D 推不出 B，需要条件 E。E 需在 F 的前提下才可得到。故此：A 推 C 推 D 为顺序，E 为插序，F

推E为倒序，D推B为顺序。为了说明这一问题，举个例子，某科学家想知道酒店对于客人投诉的处理策略对酒店业绩的影响。他想证明一个规律。

$$\log y = a\log x_1 + b\log x_2 + c\log x_3 + d\mathbf{1}_{x_4=1} + e\mathbf{1}_{x_5=1} + \omega \tag{1.9}$$

其中$\mathbf{1}_{x_4=1}$与$\mathbf{1}_{x_5=1}$表示虚拟变量（符号变量）$\mathbf{1}_{x=1} = \begin{cases} 1, & x=1 \\ 0, & x=0 \end{cases}$

而由于研究的条件不足，他仅能收集到哈尔滨七天连锁酒店在携程网上的所有数据。其他数据得不到。为了证明其结论的准确性。就必须证明获取的数据与整体服从统一统计分布。其具体的做法如下：

①确定数据应是随机抽样。具有：a. 全国性 b. 线上线下共有性 c. 业绩对应数必须有（遗憾的是数据涉及机密拿不到）。

②a. 证明七天连锁酒店在携程上的数据与在线上的数据相关（线性）。b. 证明线上数据与线下数据相关。c. 证明七天连锁酒店的数据与全国其他酒店数据具有统一分布。

③证明入住人数与收益线性相关。

④证明模型的参数是对的，证明模型是合理。多个“情节”都由一个“小故事”构成，使得文章不仅内容丰富，而且过程体现出跌宕起伏的特征。

（2）在分析的过程中，思维很关键，技术很次要。与前面不同，这里强调思想的重要性。这里体现思维。比如说我们研究的对象具有很强的随机性。而这种随机性用常用的方法无法求解。可借鉴一些好的思维，使之可做。不妨假设问题$f(x)$，总可知$f(x) = o(g(x))$或$f(x) = O(g(x))$。以后者为例，我们总可以找到上下确界$G_1(x)$与$G_2(x)$，使得$G_2(x) \leqslant f(x) \leqslant G_1(x)$。通过分析$G_1(x)$与$G_2(x)$的性质。则可得到$f(x)$的属性（其基本思路采取的是夹逼定理思维方式）。

1.4.1.4 结果

对于结果，我们容易犯的错误是简单粗暴，直接罗列出分析部分所得到的结果，但这远远不够，我们在此处谈论结果的写法。

首先，我们研究的问题对应了一定的条件，我们称之为“情境”。

（1）我们将这些条件放宽，设置成系列的条件，对应了不同的“情境”，然后对这些‘情境”进行分析，可得到不同的结果。

就某一特定的“情境”来说，我们称之为一个贝努利试验。这个试验的结果并不能说明什么，只是一个特例而已，当且仅当这些特例（足够多的特例）被考虑，才能总结出深刻的结论。无论是实证还是规范研究，都需如此。

（2）对结果进行解释

①从实践上讲，从理论上讲，对结果进行解释。不仅解释对应的现象，而且要对特殊的现象定义。

②对各个结果产生的原因进行深度分析。其中可能会用到计算，通过溯源的方法进行原因分析，以及通过各个“情境”参数变化以及系统属性，包括样本（属性）及其切换的角度上分析原因。

③多个“情境”对应了多种贝努利实验，而这种结果是有偶然性、随机性，分析会产生多个结果。这些结果也具有统计属性。一般来说，有两种结果：必然结果与偶然结果前者与大多数结果吻合，而后者与大多数结果不服从同一分布。对于偶然性结果，我们要对这一偶然结果进行识别、判断，确定是偶然出现的，还是在这一特定条件下出现的必然现象，并且采用特定的分析方法确定其原因。进一步而言，我们对这些特定条件进行微调。分析在特定条件附近细微变化中找到如偶然结果转变为必然结果的条件，其意义更为深刻。

1.4.1.5 结论

（1）结论是对结果的归纳与升华。我们需要知道，当参数变化时，系统的属性会发生什么样的变化。结论中对于必然现象进行归纳，而且还要对偶然现象进行归纳。对于必然现象，需要知道当系统属性逐渐变化时，或环境逐渐变化时，结果会发生变化，并且知道产生这些现象的原因。也就是说，需将结果中的离散现象转化为连续现象（离散结果的连续化）。

（2）并且，需要对我们的模型进行重新分析。对于前者，可以给予一个结论；对于后者，也可以给予一个结论，然后分析在这种情况下的变化情况。并将其归结为一个科学问题。这一问题可推广到若干情况：将若干参数固定，则可以上升到某个经典的结论。既说明结论的科学性，又说明结论价值所在。

①增加复杂性。

我们得到了一个结论，主要如下：群体行为在一个较长的时间范围内会收敛到一个概率函数上（行为的概率分布），并且这个分布是与历史状态无关的一个分布函数。那么接下来，我们会将个体策略变化规则，相互作用方式，博弈半径（最远能影响个体行为的那个个体处的距离），以及记忆力、自适应水平等参数以及噪声的特征进行渐近式变化。通过变化，找到离散的特定场景下的结果所掩盖的规律。最终发现这个不变分布依赖上述参数，其期望是一个确定的常函数，但本身又包含着一些随机项。

故继续讨论这个带随机项的率函数的性质，即可得到更深刻的结论。

②降低复杂性（外推）。

与增加复杂性的想法相左，我们可以将结论中的随机性的、变化的变量取消。也就是将其看成常量，会得到一系列的经典结果。这些经典结果也即将成为特殊条件下的结果。同时也证明了我们所得结论具有更加深刻的普适性。

③一般的，可先增加复杂性，再降低复杂性。

（3）相当于武侠小说中主人公集大成与写武功秘籍的过程，集大成体现了主人公将各家武功的共性融会贯通，以至于提高武学修为的过程，写武功秘籍意味着主人公将招式及临场经验总结成书的过程，可见二者不可分割，相辅相成。

总而言之，结论是升华，是各个结果的总结与归纳，是站在哲学高度上的结晶。

总之，武侠体通过跌宕起伏的故事（story）的形式，将研究的成果说清楚，这种体例在阅读的过程中能够避免读者乏味，提起阅读的兴趣。然而，武侠体只是其中的一种体例而已，无论哪种体例，其目的是为了阐明科研成果，将其公布于世。相比起来，对形式的选择不应该显得那么重要。请注意，我们的目的并不是为了显示形式的美，而是展示内容的丰富。在科学研究的过程中，应该将重心放置于内容上，形式上的美，通过不断的练习，就可以达到。

1.4.2 经济与管理科学文章 story 的易安体构造

——九万里风鹏正举，风休住，蓬舟吹取三山去

在前文中，我们描述了科学文章故事（story）的武侠体例的构造方式，

这种体例在当代经济与管理科学文章中占有主流地位，通过丰富多彩的内容、跌宕起伏的情节、扣人心弦的各种悬念将一个科学发现呈现给读者，让读者在品味科学的同时，感受这种 story 带来的乐趣。

然而，并非所有的科学家都擅长用武侠体，他们有些人不擅长构造一个又一个的 story。换句话说，他们不喜欢使用庄子的做法讲述一个真理，更喜欢用老子的方式揭示一些科学发现。其中，易安体是一种非常著名的方式，在本节中，我们主要讲述易安体的写法。

易安体于苏豪、柳俗、周律之外别树一帜，婉约而不流于柔靡，清秀而具逸思，富有真情实感，语言清新自然，流转如珠，音调优美。其具体表现为：(1) 用通俗易懂的文学语言和明白流畅的音律声调作词；(2) 将“大气”与“小气”有机融合；(3) 追求“文雅”，排斥轻佻浮靡的奢华之文；(4) 无论是内容还是形式，都保持浑然天成的特色；(5) 铺叙善于抓住事物的某一特征而展开多侧面的滥染烘托，情与景，哀与乐，虚与实的相互配合，珠联璧合；(6) 典雅庄重，含蓄委婉——不仅善于移情于物，不仅善于比兴，而且善于拟人；(7) 情致与故实，这些都是易安体的主要表现形式。总的来说，易安体笔法细腻、敏锐，语言自然清晰，善用白描手法，从寻常入境，体现出“平淡而山高水深”的独特风格。

针对以上特点，我们如何才能构成一个易安体的科学论文则成为本文的重点之处。下文将根据个人的理解，阐述一些个人的观点，仅供思考。

需要强调的是，首先，体例不过是内容的一种表现形式而已，是科学家思想、思维、分析过程、分析结果与结论的一种体现方式而已，相对于内容来说其价值微不足道，切不可形式的风头盖过了内容。不同于情节跌宕起伏、悬念层叠的武侠体，易安体更加注重用平实的语言、巧妙的谋篇、适当的情境，将丰富多彩的内容体现给读者，它更注重文思的构思，让读者读起来既有武侠体的内容感，又有散文诗的美感——而且不用奢华语言烘托的前提下——这种难度更大一些。但我们仍然坚持，这种易安体的美所倾诉的真理是唯美的。

易安体重神而轻形，在构造这个 story 的时候，我们可以借鉴武侠体的排兵布阵方式，当然也可以不用——因为易安体在布局与谋篇上不拘一格，他更加注重的是在合理铺叙的基础上，用朴实无华的语言，将发现表现出来。

首先，在谋篇上，我们一定要注重铺叙的重要性。易安体的铺叙是要抓住那些 example 的灵魂，而不是列举事实。比较著名的文章如费孝通的《乡土中国》，在提到中国农村的“家文化”时，简明扼要的说明什么是“家文化”，归纳出家文化的特征，然后再解释其他现象时，又返回到“家文化”这个概念中，整个分析过程中沉淀着“家文化”这个词。具体的，费孝通对于中国农民的“家”有着下列的描述：

中国农民聚村而居的原因大致说来有下列几点：一、每家所耕的面积小，所谓小农经营，所以聚在一起住，住宅和农场不会距离得过分远。二、需要水利的地方，他们有合作的需要，在一起住，合作起来比较方便。三、为了安全，人多了容易保卫。四、土地平等继承的原则下，兄弟分别继承祖上的遗业，使人口在一个地方一代一代地积起来，成为相当大的村落。

无论出于什么原因，中国乡土社区的单位是村落，从三家村起可以到几千户的大村。我在上文所说的孤立、隔膜是以村和村之间的关系而说的。孤立和隔膜并不是绝对的，但是人口的流动率小，社区间的往来也必然疏少。我想我们很可以说，乡土社会的生活是富于地方性的。地方性是指他们活动范围有地域上的限制，在区域间接触少，生活隔离，各自保持着孤立的社会圈子。

乡土社会在地方性的限制下成了生于斯、死于斯的社会。常态的生活是终老是乡。假如在一个村子里的人都是这样的话，在人和人的关系上也就发生了一种特色，每个孩子都是在人家眼中看着长大的，在孩子眼里周围的人也是从小就看惯的。这是一个“熟悉”的社会，没有陌生人的社会。

——费孝通，《乡土中国》

在后文中，他对这种文化进行了进一步的推广，提出了中国的这种农村社会中的文化，骨子里面是礼俗文化。

在社会学里，我们常分出两种不同性质的社会，一种并没有具体目的，只是因为在一起生长而发生的社会，一种是为了要完成一件任务而结合的社会。用 Tönnies 的话说：前者是 Gemeinschaft，后者是 Gesellschaft；用 Durkheim 的话说：前者是“有机的团结”，后者是“机械的团结”。用我们自己的话说，前者是礼俗社会，后者是法理社会。——我以后还要详细分析这两种社会的不同。在这里我想说明的是生活上被土地所囿住的乡民，他们平素所接触的是生而与俱的人物，正像我们的父母兄弟一般，并不是由于我们选择得来的关系，而是无须选择，甚至先我而在的一个生活环境。

——费孝通，《乡土中国》

整篇文章中，作者都将这种思想贯穿其中，可见前文中的铺叙是多么的重要，但更重要的是在正文中要始终渗透其中，才能达到浑然一体的韵味。这种做法无疑是值得我们学习的。在武侠体中，我们过多的强调了形的重要性，但在易安体中，我们则要强调神的重要性。在武侠体中，我们关注 story 的趣味性，而易安体关注 story 的本质洞察能力。武侠体关注情节的跌宕起伏、悬念层出不穷的表达，在易安体中，隐藏着各种“闭环”，某种特有的情节自始至终都会存在，前后呼应。这就是与武侠体相比较，易安体所体现出来的一种特质。

更进一步的，在基础科学研究中，易安体的谋篇与布局会常常被用到。很多科学家在介绍完 story 的问题与背景之后，立刻给出主要的结果与主要的观点，然后在对这些结果进行分析与证明，并在推导过程中提出这些结果的使用条件，最后对这些结果进行归纳与总结，得到最核心的结论。并且，在分析的过程中，也会先给出一个基本的结果，然后回头再证明这个结果的合理性。这种形式与易安体的浑成完全一致。从总的谋篇上来说如下，提出系列现象→归纳现象的本质（铺叙）→给出结果→证明结果→所需的必要条件一→证明必要条件一→所需必要条件二→证明必要条件二→……→结果升华→形成结论→结论外推。这种布局其实与武侠体的描述形式有些出入，但易安体的要求更高一些，要求各个部分应该完全一致，不能出现油水分离的现象。其实，在科学与自然的论文中经常会用到这些方法，下文我们举例说明：

We aimed to devise an algorithm and training procedure that enables agents to acquire policies that are robust to the variability of maps, number of players, and choice of teammates and opponents, a challenge that generalizes that of ad hoc teamwork. In contrast to previous work, the proposed method is based purely on end – to – end learning and generalization. The proposed training algorithm stabilizes the learning process in partially observable multiagent environments by concurrently training a diverse population of agents who learn by playing with each other. In addition, the agent population provides a mechanism for meta – optimization.

In our formulation, the agent's policy π uses the same interface available to human players. It receives raw red – green – blue (RGB) pixel input x_t from the agent's first – person perspective at time step t, produces control actions $a_t \sim \pi(\cdot | x_1, x_2, \cdots, x_t)$ by sampling from the distribution given by policy π, and receives p_t, game points, which are visible on the in – game scoreboard. ……

——《Human – level performance in 3D multiplayer games with population – based reinforcement learning》, Max Jaderberg et. al. Science, 364 (6433), 859 – 865

从文章可以看出，作者先提出一个问题，说明了人类在 3D 游戏中的行为是通过某种学习方法进行的，然后直接给出了这个系统可以看成一个 RGB 像素输入，行为是一个收益驱动的条件概率决定的复杂系统，迅速将这个系统抽象成一个 meta – optimization 优化模型，然后沿着上述的方法进行分析。这篇正文 6 页、附录 41 页的文章，就体现出这一体例的表达形式。

在前面的文章中，我们曾经多次提到了经济与管理科学研究的思想、思维等问题，同时也提到了在分析过程、分析方法与分析 trick 的相关内容。如果把前者称之为"大"，那么后者我们可以称之为"小"。从大的角度上讲，我们希望文章"大气"，但从小的细节上，我们希望处理好各个部分的巧妙结合以及各个部分的正确性与深刻性。这个方面在《科学思想：根植于内心的修养，只可欣赏，不可模仿》《科学思想——策略布局篇：知否，知否，应是绿肥红瘦?》《科学思维谋略篇：不知庐山真面目，只缘身在此山中》《科学思维：技术篇——善出奇者，无穷如天地，不竭如江河》等章节中已经给予了比较详细的描述，这里不再赘述。为了证明这一观点，我们看一下 Béla Bollobás 等的 *The phase transition in inhomogeneous random graphs*。首先他提出了经典的随机图理论失效，并且提出了一个与现实更加吻合的随机图——非齐次随机图，整个阐述过程如下：

The 'classical' random graph models, in particular $G(n,p)$, are 'homogeneous', in the sense that the degrees (for example) tend to be concentrated around a typical value. Many graphs arising in the real world do not have this property, having, for example, power – law degree distributions. Thus there has been a lot of recent interest in defining and studying 'inhomogeneous' random graph models.

One of the most studied properties of these new models is their ‘robustness’, or, equivalently, the ‘phase transition’ as an edge density parameter is varied. For $G(n,p)$, $p = c/n$, the phase transition at $c = 1$ has been a central topic in the study of random graphs for well over 40 years.

Many of the new inhomogeneous models are rather complicated; although there are exceptions, in most cases precise questions such as determining exactly the critical point of the phase transition are approachable only when there is independence between the edges. Fortunately, some models studied have this property already, and others can be approximated by models with independence.

Here we introduce a very general model of an inhomogeneous random graph with (conditional) independence between the edges, which scales so that the number of edges is linear in the number of vertices. This scaling corresponds to the $p = c/n$ scaling for $G(n,p)$ used to study the phase transition; also, it seems to be a property of many large real - world graphs. Our model includes as special cases many models previously studied.

——《The phase transition in inhomogeneous random graphs》, Bela Bollobás, Svante Janson, Oliver Riordan. https://arxiv.org/pdf/math/0504589v2.pdf

然后作者提出自己的猜想：这个系统确实存在一个相变的临界点，主要表现为系统中的大组分大小的性质。这个猜想如下：

We show that, under one very weak assumption (that the expected number of edges is ‘what it should be’), many properties of the model can be determined, in particular the critical point of the phase transition, and the size of the giant component above the transition. We do this by relating our random graphs to branching processes, which are much easier to analyze.

We also consider other properties of the model, showing, for example, that when there is a giant component, it is ‘stable’: for a typical random graph, no matter how we add or delete $o(n)$ edges, the size of the giant component does not change by more than $o(n)$.

——《The phase transition in inhomogeneous random graphs》, Bela Bollobás, Svante Janson, Oliver Riordan. https://arxiv.org/pdf/math/0504589v2.pdf

为了证明这个伟大的猜想，作者的分析过程如下：将整个系统抽象成一个 branching process，然后给出以下结果：（1）存在性、大小以及大组分的唯一性，（2）稳定性，（3）小组分的边界，（4）度序列，（5）节点距离分布，（6）相变。有意思的是，接着作者用一些例子来说明这个系统的特点。为了证明上述6个结果，作者引入了 branching process 的一些定理，并利用这些定理得到系列初步的近似结论，然后再得到一些结果中的精确的结论。其实，从上面的过程可以看出，近似的结果其实是可以使用的，但作者觉得有问题，又重复做了一些数学上的分析，最后得到比较精确的结果。这就体现出来“大”与“小”的有机融合。

另外，这篇文章还体现了典雅庄重的特点，实属易安体的典型，建议我们去读读。

易安体是非常有意思的一种体例，本文很短，很难说清楚易安体的构造方式。我们仅仅知道，易安体注重的是“神”，而非“形”，可以与武侠体结合，这样更好一些。

1.5 科学论文撰写过程中的几个要点

1.5.1 关于摘要的写法

——莫将死句入诗中，此诀传来自放翁

前面我们讲了文章结果与结论的区别、研究的科学问题以及科学意义。现在我们主要讲文章摘要的写法及布局。

所谓摘要，就是对一篇科学论文的浓缩，是以提供论文内容的概要为目的，不加评论和解释，简明扼要地描述研究工作内容的小短文。看完摘要，基本上就可以知道这篇文章想告诉读者一个什么样的 story，以及这个 story 是如何的情节，给读者何种启示。故此，摘要的重要性不言而喻。那么，摘要的基本结构如何，如何才能写好一个摘要，下文就这一主题给予诠释。

一般来讲，摘要分成以下几个部分：研究目标、研究过程与方法、研究结果、研究结论，有的期刊也会让我们加上创新。下面将就各个部分的内涵以及如何撰写解释。

研究目标需告诉读者你将诉述一个什么story。很多人误解了这一部分的内容，而将其写成了为什么要倾诉这个故事——也就是本研究到底有多么重要。这种诉求上的错位使得编辑或审稿专家毫不犹豫地选择“拒绝”你这篇“呕心沥血”之作。实际上，你只需要告诉别人你要做什么事就可以了。以一篇文章为例：

Weconsider the role of stochastic evolutionary games as general models for asubset of processes involving the interaction of evolution with development. We are interested in how the change from strategic to evolutionary interpretation of games creates opportunities to use game models to explain empiricalphenomena, and also in the problems raised by empirical application……

——Eric Smith, Supri Krishnamurthy,《Symmetry and collective fluctuations in evolutiongames》

这篇长达84页文章的摘要中，第二句话就清楚地告诉读者，文章拟从博弈最优策略到策略的演化特征这一变化过程诠释现实中的一些现象，丝毫没有花太多的笔墨在演化博弈这个理论是如何的优越、适用等。

摘要的第二部分是过程与方法。在开头交代了研究的问题后（What I did?），接下来就是说明是如何解决这个问题的（How I did?），包括研究工作的过程以及采用什么样的方法等。这一部分内容是各位最擅长的领域，也就是将文章拟倾诉的那个story过程的精华，通过某种诗一般的意境描述出来。

摘要的第三部分与第四部分分别为结果与结论。在1.4.1.4与1.4.1.5中我们对其进行了讨论。简单的说，结果是通过对问题的分析能得到的直接结果，但结论则是将不同情境对应问题的结果的归纳与升华，揭示的是该事物发展变化的深层次规律。但我们遇到的文章中，很多人很难将结果与结论区分开来，其本质原因是研究者将科学研究当成了技术实施。并没有再进一步将结果进行归纳，从而没有发现结果背后的规律。从这个角度看，如果在摘要中看到了结论，无论是编辑、评委还是读者，都会像哥伦布发现新大陆那样，喜从心来。如下篇文章的摘要：

……研究发现，终极所有权机构是影响权益资本成本的重要因素之一。

具体而言：（1）现金流量权与权益资本成本显著负相关；（2）控制权和现金流量权的分离度与权益资本显著正相关；（3）……

——肖作平，《终极所有权结构对权益资本成本的影响》，管理科学学报，2016.01

从上段摘要可以看出，结果只给出是重要影响因素。但后面则属于结论，结论更深刻，更清晰，能给我们留下一定的启示。

现在看来，如果没有认真地做研究，没有认真地对结果进行归纳并升华成具有更加普适性的结论，文章则失色不少。其实，上面肖作平的结论并不能让我们满意，因为他的结论并未给人留下深远的遐想空间。下面我们重新读一段摘要，看看这种美感与韵味是如何给我们带来无限幻想的？

……*We find that no single measure is enoughto keep these effects within all planetary boundaries simultaneously, and thata synergistic combination of measures will be needed to sufficiently mitigatethe projected increase in environmental pressures. – Macro Springmann, et. al.*

——《*options for keeping the food system withinenvironmental limits*》，*Natures*, 2018.10.25

这个结论中直接点出了单一测度的无效性，提出多测度联名的科学性。其实给读者留下的遐想之处在于到底是什么样的多个维度的测度，如何联名才能具有科学性。我们读这篇文章的兴趣立马被吊起来了。

摘要的最后一部分是创新，这不是个必要的组成部分。一般来讲，一项科学探索的创新主要体现在以下几个部分：（1）问题的创新——是否是一个新生的事物，或是否对经典问题中某个方面创新。（2）思想的创新——对于特定的问题，我们是否从新的思想理解该问题，是否用新的思想解决该问题，是否用新的思想洞察问题背后的新的规律。比如说，对于大数据方面的研究如火如荼，我们如果从纷乱嘈杂的各种数据中将干扰数据剔除，将其先修改成“小量”样本，再进行分析，所得的结论就会比有干扰项所得结果更准确，所得的发现会更深刻。这种有悖于“大数据”中“大”的思想，会是一种创新。（3）思维的创新——指的是完整思维推理过程的创新。这与思想上的创新区别之处在于，在分析的过程中，我们可能用于某些意想不到的 trick（诡计、技巧），使得难以解决的经典问题迎刃而解。这种 trick 不仅包括了分析中的技巧，更包括了分析过程的先后顺序以及逻辑的巧妙运用。比如说，我们在做经济学研究的过程中，会做一些非理性的假设，这一假设偏重于考虑行为的偏好——无论何时何地，这个人都偏爱某种钟爱的策略，在分析的过程中，由于偏好的存在，问题变得异常复杂——不妨假设，这就是该领域停滞不前的瓶颈。然而，有一个科学家说了，可以用偏序的概念定义行为上的偏好。因此问题转化为一个“不动点”的分析，属于一个泛函中的经典问题。再举例来说，曾经有一道奥数题目如下：墙上有灯不知数，起初所有的灯都没有打开，首次依次按开关，再逢二倍按开关，三逢三倍按开关，n 逢 n 倍按开关，直到最后无灯按，试问墙上何灯亮？这个问题的分析如下：①灯是否亮属于对应序号的公倍数，故此，问题转换为，某个数的公因子是什么，考察该数是否为素数。②灯是亮还是灭取决于被按的次数，即这个数的公因子个数是奇数还是偶数，如果是奇数，则灯亮。③公因子是成对出现，当前仅当某个公因子与自身相乘等于这个数，公因子才是奇数。故此，该问题又被转换成另一个问题，可得答案为，$i=1^2, 2^2, 3^2, \cdots =1, 4, 9, \cdots$。这种思维的转换是一个创新，其中创建新的模型能精确描述事物的性质及状态变化即属这一类。(4) 方法的创新——采用新的方法对问题进行分析。这个问题比较熟悉，在此不予多谈。(5) 工具的创新——利用新的分析工具，对问题进行了分析。比如以前用传统的手分析，现在采用某个软件，使结果更准确。值得注意的是，(4) 和 (5) 是属于最不重要的创新。(6) 结论的创新——这是非常重要的一个创新。文章对经典的结论进行了何种修订、何种补充，或者纠正或弥补了以前的何种空白。关于结论，前面已有比较详细的分析，这里不再赘述。

今天关于摘要的写法就聊到这里。其实可以看出，如果没有用心做研究，摘要很难写出来。短短几百字的摘要，里面浓缩了整个科学人的心血与汗水，融入了科学家的智慧与发现，这就是摘要的重要性所在。

1.5.2 文献综述的写法

——人有悲欢离合，月有阴晴圆缺，此事古难全。

文献综述对于科学的发展功不可没，它不仅客观地对某一科学领域进行准确的归纳，并从中发现已有成果的不足之处，可以为未来的研究提供正确的研究方向。

可见，要写好一个文献综述，不仅要对这个领域非常的熟悉，而且对未来有准确的预见能力。要求作者从宽度与深度上对本领域的了解很深刻，而一般的科学家，虽然很难写出令人满意的综述。故此，一般都是顶尖的科学家写的综述的价值较大。

但对于科学研究来说，综述撰写是必须要有的一个环节。尤其对于入门级的研究者来说，对该领域进行文献综述是必要的，是从硕士研究生阶段就应该掌握的技能。否则，自己纵使有千百个好的 idea，也不一定能保证它尚没有被研究出来。故此，在一般的科学注文中，都会涉及综述。要想写出一篇有价值的文献综述，从文献检索、阅读文献到提炼总结，再到落笔撰写，也是有章可循的。在本书中，我们将说清楚如何写出一篇好的综述文章。尽管我不是大家，但是将以自己的感悟极力说清这个问题。

首先，应该找一个合适的领域，以找到综述的切入点，确定好选题。在确定选题的时候，不应太大，也不要太空，还应具有一定的可操作性。举个例子说，《风险管理》的范围就比《经理人道德风险管理》的研究综述的范围大得多，前者能搜到的资料也非常多，不好掌握。

当领域确定好之后，当然这个领域应该是作者最熟悉的领域了，作者对此拥有深厚的沉淀。故此，对此内容有一定的理解，会找出一些合理的关键词，来搜索文章，也会对其他的研究有一个大致的思路。

在此前提下，为了写出一篇好的文献综述，科学家需要搜索大量的文献，仔细研究这些成果，找到这些文章的贡献及存在的问题。当且仅当这些足够多的有价值的文章被归纳，才能写出一个好的文献综述。

文献综述的主要目的是归纳成绩，剖析问题，引导未来。故此，它主要表达的内容有：谁（谁们）、哪种思想、哪种切入点、采用了哪种分析方法、得到了哪些结论、这些结论有何贡献、它解决了哪些文章结论中的问题、有何创新、有何缺陷、这些缺陷是否被其他科学家所解决，会不会在未来哪种科学或技术发展之后可以解决，这些问题的答案，才是优秀文献综述的元素。

其次，作者应该按照自己对于问题的理解，将问题分解成按一定逻辑关系所形成的几个小的问题。按同样的办法，可对这几个小的问题进行分解。依次类推，最后形成一个关于内容的拓扑结构图。如图 1－1 所示：

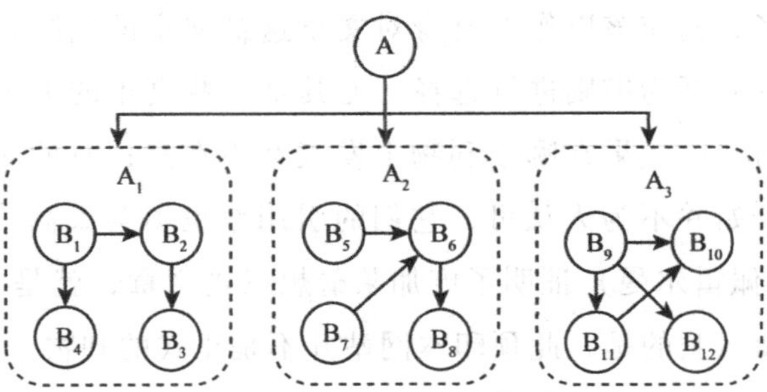

图 1-1　复杂问题分解思路

其中，A 是问题，它分成了三个主要的问题，这三个问题的关系是并列的（当然也可以是因果，见下面解说）。而这三个问题中，每个问题又分解成了几个问题：A_1由 B_1 ~ B_4构成，A_2由 B_5 ~ B_8构成，A3 由 B_9 ~ B_{12}构成。而 A_1中，B_1的研究引起了 B_2与 B_4的研究，B_2可以引起 B_3的研究，它们俩俩之间互为因果。在问题 A_2中，它们子问题 B_5 ~ B_8也不独立。最后将形成一定的因果关系。这种分解方法依此类推。可以细到可以接受的程度。但是请注意，这种分层一般不要超过三层。

然后针对于最底层的问题，按照科学研究的思维，“用 IF，…，THEN”的思维，可以绘制其分析的技术路线图。这个技术路线图与前面问题的分解属于重中之重，它决定着综述的深度、决定着综述的价值。而这两步，由科学家的思想、思维以及对问题的洞察力与格局所决定。故此，在这两步时需慎重考虑。

当每一个科学问题的技术路线绘制出来以后，我们会惊奇的发现，技术路线不仅表示了对这一问题的分析思路，也代表了这个问题所包括的各个知识点及其因果关系——它给出了这个问题的充要条件——每个点，都需要突破，否则该问题找不到答案。

对每一个点进行文献检索，将会搜索到一定数量的文章。切记只要对研究内容进行了分解，对最底层的问题设计了技术路线，我们就不愁找不到文献资料了。以前，很多人说自己找不到文献支持，也有一部分人认为自己的研究因此而具有创新性，那是因为这两步的工作没有做。如果做了你也许会发现，自己的设想可能一点也不新奇，更有可能是老生常谈。

搜索文献，一定要对搜到的文献进行识别，且不可将所有的文献都用上。在文献质量的判断标准上，千万不要以目前所流行的观点——影响因子、引用率等作为参考，而应该以作者自身对文章这篇文章的判断，以及学术界中人对这篇文章的判断为准则进行选择。尤其是一些真正的大家的一些有价值的成果。他们对自己成果在哪个刊物上发表并不在意；有的时候，很多著名的结论也在一开始并不为人认可，它们的引用率也不会太高。比如 Perelman（格里格戈里·佩雷尔曼）证明了庞加莱猜想三篇文章，就是 arXiv 预印本网站上张贴的，而讽刺的是，此预印本网站并不是正式的刊物。显然，Perelman 对于庞加莱猜想的证明贡献非常大，以致他因这几篇文章荣获菲尔茨奖。让我们继续举一篇数学界的文章作为例子，2012 年 8 月，望月新在京都大学数学系的网站上贴了一篇论文，这篇论文拆成了四个部分，用这篇共长 512 页的艰深推理的文章，宣称自己证明了 ABC 猜想。康拉德认为，“这项研究工作包括的大量的深刻思想，数学界要想完全理解消化需很长的时间”，显然由于其苦涩难懂，一定不会被引用太多。作者在此想说明的观点是，对于优秀成果的判断，最好用自己的心去感悟，而不要被某些假象蒙蔽了双眼，选择了一些价值并不太高，人云亦云的文章，而漏掉了一些真正的金子。这对于作者科学素养、能力的要求就比较高了，因此从某种意义上讲，纯粹的综述文章一般的科学家真不太容易掌控。

针对一个问题，我们会收到一定数量的文章。当然，这些文章都是经过作者精心选择的。然后对这些文章进行泛读、精读。泛读的目的是找到任意一篇文章在技术路线中的定位。也许一篇文章中，我们可以抽象出来好几个问题，他们分布在技术路线的不同的节点上，但这不影响我们的泛读目的，并且，一篇文章分布在技术路线的多个点上实属正常现象。然后，我们将针对这些文章进行精读，旨在弄清以下的问题：（1）文章中有多少个思想，每个思想是什么，他们要表达什么观点？（2）对于每个思想，其分析的切入点是什么？（3）分析过程是什么，对应的分析方法是什么？在分析的过程中用了哪些 trick/技巧，使得原本难以解决的问题迎刃而解？（4）这些过程与分析的方法是否准确。（5）有无可修正与改善的地方？结果是什么？这个结果与其他人的结果相比，区别在哪里？这个结果存在哪些不足？（6）主要的结论是什么？这个结论与其他的相比，贡献在何处？还存在哪些改进的地方？（7）如果碰到了错误的结果，它的错误在哪个地方出现的？如何补救？经过上述七个步骤，作者基本上可以搞清楚这个问题。随后要根据上述七个问题的答案，在技术路线的每一个点上，按照问题分析的逻辑，搞清楚这个问题所涉及的研究内容之间的拓扑关系——我们可以用一个有向图来表示：每个图节点的属性，即七个问题的答案，而箭头则表示以前篇文章为依据，后文对某个项（思想、思维、切入点、分析过程与方法、数据分析中的 trick、结果等）进行了修订。然后这个图就可以表明这个问题的研究进展，如果再深入分析，便可以推断出这个问题的未来发展，从而深入地指导未来的研究。

按照同样的方法，我们可以确定出研究问题拓扑结构中的所有问题的论述。按照拓扑结构的性质，就可以完成一个文献综述的基本框架。

随后，我们需要对这些文献进行归纳，对每个点所涉及的文章中的共性进行归纳，指出它们的共同点与差别，并进一步指出所存在的问题以及可能的发展方向。

在我们分析的过程中，不可避免地会出现一些“异端”的文章，这些文章研究的是每个终端问题技术路线中的一个点对应的科学问题，但是他的结论与主流的观点完全不同。从客观上讲，这种奇怪的文章是存在的。那么，是选择使用它还是放弃它，则是文献综述中会面临的一个艰难的抉择。

一般来说，这种奇怪的文章将会是两个极端，要么它是伟大的创新，要么它是完全错误的。碰到这样的文章则更应该多精读几遍，甚至可以将其重新做一遍。如果我们能够证明这篇文章是正确的，是一个创新，那么这个看起来不符合主流胃口的，甚至完全相反的文章将会带来巨大的科学革命。相反，我们证明它是错误的，那么这个错误结论也应该让科学界引以为戒。无论如何，我们都应该让它进入我们的文献综述之中——失败乃成功之母。

最后，我们应该从更高维度上分析，这个研究的难点与重点，确定出来这个选题的关键科学问题以及关键技术问题，确定目前的瓶颈以及可能的突破思路。举个简单的例子，以大数据为例，大数据在经济与管理、物理、数学、信息等多个科学中都得到了广泛的应用，但至今有三个关键的问题需要突破：(1) 在海量的数据中，如何选择那些有用的信息，而将那些故意弄虚作假的数据剔除？(2) 大数据分析技术的基础数学理论应该是制约其继续发展的因素，尽管其技术（如卷积神经网络）对于大数据的分析很有效果，但其后面的本质的数学结论还是一个空白。我们只知道算法，却不知道为什么这么算。(3) 大数据分析中采用了大量的计算方法。这些新的启发式算法缺乏基础数学上的严格证明，如果能证明其很多判断的正确性，必将会产生更好的算法。尽管站在高的维度上并非常人所能及，然而我们总可以尝试着做一些对应的工作，以增加文献综述的价值，通过如此做法，我们真的可以做到“预见未来”了，会给科学家指明一个正确的方向。

上述的工作都建立在人工分析的基础之上，而实际上随着技术的发展，已经产生了一些新的文献分析工具。它会大大简化人工分析的烦琐的工作，让文献综述变得轻松一些，比如说 Cite Space，Histcite，WOS，JCR，ESI 等，它们之间的引用如图 1－2 所示。

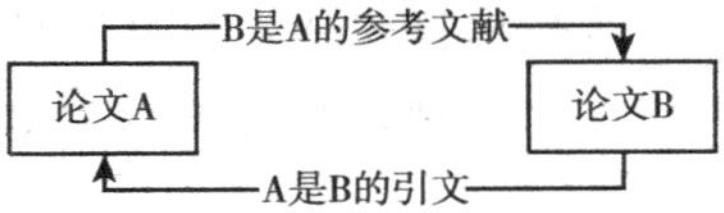

图 1－2　文献引用之间的关系

这种引用与被引用、文献共引、文献共现等关系是文献分析的基础技术。通过分析可以快速锁定某个领域的重要文献，快速锁定某领域的重要科学家或机构，洞察某个领域的最新进展，快速绘制一个领域的发展脉络，可以预测未来的发展前沿趋势，其中以 Cite Space 最为著名。

Cite Space 翻译为“引文空间”。是在科学计量学、数据可视化背景下逐渐发展起来的引文可视化分析软件。由于是通过可视化的手段来呈现科学知识的结构、规律和分布情况，因此也将通过此类方法分析得到的可视化图形称为“科学知识图谱”。科学知识图谱的概念和 Cite Space 工具自引入国内学术界，就迅速得到了大量关注。Cite Space 知识图谱目前广泛应用于探测学科前沿、选择科研方向、开展知识管理和辅助科技决策诸方面。

Cite Space 提供了多种文献分析功能，主要有“共被引分析”“共词分析”“突现分析”“聚类分析”等。对于共被引分析，Cite Space 提供了引文共被引、作者共被引和期刊共被引 3 种不同类型的分析方法。对于共现分析，Cite Space 提供了术语、关键词、来源、领域 4 种不同的共现分析。如图 1－3 所示。

首先看一下，根据关键词。呈现的学科结构知识图谱如图 1－4 所示。

使用关键词共现网络，能够将数据全集中的学科结构清晰的展示出来。每一个节点代表一篇文献，节点越大，说明该关键词词频越大，与主题的相关性越大。同样，节点的颜色代表时间：颜色越暖，时间越近；颜色越冷，

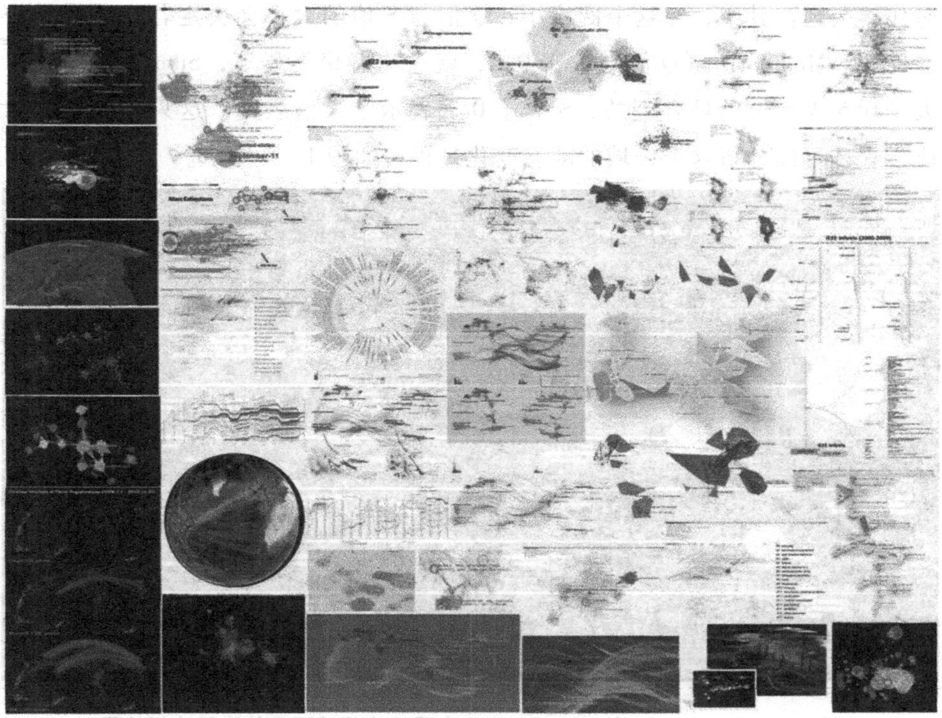

图 1－3　Cite Space 的主要功能

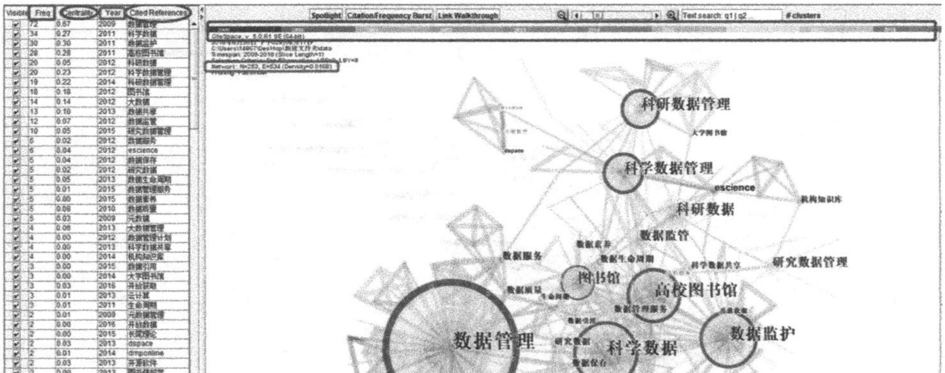

图 1－4　Cite Space 的文献聚类

时代越久远。其中，在这个网络中，Q 值与 S 值的大小会决定着这个结果的准确性。Modularity（Q 值）大于 0.3，就意味着聚类显著，Sihouette（S 值）大于 0.5 表示聚类是合理的，S 大于 0.7 表示令人信服的。这只是基本的功能，它还可以分析这个领域的动态变化过程，如图 1－5 所示。

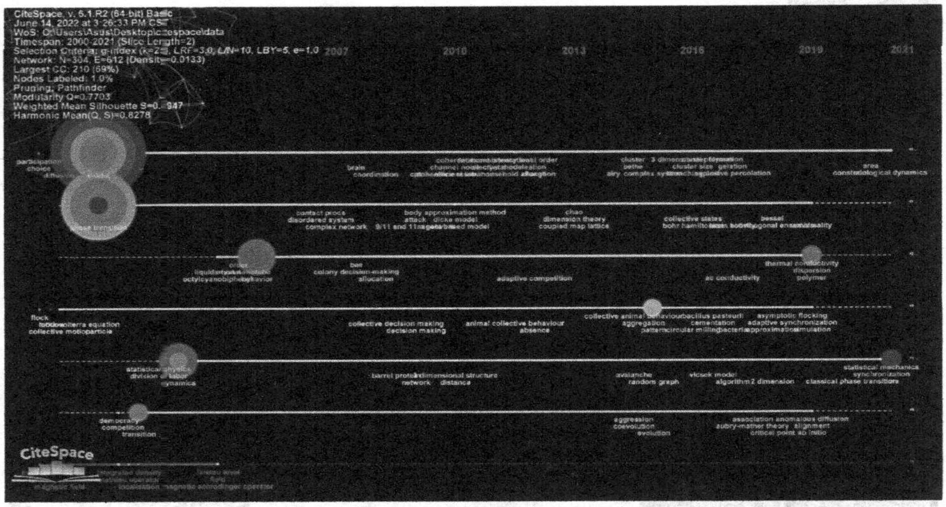

图 1－5　Cite Space 的 timeline 线，表明了该领域研究的进展分析结果

同时，我们还可以通过 Citetspace 找到研究前沿，如图 1－6 所示。

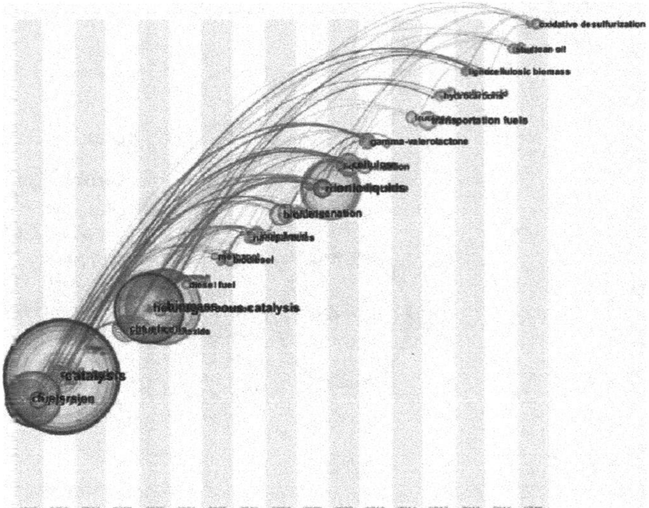

图 1－6　Cite Space 的研究前沿分析结果

通过这个前沿分析结果，我们可以了解研究主题的演化过程、时间表和进展。

这种基于统计分析的技术，对于初入门者更有意义。当然如果已经用人工得到了结论，就不需要 Cite Space 的功能了，因为这种方法比较机械，比如有些实际上就是引用了某个文章，但并没有参考文献中没有标明事件并不会被发现，因此人工分析将是比较准确的。

当然，我们如若采用了这种新的技术，无疑会对文献综述的科学价值锦上添花，我们期盼有越来越多的文献综述出现。从而指导着科学的健康发展。

1.5.3 结果 VS 结论，技术 VS 科学

——霁天欲晓未明间，满目奇峰总可观。却有一峰忽然长，方知不动是真山。

结果与结论的区别，等同于研究的技术与科学的区别。

——作者按

“技术”与“科学”是密切联系但含义又不尽相同的两个概念。100 多年前，在恩格斯的论述中就明确地将技术与科学区分开来，他指出：“技术在很大程度上依赖于科学状况，而科学状况则在更大的程度上依赖于技术的状况和社会需求。社会一旦有了技术上的需求，那么这种需要就会比十所大学更能把科学推向前进。”从这个意义上讲，技术是一种基于社会需求而进行的活动，同时先进的技术是开展科学研究的重要条件，而科学是技术发展的基础。从另一个方面来讲，技术是可预见的，经过千百次实践或实验的成熟体系。而科学是不可预见的，历经千辛万苦，也未必会发现的价值所在。

它们的区别，体现在工程与科学的区别上。

换句话说，一个工匠对于工艺熟记于心，当他面对一块木材的时候，仅仅需要针对材质的特点，就可以迅速找到切入点，并将其加工成一个凳子或更加复杂的成品。但对于一位画家来讲，要想画出世界名著，必须先要构思，在脑海中想象出千万种情境，然后才会选一个他自己认可的方式完成这幅作品。在绘画的过程中，也许由于一些误差或其他什么原因，画家会废掉这幅画，其失败可能性远高于成功。

科学的意义在于探索，技术的目的在于实施。

科学与技术任务不同，它们的成果形式也不同。普赖斯曾通俗地指出："如果某人研究劳动的主要成果是知识，即应公开宣布以作为取得优先权的申请案的某项问题，他便是在从事科学。反之，当其劳动成果主要是物品、化学品、工艺、方法，即某种可以买卖的东西时，他便是在从事技术"。科学是"好奇取向"的，科学研究的产物是阐明自然现象的本质、特点、规律，即所谓理论成果（归纳总结的结论）；技术则是"任务取向"的，技术成果已被认定具有多种含义，如新技术、新工艺，新产品和新办法，它是技术创新活动的产物。

读了一些文章，总觉得其技术性太强，而科学味太轻。后来仔细推敲，方知其区别在于是否有结论。下面，我们主要阐述结果与结论的区别，从而分析技术与科学的差异。

大千世界，无奇不有。科学研究探索的目的则是试图从这些五彩迷离的世界中找到背后所隐藏的规律。即使对于同一个问题来讲，由于条件、环境的不同，结果也会差以千里。但我们在写文章的时候，很多人只针对某一个单一的情境，而对于其他可能发生的情境则不予考虑，这种方式我们称之为技术，只因它的单一性。

很多论文写出来之后，我们看到它给了一个结果——针对某一特定问题的结果。假如换一个场景，换个条件，结果可能失效，再换一个，也可能失效。这说明所得结果的适用性极受限制，换句话说，该研究无科学价值。

我们知道世界的运行，虽然说从宏观上讲，是确定的，但从微观上看，是随机的。随机意味着，每个问题均可看成一个贝努利试验（在概率统计理论中，贝努利试验是一项结果随机的实验，可以是"成功"和"失败"两种可能的结果中的任一种。在实践中，它指的是一个可能具有两种结果之一的实验），试验的结果完全不同，相当于一个又一个的特定环境下的现象。但由于是一个问题，这些结果都会服从一定的规律——即满足一个特定的分布特征。如果样本足够大，就可以不断地逼近这个分布特征下的"规律"。值得注意的是，这里的"样本"指的是不同条件组合而形成的不同的"情境"，并非是同一条件下的不同样本。

举例来说，贫困问题一直是一个世界难题，而对于这个问题，见解也完全不同。在中国目前"精准扶贫"的政策下，各地对于贫困户进行了大力的

“帮助”，对此的研究也如火如荼，很多学者收集到了全国的数据，根据经济学的相关理论做了一系列的假设，然后采用计量经济学的方法得到一个结果，并据此提出相应的政策建议。但我们只能说，这个结果无科学意义。为何？中国的情况极其复杂，需根据文化、经济、地域、信仰等分成不同的地区、并将文化、经济、地域、信仰等设置成不同的“参数”，他们的不同组合针对于不同的“情境”，而每一个情境则属于一个贝努利试验的试验结果。对每一个情境，我们可以得到一个结果。如果我们将这些结果进一步进行归纳，就会发现，随着“参数”变化，整个结果会发生什么样的变化，我们可以找出这种变化所产生的规律、性质。如果再找到文化、信仰等方面的策略，估计出该策略下参数的变化情况，即可推导出其状态的变化趋势。

但这些仍不算更深的结论，如果能将文化、信仰等的比例与影响程度作为变量来描述参数的大小，那么我们就可以得到一个参数连续的结果，即将不同离散的点连续化。其所得结论的价值更大。进一步而言，如果再考虑其他国家与地区的情况，并按同样的方法进行分析，并将所得结果进行归纳，则可揭示出更深层次的规律。

从这里可以看出，结论可以认为是，对同一事物不同情境下结果的归纳。它具有普适性，而不具备特殊性。对于贝努利试验中的特定一个事件，针对特殊性的结果显然无法表明所有贝努利事件共有的性质，故此不具普适性，也说明只有归纳了诸多试验结果的结论才具有科学意义。

那么，除了上述的归纳法，科学结论还可以通过“实验”来得到。这种实验我们姑且称之为统计实验。在特定的统计性能上，通过统计实验获得足够多的贝努利试验结果，并用这些数据进行分析，亦可得到一些结果，再归纳，便可得到上述所说的结论。

计算试验是建立在计算机模拟仿真的基础上的，而计算机仿真模型是根据实际数据调整而得到的。故此该模型可准确地描述该现象，用该模型可以模拟出不同情境下的可能发生的情况。我们假设不同的情境，不管是已经发生的，还是尚未发生的，都可以假设。在不同的情境下进行计算试验，就可以得到更多情境下的结果，归纳之，则可得到所需的“结论”。

如果将结论某个约束条件确定成一个常量，如果得到了经典的结果，则比较深刻，科学意义更大。如果这一结论将某个变量或参数的随机性增大，还有进一步研究的价值，也说明有继续发展的前景，也进一步说明有科学意义。

1.6 经济与管理科学论文的价值

——问渠那得清如许，为有源头活水来

作为一门科学，经济与管理问题的复杂性不言而喻，要把如此复杂的问题说清楚，的确不是件容易的事情。

在《什么样的论文才能称之为科学论文》一节中，我们提出了科学论文的目标是为了展示对未知的新发现。但考虑到经济与管理科学的特点，经济与管理科学论文到底价值何在？

经济与管理的复杂性远比自然科学的大，那么其论文能否解决如此复杂的问题？经济与管理的科学家如何在一篇文章中给出完美的答案？实际上，这是一件十分复杂的事情。

无论多么复杂的问题，我们总可以找到若干个最基本的关键科学问题。这些关键科学问题将是这一系列问题及相关问题的钥匙，如果找到了打造钥匙的关键途径，将会有一系列的问题被解决。经济与管理系统也同样面临着各种各样的问题，这每一个问题都需要系统的研究才能给出确切的答案。经济与管理的科学论文（包括著作）就是解决这么一个又一个问题的。

作为一门科学，经济学也好，管理学也罢，都有其研究的特色，这是它们区别于其他科学的根本所在。它们是由一个又一个的问题构成的整体。然而可惜的是，"以问题"为导向的时候已逝去了很多年，这无疑是经济学与管理学迷茫的原因——找不到科学问题，找不到科学问题的科学，这就是其衰落的前兆。科学问题的重要意义不仅如此，它还表明成果的价值。举例来说，中美贸易摩擦与孟晚舟事件看起来是相对独立的事。但如果仅仅分析这两件事情所做出来的论文，我们称之为"技术"，而达不到"科学"论文的水准。如果按经济学的理论分析方法，可以看到，中美贸易摩擦的实质是资源配置所引发的资源抢夺——当有形的资源效用被发掘到尽头的时候，就会争抢无形资源，尤其是技术、知识、制度、企业家精神。故而知道，中美贸易摩擦的本质是技术上的争夺。回头看“孟晚舟事件”，它的表象是政治上的民粹和孤立主义的盛行，经济逆全球化和贸易摩擦不断等，但本质上依然是技术上的竞争。这回，我们就在这两个事件上找到了共同点——技术竞争。其实，信息技术革命已经完全无法支撑全球经济的衰退，各地都在等待新的技术产生，打破这一瓶颈，激活经济发展。此时，技术创新的弊端已初见——在技术创新初期，可以看到其活力；但当技术到达瓶颈时，各个经济体之间的恶意竞争就会加剧。也可以说，技术创新这一机制已经快走到了尽头。但如果能看透技术背后所隐藏的，将会有不一样的结局：我们看到了科学与知识的力量——这就相当于将我们的思维升高了一个维度。从高维看到，知识创新会带来更宽广、更深远的技术进步。但是基于知识的创新所需的时间非常长。从新知识出现到成为可应用的技术，需要相当长的时间跨度，进而再转化为上市的产品、服务等又需要很长的时间。托马斯·库恩在他的著作《科学革命的结构》中指出，一个新的科学理论大约需要 25 ~ 35 年的时间才能完成从知识变为可应用的技术，进而被市场所接受。

不仅如此，知识创新不可能基于一种要素，它是多种要素的融合，而这些要素不局限于科学或技术，知识创新还会从文化上进行创新，力争求同存异，将差异很大的文化进行融合，对于合作有巨大的作用。技术加深了竞争，但知识将会形成合作的局面——当然，前提是不同企业、民族、国家、种族文化进行融合创新，站在人类进步的角度上看经济的发展。故此，我们可以断言，技术创新已快走到尽头，而知识创新的时代即将到来。如果从这个切入点入手，分析前述事件，就会揭示一个经济学中资源配置的规律，那么这个文章的意义则远大于独立分析两件事的意义。至于这个规律，几乎呼之欲出，我们在此处给读者们留一些遐想的空间，不再限制大家的想象力。

从前文可以看出，科学问题可以抓住经济与管理事件的本质，从本质入手，可以分析其规律，实现其科学意义。这也许就是经济与管理科学论文的价值所在。

当然，经济与管理科学论文的另一个价值所在，就是发现一些新的现象。比如说，在供应链理论中，一个共识就是信息共享会给各个企业及供应链自身带来非常大的价值，但真的是这样吗？世界上很多科学家研究发现：并不完全如此。他们针对不同的情况，包括供应链结构、产品需求特征、库存控制方式等，分析了对应的信息共享方式与深度给企业和供应链带来的价值。研究发现，在某些特定的条件下，信息共享不但没有价值增值，反而会损伤供应链与企业的利益。故此，“边界”很重要，无视“边界”所做的成果，基本上可以把其划入到伪科学的范畴中了。目前科学实践哲学强调自然和社会在科学实践中的相互介入、相互塑造、共同生成，从而消解了相互之间的界线。但这种消解，忽略了科学的认知本质，失去了科学哲学中的规范性分析，面临相对主义的困境。

对于上述两个功能，有些科学家——经济学家与管理学家是不同意的，他们认为经济与管理科学是一门应用科学，一定要用于实践，否则有“云里雾里”的嫌疑。他们认为应该对某个具体的问题，给出详尽的方案。否则，只能是虚无缥缈的东西，难以称之为科学。

然而，我们不敢苟同这种观点，这种观点其实就是混淆了指导经济与管理活动和进行经济与管理活动之间的区别。经济与管理科学成果——论文、专著等的意义在于指导实践，并不在于直接指挥。原因是，现实的情况千差万别，加上人的主观能动性，导致现实中有数不清的情况发生，科学不可能对所有的情况给出答案，而只能是给出一个基本的理论，具体实施，仍需技术进行，这就是科学与技术价值的差异性。其次，作为科学，不可能给了烹饪的方法，还要手把手地教厨师们学炒菜。经济与管理界的企业家，也不会笨的什么都不会吧。这一点，在《何为科学——倚遍阑干，只是无情绪》《经济与管理是什么样的科学——旧时天气旧时衣。只有情怀不似、旧家时》以及《什么样的论文才够资格称之为科学论文——楚歌难掩霸王气，乌江之畔魂何依。且化奔腾东流水，年年月月待虞姬》中均有体现，这里不再深入。

要想达到这两个目标，文章的思想性以及推理的思维就值得重视。如果这两点没有，经济与管理科学论文的价值就会黯然失色。事实上，我们一直在强调这两个的重要性。对于异常复杂的经济学与管理学问题，如果缺乏上述两点的支持，很难找到科学问题，它的科学价值就不会体现出来。

即使我们找到了科学问题，如果没有能力将其抽象成一个可以求解的问题——即科学问题的规范化，也很难得到准确深刻的结论，它就没有价值。进一步讲，这种抽象能力来自于基础科学，如果有雄厚的基础科学知识作为支撑，科研工作者就可以通过合适的方法找到科学问题的答案。否则，我们就会面临一个窘境：“理想很丰满，现实很骨感”。经常性的，基础理论知识可以在很大程度上促进科学价值的演绎。

让我们举个例子，有一个名为《产品与供应链同步演进的变更控制体系及方法研究》的问题，其产生的背景是，我们国家为了提升工业的竞争能力，营造一种协同制造的环境。但由于这个合作是建立在自发合作的基础上，故此，其供应链的结构、产品结构会发生变化。每当一种结构稳定之后，就可以用一种匹配的策略与机制促使各个参与方的协同制造能力。当各个企业同步生产能力提高时，整个供应链的竞争力就会达到一个较好的水平。然而这并不容易，因为企业是独立的运营主体，一个企业无法用命令的方法要求另一个企业做什么。故此，契约的作用就会得到应用。问题不在此处，而在于每两种结构变更时，那种协同策略的变更更难。

这个问题异常复杂，它涉及以下科学问题。(1) 差异性约束的多目标博弈（或同步控制）问题；(2) 效率与稳定之间的关系；(3) 产品与供应链拓扑结构共同演进的同步问题。（注，由于涉及申请基金的管理学思想，在本篇文章中，我们省略了这一推导过程）可以看出，如果没有雄厚的多目标博弈、同步控制、扰动理论等作为基础，我们既无法将其归结为以上三个科学问题，也不可能得到准确的、深刻的科学结论，那么其文章的价值，就逊色很多。故此，基础科学对于经济与管理科学及其论文价值极大。

有的人觉得深奥的经济与管理科学论文的结果是一种哗众取宠的做法，这种见解有失公允，是一种浅薄的体现。前文说过，科学论文的价值在于指导现实，尤其是经济与管理的科学论文更是如此，强调指导的作用。然而，有些理论得到之后，却找不到应用的背景，这些文章立马被称之为“故弄玄虚”的文章，会被批得一文不值。其实，不仅是论文，在做学位论文、申请课题的时候，总有专家喜欢问一句：这个研究成果有什么用吗？这种思想其实非常恐怖——可以说它是科学最大的敌人，因为科学研究的目标是探索未知世界，揭示已知世界的运行规律。现在没发生的，在未来未必不发生，也可能会发生更复杂多变的情况与事件。因此，对此进行大胆的假设并得到的结论，在未来中可能有用，它就是真的科学，价值不可估量。如果因为在当前无用，或因为看不懂，就将其扼杀在摇篮之中，这对科学的损害非常大。换句话说，科学研究的成果，用论文表达出来的结论，我们并不一定就能知道其科学价值；即使现在没有，未来也未必没有。因此，如果不是错误的，其价值还是让自己慢慢发现，或让后人发现吧。这对于以应用为主的经济与管理科学研究来说更是如此。以上文中描述的结构与产品需求共同演化的供应链协同来讲，所推演的三个科学问题所给出的答案一定不是一目了然的，在实际的应用中，也需经济与管理的“技术科学家”对这一成果进行转换。同时我们也可以判定，凡是一瞥就可以得到结论的经济与管理论文一定不会有太多的价值，凡是未曾见过的结论未必是胡说八道。

第 2 章 科学问题

——欲穷千里目，更上一层楼。

2.1 何为科学问题

——衣带渐宽终不悔，为伊消得人憔悴。

在《结果 VS 结论，技术 VS 科学》《关键科学问题》中，我们认为，科学关键是要找到科学问题。科学问题是在一定的科学知识背景下，存在于科学知识体系内和科学实践中有待解决的疑难问题。更进一步讲，好的科学问题，如果得不到深层思考，得不到高度凝练，也是无法促进科学发展和技术进步的。同样，一个不值得进一步思考和凝练的问题，其本身就不具备科学价值。在本篇文章中，我们将介绍如何从现在经济与管理的研究中发现科学问题，如何凝练科学问题。

既然科学问题，最大的特点是具有普适性——适用于某一类事物的属性、功能及状态演化的若干个问题——显然它的适用范围越广，这个科学问题的价值越大。那么，我们在寻找科学问题的时候应注重普适性，而对于偶然性或特殊性的问题，则给予一定的忽视。

普适性不仅要求我们熟悉本领域中的研究成果，了解它们的价值，能对其进行有效的辨识，而且要求我们能够尽量多地了解其他相关领域或相近领域的科研成果，在此基础上对他们进行抽象，并弱化其个性化的特征，强化他们的共性化特征，将它们的共性归纳成一个科学问题。无论这个科学问题存在与否，我们都算成功了，进一步而言，科学问题是深邃的还是浅薄的，不仅取决于它的使用范围（我们姑且称之为宽度），还是取决于它能带某一问题走多远（我们称之为深度）。深度主要依赖于科学家所创析的问题是否触及了研究对象的核心。下面我们将就此进行一一分析。

首先说归纳的粒度，这里的粒度指的是它所涵盖领域的范围——宽度。在本节中我们提出以下步骤：读文献→分类汇总→抽象子系统的特征→将特征归纳成一个一般问题→找到特征的弱科学问题→对所有的弱科学问题归纳→找到科学问题→演绎法发现更多的问题，包括同类问题和相关相近问题→外推到同簇中的相关问题→归纳抽象，上升到一般问题，发现科学问题。

事实上，对于每一个研究对象，它应隶属于一个重大的问题之中，以此类推，我们可以找到更高级别的科学问题，从而不断的扩大科学问题的边界与宽度，构成一个循环。从小的问题入手，找到关键，然后找同类的关键，才可归纳得到更高层次的子系统的科学问题。如图 2－1、图 2－2 所示：

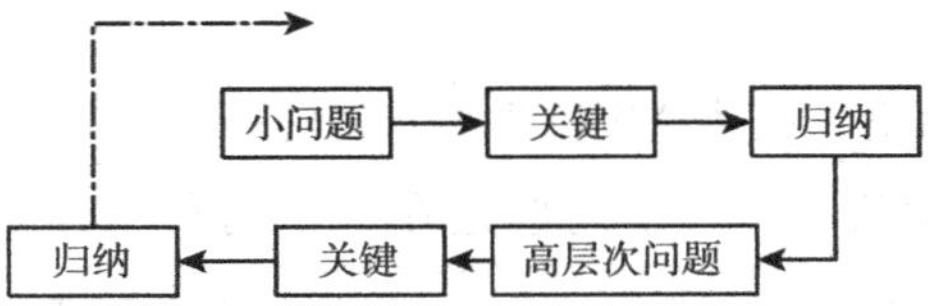

图 2－1　科学问题的抽象层次递进过程

或者

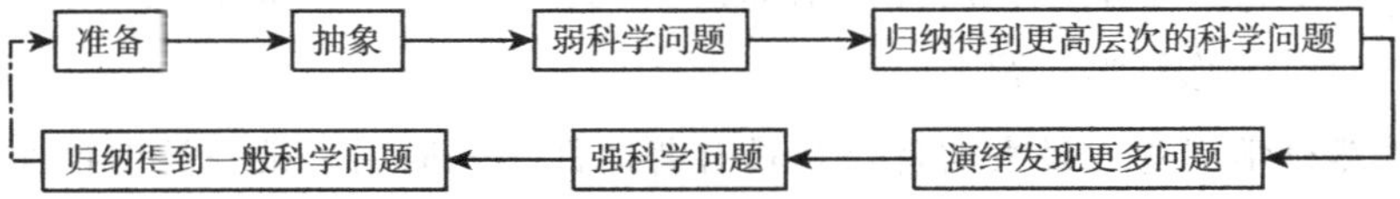

图 2－2　科学问题的抽象循环

下面我们对这个过程进行解释：

1. 准备阶段。

在准备阶段，我们需要收集资料，将文献中（包括现实问题）进行分类，为后续的归纳工作做准备。这个阶段主要包括以下几个方面的内容。

（1）找实际问题。现实存在的问题不一定是科学问题，可能是一个技术问题。挖掘科学问题的第一步，即寻找现实问题。对已经存在的现实世界的现象进行分析，这类问题是现实存在的问题，可能是技术问题，但一般不是科学问题。

（2）对于任何一个实际问题，我们开始搜集该方面的研究成果，关注每一个研究的切入点，研究过程和方法、结果、结论及思想。据此将这些成果分成不同的类型，总结每类的共性。

2. 抽象阶段。

经过准备阶段，我们对于需要研究的问题及所得到的已知结论已经了解。但由于他们并不能算作科学问题，我们只能对此进行归纳总结，将这些“技术”升华成“科学问题”。这是最为复杂的过程之一，其主要内容如下所示：

（1）将每一个类型看作一个子系统。将每一篇文章研究的个性化问题忽略掉，抽取出其共性问题，并将这个共性问题归纳成一个一般的问题。

（2）将不同的子系统所对应的一般问题进行二次归纳，取其共性弃其个性，得到一个更加一般的问题。这一步的关键之处在于，我们需对每个子系统的核心思想进行抽象，然后找到共性的思想，这样就可以找到同一层面所有问题的一个弱科学问题。在这里，我们所谓的“弱”相对于后面步骤的“强”。这种强与弱的区别在于普适性的大小。

（3）归纳所有的科学问题，即可找到他们后面所隐藏的“强科学问题”。

其实对于（2）与（3）来说，我们假设科学的探索具有层级性。不妨假设每个问题构成一个系统，则其结构如图 2－3 所示：

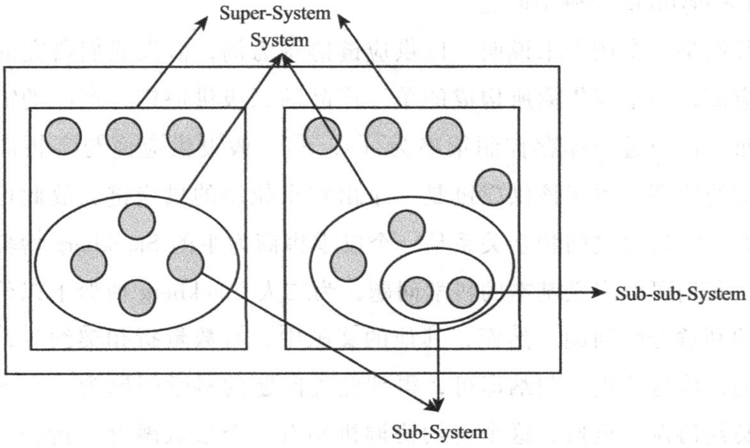

图 2－3　科学问题的层次性

可以看出，处于最底层的问题，其普适性越低，科学问题的价值越弱；越往高层走，抽象的粒度越大，层级越高，科学问题的价值越强。在这种不断抽象的过程中，我们才能准确洞悉科学问题，得到一个更深邃的科学问题，从而衍生出一个深刻的结论。其实，“透过现象看本质”是一个过程，如果没有这种层层推理，我们得到的问题仅仅是一个“头疼医头，脚疼医脚”的浅薄的技术问题。

3. 演绎 - 归纳阶段（分析综合阶段）。

与其说归纳是对一类事物的本性的识别，不如说归纳是为下一次演绎做准备。

（1）我们知道，所搜索到的资料不可能涵盖所有的“情境”（在前文中，很多地方已经提到这个词，它表明了一个特定的条件），对于没有涉及的情境，需根据想象力以及演绎法，将这一问题推广到相关情境中，然后由经验、知识等推导他们的特征，并推出他们的“强科学问题”。

（2）将这些所有的“强科学问题”进行归纳。由于这些强科学问题横跨了不同的领域，通过这种归纳则可以找到同一科学同一主题问题下，不同领域的共性关键科学问题，其普适性更强一些。

进一步，我们按照这种演绎 - 归纳的思想可以得到同一主题/问题的普适性科学问题，乃至于同一学科的某些普适性问题。每一次都先界定一个问题，然后搜索文献，进行抽象，然后再演绎，再归纳，最终将生成一个类似于 theory of everything 的科学问题。

让我们举一个例子来说明。以供应链协调为例，假设我们研究的对象是一个供应商，一个零售商所构成的单一产品的二级供应链，产品的需求满足泊松分布，供应链中库存控制策略为（s，S）。假设供应商与零售商的协调策略为契约协调，由于该供应链是一个由需求拉动的供应链，故此可以得到该供应商与零售商之间相互关系是一个以零售商为主的 Stackberg 博弈。在此背景下，我们可以定义基本的科学问题，为二人 Stackberg 博弈下以价格折扣为手段的利益分配问题。然而，其他的文献中，有数量折扣契约的，也有回购契约的，将这些进行归纳即可，得到此类问题的科学问题为二人 Stackberg 博弈下契约协调。显然，这个契约协调机制有一个参数融合了折扣率、回购率等参数的共性，故此，具有的科学问题更加广阔，更具普适性意义。

假设两个企业之间的契约策略是一个混合策略，不妨假设策略空间为{数量折扣，价格折扣，回购，退货}，而每个策略使用的概率确定，那么这个问题则变成二人 Stackberg 博弈下混合契约协调。

再进一步假设这两个企业的智能性与自适应能力很高，他们对某一策略的选择概率依赖于自己的历史收益以及对方策略，则更加有趣，不妨假设其中一个企业选择策略 i 的概率为 $x_i(t)$。则 $x_i(t)$ 可以描述为

$$\dot{x}_i(t) = o(x_i(t)) \tag{2.1}$$

这种自适应能力使得科学问题升华为二人 Stackberg 下自适应混合策略协调。我们再假设供应链中有若干个相互关联的产品，他们的需求分布并不独立，而存在着一定的相关性，从而将问题的复杂性增加。再进一步的假设，该供应链的结构易变，也就是说，除了核心成员固定以外，供应链中的外围成员也不稳定，这就得到一个深刻的科学问题。

我们主要从深度上阐述科学问题的寻找之路。科学问题不同于技术，最大的关键并不是普适性，而在于深邃性，这种深邃性主要体现为能够揭示事物发展变化的本质。

如果我们想真正揭示事物的本质，需联合多种基础学科的知识，对所研究的问题层层剖析，以从最基础的层次上凝练出问题的本质。与其他学科相比，经济学与管理学是一门新生的学科，在很大程度上受到其他学科的影响，尤其是哲学、数学、物理等学科的理论、知识思想和思维。像在宽度中一样，下面我们给一个基本的分析模块。值得注意的是，在宽度的抽象中，我们为了增加其普适性意义，不断地在增维。一旦某一参数变成一个常数，这个研究的问题就可以退化成一个一般的问题，这样使得其适用范围更广。但其前提是，其“基本”点蕴含着一个基本的原理，并且这个原理具有一定的通用性（比如贝叶斯推理是一个描述推断的基本的问题，其适用范围非常广阔，不仅在应用学科中，而且在随机过程、控制论、量子理论中都有极其广泛的应用空间）。那么，这个基本的问题属于基本的法则，更具深邃性，为了得到这个问题，我们则需降维处理。下面将这个降维的各个模块列举如下。

①系统辨识

与以往的文章一样，我们依然将所研究的问题抽象成一个系统，我们需做的是对这个系统进行辨识，弄清系统的输入、输出、环境以及转换的具体

特征。

比如，以供应链风险为例，我们认为供应链的风险源自于供应链运作过程中的各个不同的风险事件，每一个风险事件对其对应运作阶段或者不同运作阶段中的影响因素偏离预设轨道而产生的，并且这些风险因素之间并不独立，而是形成了以下的关系，一个因素的变化会导致下一个因素的变化，以此类推。并且系统中的风险事件并不完全独立，其中有些风险事件之间也存在着一定的因果关系，比如资金流断裂与物流断裂之间就存在着因果关系。更为重要的是，由于环境的扰动系统中的人、其他元素以及输入结构的变化，会使得这些风险因素的状态会随着时间而动态随机变化，这最终会影响供应链风险的状态。再进一步分析，还可以知道，随着供应链从构建、成长到成熟，我们也会发现其影响因素与风险事件并不完全相同，也许在供应链刚建成初期的双重边际效用、资金流断裂等为主的风险事件会转变成成熟期的以道德风险、牛鞭效应为主的风险事件体系。当然，其对应的因素也在不断变化。

针对这一问题，我们需要抽象，将其归纳成一个科学问题，故需要进行下面的步骤。

②系统还原/（降维）

借用哲学的分析思想，并用研究对象所对应的理论以及数学、物理、信息、生态等学科中的基础理论，将该问题退化成一个基础的科学问题。

仍以上面的供应链风险分析为例，可以看出有多个非独立相关的风险影响因素决定着多个非独立的风险事件的性质与状态，故此，可以将这个问题抽象成一个非映射非线性的问题。但这个降维还原并不是很准确，非常模糊，需进一步降维到一个更一般的问题上。

考虑到某一个因素的随机变化会导致下一个因素的变化，这种偏离会沿着因素之间的相互影响随机放大，最终导致风险事件发生，可以发现其中有几个关键信息需抓住：随机传递、因果依赖。联想到该问题与贝叶斯网络之间的同质性，故此可将该问题归纳为一个动态贝叶斯网络。

进一步，考虑到风险系统结构的随机时变性，可知道这个问题可退化成一个更加具体的科学问题——结构随机时变的动态贝叶斯网络。我们可以在这个问题的基础上分析以下几个问题：1）风险发生时间、持续时间的分布特征，这个问题便可归纳为结构随机时变动态贝叶斯网络的统计属性或演变规律；2）风险的稳定性条件是否可控，其实质可以描述为随机时变动态贝叶斯网络的稳定性；3）风险的同步结构性，即风险之间是否存在着同步性，可以退化成随机时变的动态贝叶斯的同步性分析。

当然，这个退化成贝叶斯网络并不是一个唯一的答案，也可以归纳为一个量子系统，或 Multi - Agent 系统或复杂自适应系统，或混沌系统等。但其科学问题的本质应该是一致的，即一个随机时变系统的性质与特征、稳定性、同步性的问题。到这里为止，我们便找到了一系列科学问题：统计属性（包括演化规律）、稳定性条件以及同步控制等。

可以看出，在这个过程中，我们综合了多个学科的知识、思想、思维与方法。在上面的例子中，我们采用了管理学的知识将问题说清楚，然后用数学的方法将其退化成一个随机时变系统领域中，但对于其变化过程，则结合了控制论与生态系统中的演化理论。自始至终，我们一直在使用系统分析的方法分析问题。只有将多学科进行融合，才会对所面临的问题进行降维处理。

（3）科学问题的凝练

对于每一个科学研究都可以抽象成一系列的问题。但这些问题还是比较粗糙的，需进一步的分析，找到更加精细的、深刻的、关键的科学问题。具体过程如下：

①针对我们的研究目标，我们采用一些方法，做出该问题的技术路线，并由此抽象出一系列的研究内容及实现过程，以及其中的关键部分。

②将内容进行分析，确定每个内容中的关键科学问题。其实我们可以知道，一个又一个的关键科学问题，类似于一个又一个的科学假说，而这些不同的假说构成了这个研究的关键科学问题。

以上面供应链的风险研究为例。a. 由于各个风险是由同一个供应链运作过程中产生的，他们之间存在着这样那样的关系。对于强的因果关系，固然我们可以通过常规的因果分析即可得到。对于弱关系的不同风险，他们之间是否存在着“同步”的现象，这显然是一个科学的问题：弱相关风险事件的同步属性及条件或弱相关风险事件的纠缠态的性质及条件。b. 这种风险事件产生的概率应与历史有关，可能与上一个周期的风险事件的状态及其诱因的状态有关，故此应是一个隐马尔科夫过程，具有分布不变性的特征。c. 风险事件一旦产生，其持续时间则成为一个最重要的序参量。我们假定，持续时间越小，其概率越大，而持续时间越大，其概率越小。其分布特征表现出无标度性，用公式描述可以定义为 $P(t)=t^{-\lambda}$，$\lambda>0$。d. 所有风险事件的发生均有一个临界状态，在临界状态之下无论发生多大的扰动，系统的风险也不会发生。但如果超过了临界状态，而在任意的微弱的扰动下，供应链风险也会发生，并且从一个运作环节蔓延到下一个环节，瞬间让供应链系统崩溃。在临界点上，风险的属性不稳定。显然，这三条中所归纳出同步性、分布不变性、无标度性以及临界性及其对应的科学问题才是深邃的。

进一步，假设我们研究这种风险的临界性，就可以得到以下几个科学问题：a. 不变分布应该是一个率函数；b. 风险突然全面爆发的临界点与风险控制的最小努力量对应的临界点具有等价性等。

可以看出，对于科学问题的发现，升维与降维是必要的，一般地讲，先升维后降维，取得的效果更好，但是难度更大一些，需要逻辑学、哲学、数学、经济学、管理学等多门学科的综合才能实现。经过上述的分析，我们所得到的科学问题不仅具有普适性，而且具有深邃性。

2.2 科学问题的属性

2.2.1 简单

——何物最关情，黄鹂三两声。

简单！简单能代表科学问题？这似乎是一个错误的想法，与经典的认知不同。

然而，我说的没错，你也没有看错，也没有听错，简单的确是科学问题的重要属性之一。实际上，科学问题的描述一定是简单的，绝不是繁杂的，越是纠缠不清的问题，越不可能是科学问题——因为它没有将不重要的部分取消，它没有将最核心的部分抽取出来，没有让人感到纯净。

的确，科学是纯净的，而不是混乱的。因此，对应的科学问题应具有简单性，而不是复杂性。*Science* 在创刊 125 周年，公布了 125 个前沿的科学问题，我们将与经济学、管理学相关的科学问题罗列出来，就可以领略它们的简单之美：

（1）人类合作行为如何发展？

（2）是什么提升了现代人类的行为？

（3）为什么一些国家向前发展，而有些国家的发展停滞？

（4）政府高额赤字对国家利益与经济增长速度有什么影响？

（5）政治与经济自由密切相关吗？

（6）为什么改变撒哈拉地区贫困状态的努力几乎全部失败？

不妨假设 *Science* 科学是国际顶级科学成果的发布媒体——事实上的确是顶级的期刊，可以知道上述的 6 个题目是真正的科学问题。从上面 6 个题目中，每个题目的表述都非常简单。除了最后一个以外，其余的都是一个普适性问题，普适性问题所体现了一个观点：要从本质上来解答一个看似简单。但又蕴含着多个方向以及多个领域的问题。并且这些问题还折射出来一个思想：简单。在我们中国的道家思想中，“大道至简”是至理名言。

大道至简，我们认为世界万物的运作规律，可能是一个尚未被发现的简单的规律，这种简单性并不是来自于特定问题，而是来自于社会界与自然界各个问题背后所掩盖的本质特征。既然要抽象出尽量多的事物的共性，那么必须必然是越来越简单，如图 2－4 所示。

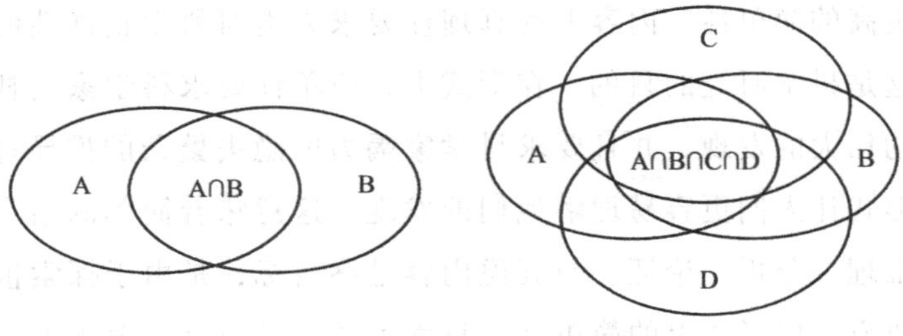

图 2－4　科学问题的基本属性——共性

可以看出，随着普适性要求的提高，各个事物的共性会越来越小，那就会越来越简单。越简单的越接近客观真理，即是如此。

与之对应的，科学问题也应该具有简单性的特点。下面我们举例分析这个问题——政治与经济自由密切相关吗？这个问题初看起来很简单。对其的答案也貌似很简单，相关或不相关。但仔细琢磨就会发现这个问题从本质上揭示了一个问题。在研究经济问题时，政治因素是否需要考虑？经济制度的设置过程中，是否考虑政治因素？经济与政治体制改革过程中是否应该考虑其影响作用等，都是由这个问题衍生的。进一步而言，这个貌似简单的问题，不可能通过直观就可得到。需要非常复杂的运算、分析、探索才可得到一个结论。实际上，任何至少看起来貌似很简单的科学问题，背后都掩藏着大量复杂的分析过程、巧妙的分析思路以及先进的论证过程，这一简单性意味着花了大量的精力、时间才获得的。简单，就比较容易发现科学问题的本质，能够体现出来问题中隐含的关键矛盾，以此来指导则会得到更深更广的科学研究成果。

爱因斯坦认为科学具有内在的完美，海森堡也说过，“如果自然界把我们引向极其简单而美丽的数学形式……我们就不得不认为这些形式是‘真’的，它们显示出自然界的真正特征”。对于科学界，对于经济学与管理学，也应有这种相似的逻辑。如果我们通过大量的分析，将几乎所有的问题及答案引向于极其简约而又美丽的“科学”形式（也包括数学形式），我们就认为这个形式是真的。他们显示了经济学与管理学研究问题的“真谛”，而对应的问题及答案都是简单而美丽的。

由此可见，简单性是科学家追求的一个基本的目标。人类思维活动追求两大目标：一是追求理论在内容上具有更高的真理性，二是追求理论在形式上更具有更高的简单性。内容上的真理性要求人类对科学正确性的孜孜不倦的追求，这是科学研究的目的。在形式上，简单性要求科学家用朴素的语言说明他们的伟大的发现，并且要求科学家竭力的隐去繁杂的推导过程，用一个简单的形式让人们更容易理解他们的发现，这意味着简单的结果后面蕴藏着复杂的推理、分析、论证。与其说内容是终目标，是由于探索世界未解之谜而做的研究，但形式上的简单性对科学家的要求更高，要求他们以一个引人注目的方式将科学发现精炼地表达出来，而这种对结果的锤炼，其实难度更大，也体现于科学的素养要求。与之对应的科学问题也应该在内容与形式上体现出类似的性质：在内容上，科学问题更应该体现深刻性、普适性；在形式上，应该体现出简单性。这也是科学结果与科学问题相匹配的原因所致。

一些科学家混淆了研究问题与研究方法之间的关系，错误地将研究方法当成了研究的内容。很多人会说他们在研究混沌，在研究量子博弈。然而，经济与管理的科学研究，是以问题驱动的，并不是以方法驱动的。这些混沌、量子博弈仅仅只是研究的方法，并不是研究的科学问题。如果说研究问题是“虚拟企业合作的条件”，这就显得很简单明了，这才是科学问题的真正表现形式。

当然，这种简单不等于平庸。毕竟科学是科学，不是影视剧，它的受众并非所有的人，而是一小部分人。这部分人应该距离科学很近，具备一定的知识储备。举例来说，维特根斯坦的毕业论文《逻辑哲学导论》，这个问题异常复杂，即使是世界上最卓越的科学家，维特根斯坦也不能用最简单的语言让老百姓听明白他的科学问题，甚至于他的老师罗素不是很完全地理解他所研究的问题及科学观点。这就说明了一个问题，简单仅仅是相对于专业人员而言。我相信爱因斯坦的相对论的科学问题一开始老百姓并不了解，只是由于听多了才能理解这个非常复杂的问题，甚至到目前为止，绝大多数老百姓也只是能简单地描述相对论的基本观点，但对于其真正的内容，则不熟悉。而科学家对于这个问题的理解则相当容易一些，也是因为他将极其复杂的问题用一个简单的公式来表达出来的原因所致。

但我们总是把简单与平庸混为一谈，甚至认为平庸就是简单。有人认为经济学家与管理学家所研究的问题老百姓应该非常懂。这其实并不是科学，甚至连科普也算不上，充其量算是坊间白话。这是因为平庸否定了科学问题的第一层含义：在内容上追求真理，对未知世界所揭示的规律的发现。显然，平庸不具备科学问题在内容上的要求。

我们反对烦琐，其前提条件是在“对”的事情上尽可能以简化问题；但如果脱离了内容，一味地追求简单。就将原本要求在形式中的简单转移到了在内容中的简单。那这样，正好是伪科学所做的事情。

真正的科学问题，在形式上是简单的，但在内容上并不简单，相反，在内容上具有深刻性，入木三分地描述事物的变化规律是我们所追求的。

2.2.2 有趣

——画图省识春风面，环佩空归夜月魂。

科学是“好奇取向”的。趣味性是吸引科学家关注该科学问题的关键，反过来说，科学问题的趣味性是科学家发现与探索世界的动力。

举例来说，庞加莱猜想这个问题其实比较简单，主要为“任何一个单连通的封闭的三维流形一定同胚于一个三维的球面”。费马大定理中也提到：一个正整数的二次以上的幂不能分成两个正整数的同次幂之和。这两个问题都能够让人们怀疑它们的正确性，从而对这个问题产生巨大的兴趣。对于这些有趣的科学问题，科学家前仆后继，付出了艰辛的努力，最后才证明了这些猜想。

科学家争先恐后地去研究一个问题，并不在于这个问题有多么的简单，也不在于这个问题有多么难，而是在于它是多么的有趣。有趣意味着科学发现的结果与众不同，这种神奇的发现给科学家探索世界的行为带来了精神层面的认可，鼓励他们继续探索未知的领域。

举例来说，现代企业以公司制为主，企业所有者和经理人之间是委托代理的关系，二者的利益目标并不一致。为了有效地激励企业的职业经理人，企业所有者会通过薪酬激励来提高经理人的努力程度。那么，企业经理人的激励与其努力水平是否呈现正相关现象，这个问题就非常有趣。它所对应的问题是适度激励，也就是说，只有在适度的激励条件下，经理人才会以较高的努力水平履行自己的职责。激励的设计既要考虑到保健因素，又要注意激励因素，二者互相配合、合理占比，才能让经理人的目标函数和企业所有者的目标函数一致。不然过度的激励，则会形成“施大恩养大仇”的风险事件。过小的激励，又会让经理人有“吃大锅饭”的思想，故此，这个度的把握其实很难。过犹不及的哲学思想估计我们都知道，但真正准确地把握这个度，则比较困难。显然这个问题比较有趣，这也是它成为一个科学问题的一个重要原因所在。进一步讲，不同的人，其激励方式对其效果的影响也不同，有人爱“财”、有人爱“名”、有人爱“情”，故此，对不同类型的经理人的适度激励一定是一个非常有趣的问题。

让我们继续以这个例子为主，退回到之前讨论过的二因素理论中，在二因素理论中，我们设计出了保健因素与激励因素，根据上面的分析，可以看出以下四个问题：（1）不同类型的经理人的保健因素与激励因素不同，那么与类型对应的这个体系就非常重要。（2）更重要的对激励的反应呈现出不同效果的人的类型的定义则显得十分关键。（3）人的性质是可以变化的，而不是一成不变的，他们如何转变，在转变的过程中如何确定其合理的激励策略，都是非常关键的问题。（4）当人们转变其类型或属性时，从一个类型到另一个类型的转变过程中。这些问题将引发如何设置合适的激励策略的问题。这几个问题都非常有意思，它们试图从心理学、社会学、管理学等多个维度确定出经理人努力水平适度激励。从人非理性的角度解答“大恩与大仇”这一悖论。

在一个组织中，经理人并非独立的存在，有一定数量的经理人形成一个组织的经理人群体，他们之间会相互交流、会相互学习，从而知道其他人的行为，这个群体激励则是更加复杂的问题，是坚持“黑箱”原则，还是遵循“白板”制度，是一个更为有趣的问题。前者，意味着经理人彼此不知对方的激励优点是会专心于做事，而不想琢磨人；但缺点是容易导致信息不透明下的民主监督缺乏所显示的努力水平下降现象以及不公平现象。后者意味着所有的激励都会保持公平，但其缺点是容易形成人琢磨人的现象——可能会恶意破坏其他经理人的事情。如何设计这个激励制度还需要看经理人的群体属性，即每种属性经理人所占的比例，比例不同，激励机制便存在着一定的差异。那么，是否存在一个规律，能够给这个问题一个深层次的本质性的答案，则是一件有趣的事情。

让我们继续探讨这个例子，将问题进一步引申到非理性人的上面来，在非理性人的刻画中有一个表征叫社会的成本——金钱往往是最贵的激励方式。我们生存在两个不同范式的环境，一个是社会规范，另一个是市场规范，前者与金钱无关，后者与金钱有关。社会规范的成本很低，但只要有一次违反社会规范原则，就很容易回到市场规范。然而现在绝大多数的激励理论都建立在金钱的基础上。而低成本又高效地归属于社会范式下的激励如何则是一个有趣的话题，当然，前提条件是要找对对的人，问题回归到经理人的属性中。

从这个例子可以看出，这个问题是很有趣的。它必得吸引很多科学家的注意力——当然，这纯属笔者的个人见解，并不一定科学。但我们论述的重点在于“趣味性”，而与笔者对该问题的观点无关。我们的目的是证明这种趣味性强的问题应是一个科学问题，如果笔者的观点能引激烈的争论，我们的目的便已达到了。故此，读者大可忽视我的观点，从自己的角度思考这个问题。

“有趣”像一个磁石，会吸引一大批人对其进行真正的研究。当然，也不一定是一批人，也许是极少量的科学家。不管如何，这是科学发展的动力，是自发性探索世界未解之谜的源泉。如果问题不具有有趣的特点，很难值得科学家关注。

从科学的发展历史上看，凡是重要的科学问题都是非常有趣的。举个例子来说，我们一般都认为，如果从运动的物体上往前跳，则速度会大于物体；往后跳，则速度会小于物体。但偏偏有人在想，如果站在光速上，往前跳会发生什么结果？在当时光速为速度极限的假设中，无法达到比光速更快的速度了，那是否意味着有更有趣的结果会产生呢？这个问题显然是相对论产生的一种说法，而相对论，则是20世纪一个伟大的科学发明。再比如说，物体每天都从高空中坠落，这貌似很是司空见惯的现象，却会引起一些人的注意，历经了无数次实验，伽利略也坚信，任何物品从高空中下落，运动是相对的。然后用著名的“斜塔实验”去证明了这一发现，那么，为什么这个结果与想象中的不同，这种差异引发了科学家的进一步分析。显然这个问题是有趣的，否则，研究会停留在实验的层面上，不会有自由落体运动以及万有引力等科学问题的研究。

如何在日常的生活、工作研究中发现有趣的问题就显得重要了。然而，在目前这个被功利主义统治着的科学界，这种有趣被蓄意引向了科学的表现形式，而非科学问题本身，其本质在于科学家们在遇到真正的科学问题时，被其难度吓到，采取了急流勇退的做法，这种现象在经济与管理的科学研究尤为突出。有一些科学家喜欢设计一个分析过程为跌宕起伏、千转百回情节的 story，然后让读者觉得这个问题有多么的有趣。从这个意义上讲，科学问题的有趣性已与问题本身的关系不大了，而在于科学家构造 story 的能力。这种误区其实在我们的周围已经固化，科学家争先恐后地创造一些名词和 story 来强化它，然而这种现象与科学研究的终极目标——科学发现规律相悖。其核心原因在于，科学的发现与技术的发明创造根本不是一回事情，所有的哗众取宠的创造噱头的做法，其实是科学发展最大的敌人，因为它将有趣挡在了兴趣之外，而本质上并不一定是有趣的，不过是带了一层有趣的虚伪的面纱而已。当我们揭开这个面纱，将所有的 story 中的跌宕起伏的情节去掉，也许会发现所剩无几，也许是经典理论的另一种表达方式。

要真正地发现有趣的科学问题，需要对所有研究的领域有深刻的感悟，唯有如此，才能从深层次、从内容上找到能吸引人的有趣问题，前文中所引用的“大恩即是大仇”的例子，就是对此很好的诠释。

要从深层次上洞悉科学问题，需扎实丰富的基础理论知识，从宽度上掌握或了解各种各样的知识体系——做经济与管理科学研究的，不仅要熟知专业领域的知识，而且应该了解历史、哲学、数学、物理等多门知识；从深度上应对某一个方向的成果有全面的了解，知道在此领域中的研究历史现状及趋势。结合二者就可以发现有趣的问题了。

事实上，这个问题难度很大，需大量的沉淀才能做到这一点，在本书中，我们将此问题渗透到各个不同的部分，有心的读者请自己品味。

2.2.3 重要

——吾侪得此添生色，始信英雄曾有雌。

科学问题的重要性无需多证，如果不是非常重要，也不至于让成千上万的社会精英去研究。

经济与管理科学远复杂于自然科学，这一点已在其他篇幅中有专门的论证，然而，它与其他科学相比，还很年轻，整个科学缺乏深厚的沉淀，这就意味着大量重要的问题还找不到答案。在众多的重要问题中选择自己最感兴趣的问题实属不易，尤其是对那些有选择障碍症的人来说更是如此。科学家在面对一个问题时，总是不由自主地思考：这个问题是否已经有人做出来了？我们也经常听到这种言论：供应链协调的问题已经研究烂了，已没有研究的价值了。但事实上，供应链协调的研究刚刚处于初级阶段，比较成型的结果是针对于契约协调，并仅仅对于一个供应商一个零售商构成的供应链，且供应链中的产品需求特征也仅仅限于几种特定的类型。还有非契约协调，如社会规范下的协调，目前还无人问津。那么，这个问题为何成为科学问题，主要是其重要性。因为“协同化”是供应链竞争力的源泉，而采用何种方法使供应链成员高度协调就显得尤为重要了。因此，这才是很多科学家对此问题关注的原因，也是其成为科学问题的理由之一。从这个意义上讲，科学研究是无止境的，即使对于某一个问题，也会经历发展→停滞→发现停滞不前的原因→突破性发展→停滞→…的一个循环式的发展过程。那些自认为在某个领域已经没有研究价值的人，无非就是坐井观天之辈。何况经济与管理的问题如此复杂，怎么能轻而易举的研究清楚？

实际上，科学问题都具有重要性。让我们追溯 *science* 在 125 周年中提到的那个些经济与管理的问题：其中有一个是“为什么有些国家向前发展，而有些国家则停滞发展?”这个问题其实非常关键，决定着一个国家或地区是否能够发展的关键。诚然，我们不能很惬意地退回到原始社会去，生活只能往前发展，这是人类文明发展史上暴露出来的劣根性。如果将过去的文明看成低级的。而将现代的状态定义成高级的。从低级向高级的发展，人类认为是一个正常现象，但反之则难以接受。由此可见，此问题的重要性何其之大。

然而，在众多的问题中，找到真的重要的问题，其实并不简单，退一步来说，即使面对同一个事件，有人能找到重要的问题，有人不能。为了找到重要的问题，需一个科学的思维方法才可以。下文中我们试着给出一个基本的思路。

先考虑一个事件，比如说对群体选择的评价，我们知道对群体选择行为的评价研究成果比较多，绝大多数的评价都集中在构建一个科学的量化评价模型中，只要能证明这个评价模型是准的，那么就可以用来评价某个群体行为的选择是否适当。其实，在本书以及我们其他相关的篇幅中，我们已经证明过这个问题的复杂性。因为实践证明，历史上很多个群体选择，在最初看起来是非常睿智，但事后则表明是非常不睿智的。那么这个问题的核心显然不对，或者对于群体行为选择的关键科学问题不准确。或者是，我们找到的那个问题并非重要的。让我们回到这个问题，重新分析一下为何群体智商下降——因为在这个例子中，群体选择显然没有个体的选择理性（聪明），那么这个问题便会转化为群体理性的测评。进一步讲，分析群体中理性人的比例、个体的交互作用特点以及个体行为的多目标分布特征，个体目标的冲突以及群体智能的衰退就是核心问题。故此，找到群体中关键、理性个体行为的特征，才是群体行为评价的关键所在，如果这部分的声音被消灭，群体选择是失误的。如果这部分声音占主流，群体是选择很大可能是正确的，如果二声势均力敌，则很难判断。从这个意义上讲，群体选择的行为评价问题，从重要性讲，应是群体中理性个体的分布及他们选择的分布，这个问题比之前的重要——因为删掉了部分次要的信息。

由此可见，当我们面临一个问题时，看到的应该是表现出来的复合体，是多个维度的综合体。其中，有重要的特征，也有次要特征。要得到真正的科学问题，务必抽丝剥茧，将次要的干扰项剔除掉，将重要的特征提取出来，而这个重要的特征所对应的问题，才是科学问题。这些科学问题，是问题关键中的关键。而表象中直观看到的问题一般被一大堆假象包围着，一般都不是科学问题。

首先，在抽取科学问题的过程中，科学家需确定问题的本质，通过本质探索科学问题。我们可以用思维导图的方式去实现这个功能。为更好地理解问题，我们举一个例子——为何有的国家有发展而有的国家则停滞发展？这个问题的答案五花八门，依赖于科学家的立场与基本观点。那么需要知道国家发展与停滞到底用什么来评价，这个问题其实非常重要：如果默认了当前的定义，那么继续研究下去，最后的结果必然与当前的结论差别不大；如果认为当前唯经济论的评价体系有问题，则会是一个崭新的问题。其次，在问题的基础上，我们可以逆推到底哪些因素会影响这个结果的发生，并找出其关键的因素，分析这些关键因素之中，哪些是可控的，哪些是不可控的。比如说，人民的批判性强度是一个关键性因素，那么这个关键性因素是否可以控制则需要进一步的分析。不妨假设这个因素可以控制，那么最后的控制策略或机制就可以发现。若继续分析这个问题，就会逐渐获得其科学问题。总的来说，这个科学问题的发现过程可以归纳如下，将这个问题抽象成一个系统，从系统元素、结构、输入转换以及环境等几个角度入手，便可迅速找到差异。从差异入手，归纳问题便可将若干扰项剔除掉，而留下最重要的问题——关键科学问题。

这个重要性的问题，不仅对科学问题的寻找有关系。而且在生活、工作、研究中的各个过程中都会涉及。辩证法要求我们重视重要部分，而忽略次要部分，但实际做起来却并不容易。在前文中，我们谈论了定性分析重要性的方法，这种定性分析的方法在某些条件下是失效的——当科学家的洞见不够，格局不够时，定性分析的局限性就暴露出来。此时，就需定量的分析方法来辅助。

最简单有效的方法是 ABC 法。具体的做法如下，将某一事件按定性分析进行拆解。当在某一关键环节之后，出现了几个无法直观判断的要点。此时，需对它们各自的要点进行评价，然后确定其效用，按从大到小排序，并计算每一项的累积概率大于90%的为最不重要的，也就是无关紧要项。而对于累积概率小于70%的属于A类项，最为关键的项。而70%与90%之间的属于B类。关键重要的，就是A项。用这个方法，可以确定出科学问题来。值得注意的是，ABC法最关键的地方是对这个事件认识的深刻性，如果认识很浅薄，极易受到已有研究成果的束缚。让我们回到刚才那个问题上，也就是关于国家发展的问题。一个国家的发展是一个非常复杂的综合型问题，我们很难用一个简单的指标刻画出来。那么对于其发展，则需要慎重考虑。在正确的体系下，ABC法才会有效。

现在考虑多个事件，每个人在同一时期会碰到一堆问题，不妨假设它们都是重要的，那么哪一个才是应该首先选择的重要问题则成为关键所在。首先分析这些问题之间有无因果关系，如果他们之间相关关系，则可按ABC选项法选择最重要的一个问题去研究——当然此处假设科学家的能力差不太多，每次只能做一件事情。假如有一个比肩牛顿的神人存在则别当另论。但如果发现他们之间存在因果关系，则可以用贝叶斯网络或动态贝叶斯网络模型（假设可以获取动态的面板数据）来判断关键的问题。然后用这个关键问题或一组关键问题刻画出对应的科学问题。关于贝叶斯网络的构建以及关键问题的推理技术，考虑到这两个问题不符本书主题，再考虑到篇幅有限，故在此处不再赘述。

科学问题一定是重要的，但重要的未必是科学问题，这其中就存在下列的关系。

$$P(B \mid A) = \frac{P(A \mid B)P(B)}{P(A)} \tag{2.2}$$

其中B为科学问题，A为重要问题。由贝叶斯公式可见，重要问题是科学问题的可能性决定了这个问题自身价值大小，也就是科学性的大小。

除了贝叶斯网络、量子信息、深度学习等技术都会在此领域中大放异彩。我们不再纠缠于这些方法，只要思想正确、思维合理，就一定可以找到重要问题，从而找到科学问题。

一部分经济与管理科学家在研究问题时，喜欢将细枝末梢的问题都考虑进去，他们认为科学就应该追求全面性原则，但这种思维下，我们的注意力往往被不重要的问题分散，故此，应将次要的减掉。称之为抓住主要矛盾，放弃次要矛盾。如果不清主次，那么这个科学其实很难顺利发展，很难得到正确结论。当且仅当重要矛盾被解决之后，我们才可以逐步的考虑次要矛盾，次要矛盾的加入，其目的是为了完善结果，从技术的角度上让事物的研究趋于精确。

能否找到科学问题，乃至于关键科学问题是判断研究科学性的依据之一，结论的深刻性、准确性以及持续稳定性相当于判断研究成果科学性依据的后半场。而前者属于条件，一个连科学问题都称不上的研究（比如，说充其量是技术问题），无论其结果是多么的漂亮，都难以称之为科学，同样的，如果对于一个真正的科学问题，给出的不过是不正确的甚至是错误的结论的研究，也不能称之为具有科学性。

在中国的经济与管理学界，尽管每类基金的申请都格式化，但对于科学性的论述都是必要的。然而，在研究意义部分，绝大多数科学家会认真的阐述他研究问题的现实意义（或实践意义）、理论意义，但很少有人讨论其科学意义，也就是说，对于所研究问题的核心，有一部分人没有去涉猎。因为这个问题是核心的，是重要的，可以外推到其他领域的问题中，因此就构成了科学问题的一个基本的特征。有一部分科学家非常关心所研究问题的现实意义与理论意义，但对于这个问题会进化成未来研究中哪一类问题，以及可能会引发的一系列重要的未知发现，思考有限。实际上，凝练科学问题对于促进科学发展和技术进步所具意义远远大于解决一个科学问题所产生的意义，当然，对科学问题的凝练程度取决于研究者对项目选题的理解程度。诚然，如果是基础研究科学，所做的研究有可能、有极大可能不知道自己的科学研究成果干什么，他们的科学意义还需后人（包括他自己）去挖掘，但对于应用科学来说，如果找到科学性，那么当某些约束条件限定时，便可以退化成某个经典的科学问题。

除了科学意义外，在基金申请的时候，还需说明研究的科学问题（关键科学问题）以及关键技术。这对于很多研究人员来说，是一件痛苦的事情，而且容易混淆了科学问题与技术问题。比如说，一个国家发展停滞不前，经过科学分析，不妨假设最后会认定的关键问题是没有解决好公平与效率的矛盾，过分地强调了公平，是导致该国家发展停滞不前的关键。那么所有的科学问题便可以抽象为“相对公平的性质与效率之间的悖论（或者相互关系）

如何”这一问题。当然，这个问题远复杂于我们提出的观点，不过在此篇文章中，我们探讨的重点是重要性对科学问题的影响，而非这个问题。并且我们也相信，这个问题并非我们能解决的。只是希望很快找到这个命题的关键科学问题，从而将其解决。进一步而言，在探索未知世界的过程中，由于找不到关键科学问题，会使得某一问题的研究停滞好多年。一旦找到关键科学问题，对其的研究便会有思如泉涌的感觉，对其解决便指日可待了。

故此，但凡科学问题其重要性便是一个普遍的特点。我们也希望，在中国的经济与管理科学研究中，做真、做实、做对，涌现出一批又一批真正具有重大突破性创新的成果，这种突破离不开科学问题的探究与发现。

往往发现一个科学问题比解决问题重要得多。真正的大家会在司空见惯的场景中找到重大的科学问题，从而解决后续的一连串的其他问题。实际上由于其重要性，科学问题的发现是一个漫长而又煎熬的过程，而不是轻而易举就可以得到。否则只能获得浅薄的理解。与真正的科学问题相差甚远。依我之见，要想抓住真正的科学问题。就需对所研究的问题日思夜想、逐步查阅研究，不咋权威所说，不盲从所谓的前沿趋势、多从多个领域中看这个问题，经过千锤百炼经过反复推敲，经过考证考验与证明，必定会得到真正的科学问题。

科学问题，都是重要的，重要的就像金子，在太阳底下会光芒万丈。然而，这种金子的淘制过程，则并不简单。让我们回到前面的那首诗：吾侪得此添生色，始信英雄曾有雌。这也是科学问题的写照。

2.2.4 深刻

——北方有佳人，绝世而独立；一顾倾人城，再顾倾人国。

科学问题之所以称之为科学问题，有一个很显著的特色——深刻。与相对浅薄的技术问题相比，科学问题的答案更加深刻，能从根本上解决这个问题以及相关问题。

从本质上分析问题，从深层次上揭露事物的本质规律，这是科学问题中比较显现的问题。“为什么会……”“为什么……”。对这些为什么的回答，是科学研究的最终目的。比如说我们总看见物体从空中落下。运动轨迹如何。

则需用一个匀加速直线运动方程表示，$\frac{dv}{dt}=a$。再进一步的设，这个物体受力为f，质量为m，$\frac{f}{m}=a$。而这个则属于科学问题，因为用这一个方式，我们甚至可以推导出一根羽毛的运动轨迹。具体地讲，像羽毛的运动轨迹，按微分的方法，将其运动分成许多个微小的区间，每一个区间内，羽毛的状态可以看成一个常数。故此。在此期间$\frac{f}{m}=a=\frac{dv}{dt}$成立。按此方法即可获得羽毛的运动轨迹。亦可确定导弹的运动轨迹，这个深刻的结论可应用于很多地方。故此我们称之为科学性，而对应的问题称之为科学问题。

在经济与管理的科学研究中，我们会面对很多问题。辨识其是否属于科学问题成为一个关键。然而不幸的是，在经济与管理科学，乃至于其他的应用性的科学中，科学家往往将技术问题当成了科学问题。其中最关键的一个环节，就是没有准确地把握深刻性的这一特点。

我们知道，经济与管理的科学是应用科学，绝非理论科学。然而，在科学界有一种误解：将应用科学误解为实用科学。实际上，应用与实用的区别在于科学与技术的区别，这个观点在我们的相关章节中有专门的论述应用。简单地说，应用就是将实际的问题，从更高的维度上抽象成一个科学问题，使之能够代表一大类现象的问题，故其结论是深刻的、科学的；而实用则是使用现有的方法对实际问题进行套用，最后得到方案。有一次与一个编辑聊天，他就说现在最不想接收的文章就是对策研究，其实也有这层意思。在经济与管理的科学文章中，我们经常《基于 SWOT 的 XX 竞争战略研究》《基于囚徒困境 XX 的最优策略研究》等论文，这些文章无非就是采用 SWOT 以及囚徒困境的分析手段，对某一件事情进行了分析，并没有解决同一类问题，算不得科学。正如丘成桐先生说过：“中国有不少专家只注重科学的应用，而不愿意在基本科学上下功夫，这是十分肤浅的。事实上，从工业革命以来科技的突破，无不源自基本科学的发展。对基本科学的认识不够深入，只满足于应用而沾沾自喜，终究是尾随人后，依样画葫芦罢了，更不用说有能力做跨学科的学问了。”非常尖锐地指出来，在中国，很多科学家将应用科学当成了实用科学，也就是像在小时候做数学、物理计算题一样，按照已有的理论，将实际的事情直接套用，最后得到一个所谓的“解”。在中国当前的经济与管理学界，有不少这样的科学家，套用经典的理论与方法，采集中国的数据，然后计算出一个结果，将其归结为科学。其实这个只能称之为技术，是科学结论的运用。进而言之，这种注重实用的问题，根本不是深刻的问题，不是科学问题。为了解决这个问题，丘成桐先生指出，应该将基本学科学好，同时也应研究应用科学，因为这些知识能增长见闻，使我们对学问有更宽广的认识，一方面帮助我们了解基本科学的真谛，另一方面在应用基本科学的原理时，能够得心应手。

深刻地揭示一类或一组事件的规律，并能知道其中的特定事件的变化特征与发展动态提供有力的决策依据，是经济学家与管理学家所关注的事情，是经济与管理科学研究的目的之一。那么，如何才能找到一个深刻的科学问题，而不是浅薄的技术问题则是我们所关心的，下文中我们将针对这一问题进行分析。

深刻性需要科学家熟悉各种知识，尤其是哲学与逻辑学方面的知识，以及经济与管理科学中的知识。能够通过经济学与管理学的知识，发现所研究问题中的“别扭”，然后通过哲学与逻辑学判断所存在的思想、思维上的不足以及推理过程中的漏洞。然后针对这些漏洞进行梳理，可能会发现同一领域中类似方面研究的漏洞，归纳这些漏洞，将其共性抽象出来，就可以得到一个深刻的科学问题。

在这个过程中，最核心步骤的在于升维。当我们面对一个实际问题时，首先应该将所研究的问题进行剖析，按照系统学的特点从元素、关系、转换、输入与输出、扰动、噪声六个方面进行分析。然后针对这六类的属性，再寻找相似属性的问题。当足够大量的经济与管理现象都具有相类似的属性时，我们便可停止收集类似的现象。接下来我们便从上述六个属性中归纳这些现象的共性，将其共性从更高维度上抽象出来，此时所得的问题应该比当初的问题更深刻。按照同样的方法，我们可以抽象出更高维度的科学问题，按照这个逻辑，也许会找到大一统的普适规律。这个过程如图 2－5 所示。

可见，深刻性只是相对的，随着科学的不断发展。原先深刻的必然会变成浅薄的，原来科学的也必将变成技术的，这就是规律。

还有其他的寻找深刻科学性的方法，比如说思想实验，我们在对应的章节中也有比较详细的阐述，此处不再赘述。

总之，科学问题是深刻的，绝不能是肤浅的，在经济管理的研究中，我

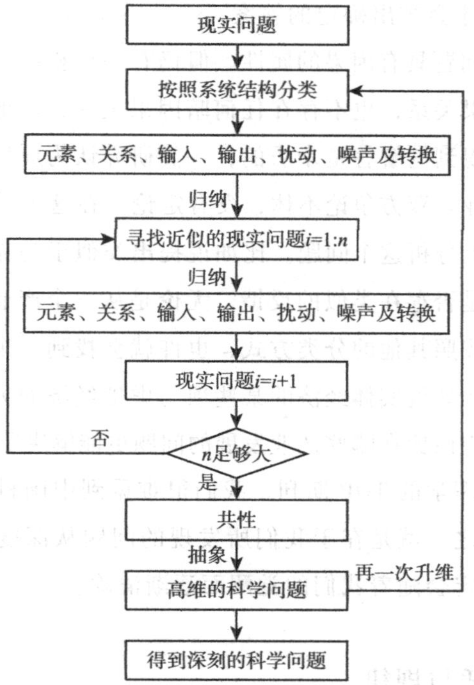

图 2-5　科学问题深刻性的挖掘过程

们需找到深刻的问题，用可行的研究方法找到问题的答案，从而揭示本质的运行规律，便是科学研究的本质所在。有的时候我们貌似得到了深刻的问题，但这个深刻的问题未必是正确的，也许是错误的，故此需要科学的方法进行验证。

譬如说在贫困问题上就有一些相悖的结论。从原因上讲，科学界认为贫困的本质是不公平，也就是说从资源获取（包括市场资源与社会资源）、观念、机智依赖等多个方面都存在着不公平，对此的解决方案则沿着公正的方式去做。也就是说在这个问题的背后，隐藏着一个更为深刻的科学问题：不公平问题可以用公正解决吗？让我们退回到公平与公正的两个问题的本质上，公平指的是约束条件同一性，也就是说给定一个同一的约束条件、前提背景，比如说资源、环境、机制等完全相同；公正指的是目标的相同，指的是所有对象都能拥有的目标的统计特征（最大最小值、平均值等）具有同一性。这是两个矛盾的问题。那么，“不公平导致的问题是否可以用公正的策略去解决”便是一个更高维度、更深刻的问题，这是一个科学问题。这个看似相悖的问题，需要证明才会结出确定的答案。

前面的相悖的问题具有因果的属性。但仍有一种相悖的现象，找到的科学问题之间无任何因果关系，也不存在任何暗因果关系，但他们确实矛盾。比如说对某一类问题所得到的解答是矛盾的，一类研究认为应发展商业，另一类认为应发展工业、农业。双方争论不休，没有定论。在这种情况之下，我们应该升维，从更高维度上分析这个问题。比如说提出类似于马克思的第一二部类的结果：在经济学中是否存在类似的反馈，无论是从三个产业，还是从实体经济与虚拟经济，还是按照其他的分类方式，也许就会找到一个更高纬度上的一个统一的科学问题，比如说实体经济的某些项与虚拟经济的另类项之间存在着平等关系，这个问题应该比在哪些产业发展的问题更能解决所面临的难题。

纵观经济与管理学的 TOP 期刊，我们很难觅到中国科学家及其成果的踪迹，其主要的原因之一就是在于我们所发现的问题从深度上不足以称之为科学问题，这种悲哀定会随着我们的觉醒而逐渐清除。

2.2.5　普适与规律

——坐地日行八万里，巡天遥看一千河

2020 年 7 月 2 日，马云在第二届阿里巴巴全球数学竞赛颁奖典礼的讲话中，强调基础数学和应用数学应互相理解和欣赏，并且宣称基础数学只有变成应用才能真正发挥无穷的作用。而这一句话在各界引起了轩然大波，不同的观点相继出现，并引发了争论。

为何会发生这种事情？基础数学只有变成应用才能发挥真正无穷的作用吗？换句话说，科学的目的是应用吗？这与技术的区别是什么？

事实上，很多基础数学的理论或结果，至少在目前还找不到应用的场景——或许在未来会找到这个结果到底有什么意义，但目前看起来是无用的。不过这并不影响基础数学的研究，因为基础数学的目的并非应用，而在于启智。搞混了应用和启智，就难免像马云一样，认为所有的研究都是为了应用。事实上，很多基础研究，其目的，至少最初的目的都不是为了应用，而是发现一个有趣的现象。而想找到这个事件背后所隐藏的规律，比如说对百慕大三角区神秘性的研究，对于外星人存在性的研究对虫洞理论的研究，并不能直接转换成应用，至少短期内看不到任何应用的前景。

对于这种看不到应用价值的研究，我们必须加大力度去做，而不是要减弱他们的研究，只有增强了基础科学的研究才会提高分析问题的能力，提升思维的能力，并且基础科学的研究会在特定条件下对应用研究有所帮助，最为重要的基础科学研究更接近于一个目的：探索世界的规律，而这一点是应用科学所不及的。

其实，科学研究中寻找事物的规律，找到事物变化的普适规律，这是最重要的目的，而与之相比，解决问题其实就变得并不是特别重要了。从某种意义上讲，这种解决问题可以交给技术研究去做。

然而，规律并不是那么容易找到的，比如说福利与人民努力水平之间的关系，也是经历了悲痛的代价才最后找到。一开始人们肤浅地认为福利与人与人们的努力水平呈正向相关，但后来也的确证明了欧洲低劳动参与率是过度福利所导致的，也就是说他们满足类似于如图 2－6 所示的趋势。

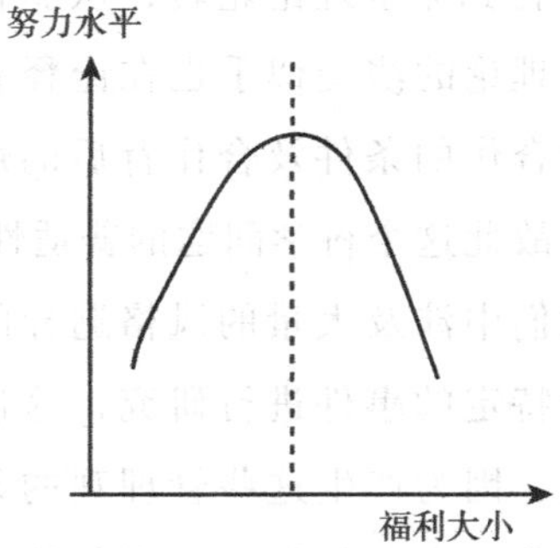

图 2－6　福利与努力水平之间的关系

现在就有很多高福利的国家，因为劳动力效率下降而后悔，但同样的，对于低福利的国家，老百姓的努力水平也不会太大，故此，适度的福利才是促进人们努力工作，积极向上的动力。

普适性意味着科学及其问题能够解释一类现象，而不是一个事件，比如说霍金就曾经想研究一个适合于宇宙万物的统一理论，这种普适性要求我们需把各个事物的本质都抽取出来，然后找到其关联的共同部分。

然而，在经济与科学与管理科学研究中，总有一大批数量的科学家强调经济与管理科学属于应用科学，这一思想总是宣称经济与管理科学必须围绕着实际问题进行，围绕着国家政策去走，故而淡化了问题的普适性挖掘。事实上，即使是应用科学，也与技术之间有严格的区别，而普适性就是一个最为主要的判定条件。对于技术来说，一个特定的技术对一个特定的事件解决是适合的，但如果用于其他事件上。则会出现大的问题；但科学则相反，一旦一个科学理论横空出世，它就可以指导一类事件的研究。

比如说 *Science* 在125 创刊周年中的125 个问题中，有一个科学问题是人类为什么会合作，这个问题的普适性就很强。我们知道由于人的自私、贪婪、傲慢、虚荣、懒惰等特性，人与人之间的竞争是一个永恒的主题，但这并不妨碍在特定条件下合作的可能性。再进一步讲，以人为核心的组织之间的关系也在诠释着这一观点。在历史上，以中美之间的国际关系为例，由新中国成立以后双方的“冷战”，到改革开放之后的“建交”，再到之后的“热恋”，再到贸易战，再到双方关系降低到冰点，这个例子就说明了这一点。与之对应的，理论也由竞争理论（比如波特的竞争力理论）到合作理论（比如供应链合作伙伴关系）再到竞争理论轮转，从非合作博弈到合作博弈再回归非合作博弈轮转。这些理论的演变似乎也在诠释着竞争的稳定性和合作的不稳定性，如果能够找到合作的条件及合作背后的规律，那么在各个领域中的研究就会有大的突破，故此这个科学问题的普适性就变得十分突出。

经济与管理科学，他们中涉及大量的风格迥异的事件，在科学研究中不可能也没有必要对每一个特定的事件进行研究，这违背了科学研究中普适性的要求。管理观是普适的，因为产生这些管理观的条件在一定的范围和时间内依然存在，一些适应当前社会条件的管理观仍然可以从以前的管理观那里找到处理问题的启发和演进的力量。因此，需要采用归纳的方法找到不同事件的共同特征，并将其抽象成一个科学问题，这才是科学家的思维。

在此方面，鲁迅做的相当成功，他作为一个文学家、一个战士、一个思想家，把当时某些中国人的劣根性刻画得入木三分：奴性、卑怯、看客、疑心、迂腐折中、凡是寄望未来、拒绝改变等这些属性烙印在中国人的骨子里。这种抽象是鲁迅先生多年的观察思考总结的结果，分布在多篇文章之中，绝非偶得。同样的，作为科学家，我们也应当从经济与管理的各个角度入手，归纳其共性。

如果说普适性描述了事件的特征，而规律性则表明了科学性的一个指征。普适性表示了同类事件都具有的一个现象或者特征，是其“然”的主要表现；规律性则能刻画为什么这类现象都具有这么一个特征，以及在特定的条件下事物将如何发展变化的一种判断，是其“所以然”的体现。因此说，规律性更加接近于科学研究的本质。

科学问题背后，一般都暗含着规律性。缺乏规律性，就意味着没有普适性，不能称之为科学。其实我们在前文中也曾经多次谈及这个问题，一个科学问题，必定要折射出背后可能揭示的规律来。然而这个规律是内容绝非形式化的，我们经常看到《某某的规律研究》之类的问题，那么并不见得会揭示一个规律，也许是打着寻找科学规律旗帜的技术而已。

让我们举几个例子来说明这种科学问题的规律性。比如说，技术进步对于企业创新是促进还是抑制的？这个问题看起来很简单，甚至很多人都会不假思索地脱口而出——当然是会促进的。那么这个问题所蕴含着下一个系列的连锁问题，便会接踵而来：(1) 是对哪一类型的企业创新有促进，还是对所有类型的企业创新都有促进？(2) 对哪种类型的创新有所帮助？是技术上的、制度上的还是战略上的？(3) 是所有的技术创新都会给企业带来创新吗？显然，这三个问题的答案会发现更深层次的规律，那就是技术和创新之间的关系，以及技术和企业竞争力的关系，这就是发现一个规律。所以我们认为只要找到管理学理论规律，就可以解决一系列实际问题，反过来说，不是管理学理论未能认识问题的根源，而是还存在人们未知的领域。

规律性和普适性更像一对孪生子，凡是普适性强的，都可以找到更强更深的规律，凡是规律性强的，都可以应用于一大批事件，这种对偶性让规律性和普适性更重要。

经济与管理科学研究中，很多科学家在论证完之后很少去归纳其规律性，也不扩大普适性，导致其研究的问题与所得结论稍微偏离了科学，而是走进了技术关于科学性的提炼方法，我们在相关篇幅中已有论述，此处不再赘述。

为了使得所研究的问题具有普适性与规律性，科学家们需要做的事情就是萃取多个问题的共性，从他们的交集中确定科学问题，这样的问题一定适用于多个实际问题。在这个萃取的过程中，首先需要寻找解决的问题本质是什么，然后定义出这一问题所属的“类”，归纳这一系所属于的“簇”。然后对簇中的问题或类中的不同的问题进行分析，将其按照某种特定的拓扑结构分解成一个又一个的子问题，然后对比这些问题的子问题，找出其中的交集，所得到的问题必然是一个普适性的问题，这个问题的解应该是这一大类问题的规律。

普适性与规律性，是科学问题的最为重要的属性，在本书的内容中，我们无时无刻不在阐述这一观点，有心的读者请自行体验。

2.3 前沿问题 VS 前沿科学问题

——暖风熏得游人醉，直把杭州作汴州

我们经常会碰到一群科学家，在谈论科学前沿，也叫前沿科学问题，这个问题很重要。紧盯国际国内研究前沿，就不至于被科学甩得远远的，故此前沿代表了一种风向标，指引着科学家不断进行研究。

曾几何时，前沿成为潮流的代名词。比如说从 2021 年 3 月以来，对新型冠状肺炎的研究如火如荼，这一方面的成果空前多。但最后经过证明，仅有极少数的成果是对的，是科学的。这其实并不见得是件坏事情，但也未必是件好事儿。

但我们仍然看到一个情况，热点问题并不一定是重要问题，也不一定是科学问题。进一步讲，热点问题是谁创造的呢？这个问题直接决定着问题的属性。也就是说，很多热点问题都不是科学问题，而是技术问题。

其实，很多前沿科学问题在被关注之前并不是前沿问题，比较典型的例子就是光敏材料。在被关注之前，仅有极少数科学家为此研究。再举一个例子，在经典的经济学理论中，认为报酬递减是一个规律，然而很少有人考虑相反的问题——报酬递增，而是认为所有的行业都会遵守这个规律。但网络经济行业则是报酬递增规律的一个例子，知识经济也是其典型。并且从长期看，递增是一种比较容易接受的理论。而当边际报酬递增规律被发现之后，对其的研究才得以发展。

故此，主流的、前沿的问题未必是真的主流与前沿，也有可能是一时的潮流，即使是真的，也不一定是科学问题。举个例子，神经网络模型在 20 世纪就曾风靡一时，很多人都在研究它。但到了一定时期之后，我们的科学家中有不少人认为它过时了，便转而进行其他研究。有一些科学家坚持不懈的研究这个模型，直到后来深度神经网络的成功，再一次拉动了这项研究。

这种例子不胜枚举。这几年国内对于大数据的着迷不是一般的狂热，什么研究如果不冠上大数据的“冠冕”，就似乎没有高度。然而纵观国内大数据研究，乱象横生，很多大数据不过是海量结构化的数据而已，并非真正的大数据。并且，在这些大数据研究中，绝大多数成果还是处于对事物的描述性分析阶段，并未像经典研究一般，将大数据纳入到各个方程、博弈等研究当中。实际上，这条路还很长，与其说现在的大数据研究处于萌芽阶段，还不如说，在此领域中仍有一些关键科学问题无法攻克，这导致了对其的研究处于肤浅的表层。丘成桐曾经说过“人工智能对大数据的处理，本质上是数学中的统计学，然而目前还没有完备的数学理论能支持大数据分析的结果，很多数学方法还相对原始，过度依赖于经验的总结，而非真正来自内在的数学结构。这也导致了当下人工智能在处理大数据问题时还需要大量的人力和算力，甚至需要超级计算机的协助。由于缺乏数学理论的支持，很多大数据分析的结果只适用于特定环境，缺乏迁移性。大数据还缺乏有效的算法，经典计算机的算法还不能直接用到大数据中。这是很重要的一个问题，我们要深入了解。广为流传的深度学习有很多不足的地方，例如，大样本依赖，可解释性差，易受欺骗等，但当前没有更好的算法来替代。要解决这些问题，就需要对相关数学理论进行深入研究，了解大数据内在的数学结构和原理。”

丘先生的观点告诉我们一个事实：前沿问题是表象，前沿科学问题是本质。当且仅当前沿问题是本质时，我们才可以称之为前沿科学问题。

目前我们的悲剧在于，将前沿问题误当前沿科学问题，何故？我们的很多科学家，因为急于求成，因为懒于求真，也因为求真太苦，不愿意也没能力去捕捉这些前沿问题背后所掩盖的本质，被目前的“浮华”迷失了自己。

“暖风熏得游人醉，直把杭州作汴州。”这首诗也是当前科学界的写照。

我们经常会听到一句话：你研究的这个问题已经被研究透了，再研究下去也没有什么意义了，也没有创新性。其实，这句话是不对的。在很多领域中，研究透了并不是真的把所有问题都解决了，也有可能是最本质的科学问题并没有得到解决——比如像20世纪的神经网络研究，在当时看，貌似问题全解决了，但的确有一些智者发现关键的几个科学问题没有解决，从而不断地研究，最后才衍生出深度神经网络。另外，科学的发展必然是螺旋式上升的，经常会有一些结果貌似回到了从前，但从本质上又有很多差异。

最大的问题在于，前沿问题如果不是前沿科学问题，它再怎么热，也很快就会衰退的。在中国的经济与管理科学研究道路上，很多研究热点像一阵风一样，走得比来得快，我们称其为“肤浅”的表象而非是真正的科学问题，导致这种现象产生的主要原因就是这些所谓的“前沿问题”并不是科学问题。

故此前沿科学问题才是科学家应该关注的，需要科学家对所研究的领域进行洞悉。对于一个常见的问题，当然包括前沿问题，科学家需要找到最核心的部分，并将其凝练成科学问题，只有这样，这个研究才有意义。从这个意义上讲，作为科学家，不必追前沿，不必追热点，沿着自身的方向一直做下去，到最后，也有可能你找到的科学问题就是未来几年的前沿科学问题。

从本质上讲，科学前沿问题也是由科学家（注：并不是政治家）在研究问题时所形成的一种共识——对所研究领域的一种预期。这个预期有一定的指引性，但并不完全是。毕竟，真理是掌握在少数人手中的。对于科学来说，真正的创新尚属于小概率事件。故此，学术界所提出的前沿科学问题作为参考尚可，但千万不要让这些前沿科学问题左右了自己的思想，抛弃自己的领域，而掉头去研究所谓的前沿，这就是本末倒置了。

其实，所有争议的关键都在于这个前沿问题是否是科学问题，而关于科学问题的属性，以及如何提炼科学问题，我们将在相应的篇幅中进行详细的论述，此处不再赘述。

2.4 如何发现一个科学问题

——骚人可煞无情思，何事当年不见收

2.4.1 实践抽象

——等闲识得东风面，万紫千红总是春。

科学问题，所具备几个特点，而经济与管理中面临的很多问题，更像技术问题。那么在经济与管理的研究中，到底有没有科学问题？如果有的话，我们怎么才能找到它？怎么凝练科学问题才是我们最为关心的。

科学问题，一定是从具体的实践中走出来的，是从具体问题中凝练出来的。如果说，对具体问题的分析称之为技术，那么抽象的、归纳的、升华的便是科学了。科学问题的来源是多方面的，但归结起来，现代科学研究的科学问题主要来源于科学技术实践和社会生产实践。从科学技术实践中所提出的科学问题大多是科学自身发展中的问题，从社会生产实践中提出的科学问题大多是实用性或技术性问题。

事实上，我们经常听到这样一种论点：我们是做实践的，与你们做理论的不一样。或者说，临床与理论相差甚远。这种强行将技术与科学分离开来的思想，其实是对科学研究进程的阻碍。让我们以文言文中的那篇《两小儿辩日》为例说明这个问题。两个小儿辩论的故事大致如下：太阳是早上离得近，还是中午离得近。二人各说各有理，争论不下。之后碰见孔子，而孔子也无法判定。两小儿及后人都在讥笑孔子的笑谈中虚度过了几千年，却无一人研究光学、天体物理学。正应了那句话，“秦人不暇自哀，而后人哀之；后人哀之而不鉴之，亦使后人而复哀后人也。”从这个例子可以看出，不能将目光局限于问题本身，也可能由一个问题折射出多个科学问题，也可能由足够多的事件融合成一个科学问题。

科学问题的提炼过程有两条思路。一种方法是发散思维，从一个事件找到不同的科学问题，然后针对每一个问题找到对应不同的事件，并验证这个问题是否具有普适性、广阔性等特点，属于演绎的分析方法。另一个方法就是找到不同的事件，然后抽取其中的共性，归纳成一个问题，这种收敛性思维所得科学问题的方法比较准确，属于归纳的分析方法。下面就重点阐述一下这两点。

首先说一下归纳法。这种方法比较简单，相对比较容易理解一些。首先对于一个主题，我们搜索到相关的资料，然后精读，分析资料之间的共同点，并将这些共性抽取出来，归纳而成一个科学问题。举一个例子说明这个问题。以行为研究为主，我们可以分析农民的行为。考虑农民的短视性、资源依赖性、行为的相对单一性、周期长、自适应能力相对差等特征，可以对农民的种植行为进行分析；我们再分析商人的行为，会发现商人的逐利性、周期短、行为的多样性等；再分析政府的行为，可以看见其远见性、多样性等特征。将这三种情况或更多的主体进行归纳，便可以找到这些人决策的特征，例如，非理性。第一，要描述这个非理性，我们可以假设，他们的最终收益是有差异性的，故此，效用理论失效。也就是说，我们的社会中，不总是所有人总想获得最多的钱——当然，也是不可能的，也是不现实的。总有一部分人的目标不是最多，也许他们的目标是适度就可以。当然，这个适度很难定义，只能由不同的个体来定义。那么实现目标总要有一些约束。首先是资源约束，有资源的人决策的广度肯定大于资源贫瘠的人。进一步讲，资源包括两部分：一部分来自市场范畴，主要指的是人、财、物、信息和技术等，他们会产生利润；另一部分来自社会范畴，主要指社会关系，比如中国的农耕文明，其决策单位是“家庭”，在很多时候，家庭中有无可以求助的其他家庭和其他人是成功与否的更重要的资源。但在西方国家中，其工业文明主导下的决策单位是个体，而不是家庭，社会范畴下的资源约束对他们的行为影响则远不如中国。故此，这种差异化的资源是其行为的一个关键因素。第二，我们应该考虑行为偏好的差异性。有些个体特别偏执于某些特殊的相关行为，但有些个体行为的随机性更强一些。用一个系数来表示，就可以描述这种偏好的差异性，如果这个系数很大——针对某些特定的行为来说，我们认为他的自适应水平较差，称此人很呆板；如果在不同的行为中差不多，说明此人的自适应能力很强，我们称之为灵活。除此之外，人与人在交往的过程中，有差异性的学习能力，这个决定了人的命运。起点高不一定就成功，这样的例子比比皆是。方仲永和曾国藩就是两个极端。前者天资聪慧，但学习能力很差，后来导致很平庸；后者资质平平，但学习能力很强，后来成为一方仕族，故此学习能力也决定了一个人的发展。还有，每个人获取信息的能力也不同，有的人具有“秀才不出门，便知天下事”的能力；而有的人，曾相处数载，未曾窥得对方一丝一毫的秘密，这种能力的差异性也是非理性人的重要影响因素。一旦得知这些，就可以抽出非理性人的描述方式，从而归纳出一个科学问题：非理性行为对于经济与管理的影响。

下面我们讲另一种：演绎法，或有一个事件推演出一系列的科学问题——这个其实难度很大，因为与收敛性思维比，发散性思维更难一些。针对一个问题，通过分析问题的方方面面，就可以扩散到一定的科学问题上。其采用的思维是发散式思维，这个过程的创新性更强一些。为了便于说明这个思维，我们举一个例子——供应链协调。在十年之前，我们谈供应链协调问题，有一个教授便认为这个问题已经研究透了，不需要继续研究。但是多年之后，供应链协调的研究仍然是个未解之谜。当时的研究对象一般是一个供应商与一个零售商所形成的供应链，每个企业都按市场规则进行运作，按着一个特定的契约进行协调，并维持供应链自身的竞争力。这个供应链有两种经营模式：市场需求拉动与供方供给推动。这两种的运作机理不一致，协调的核心就不一样。进一步，供应链运营的方式由供应链中的产品属性所决定，日用品的模式与贵重产品的模式是不一样的，供应链中的博弈优先序就存在着巨大的差异。那么，将这个供应链增加一个渠道，由供应商直接到顾客——目前看来，叫电子商务渠道，问题马上变得复杂：不仅有供应商与零售商之间的协调，还存在着传统供应链与电子商务供应链之间的冲突协调。这个新渠道加入的位置不同，导致供应链拓扑结构不同，从而导致博弈不同，最终导致协调策略不同。由此会衍生出一个科学问题：供应链拓扑结构与协调策略之间的关系。然后再分析下一个问题，假设这个供应链的协调策略是一个多元性的策略：价格折扣、数量折扣、回购契约、削价契约，虽然它们的本质都是价格，但因为顺序不同——当然这种不同由供应链中不同企业的博弈方式所决定的，契约的条款或参数之间存在很大的差异。那么就将衍生出另外一个科学问题：当多种协调策略实施时，每种策略换成另一科学策略时，其过渡过程中如何设计才能顺利实现无缝协调衔接。再考虑一个问题，对于易逝品来说，它的供应结构是不稳定的，从长远看有变化的特征。对于每一种固定结构的供应链来说，我们可以找到一个或者一组对应的最优协调策略。但随着拓扑结构的变化，这个供应链无法找到一个特定的最优协调策略。那么就将衍生一个科学问题：随着拓扑结构不断变化，是否存在一个最优协调策略的分布特征。这一系列科学问题都可以衍生出来。

科学问题的另一种发现方法是比较法，目前我们也称之为交叉。当 A 和 B 相似时，A 中的属性是否在 B 中也适用，也可以算作一种科学问题。这个方法比较简单，容易被一些人所接受，这里不再赘述。

科学高于现象，但必须从现实问题中提取，唯有如此，才能指导技术去实施，以达到解决问题的目的。对于科学问题的发现，显然更加重要。从解决问题到发现问题，我们需要提升思考的维度。从大量不同的现象中找到共同的法则，抓住现象背后的本质，发现真正的新问题。

在本篇文章中，我们简析了科学问题的抽取方法，以供读者们借鉴，真正的萃取方法很多，鉴于作者能力与精力有限，不再评述。感兴趣者请参考其他相关文章资料。

2.4.2 理论批判

——会当凌绝顶，一览众山小。

很多重大的科学发现，建立在理论批判的前提下。几乎所有的理论，都建立在一定的条件下，当条件不再满足时，这个理论便失去了价值。如果敢于放松其约束条件，就可以找到一个科学问题。

在经济与管理科学界，也有很多这种情况。由于在本书中，我们讲了很多例子，在此我们不再赘述。

对五种矛盾进行批判可以发现新的科学问题。一是科学知识体系内部的逻辑矛盾，二是不同学科或学派理论之间的矛盾，三是事实经验协调统一的矛盾，四是科学事实与现有理论相左的矛盾，五是科学理论滞后于现实诉求的矛盾。这五种矛盾存在于一切学科之中，所以从理论上要发现一个经济学与管理学的问题，不仅要对本领域的内容非常熟悉，而且要精通哲学、数学、物理等学科部分思维，世间万物蕴含的真理是相通的，我们可以通过对这五种矛盾的批判中，找到科学问题，实现科学的“大统一”。

下面，我们分享一下自己的一个idea。以《群体非理性行为一致性转变：临界状态、扩散过程及最优控制阈》这一研究为例，阐述如何在理论批判中发现科学问题。

研究证明，个体之间的相互作用涌现出不同的群体行为，这种变化莫测的群体行为具有很强的复杂性。不仅如此，这种相互作用使得经济与管理所对应的系统极易处于临界状态。本质上，临界状态是一种常态，“临界点”自发地吸引着那些偏离于临界态的系统朝着该点运动，且回归到该临界点附近。不仅如此，在临界状态上，即使是少数个体一致性变化其行为，也会使群体行为与预期状态发生非常大的偏差甚至完全逆转，这种毫无征兆、毫无原因可溯的反转是突发的，这种情况下群体选择是完全非理性的，“逆淘汰”就是在此情况下的一种非常典型的群体选择错误现象。研究证明，群体行为一致性转向是个体行为、环境等的轻微扰动所导致整体行为发生的突然性分岔，这种非稳定平衡状态的系统及群体行为难以捕捉，这是系统重大创新的条件之一。然而，在社会系统中，经济、政治、舆论等事件的性质、状态及其变化，往往与群体行为密不可分。群体行为通常呈现非理性的特点，以理性人假设为基础的经典理论难以对其进行有效描述和预测。除了非理性之外，还体现了突发性的特点。从系统学角度来讲，社会群体的行为状态或属性，经常会毫无预兆地在某一瞬间或极短的时间尺度内，转换到意想不到的甚至是与主流行为完全相悖的方向。事实上，这种群体行为一致性转向的现象普遍存在，我们称之为临界性相变。与稳定的平衡态相比较，这种处于非平衡状态的经济与管理系统的相变普遍存在，往往对经济、政治、舆论的发展起着至关重要的作用，受到了学术界的高度关注。同时，社会群体行为的扩散特征及最优控制策略也成为亟待解决的重大问题。然而，目前经济与管理科学领域中的绝大多数群体行为理论，如消费者选择、产业集群、群聚性创新、系统性风险爆发等，都建立在平衡态的基础上，而对于真正体现经济与管理系统相变的非平衡态性质的理论，还是一个空白。本书重点针对社会群体非理性行为进行研究，通过构建相关理论框架，分析其演化规律、扩散特征、相变条件及最优控制策略，为社会政治经济等发展规律和重大决策提供理论支撑。故此，我们可以说，经济与管理系统是一个个体（下文将个体称之为Agent）行为与系统拓扑结构共同随机时变的复杂系统，这使得系统渗流临界状态远复杂于物理系统。从本质上讲，这种个体非理性行为涌现出的群体行为一致性转向的本质可以抽象成一个复杂系统的渗流、临界相变、传播和控制的问题，这一目标与我们的研究使命不谋而合。如果忽略某些随机性，这一问题则退化成多个不同经典的非平衡统计物理问题，比如复杂网络中的同步、鱼群的完全同步，从这个意义上讲，本书具有更强的普适性。从上面这个例子，读者应该会发现一些非常重要的科学问题，我们总共归纳了几个关键的科学问题：（1）个体非理性行为所占比例渐变对群体行为理性的影响；（2）非理性行为相互作用所导致的群体行为变化规律及其准确性与稳定性；（3）在时间与空间维度上的粗粒化水平及其对结论的影响；（4）局部最优行为与系统最优行为的等价性条件。这四个问题对于这项研究具有是非重要的意义，是真正的科学问题。

然而，这个问题其实非常复杂，并不像现在我们谈到的这么简单。举例来说，以非理性为例我们来说明。在这个过程中，我们主要提出一系列的问题，然后通过这些问题的思考，解决其中一个非常简单的问题：个体非理性行为所占比例越高，群体行为理性越强吗？下面是这些问题：

(1) 什么叫个体理性？与理性比较，非理性是对的吗？

理性与非理性只是相对的，这种相对于时间与空间维度的限制，但有没有别的维度的限制？这个问题是未知的，我们需要进一步探讨才能得到比较准确的答案。

既然时空维度都有限制，那么在时间维度上，多大的尺度就可以说明足够了（足够大）行为是理性的，同样的，在空间维度中，多大的维度就是说明所选择的行为理性的，这个问题显然也是一个未知问题，也需要我们进一步的探讨。

除了时间与空间，还应该有其他的约束的限制，比如文化、社会等，那么这些约束是什么，如何证明他们的确就是理性行为的约束条件。

关于非理性行为的表现，学术界中有以下十一点阐述：（Ⅰ）相对论的真相——我们为什么会攀比和比较。相对论引出的逻辑为：为了促进决策，我们需要引入参照物进行比较，于是形成了我们的惯性比较甚至攀比；因为比较和攀比，我们会产生不满足感。为了打破这样的相对论怪圈，我们要做什么呢？——知足常乐。（Ⅱ）关于任意的一致性——锚定的作用。在未对事物形成自有的判断时，我们对它的判定是随机而任意的，这种对事物的判断我们称之为锚定；然而一次任意的锚定会产生持续效应，它不一定反映我们对这个事物的真实需求和真正偏好，但我们仍倾向于保持它，如我们对价格的记忆与过去保持一致的欲望。（Ⅲ）免费的代价——常常让我们忘记自己的真实需求。免费的东西让人感觉良好，但如果这个免费让我们陷入与另一种商品的挣扎中时，往往会引导我们做出不明智的决定。（Ⅳ）社会的成本——金钱往往是最贵的激励方式。我们生存在两个不同规范的环境，一个是社会规范，另一个是市场规范。很好区分的，凡是提及金钱的都被我们纳入到市场规范中，只有当我们所做的无关金钱时才可用社会规范来看待。社会规范成本低，但是只要有一次违反社会规范原则，就很容易回到市场规范。（Ⅴ）性兴奋的影响——在冷静与激情两种不同状态下对同一件事情的决策是大相径庭的。（Ⅵ）如何克服拖沓——要有明确的限制和目标，能够把任务分解为容易执行的事项。（Ⅶ）所有权依恋症——我们会对自己所拥有的一切产生依恋，而且我们总是集中力量于会失去什么，我们有一种对损失的惧怕。并且我们还假定别人看待问题的角度和我们一样。解决症状的方法可以采用“非拥有心态”。（Ⅷ）多种选择的困境——你能否放弃选择的余地。选择权是我们活着感受到的人生基本权利，人们是不愿意放弃的，但过多的选择让我们无法抉择，那么这时候应该果断关上一些该关的门，并且考虑延迟决定的后果。（Ⅸ）预期的效应——我们选择都不是体验，而是预期。成见会影响预期，因此我们需要一个未被影响的第三方。（Ⅹ）价格效应——我们为什么喜欢买贵的东西。其实我们都活在自我催眠中，贵的东西有一种暗示的力量——高价意味着质量更优。（Ⅺ）关于诚实——人只有在对它们有用的情况下才会诚实。在与非货币打交道时，人们会比较难以意识到诚实的必要性。

那么，这些就是全部的吗？是否还有其他的非理性行为需要发现或归纳，这个问题显然也是一个未知问题。另外，非理性行为的定义，现在还属于一个空白领域，尚没有一个严格意义上的定义，这就使得非理性行为的研究缺乏足够深刻的结论，学术界中绝大多数研究也只能就以上 11 种行为进行研究，仅仅是一种描述性的结果，缺乏系统性的结论，这也是这一研究迟迟不前的主要原因。

（2）人的行为复杂性与其理性之间存在什么样的关系？

人的理性行为，或非理性行为，其实与行为的简单性与复杂性有关，而这种复杂性在很大程度上依赖于目标的多样性与随机性。个人的目标越简单——不妨假设只有一个目标，则理性就比较容易判断，只要它实现了自己的目标，就认为是理性的；但如果目标越多，越难以判断理性的程度。这就好比，在抗战时期的理性与当前的理性，绝对不一样。它除了其他的约束条件以外，还有目标的多样性不同。这种行为复杂性与理性之间的关系，仅仅是我们个人的猜想（显然，与蚂蚁、蜜蜂等相比，人的理性更难判断），显然这一猜想需要严格的数学证明，只有证明了，才能称之为科学问题。

重回个体的目标这个问题，易知我们可以通过下列的思维解决这个问题：在生物如蚂蚁、蜜蜂、鸟、鱼等，他们的目标相对单一，比较容易确定，此时，越理性的个体，其智能性越高。但对于人类来说，目标相对比较多，并且不同属性的人的目标偏序不同，故此，需设置不同属性的人，将其行为方程设置出来。

（3）个体与个体之间相互作用的复杂性与行为理性之间存在什么样的关系？

相互作用的方式的复杂性也是群体行为的主要影响因素。作用方式越简单，群体的行为越简单，其理性越容易判断。对于人类来说，相互作用的方式以及影响因素极其复杂，并非一两句话可以解释清楚的。

尽管我们认为人类之间的相互作用可以划分为几种简单的方式，如合作与非合作，或敌友，或竞生、共生与寄生，但其内部却在复杂多变。这种复杂的相互作用使得群体的行为难以捉摸。可能是看起来很和谐相处的人，突然会反目成仇，突然合作的两个人，也不知何故会分手。在群体中，由于相互作用，群体的行为变得异常复杂。

实际上，相互作用对于群体行为的性质来说，非常关键。不同的相互作用会产生完全不同的群体行为，这一点已经被证明了。然而，由于在经济与管理中，这种相互作用非常复杂，并不纯粹，而是多个作用混合的结果。这种复杂性将会使得问题变得异常复杂，为了进行分析，就需将这些混合的相互作用分解成一个又一个单一的相互作用，然后创造一个合适的积木机制规则，在这个机制的基础上将这些相互作用拆成一组相对简单的规则的组合，这种方法有利于从多个维度上分析问题。（注：记得积木机制否？我们认为可以采用这种方法，将相互作用设计成不同的积木块，然后进行排列组合，然后设置成具体的算法。）这个问题的复杂性不仅如此，还应该注意到下一个问题：如果系统中存在多个 Agent，每个 Agent 具有多个属性，每种属性的行为不一样，每个属性的 Agent 的交互作用一定也不一样。

当然，如果我们在定义个体之间相互作用的过程中抛弃了博弈这种定义，甚至是多目标博弈，而是采用回声模型进行定义，其行为的理性判断是否同样适用，这也是一个新的问题。

相互作用的复杂性与个体理性之间的关系，显然是一个未知问题：谁能保证在瞬息万变的关系体系中保证自己的行为永远是理性的？在这个时刻我们是好友，在下一个时刻，有可能就是对手，这种相互作用的变化，对于理性行为的判定来说，加大了难度。要搞清楚这个问题，就需要新研究这个问题。

（4）群体理性如何表示？

群体理性如何表示，这个十分关键。实践证明，在人类的历史上，群体的选择并不是全部理性的，有的时候甚至是错误的。

群体理性也存在时间、空间维度的判断，尤其是时间，更是重要。因为我们知道，实践是检验真理的唯一标准，只有经过长时期的洗礼，才会真正判断这个群体行为是否理性。换句话说，就某项选择来说，当时或在很短时间之后对其判断毫无价值，甚至会得到错误的结果。

由此可见，群体理性的评价，则是一个非常重要的课题。关于此方面的内容，在本书的《个体相互作用涌现的社会群体行为及其复杂性的实验研究方法》一节中已经给予了非常详实的分析，有兴趣的读者可参考。然而，在群体中，某种行为被选择的人群数量、策略变化特征、个体相互作用形成的复杂网络中的连通大组分的特征及动态变化等，仅仅表示了群体的行为，却无法表示其智能性，也无法判断其群体行为是否理性。我们假定：个体行为与自身局部结构的特征有关，改善自身收益会导致系统结构变化。为了描述这一系统的特征，我们将从空间与时间维度上对系统进行抽象，并且考虑不同的粒度大小，如果从大的粒度上看，小的粒度上的一个子系统可以抽象成大的粒度上一个点。故此，我们给出一个思路，从系统拓扑结构的角度看，系统可以写成如图 2 -7 所示形式。

这个图说明了经济与管理复杂系统是有一定的层次的，而高层次 Super - Agent 是由个体按照自下而上的方式进行相互作用而涌现出来的，而这些子系统也将按照一定的规则存在着较为复杂的相互作用，同样也涌现出来更高一级的子系统。并且，如果将抽象的最低粒度看成 Agent，那么 Sub - Agent 就是其中一个点，如果将 Sub - Agent 确定为抽象的最低粒度，那么 Agent 则是一个点，以此类推。在这个意义上，群体的理性是否可以看成下面的问题：群体看成同质 Agent 形成的 Super - Agent，群体行为的理性就是与自上而下规划的行为（优化或博弈）之间的差距。然而这个问题更复杂，目前尚没有系统的答案，我们关于理性的猜想，还需要进一步的证明。

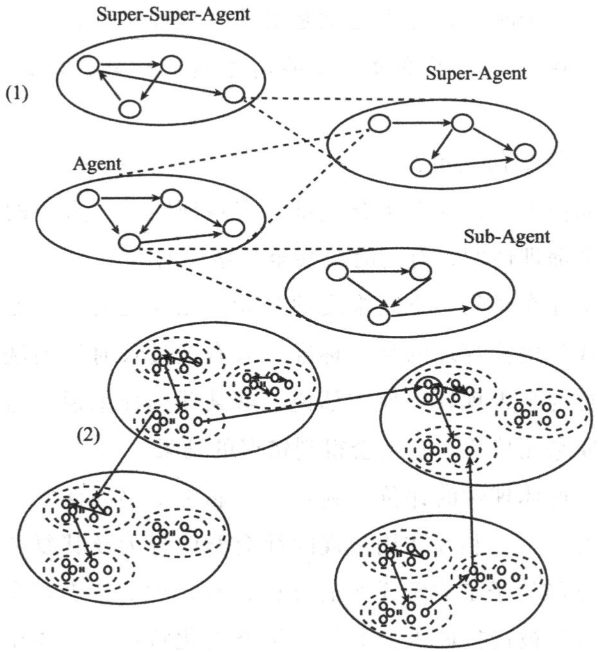

图 2－7　经济与管理系统的复杂性及其拓扑结构

（5）理性人在群体中所占比例对于群体行为的理性有什么影响？

蚂蚁的智商很低，但群体的智商远远超出了个体的智商。人的智商很高，但群体中的行为则不一定比单个人高，并且经常出现“一个中国人是龙，三个中国人是虫”的理性降低的现象。与之对应的，同时也有“三个臭皮匠，顶个诸葛亮”的系统理性高于个体理性的论点。这种矛盾的观点，其实蕴含着一个问题：理性人比例的变化，对于群体的行为影响很大。总体上，我们猜想，在适当的条件下，总可以找到一个最佳的比例，使群体的行为最强。那么这个比例所具有的性质是什么，目前也是一个无人问津的问题。

（6）系统的结构对群体理性的影响如何？

这个问题很难，我们先谈几个简单的观点：有无领导者对于这个群体的理性应该影响很大，很多研究也说明这一点，在有领导者的情况下，群体的智能与无领导者、无监督者不一样；自组织与他组织的区别，这个归纳起来也是一个分类方法。不同的系统，情况会完全不同；系统中个体之间拓扑关系是 scale－free、小世界还是完全图，是稀疏还是密集，其群体理性应该不一样。这些问题，显然也非常重要，需要深入的分析才能得到结论。

(7) 我们研究的群体理性与群体智能是不是一回事？

理性与智能的差异在哪里？群体智能的判断原则有：①邻近原则；②品质原则；③多样性原则；④稳定性原则；⑤适应性原则。而群体理性的判断原则如上所述，将群体看成一个系统，采用优化博弈的方法获得的最优行为与现实行为之间的差异。

蜂群思维一定超越了个体小蜜蜂思维。它的神奇在于，量变引起了质变。要想从单个蜜蜂的机体过渡到集群机体，只要增加蜜蜂的数量，使大量的蜜蜂聚集在一起，使它们能交流，等到了某一段，当复杂度达到某一程度时，"集群"就会从蜜蜂中涌现出来。蜜蜂的固有属性就蕴含着集群，蕴含着这种神奇。

然而，群体理性呢？则需要深入研究才敢判断。

经过这个例子，不难看出，通过理论批判，的确可以得到一些比较深刻的科学问题。然而这种理论批判，应用起来并不简单，需要深厚的沉淀才能实现。"*The answer you get depends upon the question you ask.*"库恩自1962年首倡科学发展并非线性进步，而是存在着革命，其中"范式转换"便是解密科学革命的金钥匙。这种"革命"带着对现有理论的批判，让科学发展进入了一个新的空间，在曲折中前进。这种冲突"危机"、发现问题、理论批判、理论发明的研究范式，便是解密科学的金钥匙。

2.4.3 实验偶现

——偶然谈笑得佳篇，便恐流传成乐府。

在前文中，我们认为科学问题从实践中可以发现。但实际上，科学问题还可以通过实验来发现。

在自然科学的研究中，实验具有十分重要的意义，它解开了一个又一个神秘而又有趣的科学现象与规律。比如说实验帮助居里夫人发现了镭元素，帮助伽利略知道了惯性定律并随后打开了牛顿运动定律，还有电磁学发现等，这些结果都是建立在实验的基础上才发现的。

在基础科学研究中，实验起着十分重要的作用，那么实验发现的基本思路是什么呢？下面我们就简单的说一说这个思路。一般的，实验分为验证性实验和探索性实验两种，前者主要是为了验证一个理论，而后者是为了更有更多的科学发现，这种新的科学发现可能会衍生一个新的科学问题。后者的作用更大，价值更高。探索性实验一般是建立在验证性试验的基础之上，比如说给定一瓶溶液，不妨假设这瓶溶液的元素已知，我们想知道其中的成分与浓度的大小，就需要做验证性实验。首先，根据光谱或者其他属性确定该溶液的成分，然后再进一步通过比较谱线或者光敏性等特征与已知规律之间的关系，就可以确定出溶液中各个成分含量的大小，这是验证性实验的思路。不妨假设在这瓶溶液中发现了不明的物质，这种不明的物质或者元素前所未见，那么这个物质是什么？具有什么样的性质，就会成为下一步科学研究中的关键问题。在探索性实验中，这种发现更加充满了偶然性，也许一辈子都在原地上打转，也许一下子就会成功。然而无论如何，都需要无数次试验作为基础，如果没有这那些铺垫，怎么会有偶然的新奇发现，从而带起一个科学问题研究的活动呢？

不管有多么热闹，这都是自然科学中的事情，那么在经济与管理科学研究中有没有实验呢？如果有的话，如何才能通过实验发现一些有趣的科学问题。

实际上，经济与管理科学研究的范式中的确有实验研究这个范式，不过这个范式兴起的时间比较晚，还没有被绝大多数科学家所接受。在我们后面的相关内容中，我们将专门阐述这种实验方法。此处的目的就是为了解释如何通过实验发现科学问题，不是将重点放在如何进行科学实验这一问题上。

经济与管理科学研究中的探索性实验，与自然科学中的探索性实验的基本思路如出一辙。首先做好“标准样”，在经济与管理科学研究中，我们将这个“标准样”称之为模型，比如说我们为了研究人们的集群行为（如哄抢行为、集体造假），这种事件一般很难获得足够多的观测数据用于分析。这个情况下就有必要进行实验，通过实验可以获得对应的数据。分析之后也会发现一些有趣的结论，如果这个结论与众不同，并且是正确的，那么一个新的科学问题便会诞生。

在此处，请注意我们用了一个词——“新奇”，这个词也可以称之为与众不同，这个与众不同也就是与常识不同、与经验不同、与经典的规律不同。但实际上，这种异常的发现，有时会被研究人员放弃，而将专注力放在常规性结果的重现研究上。实际上这种奇异现象是否具有重现性是成为科学问题的关键所在。

经济与管理科学研究中的实验，我们做推崇的是行为实验与探索性计算实验。前者对于个体的行为研究非常关键，它的基本思路如下，给定一个场景，包括自然环境、社会环境、资源约束、制度、文化等，然后设定一个经济活动，让个体进行这项经济活动，并从中获得每个个体在不同时期的行为数据，然后再统计分析的基础上，发现整个群体的行为规律。而后者更加关注于群体性的行为规律，在实际系统以及行为试验观测的基础上，科学家会找到个体的行为模式，包括个体人员的决策如何与他的相互作用，包括与同类的人以及与其他类型的人。如何学习与改进，然后做一个计算机模拟仿真模型，当确认模型准确之后，便对一些现实中未曾发生、但实际上有可能发生的情境进行探索，从而发现一些有趣的现象，再对其进行深入研究，必将发现更加有趣的规律。

在实验的过程中，“标准样”，也就是实验模型的准确性，是进一步试验发现科学问题的关键所在。在行为实验中，我们在熟悉的场景中所做的试验的结果与实际的结果服从同一个统计分布特征之时，才能说明我们的行为实验是正确的，是有效的，在这个前提下就可以做未知情境中的实验。因为未知情境是我们现实中可能会碰到的情况，也许会得到新的问题。同样的，计算实验的基本思路亦是如此。

在进行实验时会得到一些实验结果，有些结果和时间与经验吻合，但有时有些实验结果与经验相悖。那些与经验和已有知识相吻合的结果，这个实验的目的就偏向于验证，而不是探索性的。如果出现相矛盾的结果，并且这个悖论一旦证明是对的，才会出现新的科学问题，从这个意义上来讲，偶然结果比必然结果的意义更大。

对于偶然的结果，首先应该根据结果的重现性判断其科学性。也就是说，将实验的条件在奇异点上重复进行，如果这个奇怪的现象重复发生，可以调整实验条件，观测这个奇怪的现象是否再次出现，以及再次出现的条件是什么——我们总可以通过实验的结果判断这个结果出现的边界。然后再对这个问题进行深层次的分析，就可以实现从现象到本质的过渡，从而发现科学问题。正如库恩所说，科学中（事实的）发现过程是“具有一种按一定规则周期出现的结构：(1) 发现开始于感到反常；(2) 进一步探索反常的区域并扩大反常研究的范围；(3) 调整规范（或理论），直到消化那些反常为止，即“直到把规范理论调整到反常的东西成了预期的东西为止”。

如果这个结果不再出现，那么会有以下原因所导致：噪声、系统的因素随机变化。对于前者，可以逐步地调整噪声大小，如果这种奇怪的结果在特定范围内持续出现，就可以找到噪声与奇异结果之间的关系，这也就衍生了一个科学问题；如果没有出现，那可以通过不断地实验搜索这种结果是否会出现。对于后者，可以将系统抽象成若干可变的参数，缓慢修改这些参数的大小，观测奇异结果是否重现；如果重现，则表明在这种情境下，偶然发现必然会发生，这种偶然的发现将带来更大的突破；如果这个现象再也没有出现，我们就可以暂时放弃——只能说在目前的条件下我们失败了，但随着实验条件的改进以及相关知识的积累，这个问题就有了解决的可能性。

在本篇文章中，我们假定实验有两种，实际上笔者更喜欢第三种：思想实验。在自然科学以及是哲学的研究中，思想实验起到了非常重要的作用，甚至于相对论、量子力学这种伟大的发现，都是建立在思想事业的基础之上的。在经济与管理研究中，也可以设计出对应的思想实验解决对应的问题。关于思想试验的相关论述，请参见本书的相关部分。对于思想实验，它的结果与实际可观测的系统结论不同的可能性就很大，因为思想实验所做的几乎都是现实中无法找到的例子。思想实验下，情境是虚拟的，条件是虚拟的，关系是虚拟的，这些现实中未曾发生，但却有可能在发生的实验，其结论必然会有其独特性。

在本篇文章中，我们对于偶然结果的处理反映了以下的思想：

(1) 偶然发现比必然结果更有利于科学研究，偶然的发现，可能会打开一扇我们未曾碰到的科学大门。让我们对于未知世界的把握又往前走了一步。

(2) 常识与显性的规律有的时候并不可靠，不一定要盲从；经典的结论未必是对的，可能在某些条件下是错的。科学研究就是用批判的精神，对一个又一个的疑惑进行解答。

(3) 偶然的发现也需要沉淀，以实验为例，所有的偶然发现并非一开始就能得到，而是在大量实验的基础上发现奇异情况之后，通过足够多的实验验证这种奇异现象是存在的前提之下，才能够证明这种偶然发现是有意义的。

在此意义上讲，爱迪生那句名言，“天才就是1%的灵感，加上99%的汗水，但那1%的灵感是最重要的，甚至比那99%的汗水都重要”，就显得十分的正确了。那么1%的灵感就是大脑中的灵光一闪，属于偶然性的表现，但如果没有那99%的汗水，即使灵感来了，也是没有做好准备，应该只是灵感而已，与天才无关。

（4）不要恐惧失败。在科学研究中失败很正常，偶然得到的结论有可能是错误的结论，需要有足够大的胆量，将其设定为一个命题。然后再证明这个结论是真还是假，这样才能够解除自己心中的疑惑。如果是真，就等于在自然科学发展的道路上走出了成功的一步；如果是假，这种失败对于研究更加的重要——至少让我们知道此路不通。其实，这也是科学研究中的正确的姿势。

（5）科学实验的目的不是验证常识，而是探索未知，并将其变成已知经验与规律。那么，与其目的相对应，科学实验所作的结论与经典的结论认识不同，这才是合理的现象。而与经典的知识吻合，不过是拓宽了条件，放松了约束，而算不得探索未知世界，也不可能并发现未知世界的规律。故此，科学实验的偶然结果，远重要于必然的结果。

经济与管理的科学探索中，实验是一种非常重要的方式。从问题分析、系统建模、计算实现，再到实验结果评估，这是一套完整的社会科学实验的研究范式。需要特别注意，一旦发现了偶然的结果，请勿直接将其作为假的结果抛弃，而是应该将其记录，也许在这里边我们就可以找到一个新的科学问题。

这种偶然，是在大量的实验之后才会发现的，其基本的思想在前文中已经有了讨论，这里不再赘述。

2.5 科学问题的抽象

——众里寻他千百度，蓦然回首，那人却在，灯火阑珊处。

任何一个问题都具有个性化，一类问题具有共性，如果可将一类问题的共性抽取出来，使之成为一个科学问题，其意义更加巨大。否则如果无力将问题的共性抽象出来，我们认为其研究结果仅仅具有技术层面上的意义，故此对问题的抽象变得十分重要。

一旦谈起这个问题，很多人不由自主地想起了数学模型这一术语。其实，这是对抽象的一种误解。的确，模型是抽象的表达形式之一，但不是抽象的必要条件。抽象的第一步应该是将具体问题转变成一个一般的普适性问题，然后才能针对普适问题的特征找到对应的模型。如果缺乏归纳，就强行地采用模型，极易造成“为了模型而模型”的行为，被“数学绑架”则成为事实。为了将此研究的具体问题真正的抽象成科学问题，还尚需花一定的功夫，下文将详细阐述。

问题抽象的第一步是将具体问题转变成一个普适性很强的科学问题。为了实现这个目的，我们要做的并不是去看别人采用了哪些模型，用了何种方法，而是应该站在辩证法的角度上，将这个问题的本质抽取出来，然后针对本质，找到一些相似的研究，从中发现其中的共同点，从而将问题抽象成一个科学问题。关于科学问题的属性，在下一节《关键科学问题与关键技术问题》一文中已得到阐述，这里不再赘述。这里重点说的是如何抽取。

对于具体的问题，我们将其强约束放宽，就会生成一个更大的问题，对于这一问题，会找到更多的研究成果。获得这些成果之后，我们便可采用meta分析的基本思想与方法，比较和综合针对同一科学问题取得的研究结果，采用求同存异的思维，将这些研究结果条件与结果之间的对应关系找到——即，每一个研究，其研究成果严格限定在一个条件下，这样，这些条件的影响因素、结果之间便形成了一个映射。显然，这种映射不仅概括了事件影响因素与结果之间的关系，而且包括与条件变化时——尤其是连续变化时，结果的变化情况。根据这个映射的基本性质，我们便可找到一个更加具有升华意义的科学问题。

一旦这一科学问题发现了，我们就需要对其抽象，目前有部分研究人员模仿别人抽象的模型，并在此基础上进行缝缝补补。或是进行加变量，非说经典考虑因素不全；或是改变量，非说经典研究不适合我们研究问题的背景；或是换一组数据，对经典研究进行另一次的验证——这一工作在《结果VS结论，技术VS科学》中已经用贝努利实验论述过了——这其实等同于一个属于小学生照着例题重新做了一遍作业的技术活，毫无科学价值。上述这些研究，从本质上偏离于科学研究的基本精神，应当规避这些行为。

而实际上，我们应该根据科学问题本身进行抽象，就抽象过程来讲，有两个类型。一是定性分析，二是量化抽象。事实上，定性模型也非常有趣，能够从性质上对事物进行深刻的定义。但定性推理的难度比较大，不容易掌握。像中国近代的一些大家，如毛泽东、鲁迅、梁漱溟等，以及像马克斯、维特根斯坦，他们以思维推理为擅长。按照一个严格的推理方式，神乎奇技地抓住事物的本质，并将其分析过程归纳成一个模型。这种方法对后人的帮助很大。如SWOT方法，因果图模型等。

定量模型现在比较流行，下面我们重点说一下量化抽象的方法。

首先需要抓住事物的本质特点，这一点在上面Mata分析以及定性分析中已经给予比较详细的阐述，这里不再多说。一旦抓住事物的特点，就分析这一类问题的一般做法，并找出其分析的切入点、分析过程、分析方法以及结果、结论中的缺陷。这一点很关键，意味着我们需要阅读大量的文献。文献范围不仅仅是关于该问题的，而且应该超越于该问题。考虑到我们研究的是一个科学问题，而科学问题具有更加广阔领域的科学意义。故围绕该问题的不同学科知识都应涉猎。在分析研究缺陷之后，我们应有一个好的想法，以弥补不同模型的缺陷，以应对现有的模型并进行修订。从而我们在量化分析的基础上，对该问题进行抽象。

显而易见，无论是定性还是定量，抽象本质在于对问题的认识深度，问题本质才是我们所关注的重点。进一步讲，将定性与定量结合起来，才能更准确地对问题进行抽象。

然而在我们的环境中，有人致力于模型，一旦找到一个模型，就如获至宝立刻拿来套在自己的paper中，导致模型与科学问题之间发生极大的错误。这也是数学滥用论的核心所在，也是数学滥用的危险所在。正如林家翘先生所说，我们一直谨慎地将实用数学，认作是应用数学。实际上应用数学是用数学的方式提出科学和工程中的问题，并将这些问题总结和表示为能够运用计算手段处理的数学问题，这是学术问题。而实用数学是用数学的方法帮助解决科学和工程中的计算问题，这是服务性的。进一步而言，我们很多人套用模型的做法与用实用数学代替应用数学的做法无异。

况且在抽象时套用模型的做法，只是在做属于服务性的事情，并非在做学术性的事情。当且仅当按应用数学分析的逻辑，将问题归结和表达成一个可以分析的数学或其他科学的问题，才是真正的抽象。

那么抽象成一个什么科学的问题，也是我们所关注的，很多人愿意将其抽象成数学问题，还有人愿将其抽象成一个物理问题和计算机问题。故此，模型具有很多形式，不唯数学论。其实就经管学科来说，很多问题是属于非结构化问题，所涉及的图表也是非结构化数据。数学模型对其分析也有一定的局限性，而计算机模型，行为实验模型则更有价值。关于模型的解释，我们将在后文中解释，这里不再赘述。

2.6 关键科学问题与关键技术问题

——雄兔脚扑朔；雌兔眼迷离；两兔傍地走；安能辨我是雄雌？

科学问题与技术问题貌似一对孪生子，很多时候我们傻傻的分不清，正如《木兰辞》中所描述的雄兔与雌兔一样。

首先，从字面意思上可以看出，科学问题与技术问题的区别，不仅在于本质与表象，在于深刻与浅薄，而且还在于探索与实现。这一观点已经在《结果 VS 结论，技术 VS 科学》一节中给予了比较详细的阐述，此处不必花费太多的笔墨。

我们设计了一项研究，名字叫《社会群体行为的一致性转向：临界状态，扩散过程及最优控制》，想研究非理性经济人在经济与管理事件中的相互作用下，形成的群体行为突然反向的这一问题。在我们的研究中，设定了以下几个关键科学问题：（1）个体理性行为所占比例渐变对群体行为理性的影响；（2）非理性行为相互作用所导致的群体行为变化规律及其准确性与稳定性；（3）粗粒化水平及其对结论的影响；（4）局部最优行为与系统最优行为的等价条件。同时，我们设定了以下几个关键技术问题：（1）非理性 Agent 及群体行为的动力学方程；（2）Vicsek 模型的构造与分析；（3）随机平均定理下结构随机时变系统与等价确定结构系统的构造；（4）时空维度上的重整化群。尽管我们的项目目前尚未有任何结果，但我认为，至少是说明了关键科学问题与关键技术问题的区别。

从上面的例子可以看出，关键科学问题主要是从问题为主而展开讨论，而关键技术问题则是从研究过程与方法入手的。在我们相关篇幅的论述中，一直致力于科学问题与技术问题的讨论，并且呼吁科学研究应以问题为导向，而不应以方法为导向。对于一个科学问题，重要的是它的思想、思维与方法，而不是具体的技术及技巧。关键技术问题是为科学问题服务的。

进一步来说，科学问题指的是 science，而不是 technology。科学问题是与科学假说相对应的，具有一定的揭示世界发展与变化规律的属性。关键科学问题具有以下属性：（1）若向前推进一步或解决之，有重要意义；（2）属于制约某具体学科领域科学发展的瓶颈问题，一旦找到正确的“突破口”或开启那把锁的钥匙，则势如破竹，能深入揭示隐藏在黑暗中的自然现象演化奥秘。虽然自然现象的演化受多种因素影响，但往往“万变不离其宗”，找到这个“宗”，就等于找到“突破口”或钥匙。因此，科学问题一定针对于某一大类事物，具有共性。这一问题的解决，可以对这类问题尚未发现的有趣现象与尚未揭示的规律的探索具有重大意义或一定意义。故此，需采取横向比较的方法，找出其他相关的或类似的“课题”，归纳其共同点，然后找这个同点深层次的机理，辨识是否具有普适性。如是普适性问题，则属于科学问题。

让我们退回去，回顾一下刚才的科学问题与技术问题。比如“局部最优行为与系统最优行为的等价性条件”这个科学问题。在个体相互作用的过程中，即使是最聪明的人都不可能在信息不对称的前提下得到最优的选择。故此，个体的局部最优行为不一定是在系统最优的背景下，并且经常不一致，那么，在什么条件下，二者是一致的，则是一个非常重要的科学问题。这个问题具有普适性，可以在决策中用到。不仅在空间维，还可以在时间维度中用到，这是其一。其二，在搜索算法中，我们经常也会面临着同样的问题——往往会在若干个局部最优解的比较中选择全局最优，但这种思路往往会误将全局最优给漏掉。很多个应用场景都会涉及这个问题。故此，它是一个普适性的问题，具有科学性。其次，它还具有深刻性，它可以从信息不对称的角度上描述出来个体的非理性行为，以及行为的局限性，也可以描述在这种局部信息下所做的选择——尤其是当个体的目标随机多样时，在相互作用下，个体与个体之间目标冲突所引发的“内耗”足以降低群体的智能，同时还是系统临界突变的根源之一，这个问题非常复杂，鉴于主题与篇幅，此处不再进行详细的论述，故此它具有深刻性，是一个科学问题，并且是一个关键的科学问题，具有“牵一发而动全身”的性质。这个问题的解决，会给这项研究的解决带来“多米诺骨牌效应”，属于瓶颈问题。

回头看一下技术问题，关键技术问题是为了解决关键科学问题而服务的。我们举例说明，比如前文中经常提到的 Vicsek 模型的构造与求解。Vicsek 模型是研究多个体系统的一个基本模型，它具备了复杂系统的一些关键特征，如动态行为、局部相互作用和变化的邻居关系等，它在描述大型同质化个体的群体行为中颇有建树，比如说鱼群、蚁群等，他们的特点是，个体行为的差异性较小，相互作用规则比较简单。但如果将个体换成人，则复杂得多。人与人之间的差异性，决定了人类系统必定是一个多 Agent 系统；人的行为的随机多样性则表明了人类系统的复杂性；同时，人与人之间的相互作用远复杂于蚂蚁之间的相互作用，比如说博弈，比如说偶尔合作偶尔竞争。故此，如何将经典的 Vicsek 模型修订为一个非理性行为驱动的 Vicsek 模型，则是揭示经济与管理事件中群体行为规律的一个主要途径。故此，我们称之为关键技术问题。更进一步的，我们可以说，凡是模型、算法等的，都是技术问题，而并不是科学问题。但令人遗憾的是，在很多科学家眼中，模型、算法都成为科学问题。这种舍本逐末的思想在学术界其实很普及，这给科学带来了不适。

关键科学问题与关键技术问题都重在关键上，这说明其地位的重要性——肯定是关键的、不可替代的，这部分不多阐述，只需清楚与一般问题的区别即可。

优秀的科学研究一定包括了若干个有一定逻辑关系的科学问题与技术问题。它们一起给某个问题一个完美的答案。如果一项研究，找不到科学问题与技术问题，或者他们的关系很混乱，那不能称之为一个好的研究。

退一步讲，科学问题的抽象，或者说如何发现一个科学问题，是非常重要的。并且，如何选择一个关键技术问题也是非常重要的。在相关篇幅中，我们已经解释了关键科学问题的凝练过程，通过升维、降维、抽象得到，所对应的科学问题中，再进行排序，即可得到关键科学问题。但对于关键技术的论述，所花笔墨则不是很重，在这里，我们谈一下这个问题。

当前的科学家在谈论科学时，比较喜欢新方法。然而，新方法并不天天有，而科学问题确实常常被发现。故此，我们认为不必强调“新”方法的重要性。然而，在实际的研究中，没有研究方法肯定无法得到结果。分析技术让结果具备可信性。故此，采用成熟的方法，则成为经济与管理科学研究中的首选。如果问题太复杂，现有的方法又无法解决问题，对方法的修订才具有一定的必要性。

其实，关键技术对科学问题的探索，具有非常重要的意义，如果没有先进的技术，对于问题可能会束手无策。就会面临明明知道怎么回事，知道问题的所在，但却不知如何破解的窘境。当下的中国迫切的需要成为技术强国，所以一方面加强自然科学、基础科学的研究，另一方面要十分重视技术的提升，这才能激发我们国家的发展潜能。其实，在古代中国的几大阳谋中，推恩令就是一个无法破解的阳谋。当皇帝为了巩固中央集权，推出一项重要政令——要求诸侯王将自己的分封地分给自己的子弟，在逐步分封之后，各个诸侯的势力便越分越小，最后中央集权得以实现。这个阳谋的例子告诉我们，即使知道了科学问题，然而不知道具体的方法，不知道分析技术，就很难将问题分析下去。

故此，在科学研究中，关键技术不容小觑。尤其是在研究中能够攻克那些难题的一些“trick”，他们的价值就非常大①。

举个例子，我们要分析产品与网络共同更新下的供应链协同问题，尽管可以找到科学问题为拓扑结构与流共演化下的复杂网络同步控制问题，但科学家必须有办法解决这个难题。首先需要复杂网络同步控制的理论，还需了解供应链协调方法。对于前者来说，我们需要知道随机过程的理论基础，并熟悉同步控制的基本理论与方法。对于后者，应知道契约协调的分析过程，比如折扣契约，故此，这些方法可供科学家分析。进一步讲，以固定结构的供应链协同讲，企业之间的协调一般以契约为主，参数的变化代表了利润二次分配的大小，间接表示了供应链中的公平性。比如回购契约、回购价的大小是一个非常重要的参数。它与商品的批发价格、数量噪声等参数有关系，

---

① 一般来说，经典的经济与管理问题的研究方法为数学模型或者其他模型，这是经典的研究方法，但由于人行为的随机性很大，因此这个问题就会变成一个随机性极强的数学问题。但为了研究的方便，可以假设这些随机性服从某种特征的分布，比如说是均匀分布、正态分布等，那就能够通过相应的方法得到对应的结论。这种 trick 就可以给出在特定的条件下（人行为均匀分布以及正态分布等）的对应结论，这就能够解决一定的问题。

也与供应链拓扑结构的特征有关系。两个企业之间协调的机制中，还有其他的契约，比如价格折扣，折扣率又是一个很重要的契约。但实际上，两个企业之间的契约协调，是一个混合的策略更为有效，它在某个时期用削价契约，某个时期用退货契约，某个时期用回购契约。从时间的长河中可以知道，他们之间的契约是一个混合策略，绝不是一个固定的策略。同时，从多个企业形成的供应链上看，在同一时间上，他们之间的策略也不是唯一的，也是一个混合策略。假设契约有 n 种，则从时间维分别记 $X = 1,2,\cdots,n$。他们两个固定企业之间的协调策略随时间的变化，我们用图 2－8 表示：

strategy	1→	2→	1→	...→	i→	...
time	1	2	3	...	j	...

图 2－8　行为的动态性与随机性

然后，其策略的频率便可统计出来。如果看供应链内部的节点企业协调，可知在某个时间内，某个企业与第 i 个企业的策略可能是 j，与第 k 个企业的策略为 m，也可以知道它的某个策略的概率，假设供应链的结构如图 2－9 所示。

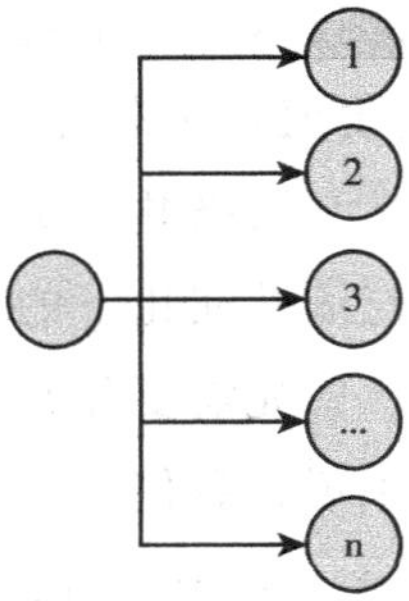

图 2－9　一个供应链结构

而它们的策略分别为（如图 2－10 所示）：

strategy	1→	2→	4→	...→	k→	...
enterprise	1	2	3	...	m	...

图 2－10　供应链企业的策略（某个时刻）

通过混合博弈模型可以计算出各个企业策略的概率。如果这种概率已知，就确定出每个策略的分布特征。然而，问题的关键在于，这个策略会在何时出现，会持续多久，便需要构建一个随机过程模型来求解。首先需要判断这个供应链协调机制属于什么样的随机过程。比如 Lévy 过程、马尔可夫过程、鞅过程等，然后确定他们的状态转移所满足的条件，从而构造随机过程模型，并利用合适的算法进行求解。

进一步，还有一个至关重要的科学问题没有考虑：两种策略切换过程中的“中间地带”如何处理？在两个策略切换时，在数学上，假设时间粒度太粗——仍然以以前的粒度看，我们看不出其中的紊乱现象。但事实上这种紊乱存在，从一个制度到另一个制度过渡中，必然存在一定的不适应。需从时间的“重新标度”中处理这个问题。重整化群，重新标度等关键技术则会有很大的作用。

依然以这个例子为主，分析剩下的问题及关键技术，当产品结构与供应链结构共同演化时，如何去制定协调策略将是一个关键科学问题。产品结构与供应链结构的随机变化，将会形成对应的随机过程。一旦产品结构、供应链结构以及协调策略的关系被确定（见上文分析），可以通过 SPDE 的方法，分析出对应的解。故此，SPDE 的分析方法，又是一个关键技术，在分析过程中，各种不等式的构造、对应的变分法，都是解决问题行之有效的方法，对研究的可行性具有很大的支持作用。

除此之外，算法也是一个非常关键的技术。在研究的过程中，不同的算法对于结果的可得性以及准确性具有显著的影响。举例来说，对于非线性优化来说，在将问题转化为线性问题的前提下，采用最小二乘法、广义最小二乘法、加权最小二乘法可确定最优方案，但对于非线性问题，则有一定的限制。对同一种问题，采用不同的算法所得的准确性具有很强的差异性。比如说很多随机优化问题，遗传算法所得结果与蚁群算法所得精度就有一定的差距，但二者都比简体爬山法所得结论好，比如说下面这个问题

$$\max \frac{\sin(2\pi x_1)^3 \sin(2\pi x_2)}{x_1^3(x_1 + x_2)}$$

s. t.

$$\begin{cases} x_1^2 - x_2 + 1 \leqslant 0 \\ 1 - x_1 + (x_2 - 4)^2 = 0 \\ 0 \leqslant x_1 \leqslant 10 \\ 0 \leqslant x_2 \leqslant 10 \end{cases} \tag{2.3}$$

采用模拟退火算法得到的结果为 $x_1=1.22799$，$x_2=4.24537$，最大值为0.095825；采用粒子群算法得到的结果为 $x_1=1.22818$，$x_2=4.24719$，最大值为0.095819。两个结果之间还是有一定的差距。对于ODE、PDE方法的选择尤为重要。

总之，关键技术有利于分析，是科学发现实现过程中的一个必不可少的、不可忽视的问题，应给予足够的重视。在很多情况下，有些问题在一些技术下是无解的，这一点需注意。

经济与管理科学家容易陷入一个误区：所有问题都可以得到解决。其实，受到技术的束缚，很多问题找不到解，甚至连近似解也找不到。这加深了经济与管理问题的复杂性，这种情况下，计算机仿真模型便应运而生。事实证明，它所解决问题的宽度与深度，比经典的方法更宽更深，将来也是一种趋势。我们有比较详细的论述，如感兴趣，请查阅对应的部分。

第3章 科学思想

——昨夜西风凋碧树。独上高楼，望尽天涯路。

——衣带渐宽终不悔，为伊消得人憔悴。

——众里寻他千百度，蓦然回首，那人却在灯火阑珊处。

古今之成大事业、大学问者，必经过三种之境界："昨夜西风凋碧树。独上高楼，望尽天涯路。"此第一境也。"衣带渐宽终不悔，为伊消得人憔悴。"此第二境也。"众里寻他千百度，蓦然回首，那人却在灯火阑珊处。"此第三境也。此等语皆非大词人不能道。然遽以此意解释诸词，恐为晏欧诸公所不许也。——王国维《人间词话》

[作者按] 科学研究的境界也应该存在三种，擅长于技术方法的，属于"昨夜西风凋碧树。独上高楼，望尽天涯路"这个境界。擅长于思维分析的，属于"衣带渐宽终不悔，为伊消得人憔悴"这个境界 。擅长于思想创新的，属于"众里寻他千百度，蓦然回首，那人却在灯火阑珊处"的境界 。我们推崇最高境界是思想创新，这个看起来比较深邃的事情，我们将试图通过一些浅显易懂的文字，在本章中给予简单的阐述。

3.1 科学之所以为科学

——宠辱不惊，看庭前花开花落；去留无意，任天外云卷云舒。

3.1.1 科学的边界，还是学科的边界？——人为设限的悲剧

——当突破自我的边界，你就会发现，世界比你想象的大，而你则比你

以为的还要丰盈和生动。“人生即探索”，在探索中，你一定能够发现更大的世界和更丰盈的自我。

科学思想突破的前提就是需要打破限制，无论这种限制来自于外界，还是来自于自身，都会限制科学家的创造性。因此，限制破解是科学家拥有科学思想的首要条件。

随着科学探索的不断进行，我们对世界的认知越来越多，也越来越发现人类所面临的未知越来越多。正如智者所说：“学习与研究的最终目的是为了减少人类对未知的恐惧，只因为随着研究的进行，我们会发现这个世界太过于神秘，而我们所知道的，仅仅是冰山一角，未知会越来越多。故此，随着我们未知越来越多，就会发现陷入未知的海洋中。也就对未知没有那么恐惧了。”

古希腊哲学家芝诺曾经说过：“人的知识就好比一个圆圈，圆圈里面是已知的，圆圈外面是未知的，圆上的点是知道自己不知道的。你知道的越多，圆圈越大，你不知道的也就越多。当圆的半径趋向于无穷大，你不知道的就是无穷。故此科学研究的边界是无尽的”。

然而，目前在我们的环境中，科学的功利化思想极其严重。下文中，我们将各种现象进行分析。

有一些人获得一些成功，然后就沾沾自喜，认为自己无所不知。那反而是因为自己知道太少，夜郎自大之风颇重。

近年来功利主义盛行，笼罩着科学界，这使得科学界浮躁之态甚嚣尘上，最终导致大部分科学家为了所谓的名与利，做更多的浅薄的研究，因为毕竟做真正的科学发现，需要更多的精力与时间，还存在着失败的风险。故此，他们就会自降标准，做更多“技术性”的研究。相反，对于真正的成果，则由于“妒忌心理”以及“相对论”的思维而给予压制，从而更大程度地限制了科学的发展。因此，功利主义科学价值观给中国科学进步带来了负面影响，实用主义地从事科学研究，缺乏“求真”的科学精神，将“科学”与“技术”这两个本质上不同的东西笼统称为“科技”，将功利的原则推移到“科学”之上。

功利主义的危害不仅如此，而且形成了不同的圈子，如果这个圈子具有很强的包容性、开放性，那么，科学的价值更大一些。但如果这个圈子排外性很强，则不利于科学发展。

可以说，由于功利主义的原因，科学的发展在一定程度上受限，这种局限性束缚了科学边界的拓展。其实，科学家只要不断放大自己的格局，深化自己的洞见，才会不断从未掌握的领域中获取更多的知识。同时发现更多的未解之谜，从而知道自身更多的不足，沉下心来，踏踏实实进行科学研究，而不是浮躁地对待科学研究。

故此，科学研究的设限不利于科学的发展，也不利于科学家自身的发展。这种设限不仅体现在同一个领域中，更会体现在不同的领域中，我经常碰到一种论调，当看不懂别人的研究成果时，就声称这篇文章的领域，对我没用，故此排斥新的知识理论，这种自我领域的设限对于自身的发展并无好处。

其实，各个学科之间并不完全独立，毕竟科学研究的总体思想一样，除了个别之处存在显著的差异。只有多个学科结合，才会融入更多的创新元素。当然，这种结合并不是说不同学科之间的借用，而是不同学科的有机融合。需将不同学科的思想、思维、方法以及工具进行集合。并站在这些不同的思想、思维、方法、工具的更高层面，抽象出其共性，在此意义上进行类比，才能找到最相近的理论，在更高层面思考具体的研究，意义更大。

我们很多人在做研究时，对自己的学科以外的知识有很强的排斥心理，其实，这种排斥的本质是懒惰，不愿意学习其他学科的知识，固步自封。

为了说明多学科融合的好处，我们举例说明这一问题。以贫困问题为例，从本质上讲，贫困问题是一个非常复杂的问题，不仅是经济问题，而且是一个文化、社会、政治、宗教等的综合问题。首先需要由哲学的角度分析贫穷产生的根源，是各个方面的不公平所诱导，但到底这几个方面是独立的、还是联立的，则需要从统计学的理论方法入手进行分析，找到他们之间的关系①。再用系统科学的方法，借鉴统计物理学的思维，构造一个结合统计物理与系统科学的模型，借此分析贫困家庭产生的原因。同时，综合考虑生态学中弱势物种在生态网中的演化理论，分析为何某些弱势物质、物种在拥有同样资源、同样机会时仍然弱势的原因和贫困发生与持续的原因之间是否具

---

① 在本书中，我们习惯采用系统科学的思想分析各个例子，通过系统中要素、关系、边界、环境等的识别，确定系统的结构、功能等，再进行后续的分析。关于系统科学的方法，将在后面的章节中给予详实的分析。

有相似性。这种思维的嫁接才会给贫困分析带来深刻的结论。然而，这样构造出来的模型非常难以求解，只有借助计算机程序对其进行计算，才能真正地得到问题的解。然后找到关键可控因素，据此设计出可能的方案。然后采用理工类试验的思想，在模拟模型中，对这些策略进行实验，从实验结果中找到最佳的策略与机制。在这个研究中，我们结合了经济学、管理学、统计物理、计算机、生态科学、系统学以及实验等学科的知识。对发现贫困的原因有很大的帮助，毕竟贫困的原因极其复杂。与各种条件有关，甚至是自然环境对其也有很大的影响。

在这个例子中，在思想、思维、方法、技术等不同层面上将多个学科进行结合，才会获得一定的突破。故此，只有这种深度结合才会对自身的研究带来希望。

尽管如此，我们仍然可以说，这种结合所需的高度有一定的要求。故此，需在日常多读一些其他的书，在读书的过程中，进行思考，将各门学科的知识糅合到一起，才能真正地融合在一起。

千万不要为科学设限，千万不要为自己的学科设限，否则就因为这种限制才会影响整个科学的发展。

只有将各个学科的知识相融合，才会提高自己的境界，才不会被功利主义绑架，才会有真正意义上的创新。科学家先要达到王国维先生所说“独上高楼，望尽天涯路”的境界，才知道自己想做的学问确有意义，值得奉献一生的精力去完成。追求学问的热忱需要培养，这关乎一个人的情操。如何除去名利的羁绊，让我们欣赏大自然的本能毫无拘束地表露出来，乃是培养学问感情的第一步。屈原说：“纷吾既有此内美兮，又重之以修能。”就是说有了这种感觉以后，再加上努力，就可以做大学问了。

3.1.2 功利主义：科学由贵族向流氓衰变的根源

——落日熔金，暮云合璧，人在何处。染柳烟浓，吹梅笛怨，春意知几许。元宵佳节，融和天气，次第岂无风雨。来相召、香车宝马，谢他酒朋诗侣。　中州盛日，闺门多暇，记得偏重三五。铺翠冠儿，捻金雪柳，簇带争济楚。如今憔悴，风鬟霜鬓，怕见夜间出去。不如向、帘儿底下，听人笑语。

在古代及近代的科学研究过程中，科学的目的在于探索世界未知之谜，包括自然界与社会界的探索。那个时候，科学的研究领域还是一方净土。科学家是一个神圣的阶层，他们曾经为寻求真理而献出自己的生命，如布鲁诺、哥白尼为了科学而百折不挠，一生都在追求真理。

可是不知几何，科学研究就变了味道——科学不再纯粹，而是被冠上了功利主义的帽子，从事科学研究的目的也不再是探索世界未解之谜，而变成了为了追求某种利益——包括社会规范下的利益以及市场规范下的收益展开的一场科学家之间的博弈。

在功利主义下，我们人为地将科学研究分成几个档次。这种分档实际上给科学家的“竞争力”给出一个所谓定量评价的机会。在这种机制之下，科学家分层，形成圈子，最终成“学阀”。这种技术锁定最终导致制度锁定，制度锁定强化技术锁定的体系，强化了“定量考核”体系。从本质上讲，定量考核是一种对科学评价的极其偷懒的方法，试图将复杂的科学研究工作进行简单的“量化”，通过这些指标来确定研究成果的重要性，这一管理的本质是目标管理。

然而，目标管理并不适用于科学管理，主要原因如下：（1）如上所述，科学探索是对世界未解之谜进行发现的一个过程，如果提前知道这种未解之谜，就不需要探索了。故此，科学探索的过程中，首先要确定出大致的方向，然后沿着该方向摸索。该方向不一定会得到一个准确、深刻的结果，除非运气很好，恰好碰到了一个最好的路。一般情况下，需要多试很多次才能成功。在科学研究的道路上，成功的概率应远小于失败的概率。但对于工程来说，工程是一个成熟的技术，在特定的条件下实现的一个过程。只要技术上成熟或可行，总可以将设想实现。因此，科学不知道结果是什么，需“探索”，技术知道结果是什么，需“实施”。对于可知的事物，我们可以用目标管理，而对于未可知的事物，则应强调过程管理。（2）科学家发现的价值并不在于数量，而在于质量。很多享誉全球的科学家成果并不是很多，但由于贡献极大，才会受到大家的认可。如张益唐教授，他在美国十几年内一直从事孪生素数领域的研究，直到 2013 年，他的作品《素数间的有界距离》才发表，而这一篇文章距他的上一篇关于黎曼猜想的文章有 12 年之久。这篇文章证明了孪生素数猜想，对于数论的贡献非常突出，他也当之无愧地获得了菲尔茨奖。因此，数量多少只能说明高产与否，并不能说明价值的大小。实际上，科学发现的价值认定具有滞后性。对于基础科学方面的结果，其得到证明的时间相对于应用科学方面的结果证明时间更长一些。当且仅当在一定时间内被证明是对的结果，才有真正的科学价值。那些昙花一现的作品，最终将被世人所抛弃。故此，对于关注于现实的目标管理来说，并不适用于科学的管理。(3) 目标管理追求在一定时间内的数量和质量，为了实现特定的要求，科学家将放弃对于那些未可知方面的研究，而将注意力转向能够在短时期内完成的研究，这种可预见的研究更像工程项目，与科学探索的终极目标背道而驰。我们目前在申请基金或课题时，也经常会犯类似错误——申请书中一般都要写明研究的目标、预期成果的描述，这其实就是将科学变成技术的一种体制，正如在《技术 VS 科学，结果 VS 结论》中提到的一样，对于完全可以预见、能够描述的结果，我们称之为技术，而非科学。用目标管理的方法管理科学发展，就等于自掘坟墓，将科学送到技术的领域中，最终导致我们没有科学。(4) 目标管理的表现形式为量化管理，但从古到今我们还未曾发现任何一个重大发现，能够量化其价值。比如说相对论与光电效应，对于普通人来说，我们更熟悉相对论，但爱因斯坦获得诺贝尔奖的成果却是因为光电效应的贡献，这两者的价值，无法用一些公式去量化。再比如张五常的博士毕业论文《佃农理论》在未毕业之前就连续发表，该领域的专家皆知，但德布罗意的毕业论文仅一页纸长，但由于这篇文章，他个人与薛定谔双双获得诺贝尔奖。对于这些成果，我们无法从发表的期刊、文字多少等方面来刻画其科学价值。比如 Grigori Perelman 证明庞加莱猜想的文章并未正式发表，仅在互联网上发表了 3 篇文章。我个人认为 Perelman 是纯粹的科学家，是值得我们尊敬的科学家。正如他所讲的，科学成果被证明是对的就是最大的奖励。但对于目前的科学界，各种量化指标到处乱飞，像影响因子、引用次数这类量化指标，严重危害了科学的发展。为何？像 Perelman 的成果极易被排除在重要/著名发现之外。并且由于功利化的思想的原因，很多偏“技术”期刊上的文章，通俗易懂，更容易被引用，从而增加了其影响因子。重视这些成果，对于科学的发现，无疑是一个负面的效果。(5) 目标管理助长了科学的功利化思想。将一些原本属于研究过程的指标纳入到了科学评价的体系中，从而导致管理中的因果倒置，比如在很多高校或研究机构将课题作为评价标准，这其实很有问题。众所周知，课题是为了实现科研成果的一种资助途径，因此，课题仅仅是实现科学研究成果的一种方法，是科学研究的影响因素。将影响原因作为成果看待，则将科学的重点放在了课题上，最终导致了有话语权的人集中精力放在给自己申请课题这种事情上，会降低对科学成果的追求。

功利主义对科学的危害不仅如此，会使得科学家的权欲不断增长，最终将科学变成一个功利场，为了这种名利而不择手段，最终从整个国家的角度上损害了科学。事实上，功利主义对科学的伤害极其严重。自20世纪60年代以来，全球范围内再也没有重大的发现，很多发现都是对旧理论的修订和补充，缺乏重大的创新。在中国，这种功利主义更加严重，在功利主义的驱使下，一个科学家都尽最大可能地与对自己更加有利的人进行“结盟”，从而形成一个又一个的“学阀”。事实上，这种“学阀”割据的现象对中国科学的伤害更大。

之前，科学是纯粹的事情，科学家是纯粹的人，科学研究是一片净土，是贵族精神主导的一项事业。然而在当下，我们可以看到，科学界充满了各种乌烟瘴气，科学家追名逐利。在此，我们呼吁，还科学一片净土。

当然，其前提是想法去除功利主义！在此，不禁想起了那句诗句：路漫漫其修远兮，吾将上下而求索。在这漫长的道路上，可能会碰到很多阻碍，但坚持，才会看见曙光。

3.1.3 科学团队：和而不同，还是同而不和？

——蝉噪林逾静，鸟鸣山更幽。

当今，由于科学的分类越来越细，同时由于科学研究深入，科学研究的复杂性也越来越大，最终导致单凭个人的力量难以胜任越来越复杂问题的研究，须团队合作才能取得更大的突破。

那么，有一个问题值得我们深思，科学团队的建设中，是尽量选择同一个领域同一方向的科学家作为团队成员，共同攻克某一难题，还是尽量选择不同的领域不同方向的科学家形成团队，通过互补实现科学的突破？在选择团队时，是人数越多越好，还是越少越好？

其中，两种类型的组织各有千秋，它主要看的是团队领导的风格以及团队的文化。领导的格局越大，越愿意吸收不同领域的思想。当然，这需要领导能将这些不同的文化融为一体的艺术。记得在电视剧《Bones》中，他们团队的科学家中，有研究骨、肌肉、计算机、生物、心理学等多个领域的科学家，在团队负责人的带领下，攻克了一个又一个跨领域的难题。如果团队负责人的格局太低，领导艺术不够，只能将同一个学科的人集中到一起，然后攻克一个个同一领域中的课题。

在《科学的边界，还是学科的边界？——人为设限的悲剧》一节中，我们提出了科学是无边界的，学科之间的思想、思维、方法、结果可以借鉴，如果设限，则导致思维不通。我的一个挚友，他个人是做电商系统的，为了解决在节日中因电商高峰引起的网络堵塞现象，特意去都江堰观测了一次。他设计的系统思想就来自都江堰的水利系统——深度与宽度的有利融合，迅速实现与缓冲实现的融合。我举这个例子仅想说明，科学本为一体，不过之后在还原论的思想指引下，分成了一个又一个的学科，如果我们的思维超越还原论，将别的学科的精华借鉴，可以得到一些意想不到的成绩。

可惜的是，我们很多科学家尚不能意识到这个情况，不仅排斥不同的学科，即使在同一领域中，也愿意画地为牢，拒绝与别的人、别的团队合作，像 Santa Fe Institute 这些没有围墙的研究机构，在这个世界上比较罕见。正如在《功利主义：科学由贵族向流氓衰变的根源》一文中所谈到的，科学界学阀林立，禁锢了他们的思想，对他们自身乃至于整个科学界的伤害很大。

举我朋友经历的一个例子来说，当时有幸结识了一个 985 学校的老师，他自身是研究社会学的，我们交流中，我朋友受益匪浅，他自身也觉得可以将系统学的思想引入到社会学中。一开始他兴致勃勃，但当接触到深层的内容，立马摇头，说这个不好联系。然后就说什么我们社会学如何如何，你们系统学如此如此，直接将自己所研究的领域与其他的割裂开来。这种情形下，要想组建真正的团队进行科研合作，肯定很难——因为合作者从心理上排斥对方。如果能找一个合适的领导者，将他们进行有效的分工，一定能像钱学森领导的“两弹一星”的团队一样出色。

可惜我们不是钱学森，他们也不是钱三强之类，现在也不是当时的文化环境，想要构建这么一个团队也只能是理想中的事情。

有一个经济学的教授，想要组建一个研究区域经济的科研团队，当时报名的人很多，他仅仅挑了这个专业的几名老师。有一个落选的研究心理学的人觉得很可惜，我个人认为，现在经济学中最难解决的是非理性人，而心理学是非理性行为的一种很有效的方法，如果能将不同专业的优势发挥出来，对于这个团队来说，具有很大的竞争力。

团队的理念对于团队的发展具有很大的影响力。而团队理念，在很大程度上取决于团队负责人的三观。总的来说，科学团队由一个又一个科研工作凝练起来的。在做研究的过程中，团队需在一起进行研讨、辩论，直到每个人都了解了任务的最终目的，了解思维过程，然后再分工合作，合作完成每一部分或各自完成自己最擅长的部分，最后即可得到一个比较完整的项目。因此，在团队合作的过程中，不仅要求各个成员尽心尽力，更要求负责人的智慧，对问题的洞见，思想有一定的要求。如果团队负责人能力不够，对问题的理解不透，只能让团队成员自己查资料，他自己毫无主见。这种负责人必然会引起成员的反感，导致团队凝聚力不强。

科研团队组建是否合理，的确影响了最终成果。

3.1.4 格局与洞见

——不识庐山真面目，只缘身在此山中。

科学之所以被称之为科学，很大部分来自对现实事物的背面所掩藏的本质有很深的揭示作用。换而言之，科学规律的发现，能从本质上推动更多技术进步与创新。可以说，科学发展是技术进步与创新的基础。

然而，科学成果有真有假，有优有劣。区别他们的标准无非是深度与宽度。

比如说，现在将一元二次方程的求解，我们称之为技术。反正我们已经知道解的表达方式，只需要带入即可获得解的大小。但是对于大部分的SP-DE，解的通式目前还没有找到，科学界仍然在不懈的探索，这应该是一个科学问题。

前段时间，经常有人和我讨论经济学与管理学的特点时，他们认为经济学与管理学要服务于当地的经济、管理与社会。其实这个观点很大众，在很多地方都会碰到。在此处，我们重新讨论一下这个“服务”的概念。按照笔者的理解，此处的服务应提供决策的科学依据，而不应该属于提供直接的方案。前者属于科学，后者只能称之为技术。进一步讲，从经济学的视角，将当地经济特征抽取出来，分析是否属于经典经济理论中的哪一个，然后用该理论指导当地的经济决策，这个叫技术。如果发现该地区的经济特征不属于任何一个经济理论所涵盖的范畴，且这种特征在同一维度上或更高维度上具有共性，则这种共性就具有一定的普适性。我们将其抽取出来进行研究，最终得到这一类经济体的特征、规律，并用这一规律指导当地的经济决策，这叫作科学。

概括地讲，科学是人类探索自然（也包括社会和人）寻求规律和真理的过程，而技术是人类为满足社会需求而得出的方法和手段。科学追求的是“发现”，而技术追求的是“发明”。科学与技术的区别在于深邃与浅薄，这是结果上的差异。从过程上看，前者注重过程的探索性，后者强调过程的标准化。而评价其是否属于科学，结合了两个部分的思量。

深邃的道理谁都会想到，然而并非每个人都能给出深刻的结论。毕竟路德维希·维特根斯坦只有一位，牛顿也无人超越。只要能对探索未知现象与规律做出一点贡献，就心满意足了，也能对得起科学家的称号。

在经济与管理领域，要想得到深邃的结论，其难度更大。这种难不仅来自于该领域巨大的复杂性，而且来自于它的沉淀不够。沉淀太少是其根本的原因。经典的科学，如数学、物理、哲学、化学经历了长时间的发展与沉淀，留下了大量的文化财富。反观之，经济学与管理学的发展时间远小于经典科学，可依靠的基础理论少之又少，这就大大地束缚了其发展。

故此，要想发展经济与管理科学，使得其得到质的发展，最先应该做的，就是丰富管理学的基础。

由于基础研究见效慢以及它的非直接性，很多功利主义的科学家对此表示漠然，而是将眼光投向了更加简单的、直接能见效的技术性应用中。这种量变，从本质上对于其质变毫无价值。

如果注意基础研究，经济与管理科学就具有如下的特征：（1）经济科学并非经济学，管理科学并非管理学。它应该包括更多的、更加丰富的内涵。从理论上，它应该属于经济学与管理学的理论；从思想上，它应该容纳科学与艺术的优点；从思维上，它应该包括更多的理性思维与感性思维，是这些思维的有机融合；从方法上，它既借鉴了哲学的广阔、数学的严谨、物理的柔性、艺术的炫丽，也包括计算机的高效。足见它已经超越了经济学与管理学。(2) 经济管理不是数学，不是研究抽象与算法的科学，而是在对问题认识准确的前提下，将其科学问题抽象成一个与之匹配的数学问题，以解决实际问题为目的。然而，现在很多研究中，经济与管理的问题被方法所绑架，变成了其他学科的研究。即使要采用其他学科中的模型、理论与方法，也应该以经济与管理中的科学问题的本质为中心展开，而不应该本末倒置，研究其别的学科来。

要加强基础研究，就应该将视野放宽：不仅着眼于管理，还应兼顾其他学科的思想、思维与方法，超越管理；不仅着眼于当前的研究热点，还应该考虑未来的发展态势，超越时间；不仅考虑当地的问题，还应该审视世界的发展，超越空间。放大自身的格局，才会真正地感受经济与管理学的旋律与心的悸动。

格局，其实就是一种世界观。在很多人的文章中，它混淆了不少的概念。在本篇文章中，我们不讨论这个词的含义，主要谈论科学家应该有的格局。

对于科学家，他的主要目的是为了揭示自然界与社会界中尚未发现的现象与本质规律。他们都是社会的精英，应该有远大的抱负，而不应该将目标定位为当前容易实现的领域。科学家的格局要求他/她必须要有远见，能够抓住未来若干年之后的科学问题，其道路必将丰富多彩。与此同时，作为一个科学家，应该有为科学坚持不懈的献身精神，唯有如此，才会成功的登上科学的顶峰。

科学家为了研究事物的性质、状态与规律，需要大量的深厚的基础知识作为辅助才能实现。进一步讲，重大的科学发现往往离不开扎实的、雄厚的理论基础以及一闪即逝的灵感共同作用。即使来了抓住灵感的机会，如果没有能够抓住灵感的厚实的基础，这个机会仅仅是一个机会而已，不会形成真的行动。从某个意义上讲，灵感常常与其他的专业，尤其是那些表面上看起来毫无关系的专业知识有关。因为那些熟知的知识，往往束缚了自己的思维与思想，很难激发自己的灵感。但对于自己不熟悉的知识，也许会从不同的角度，点燃自己的想象力。它要求，科学家为了在科学上有所突破，需要不断地摄取各种知识，为自己的科学发现提供良好的环境。事实上，历史上很多大家，都是在多个学科领域上有非常突出的贡献。

从本质上讲，世界上万物的变化（运动）都有一个比较近似的共同规律，霍金称之为万物理论，霍金终其一生都在找寻一个“大统一”理论可以融合存在于微观粒子之间已知的四种作用力，找到他们的联系与统一，可以解释宇宙间所有的现象。这正是科学精神的终极体现。这也是很多理论、知识、方法与观点可以从一个学科“转移”到另一个学科的本质原因。正因为如此，科学家就会掌握多种知识，科学思路才会宽广，才会想到更多的可能性。而这种可能性，就是科学发现的本质所在。

同时，思维宽度越大，越容易从其他学科中发现自己研究领域的发展趋势，也可以提前推理可能的预期结论。比如说，在《关键科学问题与关键技术问题》一节中的产品结构与供应链网络拓扑结构共同演化时的协调问题，可以参考在历史以及在生态系统中的一些结果，从而给出预期的结果，能够使得存在一种或一组可行的契约，使得供应链系统中成员的行为高度同步，提高供应链系统利益最大化的持续水平。然后，通过特定的方法证明这个猜想，以及找到这个结论实施的条件。

格局，同样的，对于科学来说极为重要！

还有一个非常重要的属性，对于科学家来说必不可少，就是洞见。作为科学家，对事物，尤其是自己所研究的事物来讲，应该有自己的主见，而不是盲从所谓的专家的观点，人云亦云。当然，这种有主见不等于胡说，而是应该建立在科学分析的基础上。我常常会碰到一些人，敢于说话，并且所说的，初一听觉得很有道理，但经过仔细的、反复的琢磨，就会发现其中存在很大的悖论。举例来说，在产业政策上，中国的经济学家就分成两派，争论不休。但从本质上看，这里面存在一个悖论：经济发展的模式可以分为计划经济与市场经济两种，计划就是将区域的经济作为一个主体，然后建立一个优化模型，经过分析，最后确定出来一个合理的配置方案——资源的配给方案，这个方案决定着在一个产业中资源应该如何配置。而另一方面，资源的涌现规则表示了在自由竞争的市场中通过相互作用将资源进行重新配置，这是在自组织的作用机制下形成的市场机制。我们的国家一开始实行的是计划经济，改革之后，一直努力地通过逐步改革，从计划经济往市场经济过渡。而现在，市场经济中的自由竞争条件尚不具备，计划经济又因为一些原因而得以保留。故此，计划的存在是必要的，有利于辅助修订市场调节作用下存在的可能的产业畸形的弊端。既然基本约束条件允许，我们就可以确定出一个适宜的产业政策来——那些倡议放弃产业政策的结论，其实就是对经济学不熟悉所得到的简单粗暴的结果。

因此，那些真知灼见必须建立在对人、事、环境非常熟悉的前提之下。这就是洞见，洞悉事物本质特征，并能迅速将其抽象成一个科学问题的能力。如果没有这种洞悉事物本质的本领，很难抓住问题的核心，自然而然就不能找到准确思路与方法，对于对应的问题，其见解只能停留在表面，难以有一针见血的见解。故而，洞见的作用非常大。

洞见，需要有独立的思维能力，而不盲从那种所谓的“经典”以及“权威”，这一点我们中国做得远远不如欧美。在他们的文化中，即使面对绝对的权威者，也不一定会信从。诚然，这种批判性精神在中国属于稀缺资源。但在中国，不乏有不少的批评性思维。批评主义者的目的并非阐述自己的观点，而是在于批评中彰显自己的能力，他们要么为功，要么为名，甚至为利。这种虚荣心的表现，应该给予坚决的抵制。

不仅如此，洞见需要在大量思考的意义上才能体现。见解人人都会，然而这种深刻的洞见并非人人都具备。其主要的原因在于每个人的思想沉淀以及灵感触动的机会具有很强的差异性。

洞见绝非胡说八道，一定是真知灼见。在这个信息时代中，每天都有成天上万的言论、观点在网络中产生，他们并非都是对的。这些观点、言论有可能是因为他们随意编造出来的一个事实。因此应该从其中识别出有价值的信息，加以整理，融入自己的思想，就能够洞察出这些现象背后的本质。作为科学家，不去跟风，有自己的真知灼见，就是洞见的表现形式。有一部分学者喜欢跟风，跟风最大的优点是容易，并且不容易出错。但这却表现出其弊端：很少独立思考科学内部的核心矛盾与突破方向，而是宁愿为某些经典的成果进行修补。这种成果毫无洞见可言。真知灼见需要花费大量的时间、大量的精力去做才有机会得到，大部分情况下，即使我们花了时间与精力，也不见得能够成功，这显然与我们的科研环境不匹配，这就是很多科学家放弃洞见的原因。故而以我看来，首先要做的，是让科学界冷静下来，重新审视各个领域中的真正的难题，以达到沉淀洞见的目的。

无论是格局，还是洞见，都非一日之功，需要长期浸泡于思想的海洋、思维的烈火、科学研究过程与方法的丛山之中。唯有经过长期的准备与训练，才会培养出深广的格局与深远的洞见，让我们对于无知的判断有新的认知。他们是有底蕴的，并非肤浅的，还需要花费大量的血汗才能得到。当然，外部环境的刺激也有一定的作用，它的变化会激发科学家在内心掩藏的某处储备的知识的活性，使得科学家不仅有远见，而且有谋略。

就中国的经济与管理科学研究来说，我们可以断定其处于一个发展的瓶颈期。其本质在于经济与管理以及相关领域的基础知识欠缺与薄弱，缺乏与中国现状完全对应的科学理论体系。如果看到了这一点，经济与管理的科学家需要意识到，我们到底缺乏什么样的基础理论体系。需要对中国的问题升维成一个普遍的、具有高度普适性的问题，然后找到他们背后的公共理论体系。如果可以，最好将其变成科学。在这个意义上，科学家将具有“大格局”。在这个意义上，我们可以找到更多的、更加深刻的科学问题，然后思考某个特定的现实存在的问题，便会发现其本质上的问题，加深我们的洞见。

不管如何，我们都希望中国经济与管理科学，越来越好，并能逐步地不断揭开一个又一个的科学谜题。

3.2 思想：深邃与肤浅的分水岭

——商女不知亡国恨，隔江犹唱后庭花。

前面我们讲了结果与结论的区别，从而引发了技术与科学差异性的比较，接着分析了摘要的写法，从摘要可以看出文章的内涵，那么，如何将一个科学问题展开分析呢？本部分主要介绍思想。尤其是科学思想，如何使得研究变得唯美。

丘成桐先生曾讲过，数学家都是诗人，具有丰富情感及无限想象力。他本人也是一名诗人。又如罗素，集数学家、文学家、诗人、哲学家与剑客为一身，故而具备强大的创新力，使得很多事情，迎刃而解，只因其具有深邃的思想。

因此，在做科学探索时，有无科学思想是第一位的，如果无思想，只能人云亦云，那么在科学领域中则毫无建树。

思想似乎与生俱来，无法学习，无法模仿——模仿者似乎天生无思想。如果我们遇到一篇毫无思想的文章，就觉得索然无味，上当受骗之感深入心中，油然而生。然而，如果我们读一篇有深刻思想、并令人发思的文章，会有余音绕梁三日之感。模仿者是无法抓住思想者内心创造的理念、知识、思维等的。仅仅可以获得其外在表现形式、如果换一个问题，或换一个场景，对于模仿者就很给出准确的结论。《按照关键科学问题》以及《关于摘要写法》《结果 VS 结论，技术 VS 科学》三篇文章的观点，模仿者的研究成果仅仅是一个肤浅的技术问题，或该研究不具备科学性。

我们都希望自己有思想，希望在这种深邃的思想下一眼窥破天机，能洞悉事物本质的变化。然而，这种思想得来并不容易，首先需要几个基本的条件。第一，应该有贵族精神。什么是贵族精神呢。大致归为以下三点：文化的教养、社会的担当以及自由的灵魂①。尤其是自由的灵魂是思想独立的前提条件。它使得我们有独立的意志，不为政治强权与多数人意见所奴役。第二，应该有大的格局，不应受限于一个小小的问题，应从一个问题展开，找到尽可能多的联系，从时间上尽量多的容纳不同的观点；不仅如此，要有远见，能够预见到未来的变化，从而提早的入手，为成功多做准备，从时间上尽量远的发现可能出现的观点；在此，要有多学科的知识，并能将一个问题从多个学科的角度展开，并能找到这些学科可能得到的基本观点与基本思想，然后从多个学科之间的共性上发现其更深的思想，从功能上尽量深的实现“1 +1 >2”的突破。第三，要有谦虚的态度，不仅能从成功的研究中学到经验，更能从失败的研究中获得宝贵的财富，以广阔的胸怀收纳诸多的思想。并能以史为鉴，以人为鉴。这并非让我们不保持自由灵魂，自由灵魂要求我们有自己的主见与思想，不为政治强权与多数人的意见所奴役，但首先需判

---

① 贵族精神，应该有三根重要的支柱，一是文化的教养，抵御物欲主义的诱惑，不以享乐为人生目的，培育高贵的道德情操与文化精神。二是社会的担当，作为社会精英，严于自律，珍惜荣誉，扶助弱势群体，担当起社会与国家的责任。三是自由的灵魂，有独立的意志，在权力与金钱面前敢于说不。而且具有知性与道德的自主性，能够超越时尚与潮流，不为政治强权与多数人的意见所奴役。

断的是这些 idea 是否正确。如果不明白别人的思想，就一味批评则不能称之为自由灵魂，而只能称之为随性灵魂。

如何培养深邃的思想，显然是我们更加殷切关注的。一旦具备以上三个基本条件，我们就可以提升自己的思维能力，从而深化自己的思想。虽然天才的思想我们学不会，但我们还是可以一步步减少一些错误的、荒谬的、扭曲的、肤浅的思想，不断融入一些正确的、深刻的思想，从而逐渐改善自己的思想体会。

第一，需要做的是学与思的有机融洽。学，不仅要树于本专业，而且要对各门各科进行认真学习，从不同的学科中找到科学研究思想的相通之处。思，要对所学的进行深度思考，从思考中发现学习的不足以及思想的不足，并进行补充。第二，要学会批判性的交流，这一点很关键，首先要有选择性地交流，如果与庸人多交流，也会俗化。在交流时对其观点需要选择性地吸收，不人云亦云。举例来说，就中国是否会进入中等收入陷阱这一问题，大家的争议很大。一个是会进入，一个是不会进入，还有结论说已经进入。为了证明自身结论的准确性，他们都在极力地阐述自己所采用的方法、模型完美无懈。然而，大家争论的焦点都回避了一个关键的科学问题：中等收入陷阱根本不是一个纯粹意义上的经济问题，而是一个表现为经济增长、城市化、社会公共服务、政治腐败、民主、贫富分化、就业、社会动荡、信仰、金融体系十个方面的经济、文化、社会、政治为一体的综合性问题，且其原因也具有多源性，一个如此复杂的问题，怎么能用如此简单粗暴的方法从收入的角度分析呢？进一步来说，有人认为规避中等收入陷阱的方法是公平、公正制度，然后这一大家熟悉的术语就在学术界中弥漫开来。但其实采用溯源技术，对公平与公正的含义进行分析，即可知道他们不可能同时出现。公平指的是在约束上提供平等的发展条件，而公平指的是在目标上提供平等的发展机会。更加重要的是，这种交流请勿拘泥于国内，还应扩展到国际范围内。现在有一些学术交流平台，我们都可以考虑，如 Researchgate、Santa Fe institute 等。第三，要端正更科学的思想，将之与技术区别开来。科学与技术最大的区别在于科学在于发现世界上尚未发现的现象与规律，而技术则专注于在特定的规律（规则）与面临约束条件下对某个事件的实现。前者不可预见，而后者则一定可以完成。在微观领域中，很多人专注于实证研究，主要用于对某些著名理论的验证，基本只属于技术而非科学发现。然而可惜的是，实证研究很少能发现新的规律——科学上的重大发现，往往是从一些偶然结果中发现的。真正的发现，要么是通过规范研究的解析发现，要么是从实践中发现，而不是在验证中发现。国内外目前流行一种叫“计算机仿真模型”的分析范式，主要构建一个特定的计算机仿真模型，对实际中已经发生的事实进行验证，然后其结论就在国际顶级期刊上一篇又一篇的发表，称之为突破。但在我看来，这个不能称之为科学，真正的科学应对未来的事情进行实验，看能否发现一些“有趣的现象”，并揭示这些“有趣现象”的本质属性。这种无监督的探索实验的价值远高于验证。——因为摸索性的实验可能会发现一些偶然现象，并分析这些偶然事件背后的掩藏的机理，从而揭示出更深的科学结论。

思想深邃与否，决定了研究的科学意义，的确，我们应该远离那种附庸的肤浅，用独立的思想，去发现世界上尚未发现的现象，用科学家的思维去看待事物。

最后需要强调的是，如今科学被戴上了功利的帽子，从而使其丧失了科学发现的原本面目，这一点对于科学发现是真正的阻力，对于很多科学家来说，科学研究是他们在这个“名利场”中获取自身利益的媒介。在中国的经济与管理科学的研究乃至于更多领域的研究中，我们要求以“量化”来考核各个科学家的绩效，莫不知，这助长了科学家将降低科学发现这一原本目标的风险，他们愿意去做一些更为简单的、大众的研究，将科学一步又一步地从贵族推向流氓。这是继非理性行为中免费的代价的真实表现、由于在一定周期下的目标管理法，科学家不愿在长期对于一个未可知的发现去努力，却致力于一个又一个能够预见的“技术”复制中，不仅降低了自身的科学素养，且在“相对主义”这种非理性行为的影响下，打击了真正的科学探索。在中国的语言领域，绝大多数科学界所做的，无非验证国家政策的科学性，不愿去针对挖掘中国经济管理中的掩盖的科学问题。进而导致无真实的重大发现，在经济领域的 Top5 期刊中鲜有创新，其解决的根本在于“思想”，当且仅当我们把科学当成科学而不是技术来对待时，才会缓解。

总之，思想对于科学研究来讲，十分重要，这不仅需要琢磨，而且需要用心去修炼。在本书的各个内容之中，我们都试图将一些好的思想融入到各个问题之中，那么如何鉴赏一个思想是否有价值，这些好的思想是如何形成的，能否给出一个适合于经济与管理科学方面的好的思想萃取的模板，这些问题都将是科学家所关注的。

3.3 科学思想：根植于内心的修养，只可欣赏，不可模仿

——此曲只应天上有，人间能得几回闻。

我们总有一种感觉，思想家是伟大的，一个伟大的思想可能造福于千千万万的人，造福于世世代代的后辈，这也就是思想家珍贵的主要原因。

科学研究如果没有思想，就难以发现有创造、有灵魂、有神韵的科学成果。进一步说，没有思想的科学成果与技术毫无区别。那么，什么是科学思想，都有哪些科学思想可以为经济与管理的科学家借鉴，以及在研究中如何给自己的研究赋予很深的思想，是我们感兴趣的一组话题。

总的来说，科学思想决定了对科学问题认识的深度与洞见，决定了结果或者结论是否具有重大科学意义。在科学研究中，我们经历了很多的科学思想：数学中的极限，自然科学中的互补，生命科学中的进化，社会科学中的和谐，思维科学中的系统，哲学科学中的转化等。在前面的篇幅中，我们在经济与管理的研究中，简单地渗透了这些思想，但却没有讲清如何去应用，或如何塑造一个独特的科学思想。在本节中，我们试图探讨这些问题。

由于思想的独一性，以及无法仿制性，在塑造科学思想的过程中，一些关键的精神必不可少。

（1）公正。对待任何一个研究成果，需要用公正的心去对待，不能有偏见。对待任何一个科学家，无论在生活，工作中的关系如何，在科学研究中也都应公正地对待。只有这样，才有机会成为集各种观点于一身的“大家”。

（2）简单入手，多元思考。任何事物，尤其是科学研究，需要先解决最简单的问题，由简入繁，多方位增加维度，逐步完善研究。

（3）大胆假设，小心论证。对于某项科学研究，可以大胆提出一些假

设、猜想，然后对这些假设与猜想进行证明。如果认为这个假设是不正确的，则需证伪。

(4) 理性批判。对于任意的现实不盲从不抵制，以批判性的思维，有选择性地学习，也绝不批评性思维，不否定为了自己以外的其他发现。

(5) 争论与激励。科学研究不需要附和，而需要争论——这种争论仅限科学上的争鸣而不是生活上的争论——很可惜，我们现在已经将生活与学术混为一谈。科学研究需激励，无论是自我激励还是他我激励，激励科学家继续以饱满的热情去探索。

在上述五种精神之下，我们才可以对任何学科的思想不偏见；才知道随知识增多，领略的未知就越多；才能够打破很多限制，进行大胆的假设，并通过小心证明来确定其他领域的某些结论是否适用，是科学思想碰撞产生火花的重要条件。而理性批判，争论与激励，则是科学思想培育与产生的基础。

虽然说思想属于天赋，很难模仿。但这种天赋并不是完全不能培养的，要想挖掘出深远的科学思想，需要多问一些为什么，这样就会避免“知其然，不知其所以然”的风险，并能从根源上获得深邃的思想。这个过程我们在《思想：深邃与肤浅的分水岭》中有比较深入的探讨，在这里不再赘述。

经济与管理科学研究是一个具有特色的科学研究，除了科学思想普遍特征以外，所有经济与管理的科学思想离不开科学本身，那么经济与管理中的一般的科学思想就显得非常重要了。首先，我们需要明确的是经济与管理的研究，最关键的是问题本身，以及研究对问题的思想，以及系统过程——因为巧妙的思维，可以让科学家的思想，观点得以实现，而方法则属于最不重要的一个环节。但我们现在一大部分经济与管理的科学家，过分强调了方法的重要性，而忽略了思想的重要性。其实，由于经济与管理研究的特征，我们认为研究思想不仅应该依赖于经济学与管理学本身，还应考虑数学，物理，生命等，如前所述。

经济与管理的问题，经过抽象，一般都可以变成连续随机变化的参数下的一类特定的离散系统，类似于一个特定的特定事件。如果考虑所有可能的情境，我们可以将这些系统的离散的事件归纳成一个连续的事件。如果再处理这一连续的事件，则将形成更高维的科学问题。实际上，连续的事件在实际中不存在，而是通过一个个离散事件归纳而形成的。这种思想，来自于数学中的极限思想，极限思维在经济与管理中应用广泛，比如重复博弈、竞争、垄断、产业集群等。都是在某一系列离散事件的基础上进行的。除此之外。在前文中，我们也对高维的，随机的问题使用 $f(x)=o(g(x))$ 以及 $f(x)=O(g(x))$ 此种处理（详见《科学论文 story 的武侠体构造》以及《研究过程：山重水复疑无路，柳暗花明又一村——如何设计一个丰富多彩的故事》)，最基本思想也是极限思想。下面，我们重点探讨一下极限思想是什么，以及如何在经济与管理中应用。所谓的极限思想，就是对于被考察的未知量，先设法构思一个与它有关的变量，确认这变量通过无限过程的结果就是所求的未知量，最后用极限计算来得到这个结果。极限思想揭示了常量与变量、有限与无限的对立统一关系，而这种关系在经济与管理研究中属于常见的现象，当然，数学中还有一些其他的思想也很重要，比如函数方程思想，数形结合思想，分类讨论思想，方程思想，整体思想，归纳思想，隐含条件思想，类比思想，建模思想，归纳推理思想，都在经济与管理中有非常重要的作用。由于篇幅有限，我们不能详细一一分析，只能简明扼要以方程思想为例说明，笛卡尔就认为，科研思维应为：实际问题，数学问题，代数问题，方程问题，虽然有些偏激，但在一定程度上是很准确的。

数学思维在经管科学研究中的例子不胜枚举，是目前管理科学学派的主流，也是经济科学研究的主流。

除了数学思想以外，自然科学中的很多思想也经常被借鉴到经济与管理的研究中来，如互补思想。对社会系统而言，影响系统功效的因素是多方面的。从内因来看，主要是社会系统的结构与机制，决定了社会系统的功效。从外因来说，是系统的环境外因与内因相互补充，从整体上影响了经济与管理的功效。这种互补的思想可以外推到各个方面，比如优势互补，人力资源设计，产业互补等。

生命科学中的演化思想在经济与管理中更常见，更不必说经济与管理中的人的行为具有更强的随机动态性。这使得任何一个人或一个群体的行为不可能固定在一个点上，而是随环境、系统结构的不断变化而变化。如果这个变化是稳定地逐渐地收敛到一个区域中，我们称之为演化过程是探究的，那么总可以得到一个最优的策略来知道其发展变化。如果这一变化是不稳定的，那可能导致系统多样性的产生，我们就可以得到系统的条件。当然，可得到在某一个区域能够使得经济与管理的系统中某个特定的行为或功能出现的条件。举例来说，系统就是具备该属性的一个典型对象，通过对它的分析可以找到促使创新的策略。

思维科学中的系统是我们一直推崇的一种思想，在经济与管理的研究中，对系统结构，功能，边界等的识别以及系统演化的分析至关重要，和谐思想、哲学中的转化均由此而生，对于经济与管理的研究，作用极大。

由于思想是深邃的，而非技术，属于长期积累的，因此这个不能通过模仿得到，只能用心去体验才能积累。在本书中，我们一直强调科学思想的重要性，也是基于这一原因。由于科学思想非常深邃，很难抽象出一套比较完善的抽象体系，在本书中，我们将采用下面的例子进行说明，试图达到抛砖引玉的效果。

例子：非理性人思想及其科学实现

经典的经济与管理和社会现实问题之间有一定的差距，其中一个主要的问题便在于非理性行为，那么，人的非理性行为成为21世纪经济与管理科学研究的主要任务之一。

非理性行为主要包括个体非理性行为与群体非理性行为，在经济学中，对于个体非理性行为的表现有以下的描述：攀比和比较、锚定引起的偏好、免费导致的真实需求丧失、社会规范与市场规范双重机制下金钱激励机制无效、理性与感性、拖沓、所有权依恋、多种选择的困境、预期与经验的选择、价格效应、选择性诚实。导致这些非理性行为的原因异常复杂，解析本质可知，微观个体的"人生观、价值观、世界观"理念以及宏观群体的"一切群族社会现象与群族内在精神的既有、传承、创造、发展的总和"，文化是其中最为关键的影响因素，能准确地描述非理性行为。对于群体非理性行为，法国著名社会心理学家古斯塔夫·勒庞在《乌合之众：大众心理研究》中指出，个人一旦融入群体，他的个性便会被湮没，群体的思想便会占据统治地位，"群体的行为也会表现出排斥异议、极端化、情绪化及低智商化等特点，进而对社会产生破坏性的影响。这一观点说明了群体行为具有非理性，并且说明了无论组成群体的个体是多么理性，一旦成为群体，在文化的影响下，群体的完全非理性也会迅速体现出来。故此，这个群体行为形成及演化的深层次内涵的揭示则更为有趣。"恰如著名科学家菲利普·鲍尔（Philip Ball）

在他的著作《预知社会——群体行为的内在法则》中描述的那样，“……群体行为所表现出的突然改变未必是所有个体一致要求的结果。即使个体的倾向只出现微小的改变，集体行为也可能自动地转轨变向。”群体行为的自动转轨变向源于个体之间的相互作用，如诺贝尔得主 Thomas C. Schelling 认为，“正是因为个体之间的相互作用，才导致整个群体行为突然趋于一致”。科学研究发现，即使是最简单相互作用的物理系统，其群体行为突变的诱因与过程也异常复杂，更不要说复杂多变的非理性行为决定的金融体系、产业聚集体系、供应链、虚拟经济体等社会系统的群体行为突变及演化过程。

尽管我们无法定义非理性行为，但是我们却可以描述它，包括各种各样的表征、诱因以及它的复杂性，这种研究经过一段时间的积累，我们一定可以构建起其概念体系。同时，我们也可以将不同的非理性行为引入经济与管理的各个研究领域中，使得我们能够从本质上解释经济与管理的对应的现象与规律，并从中发现更多的真理。因此，非理性人思想是经济与管理科学研究中一个非常重要的科学思想。

比如，在供应链协调中，每一个企业中扮演某些角色的人都是非理性人，没有完全理性的。但在一般情况下，我们将执行协调功能的相关者抽象成对应企业的行为——确实，他们的行为就是企业的行为——换而言之，只有个体才有决策能力，任何组织都不能决策。在协调的过程中，这些个体的非理性行为，将会导致其对应的物流、资金流、信息流、技术流、管理流与知识流等不同方面具有一定的非理性特征。不妨假设他们之间的协调机制为契约协调，那么他的选择会在数量折扣、价格折扣、回购、削价、退货等契约中任意选择，最终形成一个混合策略博弈问题。显然，由于“锚定”等的效应，每个企业都将会以一个较大的概率选择一个自己喜欢的策略，并且这种选择具有智能性——会随着这个企业的收益变化而适应性地调整这些策略，从而解释了在这个过程中的行为偏好现象。当然，在合作博弈的前提下，其契约的参数就戴上更加神秘的“非理性”面纱。

那么，这一思想如何实现，才是科学家最为关心的。因为非理性行为决策是一个非结构化决策的问题，为了解决这一问题，一些非结构分析的技术就应该得到一定程度的应用。目前有一些比较有意思的研究方法，在其中具有非常重要的作用。比如，神经经济学，利用行为实验的方法，对一些人进行情境实验，然后通过人身上佩戴的设备收集对应的数据，从而分析人的非理性行为与一些生理指标之间的相关性，然后再找到其行为的影响因素与影响情况，探索发现其非理性行为的规律。社会系统中的各要素及其相互作用具有动态性和非线性的特征，这决定了社会系统是一个复杂的系统，研究起演化规律存在很大难度。研究自然系统变化规律的实验方法在研究社会系统时存在很大的局限性，如实验成本高、实验条件难以达到。对此，研究者提出运用计算机技术构造出所要研究问题的实验环境、实验对象和实验平台等，以研究社会系统的相应问题。在一般情况下，我们首先要得到个体非理性行为的特征、性质及其状态的演化过程与规律。在此基础上，我们可以找到其行为的动力学方程，据此方程，我们就可以在计算机上构造一个计算机仿真模型，通过这个模型，确定群体非理性行为的状态与性质。这个过程中，科学家都采用自下而上的建模方式进行分析。一般的，Vicseck 模型是一种比较卓越的方法，对群体的行为研究，具有非常显著的作用。

其实，科学思想的重要性不需要花费太多的笔墨去写，众所周知，优秀的科学思想与低劣的科学思想之间的差异性非常巨大。比如说，在 JIT 与 MRP 两种完全不同的管理方式就体现了拉与推思想的差异性。有一些科学家在阐述零库存的时候，总是强调管理系统中的库存为 0，这完全亵渎了零库存的思想。而实际上，零库存的核心是“管理系统中无效库存为 0”。当然，这里的库存为 0，也只是统计意义上的期望值大小，并非是真的将这个管理系统看成一个确定性的系统。否则，将面临巨大的问题。我们应该关注如何提炼一些好的科学思想，使得科学家拥有深刻的洞见力，将在下文中阐述这一问题。

3.4 科学思想——策略布局篇

——知否，知否，应是绿肥红瘦？

曾记得一句话：智者，不仅要有政治家的远见与谋略，还应有经济学家的敏锐与洞见。可见，在科学研究中，谋略虽说起主要作用，但真正的实现却要靠策略来实施。在这个过程中，思维的布局属于最为关键的部分，本篇文章主要从这一角度入手进行科学思想的实现。

布局，其实描述了一个思维过程，通过动态的方式将我们的研究目标实现出来。显然，这种动态过程对科学家来说更加重要。在此，我们将带领大家领略这种过程带来的美感。当然，我们仅仅从经济与管理研究这一方面入手进行阐述。

如前文所述，经济与管理的复杂性在很大程度上取决于经济与管理系统中涉及人的因素，而人是非常难以描述的。比如，在经济与管理的问题中，尤其是在新的经济学研究中，企业家精神作为一种极其重要的要素，分配到各个产业的各个环节中，配置的合理性将会直接决定经济的效益。同样的，制度是宏观经济学中的一个不可或缺的因素，而这个制度，绝大多数是约束人的行为的。第三个重要的因素也是最关键的因素是文化，其实决定经济系统性质与状态的最关键的因素，完全取决于人的行为——因为文化的一种表现形式就是行为。而对于管理学来说，人的随机性、创造性行为是管理组织所急需的。因此，这导致了经济与管理系统的难度远远超过一般的自然科学，也超过了一般的社会科学。

如果用一个方程描述人的行为，我们可以看到它的复杂性。不妨假设人的策略空间为 $n = \{1,2,\cdots,N\}$，每种策略的使用概率为 $x_i(t)$，不是一般性，我们假设其动力学方程式为一个线性方程：$\dot{x}_i(t) = Ax_i(t) + B + w$，其中 A、B 是随机矩阵，描述了系统的属性，w 属于噪声项。由于人的行为的原因，往往其噪声的期望值 $E[w]$ 大于 $E[B]$，由此可以看出这一系统的复杂性。举例来说，观念在系统中在传播，其传播过程是系统中每一个人掌握的某种观念，然后传给别人的一个过程。这个过程非常复杂，首先，人与人的关系在特定的时刻形成一个图，观点图中进行传播。但随着时间的变化，这种关系所形成的图也在动态变化。不仅如此，观念也在动态变化。上述两种动态变化不仅体现在量上，也体现在结构上——系统中的人在增加与减少，观念中的属性也在不断变化。如果用 $W(t)$ 表示系统中人与人的关系，假设系统在 t 时刻人的数量为 $n(t)$，那么其关系的准确描述形式为 $W_{n(t)\times n(t)}$。同样地，假设在 t 时刻中有 $m(t)$ 个观点，他们之间的关系并不独立，其关系也可以描述成 $C_{m(t)\times m(t)}$，系统中某个人与其中一个关系都有一定的认可度，当然，这个认可度也是动态变化的。由前面假设可知，人对于观点的认可矩阵为 $X_{n(t)\times m(t)}$。观点首先应该传给自己，经消化之后再传给别人。故传给自己的过程中，也应该依赖于传给自己的关系矩阵。虽然这个矩阵由 $W_{n(t)\times n(t)}$ 中的对角阵元素构成矩阵 $A_{n(t)\times n(t)}$ 决定。其中，$a_{ii}=1-w_{ii}, a_{ij}=0(i\neq j)$。那么，他的行为动力学可以用下列公式来表示：

$$X_{n(t+1)\times n(t+1)}(t)=A_{n(t)\times n(t)}(t)W_{n(t)\times n(t)}(t)X_{n(t)\times m(t)}(t)C_{m(t)\times n(t)}(t)+(I_{n(0)\times n(0)}(0)-A_{n(0)\times n(0)}(t))X_{n(0)\times m(0)}(0) \tag{3.1}$$

可以看出，观点的更迭、系统换件变化、观点传播分别发生在不同的时间粒度上，那么这一问题就比自然界的问题更复杂一些。

要想真正地解决这类问题，仅靠思维中的谋略远远不能得到深刻的结论，还需实用性更强的策略，才能将科学思想真正地实现，才能实现整个分析过程，以体现我们研究成果的科学性。

针对于任何一项研究，我们的思维都具有个性化。那么，对于经济与管理的研究，有没有一套成体系的思维推导形式？我们给出的答案是，应该有几个不同的思维体例作为参考，在介绍思维体例之前，我们先重点强调几个问题。

第一步，需要强调的是，经济与管理的科学研究，永远都应该以问题为第一考虑的要素，不同的问题，将会找到更加合适的方法、思维去分析，也会有在旧的思想的渗透下，产生出新的思想。而目前，我们经济与管理的科研人员中，有相当一部分人最先考虑的是研究的方法是否先进，这属于本末倒置现象。实际上，一个优秀的思想与思维将导致事半功倍的效果。

故此，思维的第一步应该是分析问题，识别问题中所掩盖的科学问题，乃至于识别关键科学问题。在《关键科学问题与关键技术问题》《科学问题的抽象》中已经有比较系统的阐述，在此处我们不再赘述。这一步极其关键，因为只有抓住科学问题，抓住其中的关系，我们才能捕捉到研究目标的本质特征。

第二步，针对对应的科学问题，我们展开分析，找到问题的定性特征，推荐采用系统分析法。对于每一个科学问题，我们首先应划分出系统的边界，确定系统结构，然后弄清楚环境的性质。这对于问题的分析尤为重要，在《科学问题的抽象》中已经给予了一些足够的分析。系统分析的思维对于经济与管理中的问题有重要的作用。举例分析，我们要分析供应链风险，拟对风险进行评估。我们始终认为：（1）一个风险因素会产生若干个不同的风险，同一个风险可能由风险事件构成。（2）风险因素有若干个，且他们不一定发生在同一个供应链运作过程中。一个风险因素的随机变化使其偏离预设轨道，将会导致下一个风险因素变化乃至于偏离了预设，最终导致风险事件的发生，比如资金流断裂、供应链断裂等，并产生一系列的风险损失。（3）风险分析中，时间很关键，我们想知道某一风险事件何时会发生，一旦发生估计会持续多久，风险的动态演化会有几个阶段，每个阶段的发生时间以及持续时间的分布特征是什么，会造成损失的动态变化是什么？（4）风险是由一个风险因素传递给另一个风险因素，由一个风险事件传递给下一个风险事件，这使得风险事件之间或强或弱存在关系，当关系强时，我们可以看出他们之间的因果关系；当关系很弱时，他们之间是否存在着某种“共振性”，也是值得探讨的事情。在以上四个疑惑、猜想之下，我们的第一步是根据供应链的运作过程，找到风险因素与风险事件之间的关系，这种关系可能是映射关系，也有可能是非映射关系。但无论他们之间的关系是什么样的，总可以通过定性方式识别出来。故此，在这一步中，对问题的分析尤为重要。

第三步，我们引入一些具体的思维，对这一问题进行抽象，将问题的本质抽象出来，从而形成一个科学问题①。这一步尤为关键，因为在第二步中，我们仅仅对现实问题归纳成一个能看得见的具体问题，但并没有找到问题的核心所在。因此，归纳出来的映射或非映射关系只是一个浮于表面的问题，还不能真正描述研究问题的本质。我们应该做的是，将其科学问题抽取出来，然后对科学问题进行分析，找到问题的本质。进一步来讲，任何一个问题都有其表象，而类似于表象之类的问题，其实并不能揭示问题的本质。在表象背后所掩盖的科学问题来说，解决它的意义显然比“头疼医头，脚疼医脚”的做法高明不少。故此，对科学问题的挖掘意义更大。在此方面，我们之前的文章中已有较为详细的分析，这里不做理论上的探讨，仅仅用一个例子来说明。

（1）2015 年一路飙升的 A 股在短短几个小时内，绝大多数股民在那只“看不见的手”引导下集体抛售，导致 A 股遭遇了巨大的股灾。（2）在台湾

① 实际上，科学问题的抽象是整个研究中非常难的一个环节，具体见《科学问题的抽象》部分。

大选前党内竞选之际，处于势均力敌的国民党候选人都以“犹抱琵琶半遮面”的姿态面对民众，名不见经传的洪秀柱在决定替国民党出头之后突然以压倒性的票数胜出。(3) 河北工业大学韩春雨博士在《Nature Biotechnology》上发表一篇 NgAgo 具有核酸内切酶活性且能够被用于基因编辑的文章，被我国媒体普遍认为是具有诺奖实力的发现，这一发现先是被极少数人怀疑学术作假，短短的几个月后，全球科学家则普遍认为其成果属于作弊行为。(4) 2014 年 5 月 18 日，黄海波事件被炒得纷纷扬扬，好人黄海波的名声一落千丈，随后他从公众视线中消失，而两年后，新闻媒体对此事的态度却发生倒戈，几乎所有人都认为黄海波是被诬陷的。

如果将这几个例子抽象成系统，不难发现一个共性现象：系统或群体的状态或属性会在某一瞬间毫无预兆地转换到意想不到、甚至是完全相反的方面，这种称之为相变的现象普遍存在。无论在自然界中由于微弱震动而引发的突如其来的雪崩，或是在因竞生、共生与寄生等复杂关系微弱影响所导致的某种物种突然濒临灭绝，还是因为个别企业之间自愿构建合作关系所引发绝大多数同类及相关企业共同合作而产生的产业集群现象，甚至是因谣言在社会中迅速传播并引发暴乱现象，都是这一现象的映射。由于这一现象的普遍性，使得生态、生命、气象、地质、社会、经济等的变化扑朔迷离。这种在临界状态下的突变现象以及在这一状态上群体及系统的难以捉摸的行为性质受到科学家高度关注。

进一步，这种个体非理性行为涌现出的群体行为失控的本质可以抽象成一个复杂系统的逾渗、临界相变、传播、控制问题，这一目标与我们的研究使命不谋而合。并且，如果忽略某些随机性，这一问题则退化成多个不同经典的非平衡统计物理问题，比如复杂网络中的同步、鱼群的完全同步，从这个意义上讲本研究具有更强的普适性。

第四步，针对这个科学问题，我们需要大胆推测其可能的性质、状态及其变化，以及他们的变化规律。这也是“大胆假设，小心论证”的一个具体的应用。当然，在假设的过程中，我们论证之后，也许会发现之前的假设是错的，那就需要重新进行假设—论证这个循环，直到我们证明这个结果是对的才可以宣告这一阶段的研究结束，接着对下一个阶段进行探讨。仍以上面所提的群体行为一致性转变的临界性的例子为例，可以提出以下几个问题：

个体理性的分布对应于群体行为的影响如何，群体行为相变的临界点应该具有什么性质，相变后的群体行为如何变化？

针对这三个相互影响的问题，我们可以猜想会有以下的结论：确定系统 Agent 结构（种类、分布）、Agent 性质（理念、记忆长度、博弈半径）、相互作用类型（随机微分博弈、随机自适应博弈、随机量子博弈）以及系统属性变化时群体行为、临界状态、失控行为的变化规律以及最优控制策略的性质。具体为（1）当系统结构固定不变时（Agent 数量不变、Agent 的性质不变（记忆长度、博弈半径不变或收敛于一个极小的区间上）、博弈类型及性质的结构不变），系统中的 Agent 固定轨迹最优策略的性质。（2）由 Agent 为追求局部收益最大化而按照优先连接机制（记忆长度内所有时间段收益的吸引子驱动的）在自身博弈半径内选择更加合适的相互作用对象以及耗散性决定的系统结构动态下，由 Agent 性质、记忆长度、博弈半径、属性、学习能力以及系统结构、噪声决定最优策略不变分布的性质。（3）由非理性个体相互作用所涌现的群体行为突然变化甚至转向的依赖于系统结构与功能、Agent 行多样性、相互作用选择方式的多样性与随机性、噪声性质但不依赖于 Agent 属性的群体行为演化规律及突变规律、临界状态的普适性结论。（4）确定出一个依赖于系统结构、Agent 行为多样性特征以及噪声性质的最优控制策略的性质。针对这些假设，我们可以看出，由于非理性行为的引入，要想完成这些假设的论证，采用结构化的分析方法显然无法给出深刻的结论，故此需要用一个非结构化的方法进行。由此，提出一个计算实验的分析方式用于分析，可以得到我们所需的答案。

第五步，设计分析的思维导图。实际上，这个论证注定了不是一帆风顺的，而是非常曲折的。为了能让分析过程变得简单，需要设计一个合理的分析思路，在经济与管理的研究中，我们称之为技术路线。实际上，思维导图在寻找科学问题以及分析等各个过程中都会用到。对于技术路线来说，我们宁愿设计一个清晰的、真正可行的路线，而不应该是研究内容的框架一旦技术路线得到设计，我们就可以设计出对应的研究内容、研究过程与方法，并就此进行深入的分析，即可实现我们的研究目标。

尽管分析过程很曲折，在分析的过程中也可能面临更多的失败，但我们能够做的，是针对各种问题、各种失利，寻找失败的原因，最终将研究完成。

有的时候，我们看似失败了，但却给自己以及后人留下一笔丰硕的财富——此路艰辛、此法不通，从这个角度上讲，这个失败也是成功。

3.5 思想实验——一种经济与管理科学研究思想的探索途径

除了前面的方法，科学思想还可以通过思想实验萃取，在这一节中，我们阐述一下思想实验的相关知识。

3.5.1 经济与管理科学研究中的思想实验：理由

——人悄悄，月依依，翠帘垂。更挼残蕊，更捻余香

思想实验是指使用想象力去进行的实验，所做的都是在现实中无法做到（或现实未做到）的实验①。思想实验是一种在人的头脑中进行的理性思维活动，这种思维活动按照实验的格式展开，所以也称为“实验”。我们的认识活动越来越远离日常的直观经验和直觉，科学研究活动所需的仪器设备日益纯化、理想化，物化实验有时无法满足科学发展的需要，运用思想实验进行科学研究就成为一种必然。

思想实验是科学发现非常重要的一种手段，思想实验是有别于真实实验的一种理性思维活动，是探讨世界未解之谜的一种方式。黑洞、反物质、虫洞、弦理论、相对论等都与思想实验息息相关。思想实验可以给科学家提供一些猜想的条件，那些正确的猜想便成为科学研究突破的地方。

“缸中之脑”是一个非常著名的思想实验。想象一个疯狂的科学家把你的大脑从体内取出，放在某种生命维持液中，大脑中插着电极，电极连到一

① 很多的人认为思想实验属于研究方法，而不应该放在这里科学思想这个框架下讨论。我们的主要想法就是，思想实验是科学思想凝练的一种非常重要的途径（注：也有其他的方法，但经过比较，我们认为思想实验抽取科学思想的效果最佳），因此将其放置于此阐述。从这个意义上讲，我们可以称这一节为科学思想实现的重要途径。

台能产生图像和感官信号的电脑上。因为你获取的每一个世界的信息都通过你的大脑来处理，这台电脑就有能力模拟你的日常体验，如果确实可行的话，你要如何证明你周围的世界是真实的，而不是由一台电脑产生的某种模拟环境。

这个思想实验产生一个悖论，虚拟与现实之间如何去识别有的时候容易混淆，这种混淆会产生一种混乱。它影射了一个情况：我思，故我在。

下面举几个其他的经典的思想实验的例子：爱因斯坦著名的狭义相对论是受启于他16岁做的思想实验。在他的自传中，爱因斯坦回忆他当时幻想在宇宙中追寻一道光线。他推理说，如果他能够以光速在光线旁边运动，那么他应该能够看到光线成为“在空间上不断振荡但停滞不前的电磁场”。对于爱因斯坦，这个思想实验证明了对于这个虚拟的观察者，所有的物理定律应该和一个相对于地球静止的观察者观察到的一样。

在经济与管理的研究中，也有很多个思想实验，并且这些思想实验会给整个研究带来很大的价值。因为在经济与管理中，有一大堆的情境并不会出现，而需要靠预设来完成，很多决策方面的研究都是基于这一点，我们俗称“摸着石头过河”。在决策时，几乎绝大多数的重大决策都是建立在对未来展望的基础上，只有事实已经发生，才能准确地知道所采用的策略到底是否有效。而这一点只有靠思想实验来完成。举一个例子，在重大自然灾害面前，如地震、雪崩等发生之后，随时有道路被阻断，从而导致物流断裂。此时我们面临的问题是灾区中人的数量不明确，所导致的需求不明确，外加路线不明确。则其运输与配送问题的解决只能依赖于“情境—应对”体系，而不同的情境只有靠思想实验方可实现。

经济与管理系统的决策，更多地依赖于情境，我们也称之为条件与现状的约束。在2020年，新型冠状病毒肺炎疫情横扫全球时，有些国家控制很好，但有些国家控制就很差。到2020年8月28日为止，官方给出的数据如下：美国的累计感染者为6046634例，西班牙3761391例，但也有数据相对很少的国家。同样的隔离，但由于文化不同、政体差异等原因，其效果相差甚远，我们也可以说，因为情境差异，同样的策略最终的效果则差得很多。

但我们不可能见到所有的情境，总有一些新情况发生，从而形成了新的情境。世界不断变化，新的情境也在不断产生，旧情境中的机制、策略是无法适用于新的情境的。作为科学家和领导者应尽量多地想象其可能的情境，并给出可能的策略，故此，想象的意义重大。

但这不是最重要的，最重要的是我们可以通过思想实验解决问题。在20世纪中期之前，经济学的成果告诉企业家，要想取得成功，就要在竞争中胜出，于是企业的做法是创新，从而获取超额利润。从20世纪末期至今，经济学家在陷入困境之后，提出经济学与管理学中的合作价值，于是在核心竞争力的凝练与合作中，得以成功。这种变化能够让一个进入死胡同的困境变活。不妨以中国的问题举例，试图解决中国农业的问题，首先需要知道，中国农民一些缺点可以由以下几个关键词来表示：低文化、狭隘目光与创业困乏、淡薄的集体意识、小农思想；但同时也有优点，其关键词为：朴实、热爱劳动、能吃苦、爱家，并且深受农耕文化的影响，中国的农民热爱土地，对土地的依恋非常强烈。那么我们现在如何设计一个农业发展的机制，或者说我们能不能在中国快速实现农业现代化，就需要就可以用思想实验来解决。

设计一个思想实验，其中的内容可以包括各种各样的现代化的方案，然后去进行实验。值得注意的是，此处的思想实验与行为实验有一定的差距，行为实验一般来说是对已经发生过的事情进行实验，也可对少数未曾发生过的事情进行，然而思想实验是新的，全部是对闻所未闻的事情进行的。在我们摸着石头过河的过程中，很多决策找不到历史依据，只能靠直观决策（实际上，正如泽尔腾所说，在实际中，经验决策往往会替代理性决策——虽然经验决策不那么科学，但实际上企业家经常面临一些突发事件，这让他们无法获取更多的信息，所做的策略也基本上来自于经验；只有在大的问题上，企业家才会花更多的时间与资源进行理性决策）。如果能在决策之前进行一次思想实验，通过实验选择更多的方案，并从中选择更加合理的方案，不仅能降低决策的风险，而且能够增强其效果。

从这个角度上看，探索性计算实验就是一种思想实验的方法。

设计一个优秀的思想实验不是一件容易事，需要经过深思熟虑，掌握经济、管理、哲学、心理学、行为学等多方面的知识，洞悉经济与管理所研究领域中基本的规则与基本的规律，才能设计出一个合理的思想实验。为了更好地了解这一问题，不妨让我根据上面的问题涉及一个思想实验。现在给农民一块地，让他们选择种植经济作物还是种植粮食。种植经济作物的优点是赚钱多，用钱可以买到更多的物质，缺点是粮食需要从外面购买，但外面的粮食也不够。种植粮食的优点是自己能够吃上质量安全的足够多的粮食，但缺点是挣不到钱来买更多的、更加丰富多样的其他商品。这显然是一个悖论。如果你愿意赚钱，便可能失去了健康生活的机会，如果你愿意吃放心粮，便会失去丰富多彩的人生。可以根据我们的国家战略设定更加详细的实验过程，从而得到更加细致的实验方案。进一步讲，在这个实验中，我们可以估算土壤的变化、空气的变化和水的变化，以及会不会产生粮食危机等都可以用思想实验结果估算出来。当然，我在这里仅是提出一个简单的思路，这个实验的科学性没有得到证明，仅供参考。假设这种类似的思想实验设计出来，决策者便可以设计一些方案作为情境，继续实验，从而达到最后的既要保证粮食安全，又要保证农民有较高收入的目的。

前文说过，探索性计算实验是实现思想实验的一种方法，对于需要大数量参与者的思想实验，让真人做思想实验的成本太高，找到那么多人也不现实。但探索性计算实验则可以弥补这一缺陷，尽管与真人的实验相比效果差一点，但总体上通过这种“平均”。随着参与者数量的增大，二者结果会越来越接近。关于计算实验的介绍，请参考相关内容。

在经济与管理科学研究中，思想实验的最高境界并非模拟一个场景，解决一个难题，而应从根本上洞悉经济与管理系统运作的规律，并能善待这一规律，从而让经济与管理系统运作更加合理。这个实验比自然科学中的实验更难，其根本原因在于人。比如说，目前我们比较关注理性一词，其实也存在很大的悖论。经过讨论，我们发现理性与资源约束条件，包括人、财、物、信息等资源，还包括知识环境，以及社会关系特征等资源，还包括时间长度的选择。正如在管理学中，我们经常说，当短期目标与中长期目标发生冲突时，应放弃短期目标，致力于中长期目标，但不幸的是，人们乃至企业，组织与国家很难一下子清晰识别哪个才是真正的理性。且人人不一定都理性。如果我们设计一个实验，也许对于经济与管理的研究带来一个革命。

曾记得有一个故事，讲的是学校中两个班主任 A 和 B 的故事。A 年轻具有很强的竞争力，在学校以考试成绩为评优秀教师这一指标为驱动力的作用下，年年拿第一，他所教的学生都考上了名牌。B 总认为学习的目的不是为了考大学，而是为了培养探索世界之谜的能力。因此，强调了基础知识的教授，他的学生基本功虽扎实，但应试能力不足，故常常输给A，属于叫好不叫座的那一类。20年之后A的学生中，不少的人都因投机而碌碌无为，但B的学生则以勤奋好学，踏实能干而成功。那么，评判这两种不同的教法哪种更加理性则与时间有关，如果采用功利主义的思想看，A貌似在短时期内更成功，这种教法更理性。但若将时间尺度放大，则发现B的方法更理性。

问题出在何处？我认为主要是效用理论所引起的“短视”行为所导致的。为了解决这个问题，我们可以放弃这种效用理论。由于效用理论主要来自于市场范畴下对利润的重视，但人活在这个世界上还有一种关系叫社会范畴，很多时候，这种关系所带来的利益超过了市场范畴下的利润。尤其在中国，这种情况更重。经常说的，关系比金钱更重要。由此我们可以设计一个对应的思想实验来分析某一问题，比如对科研管理评价体系的研究——如何在科研评价中消除因关系带来的错误就成了一个命题。至于具体的实验，这里给各位留一些思考的空间，想象的空间。

非理性行为在经济与管理中如此重要，使得我们将在专门的章节中谈论这个问题。虽然在现在还没有明确的定义，但却有一种描述，比如免费的代价，锚定效应等，都可以设计一个思想实验找到刻画非理性行为的方法。非理性并非经济与管理系统中最本质的问题，我们总可以用思想实验来找出来。本篇文章仅仅起到了一个抛砖引玉的效果，希望更多的思想实验被设计出来。

思想实验的外在价值从某种意义上说，是指思想实验对社会的发展产生了如何的影响。科学家进行思想实验的目的，是为了揭示事物内部的规律性。思想实验由于自身特有的优势，对探索自然的力量不可估量；再由于其思维、实验的双重特征，成为科学认识发生、形成和深化的一条便捷有效的路径，从而推动了科学的发展。

库恩认为，思想实验是增进人类对自然的理解偶尔有效的工具。爱因斯坦说“提出一个问题往往比解决一个问题更重要，因为解决一个问题也许仅是一个数学上的或实验上的技能而已，而提出新的问题，新的可能性，从新的角度去看旧问题，却需要有创造性想象力，而且标志着科学的真正进步”。而思想实验对提出问题具有非常大的价值，通过思想实验，可以发现经济与管理问题中的科学问题以及关键科学问题，然后再根据这些关键科学问题

(或科学问题)的萃取,从而发现一个新问题,这就是经济与管理科学研究的本质所在。由此可见,思想实验不应该仅仅停留在是否有意义上,而是应该着眼于如何设计一个完美的思想实验,解决在经济与管理乃至于其他学科中的一些重要问题。在后面的篇幅中,我们将继续阐述如何设计实验以及如何分析实验结果这两个问题上,从而让思想实验不再苍白无力。同时,如果条件允许,我们将就思想实验在另文中进行系统的、深刻的讨论。

3.5.2 经济与管理科学研究中的思想实验:实现

——薄雾浓云愁永昼,瑞脑消金兽

古今著名的科学发现基本上都是从思想解放而获得的,在前文中,我们曾讲述了经济与管理中的科学实验的基本思维,但探讨如何通过思想实验对思想进行革命,则显得更有意义。

对于思想实验的重要性已无需论证,我们应专注于如何设计思想实验、如何实验以及如何分析实验结果上来。

首先要清楚一件事情,经济与管理系统的复杂性无与伦比,很难用一个思想实验解决一系列问题,充其量也只是解决一个问题。事实上,一个经济与管理系统由很多有一定关系的子系统构成,如果每个子系统可以抽象出一个科学问题,我们就可以对这个科学问题进行思想实验。

其次,要知道思想实验并不一定用于所有的地方。如果我们面临的问题是科学问题时,思想实验的效果才会很好。如果是技术问题,一般不会采用思想实验。关于科学与技术的区别,请查阅《结果 VS 结论》《技术 VS 科学》。

最后,思想实验强调的是思想,而不是思维、方法、分析工具或其他内容。从目前来看,经济与管理的科学研究体系来自于西方,西方近代科学的思想核心是还原论,但中国文化的核心在于整体论,认为事物的任何部分是不可拆的,但整体论的范式会因为过高的复杂性而无法求解。这种“悖论”致使经济学、管理学在中国地位不高,贡献不大,至少很少有“大家”出现。针对某些难题,如果能够设计一个思想实验,并可以顺利解决这个问题,那么这个实验的价值就非常大。经过前文的讨论,我们认为思想实验有可能在此有所突破，因此思想实验的意义很大。

在经济管理研究方面，科学问题的数量其实很多，一个研究可以分解成若干个按一定逻辑关系联系在一起的互相依存的科学问题，几乎每一个科学问题都可以设计一个思想实验，但其前提是对这个科学问题了解比较深入透彻，否则所设计的思想实验就会失去科学性。没有科学性的思想实验，也就是个游戏而已。这里需要强调的是，我们只关注科学性，而不关注技术性与噱头。近年来，中国经济与管理科学界中“造词运动”成风，涌现出一批又一批新的名词，比如从云计算到雾计算，其实就是在搜索过程中收敛准则稍有差异而已，本质是一样的。再比如说，当大数据提出之后，几乎所有的人都是数据科学家，也衍生了一批又一批的新的术语，但对于其本质所掩盖的那个科学问题，在功利主义的汹涌波涛中早已无人问津了。这种噱头最好不要去做思想实验。当然，由于其浅薄性而找不出科学性，也会被思想实验的科学家放弃。同理，技术也难以用思想实验来研究。

由于一个研究可以由若干不同的科学问题表达，且这些科学问题内在联系，互相依存，故而，只要绝大多数科学问题都被思想实验证明，所研究的问题也会迎刃而解。不仅如此，这些问题都是科学问题，鉴于科学问题的普适性、概括性，将会使得一批其他相关问题得以解决。

就每个科学问题而言，都可以设计思想实验，探索这个科学问题的解。不妨假设科学问题准确、深刻。那么，剩下的问题便是这个思想实验的设计是否合理，还有实验过程是否科学，实验结果是否准确等。在下文中，我们就这几个问题进行一一解答。

思想实验的建构是思想实验整个过程中最为关键的环节。这个环节揭示了被研究事物的内部规律。建构一个思想实验并不是任人天马行空去建造空中楼阁，必须依靠人们所熟知的并被普遍接受的经验数据，经过严密的逻辑分析来完成。思想实验的建构也离不开联想和形象思维，它使人们由感性认识通过选择、提炼、重组等过程形象地联想出新的想象。思想实验的设计主要涉及实验思想思维以及其他相关的部分。值得注意的是，这是思想实验的最重要的部分，它代表着思想实验的科学价值，在前文中曾经简单地提了一下，在本篇中我们将进行详述。

首先我们必须搞清楚为什么要做思想实验。其实这也对应了思想实验所对应的那个科学问题的理解。如果对这个问题理解准确，就可以多一些设计实验的切入点，进一步讲，当且仅当能抓住科学问题的本质所在，才能设计出好的思想实验。从这个意义上讲，不仅要了解这个问题及应对的领域，而且还要有高度的抽象能力，能从更高的维度上看待这个科学问题，从多个学科的视角上拍象这个科学问题。举个例子来说，在若干年前，在任何场所办事情，只要有窗口就需要排队。因为排队出现了很多问题。排队论对这个问题有比较深入的分析，且给出了一系列的答案。让我们回想一下这个过程，人们会直观根据队伍长度以及服务时间的长短选择应该排在哪个窗口的队伍中。这取决于他对等待时间的估计，同时，服务时间不仅取决于服务人员的能力，还取决于事情的繁杂性。毕竟，每一个所办理的业务不一定完全相同，服务过程中的交流也不一定一模一样。故此，这个服务时间也不一定是个常数。然后，每个人离开与下一个人进入状态之间的空隙也会随机变化。服务窗口是否会暂停，都使这个问题比较复杂。这个问题最大的复杂性来自于窗口服务状态的随机性，它可能一直在工作，也可能由于一些原因关闭服务，那么这个问题的核心是一个排队论问题，其核心是服务状态的随机性。面对这个问题，科学家在思考一个转换问题，能否将这个最大的随机问题（窗口服务状态）转换成排哪一个窗口随机的问题？也就是说客户不知道，也不需知道在哪个窗口服务，让系统按一定的规则选择，故此“叫号”的方式就被发展起来。值得强调的是，这两种随机的转变就是一个思想实验，通过这种转换降低了系统的复杂性，那么下面这个思想实验便显得非常的关键：在什么条件下排队效果好？在什么情况下应选择“叫号”？这个时候就可以设计一个计算实验，根据人的密度、服务时间与平均等待时间、平均切换时间等结构窗口的数据等参数确定出合适的方式以及对应的适用条件，当然这个实验设计是建立在对这个排队问题深刻把握的基础之上，如果没有把握准科学问题的关键灵魂所在，就无法设计出合理的思想实验。

让我们接着思考第二个问题，思想实验过程是否科学？在上一步中，我们只是给出思想实验的大致轮廓，但作为科学研究的重要方法，且不可马马虎虎，需慎重设计实验过程，毕竟细节决定成败。实验的过程是否科学首先是实验的可行性。一些实验由于其可行性差，最后导致不了了之。故此，第一步，需根据实验的目标找一专家，讨论一个合适的方案，对于每一步都小心论证。证明：（1）每一步都是对的。（2）上一步与下一步的过渡是合理的。（3）第一步与实际一致，最后一步可以得到所需的结果。为了说明这个问题，我们以“大脑—电脑思维实验”举例说明。首先想象有一个大脑——离开身体的大脑和游离的大脑，其功能不打折扣。然后想象大脑可以通过数据线连接到电脑上，并由电脑的显示器显示出来。再给一个情境，假设大脑对外部的景象有记忆，它把记忆传输给电脑，电脑终将模拟出这个景象，并会反馈给大脑。这就是设定了第一步。第二步就是找一些人做这个思想实验，他们会说出自己对这个情境是真实环境还是电脑信号的判断。最后对这些一个又一个的实验结果进行分析，从而得到大脑与环境、个人大脑与其他人的影响之间的关系。可以看出来，第二步非常关键，它在真实生活中绝对不能产生。故此，须借助催眠来完成——显然催眠师输入的信号就是环境的真实信号，他大脑中的反馈是对环境的思索与模拟。并且催眠师可以通过梦中梦来实现电脑的镜像，从而实现这一实验。

然而，经济与管理中的思想实验比上述“黑客帝国”中所体现的“大脑—电脑”实验更为复杂。举例来说，我们针对电子商务做一个思想实验。电子商务对于实体经济中产品的冲击是存在的，不妨假想电商产品生产领域中的监控不起作用，那么享受便利性和低价性的同时，就可能面对产品质量不合格的现象。同时，在享受安全产品的同时也负担着价格与不便利的苦恼。故此，可以设计一个对应的思想实验。假设有一瓶转基因豆油，价格很低；同时有一瓶高品质的非转基因豆油，价格很高。非转基因豆油可以保持健康，转基因豆油可以省出钱买更多的娱乐的产品和服务。一方面是健康，另一方面是多样化的生活。这个实验的悖论在于健康与快乐的冲突，健康又意味着单调，快乐又蕴含着多样化的选择。然后找一批实验对象进行思想实验，从而从产业的角度上确定出政策。在这个试验中，找“谁”来做实验，实验的过程如何才能真正找到这个问题的答案，这些问题都很关键，将在下文中进行探讨。总而言之，我们可以根据上述的观点设计出可行的思想实验方案。

总之，在设计思想实验操作过程要确保其科学性，确实应该考虑到很多因素，要涉及很多领域方面的知识，还要经过精心细琢的推敲。鉴于经济与管理学科是一个由经济学、管理学、数学、心理学、社会学、物理学等共同融合而成的综合性学科，对此的思想实验步骤的论证，必然要考虑到各种情况。故此，这是一个大的系统工程，要小心论证，才能保证其科学性。这个问题属于综合型思想实验，属于思想实验中的一种。总的来说，综合型思想实验又可以称为完善性思想实验。这种实验来自横向的多学科理论、原理、概念的综合，通过选择、提炼、重组等多种方法的运用与分析，运用逻辑法则从中探寻新的理论和科学解释。思想实验往往开始于简单构想综合，它所构想的目标和使用的知识都不是一般基础和单一的知识，而是至少必须掌握一类和相近学科的基本经验事实及系统的科学原理，方能具备思想实验的基本要求（麦克斯韦在研究了法拉第理论后，通过其渊博的数学知识和丰富的想象力，经思想实验建立起电磁场的基本方程，即麦克斯韦方程组），揭示出电磁现象的本质和规律，它是表示场的结构的定律，利用它可以算出电磁场的详细结构及其随时间的变化。我们可以从方程中得出，变化的电场产生变化的磁场，并表现出波动的特征。麦克斯韦由此方程组推出了波动方程，求得了波的传播速度值正好是光在真空中传播的速度。这意味着，光波是一种电磁波，并由此确立了光的电磁理论。麦克斯韦的思想实验成果，在15年以后，由赫兹通过共振器的实验得到了证实，最终为科学界所接受。麦克斯韦对光的电磁理论的建立，不仅具备了电场和磁场的知识，还掌握了两者相互联系和制约的规律，如果没有这些多方位的知识，电磁波的发现要从思想实验中获取不可想象。在本篇文章中，我们所给的所有的例子旨在说明经济与管理思想实验的基本思想和思维方式，旨在唤醒更多的思想实验的介入，让这个抛砖引玉的作用会达到我们的目的①。

现在我们探索经济与管理思想实验的第三步，如何实施，即如何确保这个思想实验结果的准确性、科学性及深刻性。

首先重要的是，实验结果的准确性、科学性及深刻性主要依赖于前两步的准确性。也就是说，我们设计的这个思想实验最好能从最为本质的地方入手，揭示经济与管理系统未曾发现的运行规律，而不是仅仅从表面上“证

---

① 实际上，麦克斯韦方程体现了一种系统思维，他给出了我们一种思想：联系的观点。世界上万物都具有千丝万缕的联系，但要找到这种联系，还需要进行丰富的想象力以及深邃的洞察能力，在这个条件下，思想实验就显得非常有必要了。同时，麦克斯韦方程告诉我们，在经济与管理的事件中，有的时候看似毫不相关的事件，其中有深刻的联系，并且一个可以转化为另一个。比如说复杂管理系统的多维风险，他们之间就由一种特殊的联系连接着。

明”一个已有的理论和结果，这正是实验的初衷所在。

就思想实验来说，它一般拟要解决的问题都应该是经济与管理领域中的难题或未解之谜，故此，实验的结果存在着很大的探索性，存在着一定的争议。因此，如何使思想实验的结果更科学，需要从细节上入手，避免各种可能会导致错误结果的因素发生，才能让实验结果越来越准确。下面我们就这一问题进行逐步分析。

最关键的在于对问题的界定以及对边界的识别，只有对问题认识清楚了，才会做到有的放矢，前文中已经强调过这个问题，此处不再赘述。然后选用什么样的人做实验会直接影响着结果的准确性。一般来说，科学家的思想以及思维都存在着一定的限制，他在选择被试对象时多多少少有自己的局限性。尽管随机抽样更能体现事物的本质，但随机选择的“经济人”和“管理人”不一定配合我们去做这个实验。因此，在被试实验人员上体现出较强的“选择性”，这种选择性会导致结果“失真”。

由于问题的前沿性以及问题的无解和弱解性，在实际的实验中，估计会得到完全不一致的结果。如果对这些结果处理得当，就会得到比较准确的结论，否则就会得到错误的结论。一般的，按照统计学的观点，多数人认可的结论是正确的。这一假设的前提是大多数人的认知是正确的。这对于已经发生的事件或有经验作为基础的现象是有效的，而对于未曾见过的，大多数人的认知不一定是对的，甚至可能是错误的。这一观点是建立在“真理掌握在少数人手中”这一假设之上的。那么，如何判断实验的结果是否准确呢？

首先应将进行思想实验所解决的问题进行分类。一般的，可以分成普通问题以及创新性问题两种。对于前者来说，按照统计学分析的方法，在“大数定律”的指导下，统计采用主流意见并得到结论。对于后者来说，首先需要对被试者进行赋权——对先行者、思想者、创造者赋予一个较大的权重，对普通人赋予较小的权重。比如说，对于先行者、思想者以及创造者，其权重可以写成10，对于普通群众权重可以为1。当然，这个权重的设计需按科学的方法进行，此处不进行阐述。然后再进行统计分析，最后的结果就相对来说比较准确一些了。值得强调的是，被选择的实验者应该是“经济人”和“管理人”，也就是相关的“人”，而不是指所有的“人”，这是与普通的统计分析有差别的地方。另外，需强调的是，先行者或先驱者指的是观念先行，事业先导的精英群体；思想者是指对客观现实的认识有独到见解并能自成体系的高端群体；创新者指的是能够找出有价值的问题，运用综合知识分析问题，有相当的远见、冒险精神和独立判断的群体。此处提到的先行者（或称之为先驱者）、思想者以及创新者对未来事件和未知世界的洞察力比普通民众的深远，故此给他们赋予较大的权重。

这种“不公平待遇”正好是勇于探索经济与管理领域未解之谜的关键。

思想实验结果是真是假的判断非常困难，不仅需要先行科学的方法，而且需要科学家的洞见、格局与自身的能力。本章描述的是一种基本的方法，然而还有很多“经验”性的判断，如直觉，是难以描述的，我们也希望多出一些类似的结果。

3.5.3 经济与管理科学研究中的思想实验：分析

——挹君去，长相思，云游雨散从此辞

思想实验在经济与管理科学研究中的价值无需再论，在前两节内容中已经给予了定论。那么，如何才能有效地实现这个思想实验自然成为科学家必须关注的一个问题。

在前文中，我们论述了思想实验的实现过程与方法，但对其实现的方法及对应的工具和手段等论述却是不够，在本篇文章中，我们将介绍实验方法与手段。

值得注意的是，思想实验最关键的在于思想，在于实验科学问题的深远性、思维的张弛有度性、其过程的严丝合缝性，方法其实最不重要。故此，本篇文章仅属于辅助性质，不作为重点。

行为实验就是一种思想实验的方法，它设置了一些可能的情境，然后让被试者在情境中进行指定的活动，观察其行为特征。这种行为实验在很多年以前就比较盛行，且得到过一定的成功。但由于受到技术限制，应用范围较少，不能随心所欲地切换场景。现在，随着 VR 技术，AI 技术的发展，可以创设虚拟场景，然后进行相应的实验。更进一步地讲，随着神经科学的引入，我们可以通过一些设备，比如眼动仪、心电仪等设备将被测者的生理指数，并将其与行为对应，从而获取个体在特定刺激之下的行为数据。然后在统计分析的前提下，获得心理、生理、行为方面的规律。

VI场景实验对于某一场景的行为实验来说，倒是可以使用，尽管比其他的理想一些，但更换场景的成本太高，致使其使用的实用性大大受限。假设能有一个类似于模块化的VI程序，尽可能多地模拟更多的场景，则会在实验者“搭积木”的前提下，适用于更多情境的实验，其应用价值会更高一些。

虚拟现实游戏也是一种比较好的方式，测试者设计一款线上游戏，然后让众多的参与者来玩游戏，从而记录他们的行为。尽管线上的游戏行为与实际行为有所偏差，但如果条件设置接近于现实，所测试的结果将与现实接近。

如前文中所提到的计算实验也是一种较为有效的思想实验方法，将所研究的对象抽象成一个多主体系统，然后按照自下而上的方法得到单一Agent的行为方程以及不同Agent之间的相互作用方式，构造一个模拟仿真模型。在实际与模拟结果对比的前提下，调整这一模拟仿真模型，然后设定需要探索的情境，并进行计算实验，最后可得到实验的结果。关于计算实验方面的文章请参阅相应的篇章。值得注意的是此处的实验关键主要取决于情境的想象，如果没有丰富的想象力以及深刻的思想，我们很难得到创造性的结论。

完成思想实验最重要的是靠想象力，而想象力的来源是升维。在低维中，我们所看到的远不如高维来的深刻、透彻。比如说，在低维中看到的直线而在高维中看则是圆弧，在低维中的标量在高维中则表现为矢量。按照升维的方式可以将很多未曾看到的、但确实存在的情境设计出来，从而对一些现象进行研究。这部分的内容请参阅《经济与管理研究中的trick——升维》以及《经济与管理系统中的随机时变系统模型》。

在经济与管理的科学研究中，源于想象力的思想实验的难度很大。这不是因为做起来的困难性，而是取决于它本身是一门交叉学科，要涉猎很多学科的知识。可是要融合多个学科的思维，并能对经济与管理中的某个问题设计富有想象力的思想实验，显然是一个非常困难的事情。

一旦实验开展，将得到结果，这些结果中有结构化的数据，也有非结构化的数据（比如图形、声音、文字等），那么对这些结果的处理就显得异常关键。对于结构化的数据，我们比较容易处理，那么，对于非结构化的数据则需要进行处理，才能获得其信息。一般的处理方法是构造一个深度卷积神经网络模型，用于对文本、图像、音频以及视频的分析，然而由于中文的复杂性，在提取识别的过程中准确性不会太高。

思想实验会有很多数据吗？答案很肯定。这是因为思想实验是一个动态实验，其结果是一组随时间变化的动态数据。对于经济与管理系统来说，不少系统的观测周期很长，在这个周期之内产生大量的、连续的数据。并且每个实验都是一个独立的贝努利实验，只要实验的初始状态一样，情境不变，则在每一个时间点上都满足一个特定的统计分布。故此，思想实验的结果是一个随机过程，在长期动态性的前提下，在随机性的约束下将有大量的数据出现，从而前文所提的深度卷积神经网络模型便有了存在的价值。

思想实验的结果是真是假，需要判断，在弃伪存真的基础上进行分析，才可以得到思想实验背后的科学发现。然而，这种弃伪存真的过程是异常复杂的。有的情况下大多数人是对的，少数服从多数是一种常识。但在有的情况下，尤其是那种纯粹的、由想象力设定的思想实验，由于他们设计的思想实验打破了常规，故而，大多数人的观点未必是对的，除非在我们的实验中，不需要人为做决策的主体，如工程建设、资源资本配置等。那么对于经验性的、只是换一个场景的思想实验，结果便以大多数人的意愿为依据。这个更像技术。比如说，很多经济政策出来之前一般都要试点实验，如果实验效果不错就可以推广，然而也有一些在实验的时候效果很好的，但实施之后，由于随机性与复杂性的原因，效果与实验效果相差甚远。这是因为将更接近于科学的、探索性的实验的结果强行应用所导致的结果。如果换一种方法——先进行局部探索性实验，再扩大范围进行实验，由于第一次有一定的成功率，故而第二次就是更加接近于技术的验证性实验，此时大多数结果的可行性更强。然而，正如上面所说，对于未曾经历的，只能探索性尝试在未知情境中的思想实验，尤其是建立在大胆想象基础上的思想实验，大多数人的观点是不可靠的。

可以用下面的语言来描述上面的现象，设 A 事件表示第一项探索性实验结果为 1 的事实。$\bar{A}$ 的表示第一次探索性实验结果为 0 的事实。B 表示第二

次验证性实验结果为1的事件，$\bar{B}$则表示结果为0的事件。不失一般性，不妨假设状态0与状态1是这一事件两种相互对立的结果。则可知$P(A)$、$P(B)$、$P(\bar{A})$、$P(\bar{B})$、$P(B|A)$的数据，由贝叶斯定理可以确定$P(A|B)$的大小。由此可见，多步实验的准确性高一些。也可用此作为对于未知世界的探索性实验结果的判断方式。

对于探索性的思想实验，它本身并不服从大多数人的观点，而对应的道理仅仅掌握在少数人手中，也应该进行两步实验。一旦得到结果，就应分析少数结果的事件、现象和人的性质。比如说“人”，需分析清楚他们在经济与管理学界中的权威性，如果这些异常的结果，绝大多数是“精英”阶层所给出的结果，就需重视，应在该类“精英”人群中进行二次实验。如果这个异常结果变成了普遍的认可，说明是一个“对”的结果。否则，这个结果便被认为是一个可以放弃的结果。

思想实验的结果在什么情况下便成为科学的结果？是不是说只要所得的结论基本稳定了，我们就说得到了科学的，深刻的结论？答案是否定的，那么怎么才能获得科学的结论呢？

重新强调一下，经济与管理系统具有极为显著的随机性、结构时变性、复杂性（像蝴蝶效应）、情境依赖性。故此，即使在同一个情境中，对于同一个初始状态，我们也可以得到很多不同的实验结果，只要这些结果满足同一个随机过程意义上的统计特征，我们便可称之为在此情境下，在此条件下实验结果是准确的、可信的。

经济与管理系统可以根据情境、初始约束条件等抽象成若干个有差异的情境，可以将这些情境用一组参数描述描述出来，并对不同的情境进行思想实验，得到不同情境之下结果，并找出情境与实验结果相对应的一个关系，然后按照情境参数的结果，将其变成连续情境下思想实验的结论，如图3-1所示。

我们希望研究不能停留在实验的层面上，而应该揭开实验所隐藏的真理，这也是科学研究的意义所在。为了达到这个目标，我们尽可能采用最适合的方法对实验结果进行分析，如果能获得规律，那自然是最美好的事情。科学家们在这一思路之下，不断探索世界的秘密。如有对思想实验感兴趣的学者可以与我们进行讨论，希望它能给科学研究带来更多的发现。

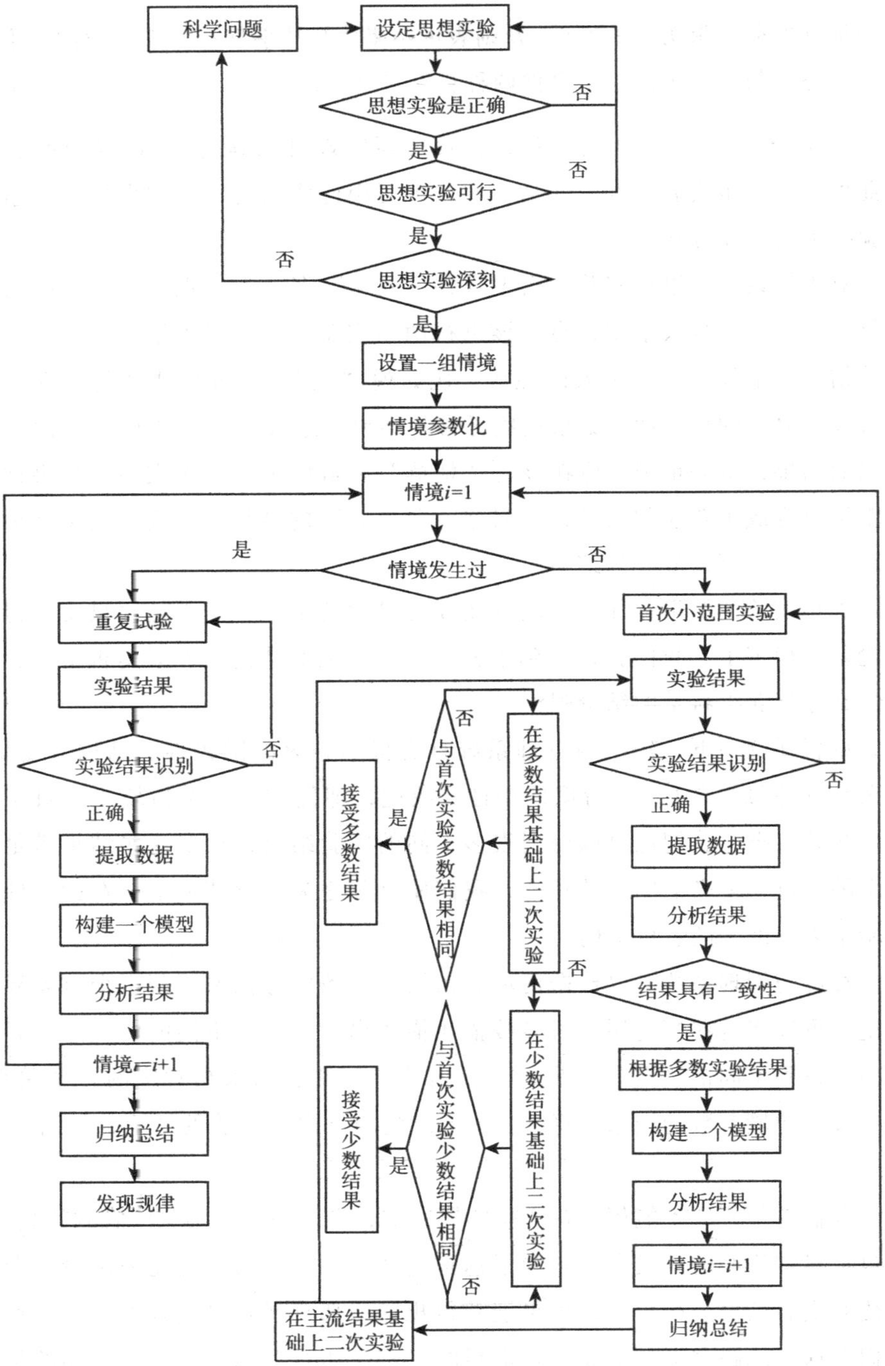

图 3-1　思想实验分析过程

第4章 经济与管理科学中的几个疑点

4.1 经济与管理为什么被科学边缘化？

——满城春色宫墙柳；东风恶，欢情薄，一怀愁绪，几年离索，错，错，错！春如旧，人空瘦。

从国际综合类期刊的发表情况中，可以看出一个学科的受重视程度。在 *Science* 和 *Nature* 中，我们可以看到大量自然科学的文章，但经济与管理类的文章则极为罕见。即使在这两个期刊的各个子刊中，也很少看见管理学与经济学的影子。

与之相对的，经济与管理学科在中国乃至于全球的发展，是非常快的。在中国，几乎每一个学校都有经济与管理专业，这种学科表面兴盛与原创性成果缺失所形成的巨大的反差恰好说明了一个事实：经济与管理科学是被边缘化的科学。那么，我们最关心其中的原因，更关心如何振兴和发展经济与管理这一科学。

除了年轻，除了沉淀的底蕴少，经济学与管理学不被重视的原因在于自身。在诺贝尔奖的设置中，经济学还可以，但管理学则不见踪迹。即使是经济学诺贝尔奖的成果，其使用条件的受限也很大。

总的来讲，与其他传统的经典科学相比，经济与管理科学研究稍差一些，“江湖”地位相对弱小，甚至有那种被“边缘化”的感觉。这是为何？经济与管理科学被边缘化的原因其实很复杂，并非一两句话就可以说清。

除了沉淀不够，我们可以看到，很多经济学与管理学问题可以划分到应用数学领域中，属于应用数学某个领域的科学问题，或者归于统计物理中的某个科学问题。然而真正属于经济学与管理学的，近年来少之又少，因为可替代，故而被边缘化的倾向性就越大。

鉴于此原因，很多数学、物理、计算机、生物等领域的科学家在自身研究遇到瓶颈时，就非常容易转到经济与管理这个相对“容易”的领域中来，从而导致这个领域的“滥入”，间接导致学科中个别研究者并不真正懂得经济与管理的特征，最终有价值的成果就不会太多。

同时，经济与管理科学成果中，有权威性的、学术界普遍认可的结论太少。绝大多数成果都是对经典理论的补充，而新的知识、理论则很少出现。这种革命性成果几乎没有出现，从而限制了经济与管理科学的发展。

原创性成果匮乏，学术界内人员水平参差不齐，这是其中的原因。但更加重要的是经济与管理学学界一度失去了对真正科学的鉴赏力。在一段时间内，中国经济学与管理学成果的优劣性评价标准在于“漂亮”。这种“漂亮”的判定并不是它的结果、结论在经济学中有多大的价值，而是在于它是否运用了一个“完美”的数学、物理、计算机模型——尽管它所得到的结论与经典一样，甚至可能是错误的结果，但只因为模型很漂亮，分析过程很花哨，就被认为是优秀成果。这种奇怪的声音误导了中国经济与管理学的研究方向，使它在歧途上越走越远。

实际上，对科学鉴赏力的扭曲还在于另一个维度：对科学评价的标准在于，是否在知名的杂志上发表的文章，或者说要看这个杂志的级别。这是典型的中国式文化渗透。这是中国古代以来就存在的，将人分成若干个等级，然后根据“级别”确定人的待遇。这种做法在经济与管理的研究中尤为突出。加上科研人员的数量越来越多，竞争越来越激烈，最终固化了阶层。而阶层的固化进一步导致一些处在食物链顶端的人继续在“好”期刊上发表，而出于底层的人很难在上面发表。这种恶性循环其实大大限制了经济学与管理学的发展，导致本来地位不高的经管学科与其他学科的差距越来越大。

由于经济学与管理学的交叉性，单独的任何一种理论都无法完全解释清楚它的某个事件的性质、状态及规律，只有融合多学科知识才会有所发现。这给管理学与经济学的发展带来了很大的障碍。比如说，心理学在经济与管理学中是必须考虑的一种理论，因为“经济人”或“管理人”的行为严重依赖于他的某些“刺激”条件。但经典的理论中，由于分析技术的约束，很少去攻克这一部分。但如果应用心理学的知识，就可以在一定程度上放松这个约束。故此我们可以说，经济学与管理学科学问题的最终解决，应是多门学科融合的结果。这与数学、物理、化学、生命科学相比较，要复杂得多。多个学科的协同中，很难有一个人精通多个学科的知识，而想找到多门学科的学者共同参与，其实难度很大——一个纯粹的物理学家，不会花太多时间精力“跑偏门”，来研究经济学与管理学问题。这使得本来就难于理工学问题的经济学与管理学问题一直悬而未解，这门学科的发展缓慢。

学术界中浮躁之风盛行，经济与管理学界更加显著。为了创新，有些研究人员不惜制造一个又一个的新词来吸引人的眼球，成功地将科学变成了新闻。还有的研究人员，其科学的任务就是蹭新名词的“热度”，比如大数据、AI算法、深度学习、区块链，总之哪些领域火就用哪些名词。比如说，有人说自己用大数据进行建模分析，结果发现他就是用了大量的数据而已，其中没有一丁点儿半结构化数据与非结构化数据，只是搭着大数据的顺风车继续走老路。其实对于正常的经济学与管理学研究，这种新词汇的创造并没有多大的用处，甚至是一种伤害。

虽然我们在《何为科学》《经济与管理是什么样的科学》等章节中提出我们对经济管理科学的误解，并且认为这种科学并不是课题（基金）、论文、著作、专利，而是有更深层的含义。但在经济与管理学领域，很透彻地洞察经济与管理学界中的那些问题的本质却是一件比较难的事情。而对于年轻的他们还需要继续加油，才能逐渐进入交流。

在中国，跟风研究很突出。实际上，一个真正的科学成果离不开科学家长年累月锲而不舍的探索，可能失败若干次之后才得到一个能够被认可的理论。但这种天天跟着热点跑、没有主攻方向的研究方式，难以做出真正的成果，也不可能针对中国的情况做出真正的科学来。

经济与管理学界的浮躁是导致它被科学边缘化的原因之一，是近代中国被世界科学远远落在后面的原因之一。

在世界舞台上，我国的科学成果，尤其是原创性成果不见踪迹，让人痛心，而经济与管理的重大原创性成果更是少见。

中国经济与管理原创性重大发现少的一个主要原因在于，基础理论相对薄弱。有的研究人员对经济与管理的基础理论不精通，而更喜欢盯着顶级期刊，花费心思研读，然后照着别人的思想、模型、思路对我们中国问题或者另外一个相似的问题进行分析，也得到一个结论。至于这篇文章背后的专业基础理论，如果假设自己全懂，就不去真正研读，这其实是一种悲剧。不懂得或不精通基础理论的，永远也不可能对经典的基础理论有所颠覆，也不可能获得重大原创性成果。

基础理论的薄弱还表现为其他方面，如分析方法。有一种现象，叫经济与管理被数学绑架。人们不断建立一个又一个的数学模型来解释对应的经济与管理问题，研究成果中到处充满数学的影子。然而如果不是十分了解这个模型，在一知半解中得到一个结论，这必然存在着“错误”的可能性。更重要的是，有人并不是想用模型解决什么问题，而是为了使用模型让自己的文章看起来很高端，这种为了模型而模型的做法怎么可能让其成果获得重大突破？其他领域，如物理、计算机、生物等都被“借过”。这种方式严重地阻碍了这门学科的发展。

我们衷心希望，经济与管理学界的科学多注入一些基础性的理论，只有如此，才能“求真”，多关注一些经管领域中的切切实实的科学方向，做到“求实”。唯有如此，才能更好地发展这门学科，让它们与主流的距离越来越近。

4.2 经济与管理科学研究的结果为什么总被质疑?

——怨灵修之浩荡兮，终不察夫民心。

质疑是科学研究前进的动力之一，当然对主流的理论与观点也可以质疑。不过在怀疑的过程中，应以反复思考以及不断更新的事实作为依据，不应该信口开河，并且也应质疑自己的观点。换句话说，即使我们用自己的观点质疑了当下主流的观点，我们也应该质疑自己的观点。当且仅当证明自己的观点是正确时，这种质疑才有意义。

然而，在科学界现盛行一种行为——为了质疑而质疑。在经济与管理科学的成果中，我们经常看到下列的现象：自相矛盾的结果、漏洞百出的论述过程、形式重于内容的风气。这些都是其被质疑的理由，进一步可知，浮躁是其被质疑的本质原因，并且背后的功利主义可以称之为罪魁祸首。事实上，对于科学发现来说，都是一点一点发现积累起来才能得到一个重大的发现。“不积跬步，无以至千里”，任何科学发现都不可能一蹴而就，需要长期的沉淀才能达到目标。因此，功利主义是科学的敌人。实际上，如果抛开功利性，沉下心来做科学研究，不一定能完全有重大发现，但凭着对科学的着迷，不断地探索，一定会朝着真理更近一步。

由于科学是一点一点沉淀起来的，因此不可能一下子就有重大发现。在目前的科学土壤中，我们的环境经常要求要有创新，这种创新对于科学家来说，难度实在太大了。尤其是对于一个年轻的科研工作人员来说，在一开始，需要突破的地方并不是太多，只有当它发展到一定程度时，他所需要创新的领域才会增多。用圆的比喻恰好解释了这一问题：对于任意科学来说，那些已经确定的知道发展变化规律的知识属于圆内点的集合；未知现象及其变化规律对应的知识，属于圆外点的集合；对于本科学中已经知道自己尚未了解的领域及对应规律的知识，属于圆上的点的集合。可见，圆的半径越小，可以创新的领域就越少；圆的半径越大，可以创新的领域就会越大。然而，对于年轻的经济与管理科学研究者来说，他现在发现的科学成果，不过是揭开了这个学科冰山的一角，其半径非常的小，根本找不到如此多的领域进行创新。但当圆的半径不断增大时，才能有更多的知识储备与底气去创新，否则，当半径小时，在狭小的领域中，如此多的人都在争先恐后地进行创新，那么最终的结果就是，而是为了找到新奇。在这种背景之下，中国的经济与管理界有一种非常“有用”的创新办法，就是借词、造词。只要有奇特性，就可以拿出来。这种环境下怎么能不叫其他学科的科学家质疑，怎么能保证不会被同行所质疑?

在经济与管理科学界中，很多领域是硬生生地被做成了“实用数学”。我在这里没有说应用数学，是因为有人为了创新随便借了一个模型，然后用解数学题的思路将管理与经济事件中的数据进行套用，然后解出一个答案。这些所谓的模型并没有被证明是能够解释对应的经济与管理现象，也不知道是对是错，不过看上去很漂亮。这种现象在中国科学界已经流行了一段时间，如果仔细分析这个过程，可以看到整个分析过程所表现出来作者对数学的理解非常浅薄，且分析过程错误百出。一个错误的分析过程，如何才能得到令人信服的结论？这种“借种”现象，在物理、计算机、生物等多个领域也常见，但危害程度远不如经济与管理中的“借种”现象。这些自然科学与数理科学中的一些模型、理论常常被用于经济与管理学的研究中，不仅没有得到正确的结论，而且导致经济与管理科学研究乱象丛生，导致了其科学性受到了很大的质疑。

“实用数学”思想的存在，使得经济与管理的科学家都变得比较浮躁。他们往往把复杂的经济与管理问题简化，变成一些简单的数学、物理、生物等问题，然后采用对应的方法分析这些问题，得到一个简单的结果。这种简单的结果，科学界就认为是科学的，是好的。实际上，经济与管理问题异常复杂，其复杂度远远大于自然科学，绝对不能简化成一个简单的数学问题（或其他问题）。即使想要得到一个简单的结果，也需要复杂的分析，将最后得到的结果凝练成一个简单的结果。而这种凝练过程，需要足够多的智慧与能力去进行，纵观目前经济与管理科学界，这种简化对于科学家来说，难度不小。

经济学就是经济学，管理学就是管理学。它们不是哲学，不是数学，不是计算机科学，应该按照自己的特色与规律进行研究，才是真正的科学研究应该具备的。在这个科学发展的过程中，虽然有质疑，但是正常的质疑，而不是质疑整个学科。被质疑主要来自于很多的伪科学、假结论，让人们对整个科学失去了信心，这才是最可怕的。那些对于个别的结果有争议的，是科学发展的功臣。

按照上述的思路，我们就可以说，经济与管理科学是应用科学，但绝对不是实用科学。切勿将其庸俗化。但绝对也不是理论科学，不要让做出来的结果永远也不能使用。

经济与管理的科学，我们呼吁多来一些正气，给经济与管理科学加入一股清流，让其变成真正的科学。

4.3 数据驱动与模型驱动——孰优孰劣?

——梅须逊雪三分白，雪却输梅一段香。

管理学、经济学最难的地方在于人的主观能动性，这使得人类社会系统的属性异常复杂，很多现象科学家至今对其无法解释。正因为其复杂性，我们很难对其建模。

举例来说，两个好朋友一直以来都很要好，谁也不知道什么原因，他们之间突然反目成仇、永不相交，这种例子不胜枚举。在自然界中，这种现象则比较少见。

虽然个体的行为异常复杂，但自然界中，由于统计机制的作用，群体的行为却表现得具有一定的特征或规律。但在社会系统中，这种情况却有被打破的时候，往往少数派的行为能战胜主流行为，取而代之。在物理系统中这种不经常发生的情况，在社会系统中却是会出现的，比如革命的胜利、不可能完成任务的出现等。

经济与管理系统中最重要的因素是人，而人的创造性、不确定性、智能性、社会性使得这一系统异常复杂，在这种情况下有一些科学家数据驱动的分析。

所谓数据驱动的系统分析，指的是通过特殊手段获得对应的数据，然后在启发式算法的基础上，得到一组数据之间存在某种关系的结论。从本质上讲，这种方法是一个黑箱分析的方法，当人们不知道这件事情的机理时，一般都会先找到某些现象，随着研究的深入，可能会逐步地了解其深层次的本质特征。当现象没有把握之前，这种数据驱动的模式是比较有效的。

数据驱动的分析，一般先将问题抽象成一个系统，按经验剥离出输入与输出，然后试着在统计学习的基础上，试出来一个从数学意义上服从要求的规律，但这一规律是否是“真的”却需要验证。有的时候，由于算法的不同或数据选择的不同，可能得到的结论完全不同。总的来讲，数据驱动的分析过度依赖于数据及其算法，如果换一个环境，换一个“情境”，这种由数据驱动的分析当且仅当所有可能的“情境”都考虑到之后，再将所有离散的结果变成连续化时，数据驱动的分析方法的价值才会真正体现出来。

因此可以看出来，数据驱动的分析方法，要想得到深刻的结论，就需将每一个研究看成一个样本，对这些不同的“样本”进行归纳，即可获得。尽管说起来容易，但实际操作起来却比较困难，因为在现实中不可能碰到尽可能多的“情境”，而有限的情境难以归纳得到深刻的结论。

随着人们对问题的认识越来越多，就会越来越接近于掌握事物发展变化的规律，这时黑箱就会慢慢地转化为灰箱，甚至是白箱。此时，模型驱动的方法则会成为分析该类问题的主流方式之一。这种情况要求建模者对事物有一定的了解，然后根据事物的性质与特征构造一个合适的模型，并用此研究在特定条件下的一些现象、性质、功能，比如牛顿的力学成果可以推算行星的轨道；比如，利用看不见的手理论可以推导需求函数。

实际上，模型驱动的分析范式在经济与管理科学探索中普遍被应用，以应用数学为例，像 ODE、PDE、G（M. N）等，都在被大量的使用，并且取得了很好的成绩。

故此，二者好像一对孪生兄妹，一个以归纳法为范式进行探索，一个以演绎法为范式进行研究。探索的目的是将更多的未知变成已知，而研究是欲将不确定的结论转换成完全确定性的结论。正如那个将知识比喻成圆一样：圆内的点的集合，属于知道的知识，圆外的点的集合，属于自己不知道的知识，圆上的点，属于自己知道的未知之谜。数据驱动的分析方法就是不断地增加半径，让更多的点成为已知的点。但随着探索的不断深入，会发现更多的未知之谜。模型驱动则是将在圆上游离的点都想办法变成圆内的点。

当然，模型的使用需满足一定的条件，一旦这些条件不满足，模型就不能随便用。然而，现在有一部分学者总喜欢追求一些新奇的模型，不管这个模型是不是适用于所研究的问题，不知道自己所获取的数据是否适合使用该模型，然后就用于分析，最后也许得到一部分很漂亮的结果，便称之为新发现。如果没有发现其错误，被其他人引用，最后形成的后果其实很严重。故此，任何一个模型的使用条件必须明了，当且仅当这些条件符合我们所研究的问题或符合我们所把握的变量的性质，模型才会使用。比如说，贝叶斯网络的推理，一般将元素的状态定义为一个离散变量而非连续变量，并非说连续变量不能用于贝叶斯网的分析，而是说这种概率模型使用离散状态更容易一些。比如 $F(x = i)$ 相对容易算一些，但 $P(x < X)$ 则比较难以计算。如果不了解其内在的本质特征，贸然使用一个崭新的模型，可能会得到更合理、更深刻的结论。但是无论如何，这种概率的思想对经济与管理的研究价值，比较大。

总之，我们认为，无论是基于数据的建模分析，还是基于模型的分析，目的都是为了解决问题，都是探索世界的钥匙。前者更像无监督学习算法中的哲学思想，而后者则更像有监督学习算法。

随着科学技术的发展，越来越多的未知谜团将会被解开。但这却需要更先进的思想来实现。以经济与管理方法的研究为例，数据驱动与模型驱动二者如果结合起来，会否有更好的效果，我想答案是肯定的。因为在前文中曾提到二者像一对孪生兄妹，不妨以贫困代际传递为例进行说明。贫困的原因很复杂，既有本质性的，也有偶然因素，但那些世代贫困的却是骨子里面的原因。世代贫困，不仅仅是因为制度——因为在同一制度之下，有人可以脱贫，有人却既不能又不愿脱贫，单纯的是制度因素吗？或是文化原因——这里谈更多的是家族文化。对于这里未知之事，我们需要探索，可以一步一步地来。此时，基于数据驱动的方法或许有效。在定性分析所有可能的原因之上收集尽可能多的数据，通过不断地探索，可能会找到一些原因，然后可试探这些原因之间是否有相互“传染”的情况。这里引用一个“高大上”的词语：“纠缠”。通过数据驱动的分析方法，最终可将所有的关键因素锁定，可找出一个基本的模型。那么，撒哈拉地区的贫困是否可以用该模型解决。我们所构建的模型是否能解决这一谜团，就需要模型驱动的分析方式了。如果失败，《数据驱动与模型驱动—孰优孰劣》后续说明我们的模型不适用于撒哈拉地区的贫困问题。如果侥幸成功，对人类的进步则是一大贡献。

成功的研究我们姑且不谈，我们更关注不成功的研究—我们认为，失败的研究的科学价值更大，因为失败，我们就认为此法不可行。若将所有失败的原因都排除，也许会找到更合适的思路。从这个角度上讲，我们更愿意接受高维的思想：当所有的方法思想以及思维都失败时，不妨升一下维度，也许问题就变得不一样了。比如说，在面临速度临近于光速的时候，牛顿定律对此的解释就显得苍白无力。但如果用爱因斯坦的理论就会迎刃而解。再换个话题，猴子认为它与猩猩完全不同，但从更高级别的维度来看，他们都是动物，是一样的。用这一思路来看贫困代际传递的问题，尤其是撒哈拉地区的贫困问题，或许可以归结到人的原罪上，无非就是在撒哈拉这个地区，刺激了原罪，使得他们比其他的地方更大。当然，我在这里只是一种猜想，而非真正的原因。如果我真的能解决这个问题，那将是怎么一种情况呢？

让我们将思绪拉回来，回到这个问题上。不妨假设我的胡说八道是正确的—当然有问题了，那么问题就转换成另一个问题。到底在什么情况下，什么条件下，人类的原罪会被释放到阻止他们愿意摆脱贫困的地步。或者说其反问题，在什么条件下，人类愿意克制原罪的诱惑，让自己生活越来越好。这个问题又需要基于数据的分析方法去研究，然后构建一个模型，最后用这个模型来解释撒哈拉地区的贫困，也许就会成功。

二者可以合为一体，其实还有其他的证据。我们可以反问：那些所谓的经典模型是怎么来的呢？显然，它们并不是天然存在的，而是那个创造经典模型的人，经过了千百次的探索才得到的。同样的，我们应该将所有可能的情况都探索，然后将探索的结果进行归纳，并形成一个高维的模型。

将二者结合起来最大的关键，在于我们能不能站在“上帝的视角”上看这个问题。看来，这个思路的真正实施，还有一段艰辛的路需要走。因为，随着未解之谜的解决，我们将会发现，仍有更多的未解之谜。正如在前文中谈到的知识的比喻一样，随着人类发展，越来越新的问题被发现出来。这种未知似乎无穷无尽，绝非我们可以解决的。当面临新问题时，那些先驱者便利用数据驱动的方法进行一点一滴地探索，然后形成模型，再分析那些尚未接触的近类问题。由于新问题总是源源不断，这个过程也将永不止息。

4.4 大数据，是思想，是思维，还是方法？

——不知近水花先发，疑是经冬雪未销。

近年来，管理学界不断引入一些新术语，这些术语貌似很重要，但这些术语往往在炒作之后就再也不提了，接着又会炒作另一个概念，大数据就是在这个环境下产生的。

看国内的情况，目前进行大数据研究的企业、高校以及科研单位就不少，这种如雨后竹笋般产生的新生事物让我们眼前一亮，不少人都在惊叹——大数据时代来临了。

大数据这个新鲜事物，有人认为它对于管理学与经济学来说是一场革命，有人认为不过是某些人故弄玄虚的噱头。不管怎样，大数据火了起来。

对于大数据来说，它不仅面临着如何识别一些重要的信息，而且还要将这些用于决策。经典的分析中采用的都是结构化的数据，但对于非结构化数据则显得无能为力。实际上，很多决策，尤其是管理科学中的决策，属于非理性的。大数据在其中所起的作用则更加显著。

目前业内对于大数据的分析更多地注重在数据识别、储存、定性描述相关分析等领域，还有一部分人或企业打着大数据的旗帜，做着经典分析的事情。事实上，大数据的最大特色不在于其海量性，不在于其复杂性，而在于其非结构性。许多文本、图片、音频与视频等数据，在传统的意义上，我们通过某种方法，比如灰色处理，模糊处理，就可以转换成结构化数据，然后再纳入模型来分析。这种处理其实也没错，不过比较粗糙。但在大数据的前提下，可以通过某些学习方法，将这些非结构化的数据直接进行精度更高的处理，对分析结果的准确性来说更加重要。

由于大数据的复杂性，在分析的过程中，面对海量的数据，我们反而无所适从。这些数据中，有真正可用的数据，也有一些错误的数据。这些错误的数据中，有一部分是由于环境突变所带来的数据，而有一部分则是人为做出的错误数据。例如，某个明星的绯闻、某些别有用心政客的虚假言论，还有一些属于欺诈信息。这些才是大数据分析的最大祸害，必须将其彻底铲除。对于由于环境噪声扰动所带来的错误数据，我们则需要关注。从统计意义上讲，这部分数据是无意义的。但从管理创新意义上讲，这部分数据则是非常有价值的。因为我们知道，科学界的重大发现，绝大多数来自于偶然。故此，对于偶然所得的这些奇异数据，应倡导保留。从这个意义上讲，对这些数据的识别，是非常关键的。比如Google在2015年对流感预测的失败，其实就是数据不够准确，不合条件的数据进入分析系统中所致。很多时候，我们认为数据越多越好，量越大越好，这也是整个大数据分析的误区之一。但实际上，大数据分析的优点不在于“大”，而在于“准”。尤其在这个信息量太大的时代，采用哪些数据进行分析，才能导致正确的结论则更重要。

我们不妨借助于CBR（Case－based Rationing，基于案例库推理）的思想，每当获取一个数据，便将其进行识别，放入到固定的子案例库中，再根据子案例库的特征进行分析。但前提是这些数据是否属于这个子案例库，也就是说，如何判断一个数据是真是假，到目前为止，仍然是一个难题。笔者曾根据网络大数据的生成过程，抽象了一个复杂网络的模型，姑且称之为大数据生成复杂网络模型吧。通过这个模型，可以分析不同属性的大数据在演化过程中形成一个又一个的“巨组分”。然后从中剔除我们所不要的数据，就可以做到这一点。

前面谈到，大数据用于分析的前提是对数据进行识别。在这个领域中，AI 所做的可以让我们借鉴。比如 Alphago，比如医学用的 AI 诊断系统，都比较出色。在这里，深度卷积神经网络模型往往被使用。通过有监督和无监督学习算法，通过大量的已知案例，使在训练过程中，让模型对非结构化的数据识别得更准一些。当然，也会有更多的更加先进的方法，在这里不再赘述。

描述性统计是目前大数据分析的主流，但仍属于初级水平。现在有很多人做各种描述性的工作，比如频率、均值、方差，乃至于相关分析，其实都是一种简单的统计意义上的描述性分析，只能描述一种现象，但并不能分析到这种现象背后隐藏的本质。曾记得大数据中有一个铁律，叫重相关而不重因果，其实这个与不可知论如出一辙。然而，在经济与管理中，我们更注重因果关系①。在相关论横行的当今，很多个完全无关的事物或现象被挂上了钩，成为某些“创新”的噱头，其实更像一场闹剧。一旦技术得以攻克，这些只看现象，不追究机理的做法最终被淘汰。

其实我们关注的，是在大数据前提下的事件发展变化的规律，以及在这些规律之下某一特殊事件的变化情况。很显然，描述性统计无法实现这一点，而 AI 则可以做到这一点。故此，经济与管理的科学家更应该向 AI 科学家学习。实际上，在大数据预处理的基础上，很多非结构化的大数据均可以参与经济与管理的分析，尤其是在统计意义以及概率意义上的分析。而在方程上，则需做更多的功课才可补上。

与其说大数据是一个分析工具，更不如说它是一种思维。所有大数据产生以及参与分析的过程，更像一个复杂系统，尤其是数据的产生过程，就是一个典型的复杂网络。而在运算中所采用的各种深度神经网络技术，则属于复杂系统的分析范畴。

---

① 有一种关系叫暗因果，这种暗因果现象非常普遍，世界上很多说不清的现象中，都有暗因果的存在与影响。我们可以不仅考量变量本身，更进一步去考虑变量最近时空邻域（Nearest Neighbors）的变化模式是否遵循相同的模式。如果一致，那么就可以认为它们之间具有正向或反向的因果关系。如果不一致，但是有稳定的不一致，那么就认为它们之间存在一种可识别的非线性因果结构——即暗因果关系。

在大数据深度分析的层面上，神经网络充当着非常重要的角色，当然其他的方法也会有一定的价值，不过，我个人认为，随着科学技术的发展，这一问题会得到更好的解决。到那时，我们才真正地说，大数据时代来了。

正如丘成桐先生说过：人工智能对大数据的处理，本质上是数学中的统计学，然而目前还没有完备的数学理论能支持大数据分析的结果，很多数学方法还相对原始，过度依赖于经验的总结，而非真正来自内在的数学结构。这也导致了当下人工智能在处理大数据问题时还需要大量的人力和算力，甚至需要超级计算机的协助。由于缺乏数学理论的支持，很多大数据分析的结果只适用于特定环境，缺乏迁移性。大数据还缺乏有效的算法，经典计算机的算法还不能直接用到大数据中。这是很重要的一个问题，我们要深入了解。广为流传的深度学习有很多不足的地方，例如，大样本依赖、可解释性差、易受欺骗等，但当前没有更好的算法来替代。要解决这些问题，就需要对相关数学理论进行深入研究，了解大数据内在的数学结构和原理。

4.5 问题驱动与方法驱动——孰对孰错?

——无可奈何花落去，似曾相识燕归来。

其实在阅读了我们的文章之后，这个问题已经可以不假思索地给出答案：问题驱动是科学家探索世界的动力。

然而，问题似乎并不是那么简单。有很多问题，需要有科学的方法才能对问题有深刻的认识。而且，在科学的道路上，离开了方法的陪伴，问题将永远成为问题，始终难以进一步。然而，方法也必须以问题为依托才能体现出自身的价值。即使是以方法为主的数学，也应该以问题为主。比如，庞加莱猜想、ABC 猜想的证明，也是为了解决具体的问题而进行的。

但是，如果科学发展到了某一瓶颈，到了提不出更加有趣的问题时，只好妥协下来，先暂时停止寻找问题，将注意力放在方法的改进上。至少它可以帮助科学家发现更加有趣、更加深刻的结论。这种以退为进的策略，在一定程度上也推动了发现问题的进程，增加了发现问题的可能性。

经济与管理科学是探索经济与管理领域中未知现象以及其内在规律的一门科学。在研究的过程中，科学家对于已经存在的事实和尚未发现的现象进行了探索，并试图找到其规律。由于旧的问题解决，必然会在一定程度上引发新的问题，故此，随着研究的深入，将会有更多的问题被发现。为了解决这些问题，需用到一些方法。也许旧的方法就可以解决新的问题，也许不能。如果旧的方法不能解决新的问题，便会延伸新的方法。

比如说，在经典的研究中，我们会碰到一些非结构化的数据，如图片、文字、音频、视频。在旧的方法中，可以通过粗糙集的方法对其进行处理，形成一组离散型的变量，然后置于一个模型中去处理。然而，随着网络技术的发展，这类非结构化的数据量呈现出指数式增长，大量的数据，粗糙集也处理不过来。卷积神经网络模型就顺势而生，很快成为非结构数据处理的主要手段。

实际上，整个科学，当然包括经济学与管理学，在问题与方法上，可以用图 4－1 来表示。

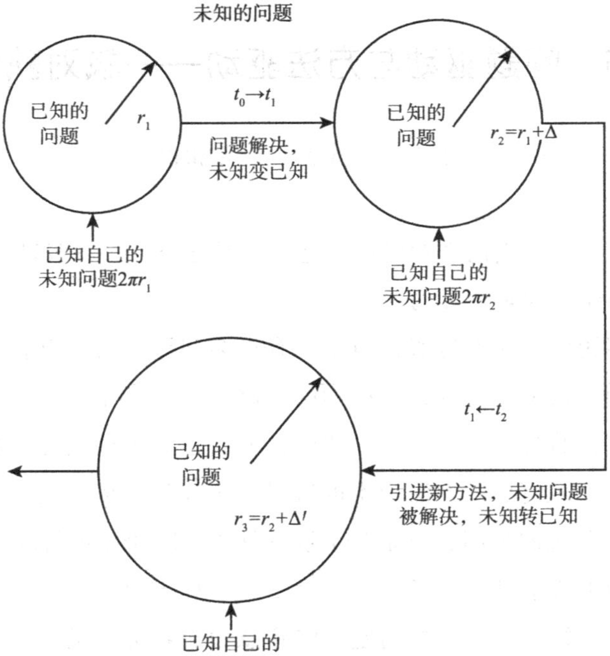

图 4－1　科学问题与科学研究方法的动态辩证关系

随着这个探索的不断深入，我们会发现一个现象：科学问题越来越多，越来越深奥；同时，研究方法也会同步跟进，不断地完善，不断地创新。他们像一对孪生兄弟，在科学研究的道路上，难舍难分。

无论如何，从前文中可以看出，是科学问题撬动了研究方法的进步。这在经济与管理的科学中更应是如此——因为经济与管理的问题不是研究方法，而是研究问题。故此，科学问题的重要性便凸显出来，而研究方法，则相当于伴生性的副产品一样。当遇到一个难题，并且当前的方法难以解决这个问题时，才有必要从基础科学中找到适宜的新方法，用以分析这个新问题。从另一方面说，新方法的使用，也会有利于新问题的发现——但并非主流。

当然，如果没有扎实的理论基础，缺乏对研究方法的了解，将会在理解科学成果时，变得很无助。举例来说，在经济与管理学中，科学家一直在讨论因果关系。当大数据科学产生之后，大数据的科学家们便提倡相关关系，认为因果关系并不重要，世界上很多事件只能找到相关关系，却无法找到因果关系。根据这一个争论不休的问题。Stavros K. Stavroglou 与 Eugene Stanley 发现了一种符号动力学的方法来分析事件的因果关系，他们借鉴了休谟的观点，强调事物的因果关系来源于时间维度上的先后顺序，以及空间维度上的远近距离。因此，从时间上，他们关注事物变化的过程性。从空间上，他们关注邻近事物的集体性质。用符号，找到了任意两件事物过程状态的 81 种组合以及邻近点集的变化特征，并借助于相空间重构的方法，将因果关系的复杂性降维，从而发现了暗因果——一种不是强因果的形式——的分布特征。从而研究了很多问题中所潜在的约有 70% 以上的暗因果关系。但如果不了解相空间重构方法，不了解分离因果关系的技术，很难读懂这两篇文章。

有能力发现科学问题但没能力解决问题，与有能力解决问题却没有能力找到需要解决的问题，二者的本质是一样的。当且仅当发现的问题与解决能力耦合时才会达到最佳的状态。

可惜经济与管理的科学达不到这种境界。在经济与管理科学研究界，出现两个极端：一个是发现新问题，但不去想法解决这个问题，或者没有能力去解决这个问题；另外一种是致力于方法的研究，却忽视了科学问题的探索。这两者都是错误的，对于经济与管理科学危害远大于贡献。

总喊着新方法的经济与管理科学家，未必在创新方法。我曾经读到过一种名为“定性定量结合”的分析方法。简单的说，用定性的方法，将若干个相关的变量归为一类变量，然后通过某种映射，将其归为一个高维度意义上的变量。这对于多重共线性的消除，有非常重要的作用。并且，这种处理比主成分分析、因子分析更准确。因为过度依赖于数学方法，可能会在降维过程中，将两个毫不相关的变量给线性相加了，从而找不到其经济与管理意义。这个方法看起来不难，很多人认为非常简单，但我认为，这个方法的重点在于思维哲学的变化，而非纯粹新方法的应用。本质上，我们所谈论的研究方法，其实更加偏向于分析思维与分析过程，更像一个技术路线图；但相对的，在绝大多数人眼中，研究方法指的是一个模型，一个算法，而这个，更应该叫分析“技术”或手段。实际上，从上文的例子可以看出，定性定量结合并不在于方法的花哨与复杂，而在于思维的变化。事实上，这是经济与管理科学发展的误区。方法上的创新，本不应属于经济与管理学科的研究范畴，而基础科学才是。而对于经济与管理科学来说，专注力应放在科学问题的揭秘中，在此之后，将这个科学问题抽象成为一个基础科学的问题。这个问题可能会与经典的基础问题有所出入，但可以根据其特点进行适当的修订。由于与经典的基础科学问题不一样，故可以借鉴一些新的、正确的算法进行求解分析，此时，方法的作用才会表现出来。

但过分强调方法，就会迷失了自己。我们称其为“便利的陷阱”。为何？方法属于基础科学解决的问题，一旦一个新的方法提出并得到认可，只要有一定的基础，只要肯花时间与汗水，就一定能掌握。然而，找到问题（准确地说，找到经济与管理科学中的问题）更难，它代表了颠覆性的创新。在倡导方法领先的经济与管理学界，无疑是掉进了这个陷阱。只贪图便利性、简单性以及容易性，而忽略了本质问题的创新——因为它太难，难以取得“成绩”，最终会导致研究停留在“技术”层面。其实这一点在相关篇幅中已有谈论，它们之争，实属于科学与技术之论。强调问题导向，就等于认可了科学的地位；重视方法导向，就意味着大力发展技术的趋势。当然，我们重视方法是有历史传承的，上到春秋，下到当前，我们津津乐道的，引以为荣的四大发明，也是技术之列——要是有一个四大发现，我才会引以为自豪！正是在这种文化下，我们重方法而轻问题，重策略而轻本质，也是经济与管理科学界科学研究以“方法”驱动的源泉。

虽然我们在前文中曾经说过，方法驱动也会发现一些新的问题，从而引发新一轮的问题的研究。但是，这个方法使用之后所发现的新问题与母问题一脉相承，具有因果性。举例来说，经典的理论中，我们一致认为中等收入陷阱产生的最本质原因，是低端制造业转型失败。进一步讲，是不公平所导致：没有给予低端制造业公平转型的机制，导致在特定的时间点上，区域内技术上、制度上存在着偏离现象——企业家精神、技术、制度都从低端制造业中跑到了其他的产业中。但真是如此吗？抛弃掉经典的还原论建模思想，采用多 Agent 建模的方式，就会发现，它并不是必要条件，而是一个充分条件。进一步，将经济区域的“情境”用不同的参数描述，再进行分析，发现在另外一些条件下，低端制造业转型失败不是其原因，并且如果以市场驱动为主，资源的不公平流动是一个必然的现象——只要有合适的机制，这种流动就是必然。此刻就会衍生出新的科学问题，对其进行分析，最终会解开这个融经济、政治、社会、文化于一身的难题。

总之，唯方法肯定会迷茫，唯问题则无法前行，二者的结合是一个必然的趋势。在这个过程中，应以问题为主，而方法为辅，切不可走偏。

最后，让我们引用一句名言作为结束：学而不思则罔，思而不学则殆。我们就将“学”定义成问题，而“思”定义成方法，就可以了解我们所阐述的观点了。

第5章 经济与管理中的科学思维

5.1 科学思维：决定成败的关键

——古来圣贤皆寂寞，惟有饮者留其名。

思维是指将思想实现的表达方式。不同的思维方式将得到不同的结果——或许是完全不同的结果。有的思维可以让我们顺利地得到正确结果，有的则不能。

比如在持枪对社会安全影响的研究成果中，大约有50%的成果认为枪可保证人的财产与人身安全，而50%的成果则认为恰好相反。那么到底出了什么问题？模型一模一样，参数估计方法一模一样，为何结果截然不同？不为别的，只因思想不同，而这种差异性则表现在数据的获取上。我们的科研工作人员在分析的时候，并不能站在完全随机抽样的思维角度上获取样本，而是有一定的偏好！再举一例，曾经看到一篇写中国企业创新与外部融资依赖性之间关系的研究。他在获取数据的时候，选择的是A股的数据，且在A股当中还按一定的规则剔除了一些样本。那么问题在于，这些数据不能代表中国企业，而论文的标题却不是针对A股企业创新方面的研究。故此，这种“怪异的思维”让他的结论一定偏离了科学。其实，google曾经就对流感的预测出过错，其原因也在于拿到了错误的数据。

故此，科学思维要求我们客观地描述研究对象的特征、状态及变化规律。不能主观地删增内容，尤其是对样本的匹配性上更应如此。

既然科学是客观地描述事物的特征，那么就需客观地分析事物。故此，科学的思维范式很关键。一般来讲，科学思维的范式有以下两种：演绎法、归纳法。

前文《结果 VS 结论，技术 VS 科学》中一直关注的是归纳法的科学价值，对于演绎法的使用则鲜有讨论。实际上，很多重大的科学发展，是按照演绎法分析得到的，如相对论这一伟大的科学发现就是通过演绎法推导而得到的。演绎法要求对事物的本质有十分深刻的了解，并在一定的假设上，按一定的逻辑，在严格的推导下，得到对应的结论。比如，牛顿第二定律在十分严格的适用条件下是完全成立的。根据这一定理，我们也可对很多现象进行研究。曾经有一位十分著名的科学家讲过，最简单的模型才是最有价值的。因为这种最简单的模型，才能从本质上描述世界万物的运行本质。将这个模型根据事物的具体特征，有针对性地进行修改，可解决不同的问题，这种思维的价值也是十分巨大的。

进一步而言，科学的分析思维对于科学研究具有十分重要的价值。由于科学是客观揭示某个现象的本质，或某件事物的变化规律，每个科学家都有一套最适合的分析方法。我本人更喜欢逆向思维的方法来分析问题。具体地讲，首先将问题的目标确定好，然后采用逆向思维，给出要实现该目标的必要条件，然后再次对必要条件进行分析，找到必要条件的必要条件，以此类推，直到找到已知的条件为止。在真正的分析过程中，再按正向思维的方式把各个条件连接起来，直到最终的目标。可以看出，按照这种逆向思维的方法，可真正做到推理过程滴水不漏，真正实现科学的客观性。当然，收敛性思维也是一种有效的推理方法。熟悉《罗马书》的读者都应知道，保罗为了说明任何一个理论，都从所有可能的角度入手，进行分析。每种可能的角度就像一条道路，作者将每一条路上的所有推理都分析，得到需要的结论，再退回另一条路的起点，重头开始进行分析，直到所有可能性都分析到，从而完整地将这个 story 以及其中的理论解释清楚。

当然，发散性思维对于科学研究来说极其重要，尤其是对于创新的意义非凡。正如在前面曾经说过，科学研究中最大的创新是思想创新，而思维创新是思想创新的基础。像上面提到的牛顿第二运动定律扩展到其他领域中就是一种发散性思维的作用。再比如说，Ising 模型是用来分析规则体相变的一种有效模型，描述了系统中某个单元对周围各个单元产生随机影响最终所导致的临界现象。二维、三维乃至于多维的 Ising 模型得到了很广泛的应用。

然后有人就在想，如果系统的结构不是规则的，而是网状的，呈现出不确定维度的多维性结构——在随机复杂网络中的相变是否可以通过修订后的 Ising 模型来分析，在这种发散性思维下，适应于更加复杂情况的 Vicseck 模型被建立起来。

最重要的创新，不仅需要小心论证，更需要大胆假设。这需要将逆向思维与发散性思维结合起来。即采用发散性思维进行猜想，并用逆向思维对其进行证明，这就是科学精神的精髓。

联想思维也是一种在科学研究中值得推崇的思维方式。周围世界万物之间都有一定的共性，如果将两个比较类似的事物进行比较，并将其中一个结论外推到另外一个，也属于一种创新。比如，非平衡统计物理的相变理论比较成熟，可以用于地震，火山、雪崩等研究。而在现实社会中，存在着一种“相变”现象。比如谣言在毫无预兆的大范围突然爆发，不知为何股民突然一致性地抛售股票导致股市瞬间崩盘。可以看出，二者之间存在一定的相似性，如果将每个个体人看成一个个粒子，则退化成非平衡统计物理中经典的相变问题。然而，他们之间还是存在一定区别的，如果能描述这种差异性，就可在特定条件下借鉴经典的结论，对社会系统中的相变进行分析。

我们很多科学家都有一个思维误区，总善于给自身设限——我是研究社会科学的，你们是研究理学以及自然科学的，不适合我们；反之亦然，自然科学家亦会鄙视社会科学家。这是因为他们科学格局太小所致，这种小格局限制了科学家联想思维。曾读过一篇历史文章《A network framework of culture history》（Science，2014，345（6196）：558－562）用复杂网络的分析方法对文化中心的变迁过程以及所表现出来的规律进行分析，不仅准确地描述了文化中心变迁的过程以及表现的规律，而且预测出文化中心的可能变向。在这篇文章中，作者将历史、数学结合在一起，不仅拓宽了视野，而且得到了更加有趣的结论。显然，这种有趣性更加符合科学研究的特征。

根据这个例子，我们不妨将自己的思维外推，极易得到下面的结论：把历史学与数学有效地结合起来，所得的结论自然具有很深的科学意义；进一步而言，将不同的学科结合，就能得到更加有意义的结论，比如，物理与化学结合，就成了物理化学。让我们的思绪回到更高的维度看待这个问题，根据哲学与自然科学之间的关系，可以看出，从哲学角度，也就是思维的角度，几乎所有的自然学科，具有相通性。故此，千万不能给研究设限，这种设限，是对科学的一种束缚。

思维对于科学研究如此重要，促使我们不得不抛弃那些阻碍科学发展的思维。

更加重要的是，思维可以决定研究的方法——值得注意的是，这里的方法不是某个具体的数理计算机方法，而是分析问题的方法。这种巧妙的方法更有利于科学发现。有的时候，我们不能直接对某一事情进行研究，而间接的分析更加有利于得到结论。进一步讲，基本条件为A，拟得到的结论为B，但从A到B无法得到结论。但从A开始，可以得到C，从C可得到D……最后得到B，那么这个问题便可迎刃而解。举例说明这个问题，作者拟研究酒店对于顾客投诉的处置策略对酒店绩效的影响，作者假设处置得当会刺激绩效的大力改进。为了证明这一假设，作者搜集了携程网上哈尔滨“七天”连锁酒店的所有数据。但这些数据并不能证明他的假设：(1) 网络的交易与所有的交易不一致。(2) 七天的数据并不一定是所有连锁酒店的数据一致。(3) 连锁酒店，并不一定代表已有的酒店。(4) 哈尔滨的酒店并不一定代表全国的酒店。(5) 收益与成本之间是否具有一致性。为了证明这一假设，作者就依次证明了以上五个问题。最后就用既定的数据证明了适当的顾客投诉处理方式对酒店绩效有显著的促进作用。显然，这一思维的科学价值更大。

思维对于科学研究具有很强的意义，丰富多彩的思维难以用简单短暂的文字来描述，鉴于篇幅有限，不能完全说清，只能点到为止，望达到抛砖引玉的作用。

5.2 科学思维：谋略篇

——不识庐山真面目，只缘身在此山中

在《科学思维：决定成败的关键》一文中，我们对科学思维的重要性进行了比较简单的分析。的确，思维方式决定了科学家是否可以将一个很复杂的问题、很深奥的问题转化为一个可行解的方式，从而使得某些所谓“不可知论”的科学理论或科学猜想变得“可触摸”“可知”。一个比喻（或隐喻）：知识好比一个平面上的圆，圆内的部分相当于我们已知的知识，圆外的部分相当于我们未知领域的知识，而圆上的点则属于我们知道未知的知识。显然，当圆的半径趋近于0时，我们觉得自己无所不知；随着学习的进行，我们所面临的未知逐渐增多；当半径趋近于无穷大，我们所面临的知识是无尽的。此时，就需要给我们的知识“升维”，站在更高维度上看待这个问题，这个问题则变得比较简单。

历史上，凡是有重大科学成就的人都精通多个学科。比如罗素，集诗人、文学家、哲学家、数学家等多种荣誉于一身。我们假设每一个学科相当于一个方向，多个学科的综合相当于不断扩大自身的知识半径，实际上相当于升维，从而给单纯的数学中融入哲学、文学的思维，才取得了如此大的成就。

升维并非靠“蛮力”就可以完成。有的时候，拼命的学习也并不一定能使科学家的知识半径增大，在某种条件下反而会使得人们“糊涂”，将不同的知识混淆起来，最后不仅不会增大维度，反而会降低自己的维度。故此这种升维更需要智慧，而智慧则来自于灵巧的思维能力。

就科学家的思维的提升而言，主要包括以下几种方式：①多角度；②具体化；③亲自动手；④重新组合；⑤反向思维；⑥形象思维；⑦横向联系；⑧增强应变能力。我们可以看出，这八条思维与其说是思维，不如说是思维与态度的综合，下面我们依次对这几种形式进行深入分析。

我们首先谈一下“亲自动手”。我们在研究中经常会碰到一种现象：某种研究成果我们能看懂，但不一定能做出来。我在指导入门者进行管理系统的风险评估时，建议他们将不同的风险因素、风险事件以及它们的相关关系抽象成一个贝叶斯网络，通过收集不同的案例，再经由贝叶斯网络的分析方法，对风险发生的规律进行分析，并在既定规律的限定下对特定事件的风险进行评估——这一思想实际上在前面的文章中多次提到了。年轻的科学家也迅速掌握了它的基本流程，但在实际研究时碰到了各种不同的问题，后来让他们多次动手亲自去解析，最终终于得到了想要的结果。实际上，受人尊敬的科学家不仅有伟大的创新，同时也有许多“不佳”的想法。但是，这些科学家从不怕失败，也不怕平庸，通过坚持不懈的努力，最终取得胜利。

再谈“增强应变能力”。其实应变能力对于科学家来说非常重要，正如前面所说，科学研究的失败概率很高，只有极少数能成功。但我们不该沉迷于失败带来的痛苦，而应该寻找原因，修改错误。如果我们不单纯地认为失败是没有任何意义的，不单纯地局限于失败本身，而是重新分析整个过程，所有的成分以及如何改变它们以达到不同的效果，我们就可以转败为胜，变失败为成功。其实，对于知识半径很大的人来说，他处处面临着更多的未知，失败的可能性更大，换句话说，如果让我们去做小学生的作业，总会成功。失败并不可怕，作为科学家，几乎每天都面临着失败，但如果能从各种失败的经历中总结经验教训，则会变失败为成功。居里夫人也是在无数次失败之后才发现“镭”这一元素的。经济与管理系统中存在大量的人，他们的非理性行为，使得自身所面临的科学问题远超过自然科学。对于这么复杂的问题，我们至今尚未揭开它的神秘面纱，更不要说能够认识它。我敢断言，经济与管理在未来的探索过程中所遇到的困难将远大于自然学科。失败也会随着探索不断深入而逐步加强。比如，就“中国现在是否进入中等收入陷阱”这个简单的判断来说，持正反双方意见的人争论不休，无法定论。至于谈到未来的对这些经济问题更深层次的规律等方面的结论来说，我们还未入门。当面临失败时，最先调整的应该是思维与思想，其次才是研究方法。但在科研这个圈子中，绝大多数的人认为方法最重要。据我了解，他们现在可能连分析推导过程、分析中可能采用的理论方法、所使用的具体模型以及所采用的工具都混淆不清，错把工具做方法，自然不会得到更多的、更好的结果。

下面我们谈一下“多角度分析”。从不同的角度看问题，发现别人从未想到（或还没有公开发表过）的新论点。为了找出问题的本质，应用不同的方法重新组合它。通常，重新组合后的问题本身会以一种新的方式呈现出来。通过不同角度看问题，从不同的视野看问题，会得到更加准确的结论。这种角度将从思维、过程、方法、技巧等多个层面依次展开，如果再加上排列组合的力量，则可以取得更加深刻的结论。假如每个分析过程都是正确的，如果结果是一致的，我们就可以得到最终的结果。如果结果中有显著区别，则需要采用判别分析的基本思想，分析奇异结果的主要来源，从而判断哪一个是正确的。其实，后者更有价值：如果各个角度所得的结论一致，基本上预示着该项研究在特定条件下的成果基本成熟，进一步的突破尚需进一步的沉淀。但如果多个角度所得到的结果存在差异性，那么就可以说明该项研究的结果存在很大的可调空间，会出现高维度的发现，对于未来的研究具有更深、更广的意义。

“具体化”是科学研究主要思维模式之一，通过具体化，可以将复杂的问题分解成一个个简单的问题，可行性更大。图形是一种有效的方法。当爱因斯坦遇到一个难题时，他总是用尽可能多的方法展示问题，包括使用多种图表。他坚信在他的思考过程中，一万句话或数字所起的作用不如一张图表给他的启发。由于经济与管理问题的复杂性，这种方法更加重要。通过图形论，我们可以确定研究的技术路线，也可以确定问题的难点以及分析的 trick。这会使得问题更明了，思路更清晰，可以找到问题各个环节以及他们的联系，可以将复杂问题简单化，并且可以将自上而下的分析法以及自上而下的综合法进行有机综合，从而超越还原论。比如，我们以“土地三权分立下农民问题”为例，可以做成下列的图（如图 5－1 所示）。

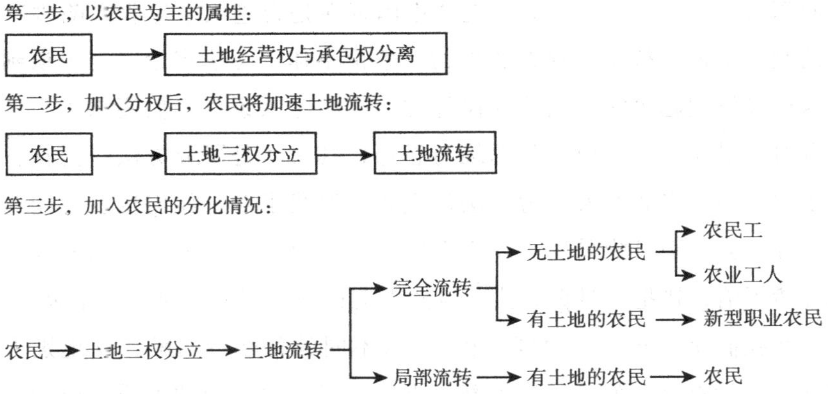

图 5－1　三权分立下农民属性的多样性与复杂性

农民结构将发生变化，变成了新型职业农民、农业的企业、农民、农业工人、农民工，他们的分化将进一步加速生产力结构变化，那么经典结构下的所有理论失效，需根据他们的生产力、生产关系构建新的理论，并将衍生出更丰富的结论。

“重新组合”是科学研究中的重要思维方法。在科学研究中，想象力是科学发展最大的动力，思想实验是重大突破的主要力量，其中最为显著的例子是相对论。在当时，即使从哲学的角度上也不敢去想象，当物体的速度接近于光速时运动学将会如何变化。但作为物理学家，爱因斯坦对这一问题进行了想象，将相对参照体系的概念放大，最后得到伟大的成果。其实在所有领域中，想象都是利刃。不怕与别人不一样或不合常理，将所有的看法、想法和想象以不同的方式重新组合。只有在充分的想象力指导下，科学家才能对不同的概念、观点进行组合，从而得到更加重要的结果。比如说，近些年大数据的发展非常迅猛，在经济与管理的研究中得到了广泛的应用。正常的大数据思维是用总体代替样本，但是由于经济与管理问题的复杂性，会产生海量数据。这些数据中有一些错误的数据，如果将这些错误的数据引入并分析，则会得到不准确的结果。故此，必须对这些数据的来源进行甄别。然而，大数据其实在本质上属于一个复杂系统，它产生于系统中的各个节点、各个环节。那么，从复杂系统的角度上找到最正确的数据，进一步而言，这些大数据中有大量的非结构化数据，且这些非结构化数据对于问题的分析更为重要①。经济与管理学中对于非结构化数据的认识很肤浅，那么就需要将深度学习的理论方法融入研究中，所得的结论更为准确与深刻。在这个过程中，我们重新组合了大数据、复杂系统、人工智能、经济学或管理学等多个方面的思想思维方法，所得的结论远优于回归分析的结论。

“反向思维”是一种重要的方法。很多时候，通过反向思维可以获得意想不到的效果。假如你将物质的对立面放在一起思考，那么你的思维运动就可以上升到一个新的高度。博弈论中，我们经常会用到一个思想——为对方建模，也就是说采用的方法为竞争对手选择最优策略，就能够为自己确定一个最优策略。另外一个例子，在确定最优策略的时候，我们一般会构建一个最优的模型，确定出该问题下自身的最优策略。如下所述：

$$\begin{cases}\max\limits_{u} g(x) \\ s.t., \\ f(x)=0\end{cases} \tag{5.1}$$

其中，$g(x)$ 为目标，$f(x)$ 为约束。但我们可以假设，对于每一个事物来

---

① 准确地说，非结构化数据主要刻画了各个参与者的行为，这种行为不仅包括了生理上的行为，而且还表示了参与者心理行为。举例来说，一幅画，能够表现出作者的思想，表达了作者的观点。再比如说，网络上面的文章（无论是大众文章、官方报告、企业宣传，还是科学文章），都表明了作者的观点。并且对这些文章引用、转载、评论，则是人们心理与行动双方面行为的体现。因此，我们可以说，非结构化大数据，都是行为的体现，是人们思想与思维的延伸，是一个大数据。

讲，由于其随机性，很难达到最优状态，也就是说这个最优可能是一个不稳定状态。以最大化分析为例，见图 5－2。

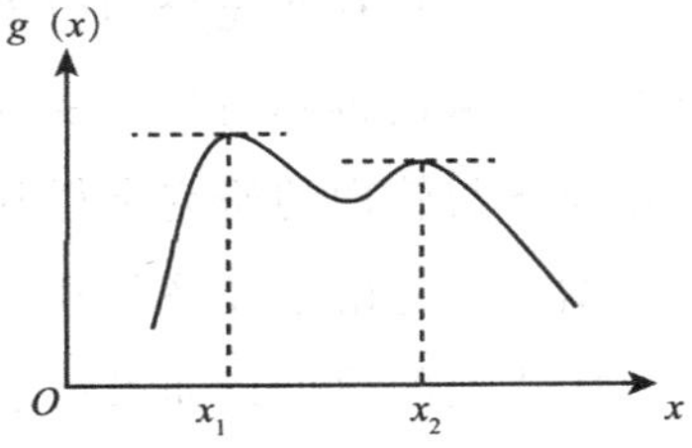

图 5－2　优化及其稳定性

由于其不稳定性，我们可以明晰地知道，要达到系统一直保持在最优状态上是不可能的。那么就有一个问题呈现出来，如果我们考虑收益超过某一个特定值的概率最大，一旦这个对应的条件被满足了，那么系统在一个区间上接近于最优质的状态下是稳定的，我们也将找到了其最优策略。故此，模型将被修改为：

$$\begin{cases} \max\limits_{u} E(g(x) \geqslant m) \\ s.t., \\ f(x) + \varepsilon = 0 \end{cases} \tag{5.2}$$

其中 m 为接近于最优值 $\max\limits_{u} g(x)$ 的一个数，即 $\max\limits_{u} g(x) = m + \xi$（$\xi$ 是一个随机变量）。经过这种反向思维，也就是由追求最优到不追求最优，由确定到随机的转变给我们带来了意想不到的优点。实际上，第二个模型最终收益大于第一个模型。可以看出，这种反向思维对经济与管理的分析更加重要。

与抽象思维相反，“形象思维”是按照演绎的范式，将一个抽象的问题用形象思维的方法将其描述成一个具体的问题，然后对这一系列具体问题进行一个又一个的分析，即可得到结论，然后再采用归纳的方法，将结果的共性找到，便可以得到问题的答案。然而，问题并不是如此简单。在形象思维的过程中要有想象的力量，将一个又一个的抽象问题比喻成其对应的其他问题，这样就可以大大地简化问题。比如，蝙蝠的回声系统非常有意思，通过不断地反馈，及时调整自身的行为，这一问题可以用于作为 kalman 滤波的最佳比喻，也可作为输入—输出系统的比喻。如 PID. adrc 系统的分析实际上也借鉴了其基本原理。事实上，比喻是天才所具备的一种象征，一个能够看到两种不同领域的相似之处的人是天才，能再把这些相似之处联系起来，是需要特殊天赋的。在经济管理的科学研究中，对于足够多数量个体形成的系统来讲，我们可借鉴统计物理的思想，将不同性质的人的行为设置成一个又一个的“粒子”的行为，这种比喻在人数较多的条件下是许可的。然后我们既可以在非平衡统计物理的角度上分析经济问题，从而以“经济物理学”的方式解决不同的问题，也可以用 simulation 的方法，用计算实验解决问题。

“横向联系”对于科学研究来说具有极其重要的意义，它需要我们将不同的事物联系到一起，这样就可以由此到彼地分析问题。这一思维我们经常用，在此不做过多的阐述。事实上，这种类比不仅要求形似，更要求神似。在自然科学中，这种横向联系用得特别多，比如由蝙蝠到回声定位，他们的形神俱似，但要将自然界中的某个现象、理论直接联系到经济与管理的研究中，还是有一定的难度的。虽然如此，在本书中我们也要提到几个忌讳的做法：①切忌盲目照搬，一定要在认真分析两种事物在本质上的确相通时才可以联系；②切勿为了创新而创新，一些科学家为了达到所谓的创新，从毫无关系的学科中找到一个理论，强行用到自己所研究的领域中，造成重大的错误；③千万不要联系不成熟的知识，有的人在某期刊上找到一篇文章，觉得很漂亮，然后直接“拿”过来用，对其正确性毫不理会，最终得到错误的结论。

尽管如此，我们依然坚信，基础科学是科学研究的基础，对于经济与管理的科学研究来说更是如此。实际上，经济与管理问题如此之难，而我们基础理论知识又如此薄弱，两者相比的结果，使得这个领域的研究陷入了僵局，也无法得到深刻的结论，因此，我们应知道，应将基础科学，包括中文、哲学、数理、化学、生态、计算机等多门学科的知识作为基础，引入到经济与管理的研究中，唯有如此，我们才会有想象、比喻、形象、简化等思维的实施。这样就无意中将经济与管理研究的维度提升了。只有站在更高的维度上看待经济与管理研究中的各种问题，才会对对应的问题有更透彻的理解，才会有更加深刻的结论及创新。故此，只有跳出经济与管理的狭隘的范围，不为自身设限，不断加大知识半径，才会让这一领域的研究得到更深的发展。

5.3 科学思维：技术篇

——善出奇者，无穷如天地，不竭如江河

好的思维能够将一个非常复杂的问题轻而易举地解决，但是这种思维需要按照一定的思路逐步展开方可成功。我们看一个相对简单的例子。

$$\begin{cases} x^3+9x^2y=10 & ① \\ y^3+xy^2=2 & ② \end{cases} \tag{5.3}$$

一般的做法如下：先推出 x 或 y 的表达式，然后代入另外一式，不妨假设由②可得 $x=\frac{2-y^3}{y^2}$，则①变为 $\left(\frac{2-y^3}{y^2}\right)^3+9\left(\frac{2-y^2}{y^2}\right)y=10 \Rightarrow \frac{8-12y^6+6y^3-y^9}{y^6}+9\frac{4-4y^6+y^{\bullet}}{y^3}=10$。这种方法导致这个题目变得异常复杂，但如果考虑到和立方公式 $(a+b)^3=a^3+3a^2b+3ab^2+b^3$，即可将①式做适当的变换，$x^3+3\times x^2\times 3y=10$。再考虑到 $3\times(3y)^2$ 与 $(3y)^3$ 之间的对偶性，可将②式乘以 27，与①式相加，可得 $x^3+3x^2(3y)+3x(3y)^2+3y^3=10+27\times 2=64 \Rightarrow (x+3y)^3=64$，$\Rightarrow x+3y=4$，$\Rightarrow x=4-3y$ 带入②式可得

$$y^3-2y-1=0 \quad \Rightarrow y^3-y^2-(y^2-1)=0 \quad \Rightarrow (y^2-y-1)(y-1)=0$$

$\Rightarrow y_1=1, y_{2,3}=\frac{1\pm\sqrt{5}}{2}$。由此可得 x 的解分别为 $x_1=1, x_{2,3}=\frac{5\mp 3\times\sqrt{5}}{2}$。

可见，对于同一个题目，不同的思维将导致解题的难易。那么，在经济与管理的研究中，什么样的思维会让异常复杂的科学问题变得简单，是很多科学家所追求的梦想。

从上面的例子可以看出，对于一个题目，我们需变通自己一些陈旧的想法，然后从另外的角度入手，实现研究目的。如果固化自己的思维，沿着经典分析的思路去探索，只能是原地打转，不会有太大的突破。那么，这个“变”，就成为思维技巧中的关键所在。进一步而言，如何去变，才是我们所关注的。

(1) 系统法。

在本书中，我们屡次提到系统法，这是将问题简化以及准确识别问题/定

义问题的主要手段之一，并且后者更加重要。下面，我们将针对这两个部分逐一进行分析。

先阐述识别/定义问题，这个极其关键。因为我们知道，任何一个问题，如果没有被定义出来，那么对于研究者来讲，就像失去了研究的目标（这是由研究对象的性质决定的）。研究可以定位为“无目标优化”的范畴。比如我们拟要研究风险，那么风险究竟是什么，如何定义的？在这个问题搞清楚之前，任何盲目的研究，都是在往错误的方向上前进，最终导致离科学问题的目标越来越远。我们曾经看到过一些研究风险的文章，其中涉及经济风险、政治风险、环境风险等各种字样，但究竟何为政治风险，何为环境风险，则无所得知。那么，到底什么是风险，这个才是问题的关键。百科词条中给出的定义为：某种特定的危险事件（事故或意外事件）发生的可能性与其产生的后果的组合。通过上述的定义，我们可以知道以下信息：①某种危险事件发生。如果没有这个事件，风险将不存在。查资料可知，这种危险事件被定义为风险事件。换句话说，一定要有风险事件被定义出来，我们才可以对其进行研究。而像政治风险、环境风险此类找不到风险事件的研究，基本上不会有创新性的成果出来，可以归入伪科学之列。②风险事件如何刻画。对于经济与管理中的风险事件来说，我们必须要找到一个或一系列变量描述它的特征，一旦这些特征出现，我们就认为是风险事件发生了。这个变量我们在经济与管理中称之为风险指标、风险表征。一旦知道风险指标的特征，我们就可以对风险事件进行定义和测度，表明某风险事件发生或未发生。当然，对于无风险事件的，我们一定找不到对应的特征向量。③风险事件为什么会发生，因为有一系列影响风险事件的因素被“激活”了。因此，我们需要知道哪些因素会影响风险事件的发生，哪些因素对其有显著性的影响，哪些不是。这些因素我们称之为风险因素。显然，风险事件的环境、输入以及运营机制中的任何一个偏离了预设的轨道都会导致风险事件的发生。而输入即资源（或资本）结构的不同，会产生不同的机会成本，这将会导致风险事件的产生。需进一步强调的是，我们往往将时间从输入中排除，其实这是有很大问题的。众所周知，在经济与管理中，时机其实是非常关键的。恰当的时间会将某种风险事件规避掉。因此，这一变量应给予足够的考虑。运营机制描述了经济与管理中的管理方式。我们知道，不同的管理体系也将导致不同的结果，导致不同的事件，也会导致既定风险事件的发生。最后一个偏离预设轨道的因素将会是环境。这一部分极其关键，在很多研究中，都被忽略了。因为对环境的定义不清楚，研究者就无法描述环境是否发生波动。只有对环境识别清楚了，我们才可以准确的确定风险事件的风险因素中，哪些是运营的因素，哪些属于环境。当然，这就需要认真地定义研究对象了。上面这个例子其实具有很强的普适意义。在对经济与管理中的科学问题定义过程中，通过系统的思维，分清系统与环境的区别，输入与输出，就能准确地对科学问题进行定义。否则，我们只能很肤浅地对所研究的问题进行分析，不会触摸到问题的核心。

另一点，系统思维的确会在很大程度上降低分析的复杂性。回顾本篇开篇所举的那个例子，就知，当两个方程同时考虑时，将它们看成一个整体，分析的难度就降了下来。其实，这种采用系统法分析问题的例子不胜枚举。为简单起见，我们举一个物理学中机械运动的例子。假设在光滑的地面上放着两个物体，如图 5－3 所示。

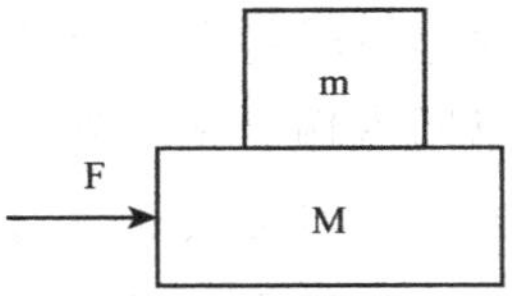

图 5－3　一个简单的物理问题

有一个力 F 作用于 M 上，使得他们保持相对静止，求 M 与 m 之间的摩擦力。

如果采用经典的算法，会假设 M 与 m 之间的作用力为 f。f 相对于 m 向前，相对于 M 向后。然后分别对 M 和 m 采用牛顿第二运动定律，建立方程，即可计算得到静摩擦力 f。但我们不妨将 M 和 m 看成一个系统，即可知道系统的加速度 $a = \frac{F}{M + m}$。然后知道 m 仅受静摩擦力作用而保持匀速直线运动，迅速可知，$f = ma = \frac{mF}{M + m}$，从而大大简化了该问题的分析难度。

在经济与管理研究中，我们也经常会碰到此类问题。因为在经济与管理的很多问题中，因生果、果生因的现象比较突出。如果单独考虑一个问题，将会增加分析的难度，也会降低结果的准确性与科学性，但如果将两者融入到一起，则会在分析过程中得到简化。灰箱理论的哲学基础也在于此。比如，我们在分析合作联盟的机制时，一般会采用合作博弈的分析工具。而合作博弈的思想其实与系统分析法的思想不谋而合：首先，将所有的合作者看成一个系统——联盟，在特定条件下将这个系统的最优策略通过一个适当的优化模型确定出来。然后再设计一个利益分配机制，使得各个参与方觉得“公平”。一般的做法是构造一个Shapley向量，考虑系统中各种隐含合作之后的每个参与方的收益，从而确定出合适的利益分配值。显然这一做法比分别对每个参与者建模，再分别确定最优策略简单得多。无论系统是否考虑到各参与方的随机性、动态性、智能性，都可以采用该方法进行分析。

在经济与管理的问题中，我们经常会碰到一种现象：不妨假设我们定义了一个系统，这个系统受到环境的影响，但经过深入分析之后发现，系统的状态也会反作用于环境，从而在环境与系统中间形成一个闭合的正负反馈系统，这加深了问题的分析难度。为了降低分析的难度，可以采用多Agent系统的分析方法，将环境也看成一个Agent，设置出环境与系统中各个个体（也称Agent）的相互作用——可以通过各种方法获得，然后构造出一个多Agent模型，由该模型我们可以简化该问题。

（2）逆向法。

逆向思维对于科学研究及其重要，实际上，很多著名的科学发现都是在这种思维方式下得到的，研究某一问题，陷入绝境时，对其相反的问题进行探讨，或采用逆向分析的方法进行倒推，总可以得到很好的结论。让我们先退一步，分析一个简单的例子。仍以机械运动为例，分析垂直上抛运动，可以看作是自由落体运动的逆向运动。用自由落体分析垂直上抛运动，会大大降低运算的复杂性。

让我们先分析这个反问题，举例来说，我们都认为信息共享会给供应链的绩效带来很大的促进作用，沿着该思路，我们一直往下研究，固然会得到很多与经验“吻合”的结果，但在实际应用的过程中却发现，有“事与愿违”的现象发生。如果采用逆向思维法，我们不去研究信息共享给供应链带来的效应，而去研究信息独占给供应链带来的益处，将会开辟一个新的天地。再进一步的，如果将信息共享给供应链带来的负面效应也做出来了，通过几种结果的综合，我们将会得到一个更加重要的结论：信息共享其实是一把双

刃剑，既可以给供应链带来益处，也可以给其带来不利的一面。与其研究供应链信息共享的价值，倒不如研究信息共享的条件。那么就会提出下列问题：什么结构的供应链可以进行信息共享，共享的信息有哪些，共享给谁更合理，共享的频率应多大，共享的方式包括什么等。总而言之，换一个角度，甚至是相反的角度，我们会有更多更好的发现。再举一个例子，我们在正常的情况下分析运输问题，构造的是一个常规的运输模型，便可迅速得到最佳运输方案。但如果在自然灾害的前面，比如地震、雪崩、火山、飓风下，有些路会不通，需求量也与常规状态下大相径庭，往往我们都不知道需求是多少。因此，完全不知道目标函数的形式，我们知道的条件很有限，这时经典的优化理论失效，问题转化为一个“逆优化”或“反优化”问题——在已知大致目标的前提下，寻找一个合理的约束条件——比如对路径的选择，对运输工具的选择等。事实上，逆优化问题的定义如下：给定实例的一个可行解，通过调整实例中给定的参数值，使得给定可行解成为参考调整后这个实例的最优解，并且希望被调整的量越小越好。其严谨的定义为：设 S 是一个最优化问题的可行解集合，$f(c,X)$ 为其目标函数，最优化问题是求一个可行解 $X \in S$，使得 $f(c,X)$ 最优。一般地说，一个可行解是否最优，与 $f(c,X)$ 中的参数向量 c 有关，这一问题的逆问题是：给定一个可行解 $X^* \in S$，找一个向量 d，使得 $f(d,X^*)$ 为最优的前提下，要求某范式 $\|d-c\|$ 最小。

从上面的定义可以看出，在非常规突发事件下，运输问题便转变为对应的逆问题。按照逆优化问题的解法，我们便可以根据其中的最优参数 d 设计合理的运输方案。

如前所述，逆向分析的方法，在经济与管理的问题分析过程中常常会用到，并且这种思维会使得迷雾一般的难题揭开其中的奥妙，从而化繁为简。

这个过程主要用于分析问题，对于研究所预设的目标，可采用逆向倒推法确定科学结论所有的必要条件，然后再寻找各个必要条件的必要条件，以此类推，一直到已知的条件，并在这个推导过程中识别出其关键所在。从而将分析过程最大程度的明晰化：让分析的过程不再多走弯路，并且在分析的过程中不再遗漏掉任何可能性，使得分析中从各个所有的可能入手，让分析所得结论更具科学性。这一思维在做思维导图时尤为有效，在进行科学研究陷入困境时，往往会采用该方法解开困境。下面我们试举一例来说明：不妨假设我们分析的是中等收入陷阱的原因。通过分析，我们知道中等收入陷阱有十大表征，分别为经济增长回落或停滞、民主乱象、贫富分化、腐败多发、过度城市化、社会公共服务短缺、就业困难、社会动荡、信仰缺失、金融体系脆弱。那么下一个问题就是：通过这些指征，如何判断一个国家或地区陷入中等收入陷阱。其实从中可以看出，中等收入陷阱涉及经济、政治、社会、文化等多个领域，是一个很复杂的问题。那么其原因会是什么呢，可以分别从上述十个方面入手，分别分析它们产生的原因，再删除与中等收入陷阱完全无关的因素，一直到可以很清晰地获取数据的因素。即可获得整个分析的脉络，然后根据资料的多寡适当地调整研究重点。以信仰缺失为例，我们分析信仰缺失的原因中，第一个就是文化因素，第二个就是宗教因素，第三个可以归结为物质文明发展过速。再看文化的原因，以中国为例，最核心的是农耕文化，这种以家庭为核心、过度依赖于耕地的安全感的系统决定着其信仰，而这一点与西方工业文化完全不同。进一步，我们分析耕地所有权的影响因素，进而就可以一步一步地找到深层次被隐藏的原因。

上述例子中，我们可以看到逆向思维的优势，这种方法真的会给科学研究带来很大的便利，愿其在以后的研究中大放光彩。

（3）相对法。

相对法在科学研究中很受欢迎。下面我们以一个机械运动的题目解释相对法的使用。题目如下：在十米高的地方挂一个一米长的竹竿，让其自由下降的同时，垂直往上以20米/秒的速度扔一个小球，求球与栏杆相遇的时间。

一般的，对两个物体建立方程，然后计算其相遇时间，再计算其离开的时间，最后得到球与竿从相遇到离开的时间长度。这个方法其实很麻烦，且容易出错。但采用相对法，分析它们的相对运动，即将其中一个作为参照物，看另一个的运动，我们立刻发现，两者的相对运动其实是一个匀速直线运动——假定竹竿不动，则小球相对于竹竿的匀速直线运动的初速度是20米/秒，故两者在一起的时间为1/20＝0.05秒。显然，相对发展研究变得异常简单。

实际上，这种相对法在科学研究中经常使用。比较法，无论是在空间维度上的横向比较，还是在时间维度上的纵向比较，都被大量的使用，而这种比较法在形成结论时的意义更大。

单从空间上来说，将任何一个研究对象置于同类对象之中，形成一个样本集。从统计的角度找到发展的特征与规律，这种以统计学、计量经济学为主的分析在经济学中更加普遍。像《佃农理论》《乡土中国》等都是在此意义上得到的结论，像微观经济学中的基础结果也都是在这种思维的指导下完成的。单从时间维度上看，任何一个对象的状态变化更像一个时间序列过程。不管这个过程是确定的还是随机的，它都描述了事物发展演化的过程。在真正的分析中，科学家宁愿将两种维度结合起来，使得所构造的随机系统模型能够更加准确地描述事物的特征，使之能够体现出某一对象与其他的差异性，又能看到在历史中的演化性，这样更能体现结论的科学意义。

比如，生产制造的方式中，有一种叫大规模定制，这种生产方式将批量化生产与定制化生产融为一体，在降低成本的前提下，增加了个性化水平。这种生产方式最关键的地方在于尽量推迟客户订单分离点。所谓客户订单分离点，是指企业生产活动中由基于预测的库存生产转向响应客户需求的定制生产的转换点。该点往客户定制化生产的方向推动，可以降低成本。对于同一个企业来讲，个性化定制意味着产品的品种乃至产品簇的种类随时间变化而随机动态变化，体现了其易变性的特点。而批量化生产则意味着规律得到重视，也就是说，总有一部分满足一个恰当的统计规律，体现其稳定性的特点。

进一步分析，我们可知，适当大规模定制的产品或产品簇，总可以根据其 BOM，将零部件分成通用件与定制件两种类型。通用件指的是某簇产品大部分都会用到的零部件，而定制件则是表明个性化需求的那部分零部件。对于稳定性变化的通用件，我们可以采用统计分析或随机过程的分析方法进行需求量的预测，将这部分需求提前生产出来，作为预备组装的空间缓冲区。但对于定制件的零部件来说，它们随着个性化的发展不断变化，具有很大的灵活性。为了分析其变化的特征，并在局部上对若干种需求较大的定制件提前生产，以缓冲顾客对于产品需求的时间效应。为做到这一点，我们将各个产品的零部件之间的关系做成一个图，图的节点指的是各个零部件，而连接表示其组合关系，也描述了它们之间的数量需求。可以知道，随着时间的推移，定制件不断变化，而通用件则保持基本稳定。可以知道，这个图是一个随机过程。故此，可以将其抽象成一个加权复杂网络，结合通用件的需求以及网络的演化规律，可以对定制件的演化做一个基本的分析，从而尽可能地推迟客户订单分离点，改进大规模生产的效率。

在上述例子中，相对法得到了充分的使用，尤其是大规模定制的复杂网络演化过程中的网络变化规律的寻找，更是体现了这一特征。进一步而言，这个例子不仅将各种产品系列所形成的产品簇进行横向比较，还在时间维度上构建其演化规律——幂律分布，通过两种相对将那种相对体现出来。在空间维度上，我们取其均值作为参考体系，描述整体通用件的变化情况；在时间维度上，我们可以设若干个固定的周期作为参考体系，按状态转移方程就可以描述定制件的演化；从而对其进行预测，以最大限度地推迟客户订单分离点。更进一步的，对产品的复杂网络进行分析，我们可以观测到，这个图总存在着一些相对不变的点与连接，它们描述的产品簇的通用件及其关系，而总有一些点在随时间不断变化。我们知道它们刻画了定制件的演化。按照复杂网络的理论，不难知道，网络中比较稳定的点集合，我们称之为“核”，而总在变化的点集合，我们称之为“外围”。核与外围体现了这种大规模定制的稳定性与易变形，是相对的表现之一。随着时间的推移，总有一部分外围点对应的定制件演化成了通用件——是市场演变与生产水平提高的共同结果，同时也有一部分通用件被替代或被删除——比如产品集成技术的发展，这种相对性也体现了这一生产方式的本质。

相对法的应用及其广泛，也给我们的研究带来了很大的方便。但从思维上讲，其更大的应用在于类比：对于一个复杂的研究对象，我们可以将其比作一个具有大致相似的其他领域的例子，并采用所比喻的研究方法，取得研究对象的突破。在科学研究中，这种方法被普遍运用。比如，对于非线性随机，多目标优化问题的解法，经典的算法对此束手无策。后来全局搜索算法，如遗传算法、蚁群算法都是借用了生物学中的理论知识，最后得到了更容易计算、更加准确的解法。另外，在经典的分析中，我们一般对结构性的变量进行分析，对于非结构、半结构化变量的解析计算，只可远观，不可亵玩。但后来随着深度学习理论的发展，通过深度神经网络模型，便将以前的梦想实现。虽然这种方法来自于脑神经学科，但在管理科学、信息科学与统计学中得到应用；虽然还有一些本质的问题，如算法的稳定性、收敛性以及局部最优解与全局最优解的等价条件等方面的研究尚未有科学的结论。但其应用却在如火如荼地进行，在很大程度上推动了经济与管理的研究发展。在此，我们再强调一下，如果他们的基础研究得到突破，这种算法的科学应用将得到广阔的发展。

除了算法以外，相对法最大的应用在于寻找经济与管理研究对象与数学、物理、计算机、生物、化学等相关理论之间的相似性，在通过类比的方法，将经济与管理研究用其他学科进行分析，从而采用这种抽象技术对原本难以解决的问题提供可行的求解思路。这方面的内容在前面有比较充分的研究，在此不再浪费笔墨，有兴趣的读者可以参考《科学问题的抽象》《思想：深邃与肤浅的分水岭》《科学思维：决定成败的关键》《研究方法：思路决定出路，细节决定成败》《研究过程：山重水复疑无路，柳暗花明又一村》《科学问题：想说爱你不容易》《科学思想：根植于内心的修养，只可欣赏，不可模仿》等章节。

（4）发散法。

发散性思维，指的是从某一点入手，找其他相关的地方，并将这些相关推广出去，从而得到更多的知识。此处，我们举一个例子给予说明：在《两小儿辩日》中，孔子碰到两个小孩儿，争论早上太阳离我们近，还是晚上离我们近，并各执一词。双方争论不下，找孔子判定谁对谁错。显然该理论超出了孔子认知的范畴，两小儿便嘲笑孔子不过如此。数千年来，我们仍然在这种嘲笑中度过了岁月年华。但如果有人认真去研究这个问题，从该问题入手，将会发现光学、天体学、化学等多门学科的规律。可惜的是，我们只是嘲笑圣人之不懂，而对此却束手无策。我们不禁想起杜牧在《阿房宫赋》中叹息的那样："灭六国者六国也，非秦也；族秦者秦也，非天下也。……秦人不暇自哀，而后人哀之；后人哀之而不鉴之，亦使后人而复哀后人也。"因此，我们应该去想，去做，而并非原地不动。

从一个小点入手，我们可以将其结论、思想、观点外推到若干领域，这种发散性思维在科学中获得的成就非常大，很多科学家都是由一个点入手，由点到线、由线到面而展开论述的。这方面的例子不胜枚举，在此不做深入讨论与例证。下面我带领大家试着分析一个问题（在这里，我们不做更深的探讨，仅仅提出系列的问题供读者思考）。

首先，分析技术创新的各个因素。我们容易知道，技术创新受到人力、物力、财力、信息等的影响，也会受到体制的影响。进一步而言，前半部分拟打破的是技术锁定，而后半部分拟打破的是制度锁定。然后分析技术锁定的成因，便可得到，当新技术产生之后，技术拥有方对技术垄断所获利润的依赖，这种依赖加深了他们的利益保护，从而形成了制度锁定。故此，我们的问题便成为技术锁定——制度锁定的解锁过程。

让我们退回到技术创新的影响因素中，分别从人、财、物、信息、知识、制度等多方面入手进行分析，希望找到其本质原因，便可以从技术创新的各个阶段中发现这些因素到底如何处理才可以进行创新。进一步而言，在自由竞争阶段如何，在多寡头垄断阶段如何，在寡头垄断阶段又将如何。

进一步分析这些因素与技术创新之间的关系，即真正从本质上影响技术创新失败的原因是什么，便可以知道这些因素为何在其他领域中可以创新成功，但在它所在的领域中不能成功的原因在于文化上的不平等，这种不平等的消除便可以从本质上解决创新。

让我们退回到制度锁定这件事上，我们也可以知道制度锁定背后的文化锁定因素。那对于这种文化锁定该如何进行解锁？它和相对独立的经济与管理理论中的“最大熵原理”之间是否存在一定的相似性？这个问题和系统创新与信息熵的变化之间是否存在着一系列的相关？由于我们根据创新性与系统熵之间的关系，分析如何降低管理系统中熵的方法来为创新提供必要的条件。

接着，我们还可以再退到技术与制度之间的关系，以及在其中公平的作用等，由于篇幅有限，我们不再引导读者进行扩散。通过这种发散思维，可以将某个问题的各个相关方都考虑进去，从而得到不错的结果。

(5) 分析综合法。

近年来，分析综合法受到越来越多人的重视，这种方法对于分析特别复杂的问题很有效。下面我们将对这一方法做简单的陈述。

由于经济与管理问题的难度，一般情况下是将其按结构功能细分成若干个子系统，然后对于每一个子系统又采用同样的分解方法进行分解，直到真正的决策单元。值得注意的是，我曾经在前面提到过，在经济与管理中有决策能力的单元一般是人，而非一个部门、一个企业、一个地区或一个国家。这样，我们就可以得到一个多层次多子系统的复杂系统。这个系统的复杂性不仅体现在结构的复杂上，而且还在于不同单元的相互作用，将在上一层次的系统中表现出一种从性质、功能完全不同于个体的行为，在复杂性科学中，我们称之为“涌现”。鉴于系统中有人的存在以及人在系统中起决定性的作用，我们对于非理性行为，无论是个体的非理性行为，还是群体的非理性行为都很难分析。综上，对于经济与管理这个复杂的系统，采用经典的思维、方法都很难得到深刻、准确的结论。

对于还原论失效的这类问题的研究，科学家的做法是采用自下而上的建模方式，即先对每个个体的行为进行建模，然后再确定个体的相互作用方式，按照“涌现”理论确定出它们对应的上一层次子系统的行为，以此类推，最终找到研究目标的属性。

这种方法听起来很不错，并且这种思维在较少的层次（比如2层）中做出了巨大的成果。但随着系统结构的复杂化，它的局限性便得到了体现。问题出在了哪里呢？主要是因为我们对系统的识别不清，对不同层次的子系统行为的刻画不准，以及同一层次各子系统相互作用识别不清。因此，应先用自上而下的方法，对系统结构与功能进行分析，将其在一定的规划下将子系统分解成合理的结构，并将每一个层次的子系统的特征用一个适当的变量进行刻画，从而将微观与宏观进行统一。再按照自上而下的方法对这个问题进行研究，即可得到一个结论。

个体行为与群体行为的描述是不一样的。同理，下一层子系统与上一层行为描述的变量也不一样。以最简单的消费行为为例，对于同一个商品，就个体而言，其顾客行为有“买”与“不买”两种。行为的描述为购买数量。他们做这个决策的时候，所考虑的因素为：质量、价格、广告还有朋友对商品的认可度。这两种行为通过人与人的相互作用逐渐在系统中蔓延，最后给系统中涌现出对应的系统行为，买与不买。此刻我们用购买多少数量来描述消费行为就无法描述广告或营销策略的效果——万一有个别人偶然性购买的多？但如果用买与不买人们的比例，就可以形象地描述群体的行为。故此，如果先用分析的方法，确定好不同层次子系统行为的描述方式以及各个子系统（包括个体）的相互作用方式，就可以用实际中收集的数据与模型分析的数据进行比较，从而判断模型是否需要调整。在模型准确的前提下就可以对实际问题进行分析了。

由于问题的复杂性，我们可以运用粗粒化技术，即将下一级的子系统抽象成一个Agent，然后再构造它们的行为，按自下而上的建模方法以及涌现的实现手段，确定出对应的模型——可能是计算机上的，也可能是数学上的，也可能是生物、生态学上的，但总可以描述对应的非函数映射关系。如果不采用这种技术，由于有些层次太多，会导致分析设备“死机”现象。

将每个部分进行集成，这是综合；将系统进行拆解，属于分析。分析也好，综合也罢，都属于还原论的思想，但对于经济与管理如此复杂的系统来说，单纯的分析与综合都无法获得它的性质。唯有将其结合，超越还原论，才可以得到比较准确的结论。

5.4 经济与管理科学研究的思维及萃取

——此情无计可消除，才下眉头，却上心头

前文一直在讲一个理论，科学研究中，最重要的是思想，其次是思维。思维对于科研工作者来讲，至关重要。对于经济与管理的科学探索来说，思维尤为重要——因为经济与管理问题远难于自然科学的分析难度——如果没有好的思维，很难得到较好的结果。

那么，什么是好的思维。能够抓住问题的本质，迅速破解关键，找到答案，就是一种好的思维。这个说起来容易，做起来其实很难。前面的篇幅中我们曾经谈论经济与管理中的思维方法和思维过程，虽有涉猎但未曾细谈。这里，我们将全力讲解如何在一个问题中找到本质，并找到破解关键。

其实，我还是习惯用系统思维的方法思考一些经济学、管理学问题。因为系统方法的抽象能力极强，能将问题不重要之处删掉，并保留最核心的部分——这种不断简化的方法最有利于本质的寻找。

系统分析的方法，首先最重要的就是系统边界的确认。通过边界，就知道系统与环境均包括什么？这个问题其实很难，尤其是对于经济与管理这种复杂性远胜于自然现象的研究来说更是如此。

比如说，我们要研究生鲜供应链的出清，首先应清楚供应链中的成员都有谁。一般的讲，我们会认为农民肯定参与其中，合作社也是代表农民的利益与其他方进行交易，那么，超市算作它的下游企业，消费者属于终端，表示了需求的变化。在这个过程中，第三方物流企业也是参与其中的，银行系统也参与，税收、工商部门也参与，农投品公司也参与，那么到底谁应该属于系统的个体，谁不是呢？其实答案取决于我们的研究目的。生鲜产品在质量与数量方面都随时间不断衰减，并且会造成巨大的相互影响作用。故此，工商、银行、税收部门的作用可忽略不计。但农民算不算呢？我们认为农民与合作社之间的关系比较复杂：有些农民参加了合作社，有的没有参加合作社。那么，研究对象则显得重要。如果我们只研究合作社的行为，农民就是其环境，如果仅仅研究农民个体的行为，合作社算是环境；如果既包括合作社，又包括农民，则二者均属于系统中的个体。农投品公司的行为对生鲜品的出清关系不大，可给予忽略，反之当成环境来处理。

其次，对于关系的确定也是非常重要的。在一般的经济与管理问题中，个体之间的关系非常复杂。这会让很多学者感到迷茫，尤其对于“斩不断，理还乱”的关系，梳理起来感到很无助。我们给出的方法就是抓主要矛盾，放弃次要矛盾。具体地讲，可以通过专家综合集成研讨厅的方法，找到各种关系，然后对这些关系进行评估，并对其估计值进行排序，并按 ABC 分类法找到关键的关系。这就相当于我们抓住了主要的关系。如果系统中只有一个个体，其关系相对来说比较容易处理，但如果超过一个个体，他们之间存在着相互作用，这种相互作用使得问题的复杂性加大，而往往当系统中存在足够多的个体时，关系更加复杂。

在这其中，有相互作用关系的毕竟是部分个体，而更多的，则无相互作用关系。故此，在足够多个体相互作用时，将会面临下列问题：与谁相互作用并不确定，随时间变化而复杂；是合作博弈还是非合作博弈不确定，这就使得问题变得异常复杂。但这种情况下要看系统中哪种博弈处于主要矛盾，哪类人的相互作用可以决定系统的性质，然后就可以抓住主要的关系了。

再进一步的，我们将这种关系定位为模型，这个模型可能是函数，也可能是映射，但总的描述了系统转换能力。这些模型种类繁多，需在特定的条件下找到合适的模型。这一部分是思维的核心所在，在后面我们将花笔墨重点阐述。

我们最关注的是输入与输出。一般的，输出表示了系统的特征，我们在数学上通常用特征向量来表示，在经济与管理上我们一般称之为指标。无论叫什么，它必须具备几个性质：（1）科学性原则。即能够在基本概念和逻辑结构上严谨、合理，抓住事物的本质，并有针对性；同时，这些变量必须客观描述事物，抓住最重要的、最本质的和最有代表性的东西。对客观事物的抽象越清楚、越简练、越名副其实，科学性越强。(2) 系统性原则。指标之间既有横向上的联系，又有纵向上的联系，形成一定的层次关系，在同一层次中，各个指标界限分明，避免相互有内在的联系。不同层次之间又有很强的因果关系。(3) 可测性原则。这个原则极其重要，很多科学家设计的指标不可测，最后导致研究不可信。比如，有的人就将政治风险、社会风险作为输出的变量，显然这不正确，其主要原因就是不可测。(4) 独立性原则。同一层次上的所有变量必须满足独立同分布的性质，这样才具有科学性与系统性。我在前面也不止一次地提到加变量会导致错误的观点，因为加入变量会产生输出变量的多重共线性，完全违背了独立同分布的原则。显然，独立同分布是非常重要的。为了解决这个问题，我们暂停一下，重点讨论一下独立同分布的重要性。其实，也就是想说明一件事情——经典的权威性。这是机器学习的要求：如果 X1 与 X2 独立，则 X1 的取值不影响 X2 的取值，反之亦然。如果 X1 与 X2 服从同一个分布，说明 X1 与 X2 具有相同的分布形状与相同的分布参数，有利于分析。在机器学习中，一般利用当前获取的信息（或数据）进行训练学习，用以对未来的预测模拟。所以都是建立在历史之上，采用模型去拟合未来的数据。然而我们需要使用的历史数据具有总体的代表性。为什么要有总体代表性呢？我们要从已有的数据（经验）中总结规律，对未知数据做决策。如果获取训练数据不具有总体代表性，就是特例的情况，那规律就会总结不好或者是错误的。因为这些规律是由个例推算的，不具有推广的效果。但如果变量的数据是具有独立同分布的特征，则会减少训练样本中特例的情况。同时，不独立对于我们的分析会带来更大的麻烦，让我们回到输出的设计中。(5) 方向性原则，根据我们的研究目标，设计合适的指标体系对于输入来说也是同理。

刚才我们提到，目前最容易犯的错误就是违背了上述的原则。而独立性质则属于最关键的原则之一。对于指标之间有的，应给予降维处理。而降维的方法在书中有专门的说明，此处不予赘述。

接下来我们专门分析系统的影响因素。前面说过，输出可以称之为特征向量——主要描述事物状态与性质的一组变量——在必要的条件下，我们可以将其拟合成一个变量。但其影响因素则很重要，而往往的，很多人在此处会犯下一些错误。为了避免此类错误，我们在此给予比较详细的说明。

第一，环境绝对是系统的一个影响因素。但到底什么是环境，需认真分析。在一般的理论中，我们都会假设环境是一个噪声，而这个噪声在经典的研究中都假设为一个白噪声。但是我们从来不去测，就这么假定这一假定的基本原理是黑箱原理。如果不存在环境的干扰，那么最后的输出将与预设的目标完全吻合，那由于环境的扰动，就偏离了预设目标。这种偏差是由于系统存在的不确定环境造成的，故此这个偏差就可设定是环境的影响。其实这里面有很大的误区，测定结果与预设的偏差不仅取决于环境，还取决于对象的相互作用，以及其他因素。故一味的强调噪声就是环境的影响，有失科学性，也是对系统认识不清的主要结果。

第二，输入也是系统的一个关键影响因素。同样的组织，在不同的情况下会得到完全不同的结果，这一点是毋庸置疑的。比如说两个能力一样的企业，一个给了足够的开发资金，一个没有钱去经营，最后的差距也是很大的。即使给了同样多的资本，输入的结构不同，最后绩效差距也很大。而根据以前的理解，在管理领域输入一般指的是“人、财、物、信息、知识、管理”等的不同的组合。当组合不同时，尽管总量一样，但企业发展的力与过程会存在很强的差异性，这其实也是垄断企业产生的原因，也是贫富分化的原因。

第三，管理系统中的转换。在经济与管理中称之为策略。一般的讲，策略指的是动态的调动资源、配置资源的情况。前面讲过资源指的是“人、财、物、信息、技术、文化、知识、管理（可理解为制度关系等的使用）”。如在输入中所说，不同的配置会给企业带来不同的效应。值得注意的是，输入的资源表示拥有量，而策略则表示使用量。从这个意义上讲，有不等于用。比如，目前在全国高校中兴起一股抢人大战，很多排名比较靠后的学校高薪聘请了一些人才，去作为人力资源的充实。然而这些人才去了之后并不一定达到预期的效果，同时同样是抢夺人才，不同的学校的效果存在着很大的差异性。其实就是对人才的使用不同。虽然拥有这种资源，但管理体系不匹配，文化氛围不同，是否真正做到了人尽其才，是人才能否留下的重要因素，而让人才有使命感的要求更高。可见，无形的资源在有的时候远胜于有形的资源。

前面三点属于经济与管理组织的影响因素，但对于哪一个才是关键可控因素，需要认真分析，方可得到结构。在这个系统辨识的过程中，会有很多相应的方法来使用。而较为有效的是定性定量结合的方法，其思维来自于“大胆假设、小心论证”这一逻辑上。

对上面的因素，一般的做法是尽可能找到所有的因素，然后将不同领域的相关专家找齐，在一起讨论哪些是关键因素，哪些不是。然后再根据经验判断哪些可控，哪些不可控。从而确定出大致的关键可控因素。然后再讨论剩余的因素中哪些是重要因素，哪些是可忽略的因素。在此基础上，用所收集的数据采用系统辨识的方法，对所选择的变量进行筛选，其过程如下。

（1）先对关键因素进行分析，注意，这里是关键因素，包括不可控因素。选择输出中的变量，对关键可控因素进行分析，判断出基本的情形——基本的关系。

（2）逐一加入重要因素，比较加入变量前后结果的差异性。如果一个变量加入前后，得到的结果差异性不大，这个变量就可以删掉，否则就保留，直到将所有的影响因素都找到。这个过程中环境也是很关键的，是需重点考虑的一个因素。

当所有的输入—输出、扰动、环境、转换分析之后，我们必须判断所研究的问题是什么样的问题，是什么样的科学问题，如何用模型来描述，以及如何求解。这是整个经济与管理思维的灵魂所在，一旦抓的很准，很多疑难问题将得到解决，并可以得到比较深刻的结论；否则，我们很难保证可以找到正确的答案。这个过程很难说清楚，因为每个人都有自己的思维、思路，我们在此仅仅做一下简单的说明。

首先我们应该对自己所研究的问题有很深的了解，能从系统的角度上知道它的结构与功能。其实做到这一点并不是很简单。比如说，之前碰到一个评价问题，其实这个例子在文章中已有提及，这个学者必须清楚的是，对此评价的最终目的是什么。知道目标，就可以选择合适的思维。如果评价一项制度，则仅仅用当前的度量是不行的，因为制度的后效性表明一定要用未来一段时间之后的数据来描述当前制度的好坏。如果评价一项成果（科研成果），也需要用未来的数据来描述——因为自然科学成果需 50 年来检验其真伪，而社会科学的成果也需 20 年检验其有效性。但如果评价一个工程师的工作效率，则可直接用当前的数据来表示。再举个例子，有人研究满意度，一般的做法是调查其满意度水平，然后进行分析。然而，因为每个人对满意的定义不同，且这种满意在接受服务前后的差别很大，故此这个满意度很难测量，具有完全测不准的性质。但如果了解事物的特征，分成两步做，先在此之前让他们写出对服务的预期，然后再在接受服务之后，写上自己的感受，感受之后与预期之间的差距，就是他们满意度。如果这个差大于0，说明满意，否则就说明不满意，这个差值越大，满意度越大。

上面的分析说明了一个问题，在洞悉事物本质的条件下，运用适当的视角，然后选择适当的变量，就可以表示出我们所研究的问题。切记，对问题的洞悉程度（我们称之为洞见）起至关重要的作用。同时，能运用系统科学的分析方法，采用一些思维上的技巧，就可以迅速抓住问题的本质与要害。

在这个基础上，我们抓住了问题的要害，顺便也找到了更加科学的变量来刻画系统。但更重要的是，我们要选择一个更好的模型来刻画这个问题。

如果有多个模型，到底选用什么样的模型，其实更加重要。这个需要对模型有一定的了解，如果不了解，就有为了模型而模型的嫌疑。经济与管理的模型，我们在文章中大致都介绍过，具体参见对应的部分内容。

其实，模型研究是在一种思想下对某种事物的符号化、语言化的抽象，只要掌握了其背后所掩藏的本质，我们也可以自己构建对应的模型。比如说，统计学模型，尤其是回归模型，可以不断的尝试，从中寻找出能够更好地解释事物的模型来。但对于初学者来说，我们还应该借鉴经典的模型。

另外，需注意的是，模型是一种思想的体现、辐射；而对于研究问题来说，它也折射出一种深层次的哲理与内在的本质。当且仅当二者完全一致时，我们才可以说，我们的模型是准确的、深刻的。从这个意义上来讲，无论是自建模型还是借用经典模型，或者是从别的学科借鉴一些可用的模型，都需要二者的匹配性。可惜目前在学术界，人们并不能深刻了解这一点，也不愿意弄清研究问题的本质以及模型的本质，仅仅是套用而已。进一步而言，如果基础科学发展不够，没有足够多的理论基础，确实很难发现更多深刻的模型，更不能找到具有普适性的模型。如果这样，经济与管理中可以应用的模型就屈指可数，最终将影响其发展。值得注意的是，我们在此处所说的模型属于真正的模型，而不是用一些所谓的名词造出来的“新名词”。前段时间曾见过一个大项目的申请，其核心问题是研究物流网络，为了描述这个问题，他用了一个所谓的“超生态网络”模型。整个申请材料中，我们不知道这个“超生态网络”模型是什么样子，但一旦加上“超”字就显得非常高档。后来我问了生态学的专家，他们也不知道这个模型是什么东西。并且，这种造词已经形成一种风气，这种风气在国际学界中蔓延，严重地阻碍了科学的健康成长。

如果说系统的特征向量是一个，我们可以用一个函数来表达，如果特征向量的数量大于1，则属于映射，这种映射很难用函数方程表示，只能用映射的方法来研究。对于这种问题，就可以进行选择。由于在前面说这种特征向量服从独立同分布的性质，故可一个又一个的分析，然后再进行综合。

但是，如果系统的结构异常复杂，我们没有能力找到这种独立同分布的变量，却找到一大堆具有因果关系和相关关系的变量。他们之间形成一个非常复杂的网络，就需要用系统学的思维解决这些问题了。系统动力学模型就是一个不错的选择，如城市模型，这个非常复杂的模型用系统动力学就可以轻而易举得到答案。

在前面我们一直在讨论一个问题，系统受到环境的影响，那么系统的性质与状态对环境有影响吗？答案是肯定的——毕竟经济与管理系统具有开放性，与环境存在着资源的交换。那么，这种情况满足复杂自适应系统的条件，可以用复杂自适应系统的相关模型，此刻，Multi - Agent 建模则会给予足够的支撑。

上面说过，一个好的模型能够准确描述一个事物，但如何能证明是准确的，仍需实践证明，毕竟实践是检验真理的唯一标准。这时就需要用实践中的数据来验证。当用实践中的数据证明了模型是正确的、准确的，才可以说是准确的。一旦这个模型被证明是正确的，就可以用这个模型分析实际的事情。

一旦采用模型分析特定条件下经济与管理的事件，会得到两种结果：必然性结果与偶然性结果。从必然性的结果中，我们可以发现最优的解决方案，一般人对偶然性的结果就直接放弃，但这是一种错误的做法。我们知道，大多数的重大发现，来自于偶然的结果，而非必然的结果。出现偶然的结果不可怕，可怕的是我们不关心这种偶然结果的原因，追踪这个原因，是系统性的原因导致还是偶然性环境扰动的原因所致。如果是系统性功能、结构与性质的原因所致，我们必然能从这其中找到非常重要的发现。在供应链管理中，经典的理论告诉我们，信息共享会给供应链及整个节点企业带来巨大的利益。我们建立了一个供应链系统共享的模型，设计不同的情境，让这些情况逐渐变化，然后发现出现了一个偶然的、与经验完全相悖的结果。在一系列特定的条件下，共享某种信息不但损失了供应链的整体利益，而且对所有的企业都不利，但当时这个结果差点被科学家放弃。最后，经过多次的推论，才证明所得的发现，是一个重大的发现。

可见，在这个过程中，批判性思维是一把利刃。我在这里说的是批判，而不是批评。所谓的批判，就是在对整个研究对象了解的基础上，自己所研究的成果与已有的、经典的结果有所出入，此时，并不完全盲从经典，而是不断的研究，看这种反经典的结论是否有重现性，再根据重现性来判断所发现是否准确。进一步来说，我们更加关注所出现的奇异结果的条件，这个条件才是科学研究的重大发现之一，它的价值远远超过了奇异发现，两者的匹配是科学研究的主要任务之一。这部分的内容，在本书中也有阐述，此处不再赘述。

下面，我们用系统分析的方法继续阐述分析思维的科学性。然而，经济与管理的科学家却很少采用这种思维。即，当受到外部环境扰动时，管理与经济系统的状态和性质会发生何种变化。而在经济与管理系统中，外部的扰动也是经常性的，比如财政、税务方面的变化对经济、货币、金融系统的冲击，新技术对于经济的影响，管理系统也经常面临此类扰动，比如技术。如绿色标准的改进，对于供应链的出清与协调策略有一定的影响。再比如，反垄断政策的实施，对企业管理与经营策略的影响也很大。在控制论中，这个倒是可以解决，故而可以借鉴控制论的方法，分析不同的扰动下最优策略的变化情况。

本节中，我们用系统法分析了经济与管理问题的分析思维，从输入、输出、关系、环境、转换等方面入手，也说明了系统法分析的关键点，说清楚了模型的重要性。但是，如何求解模型似乎也非常重要，因为，如果不能求解所建的模型，这个模型便变得虚无缥缈起来。在后续的章节中，我们便花一点笔墨说清这个求解方法。

（1）直接求解其实也是一种方法，不过，并不是所有的模型都有解，有的是无解的。这种方法我们不推荐，那么就剩间接的方法了。（2）在间接求解法中，比较常用的方法就是借助计算机模型，对所研究的结果进行仿真。对于非结构化的问题，这种方法的价值很大。(3) 另一种方法就是，将高维转化为低维，将随机问题降为确定问题。这种转换其实更容易得到准确而又深刻的结论。尽管会少一些细节，但总体上会更加准确地把握解本质。

计算机仿真对于数学模型中难以求解的问题可以确定出其数值解，比如，我们给经济与管理系统构建的模型为 PDE，这其实很好地刻画了经济与管理系统的特征。但我们知道，很多 PDE 是无法求解其解析解，但数值解则稍微轻松一些，用计算机进行分析显然比人工准确且快捷。

除此之外，当系统中存在非结构性变量时，比如图片、视频、音频，经典的方法肯定对此束手无策，但深度神经网络则可以解决这一问题，故此，计算机仿真的作用还是很强的。

对于降维、降随机，我们在本书中也有较深较细的分析，此处不再细说，仅给出大致的思路。当维度过高时，我们可以根据降维的方法，比如投影到低维度上进行分析，就是一个不错的选择。对于随机性很强的文章，我们可以将其转换成确定性的，如在本书中讲到的 $f(x)=O(g(x))$ 以及 $f(x)=o(g(x))$ 都是将随机问题转化为确定性问题的有效方法，有兴趣的读者可查一下对应的内容。

还有一种将随机转换成确定性问题的方法，我们称之为随机平均定理。这个定理是将随机矩阵转换成确定矩阵的一种有效方法。对应的问题如下：系统中的变量随机波动，最终会导致系统的参数随时间而随机波动。这与经典的确定参数系统是两个对应的问题。但在随机平均定理的作用下，我们在一系列约束条件下，可以找到几个有限数量的确定性矩阵代替随机矩阵，而不失准确性与一般性，这就降低了随机性，从而简化了问题。随机平均定理如下：

根据随机矩阵的随机平均定理，可以将随机矩阵序列，在一定条件下，转换成确定的矩阵序列。

下面引入这一定理：

(1) 设 $p\geqslant 1, F\overset{\Delta}{=}\{F_i\}$，记

$$M_p=\{F:\sup_i\|S_i^{(T)}\|_p=o(T),\text{as } T\to\infty\},$$

其中，$S_i^{(T)}\overset{\Delta}{=}\sum_{j=iT}^{(i+1)T-1}(F_j-E[F_j])$；

(2) 对任何 $d \times d$ 维随机矩阵序列 $F = \{F_k\}$ 及任何实数 $p \geq 1, \mu^* \in (0, 1)$，$L_{p-}$ 指数稳定族 $S_p(\mu^*)$ 由下式定义：

$$S_p(\mu^*) = \left\{ F: \left\| \sum_{j=i+1}^{k} (I - \mu F_j) \right\| \leq M(1-\mu\alpha)^{k-i}, \forall \mu \in (0, \mu^*], \forall k \geq i \geq 0, \right.$$

$$\left. \text{其中，} M>0 \text{ 和 } \alpha \in (0, 1) \text{ 是常数} \right\}$$

(3) 类似的，平均指数的稳定族 $S(\mu^*)$ 由下式定义：

$$S(\mu^*) = \left\{ F: \left\| \prod_{j=i+1}^{k} (I - \mu F_j) \right\| \leq M(1-\mu\alpha)^{k-i}, \forall \mu \in (0, \mu^*], \forall k \geq i \geq 0, \right.$$

$$\left. \text{其中，} M>0 \text{ 和 } \alpha \in (0, 1) \text{ 是常数} \right\}$$

为方便起见，进一步记 $\overline{S_p} \stackrel{\Delta}{=} \bigcup_{\mu^* \in (0,1)} S_p(\mu^*)$，$\bar{S} \stackrel{\Delta}{=} \bigcup_{\mu^* \in (0,1)} S(\mu^*)$

一般的，研究 $\bar{S}$ 要比 $\overline{S_p}$ 容易得多。下面的两个“随机平均定理”将说明 $\bar{S}$ 与 $\overline{S_p}$ 之间的关系。

引理 1 设随机矩阵序列 $\{F_k\} \in M_2$，则有

$$\{F_k\} \in \overline{S_2} \Rightarrow \{F_k\} \in \bar{S}$$

引理 2 设 $\{F_k\}$ 是随机矩阵序列，则

$$\{F_k\} \in \bar{S} \Rightarrow \{F_k\} \in \overline{S_p}, p \geq 1$$

的充分条件是

(1) 存在正常数 ε, M, K 使得对任何 $n \geq 1$ 都有

$$E\left[\exp\left(\varepsilon \sum_{i=1}^{n} \|F_{j_i}\|\right)\right] \leq M\exp(Kn)$$

其中，$0 \leq j_1 < j_2 < \cdots < j_n$ 是任意 n 个整数；

(2) 存在常数 $M > 0$ 及非降函说数 $g(T)$ 满足，$g(T) = o(T), T \to \infty$，使得对任何固定的 T 及小的 $\mu > 0$ 有

$$E\left[\exp\left(\mu \sum_{j=i+1}^{n} \|S_j^{(T)}\|\right)\right] \leq M\exp\{[\mu g(T) + o(\mu)](n-i)\}。$$

引理 1 与引理 2 说明在一定条件下，随机矩阵乘积的指数收敛性可以用相应的确定性矩阵乘积的收敛性保证。

通过随机平均定理，我们可以有效地将随机问题转化为确定性问题，从

而降低其分析的难度，使得其可解，这种思维可取性很强。

5.5 经济与管理科学研究中的 TRICK

5.5.1 更维

——条条大路通罗马

维度描述了我们认识事物的角度。从零维到高维，我们认识事物越来越全面，越来越深刻。从高维上看事物，更能反映事物的本质。故此，科学家在探索世界时，总希望自己升维，只有如此，才能将遇到的瓶颈打破，从而将一个又一个的猜想变成现实。

在科学研究的道路上，总有这样那样的难点。这些难点会阻碍我们发现规律。为了解决这些困难，我们需要一些技巧（trick），就可以将原先不可逾越的那道鸿沟填平。鉴于维度的价值，通过不同的维度变换，我们就可以做到这一点。在本篇文章中，我们采用更维的方法来解决碰到的各种难题。

所谓更维，是从不同的视角入手，对同一个难题尝试解决。其实，在经济与管理的研究中，我们经常会用这会用这个办法。以数学中的二维为例（图 5 -4）：

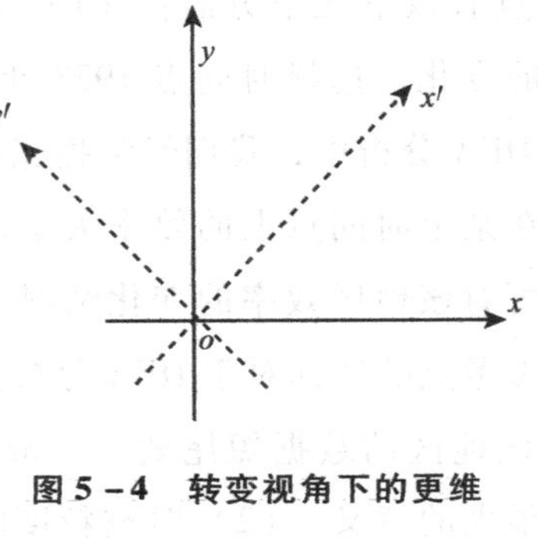

图 5 -4　转变视角下的更维

原始的二维坐标系为 xoy，在此坐标系中，我们对很多事物难以处理，则考虑 x′oy′的坐标，也许一下子就让问题变得简单了。再以另一个为例，将平面坐标改成极坐标，对于圆、椭圆等的研究具有很强的作用。

坐标的平移也是更维中的一种常见现象，通过改变参照物体系，便可以化繁为简，在数学中如图 5－5 所示：

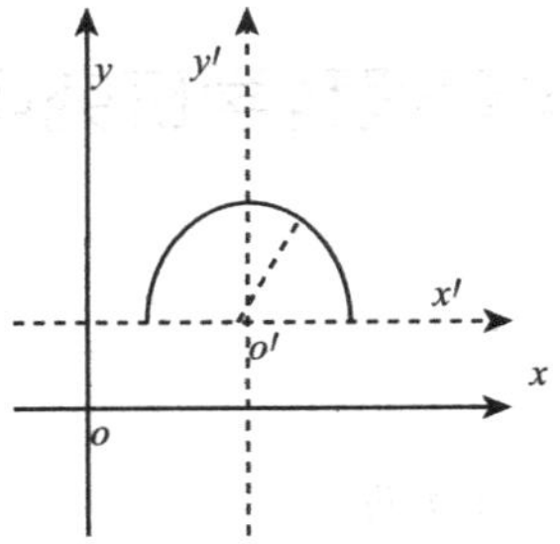

图 5－5　平移视角下的更维

便轻而易举地将 $y=-ax^2+bx+c$ 转换成 $y=-ax'^2$。经济与管理的研究，其基础理论对于研究的过程及所得的结果非常重要。它在管理学的指引下，充分利用各种其他基础学科的思想、思维、方法、工具等，揭示问题背后深刻的哲理。这种更维技术，也就是换一种思维，可能会将难题解决。经济与管理研究中的更维类似于数学中从笛卡尔坐标转换成极坐标，从水平垂直旋转到与水平夹角 45°，也像将坐标从一个地方平移到下一个地方。

首先，我们分析一下坐标的平移。坐标的平移，其实指的是参照物的重选，这一思想来自于相对的思维。经济与管理中的参照物选择的准确与否直接决定了分析的难易。这里所说的参照物包括时间、地点与对比对象。首先谈一下时空，时间与地点有以下几个方面：（1）参考的时间点与地点。比如，我们分析区域经济的变化，选择时间点 1978 年与时间点 2004 年，两者结果是完全不同的。在 DEA 分析中，我们经常提相对效率，指相对于某时间某地点来说，其他地区在某个时间点上的效率大小，并且通过这个效率与前沿曲线关系的判定，即可对该地区效率的变化情况进行比较深入的探讨。但大多数分析结论认为，参考点的选择对于 DEA 分析具有一定的敏感性，这主要取决于在该时间点上该地区的数据短尾效应。故此，选择恰当的时空点，对于结果的准确性具有很大的意义。（2）时空粒度的大小。其实在前面也曾经阐述过这个问题，不同粒度（尺度）的时空选择对于经济与管理的研究具有显著的价值。所谓时间的粒度，我们指的是在多长的时间范围内取得一个数据，一天与一年所取得的数据，所得的结果会存在一定的差别，分析的难度也不同，该问题对于空间粒度来说也是同理。所谓空间粒度，是指对多大范围内取数据，单个人与一个企业、一个国家所得到的数据价值不一样。时空的范围越大，我们说其粒度越大，反之我们认为粒度越小。一般来说，粒度越小，分析的难度越大，这时就需要“粗粒化技术”处理，采用“平均场”的思想，将粒度变粗。一旦在分析中，由于粒度太小导致分析太难时，我们就需要采用各种粗粒化技术，将其变成可分析的“新问题”。如重整化群这一技术在分析中就经常被使用。(3) 与时空相对应的，则属于对比对象的选择。参照物的选择，对于科学研究的过程来讲，可以做到意想不到的效果。比如在进行实证分析时，对于样本的选择，不同的抽样方法对于结果的准确性就有一定的。再比如在企业决策时，不同的目标可以有不同的策略，而不同的策略必将会取得不同的效果。

事实上，在经济研究的过程中，我们经常会碰到因为参照体系混乱而导致科研成果错误的现象。比如，很多经济学家简单粗暴地将公平与公正放在一个水平线上，力求公平与公正兼顾，实际上这两个词之间有严格意义的区别。曾经有一幅漫画说明了两者的不同，如图 5 –6 所示。

图 5 –6　公平与公正——不同的思维决定了不同的策略

从图 5 –6 可以看出公平的参照物，在于“因”，而公众的参照物在于“果”，两者的参照体系截然不同，不能混为一谈。在科学研究的过程中，这种将不同参照物放在同一体系下的例子不少，但如果能规避这个问题，将会取得很好的结果。

其实我们谈坐标的旋转，就是换一个角度看问题。一般的，在研究陷入绝境时，退一步也许就能将问题简化。在前一两篇文章中所提的比喻、类比都属于这一类。举例来说，在水电站效率优化的过程中，我们一般将所建立的目标函数设为电量最大或成本最小，但如果不将此作为目标，而是换一个思路，从排水的角度入手，就会取得更好的效果。在我们的研究中，转变思路对于陷入绝境的研究来说是一个很好的解决办法。然而，换思路最关键的是哲学问题或研究思维的问题，其前提是对科学研究的目标以及哲学思维有很准确的了解。坐标的旋转主要包括以下几个方面：（1）换一个角度分析问题，如前述分析，可以换目标、换约束，通过这些变换使得问题退化到可控的位置。（2）换模型，不妨假设之前我们考虑的是非合作多目标博弈问题，但目前的算法很难解决该问题，如果将问题转换为等价的合作多目标博弈问题，该问题则可拆成两个可分析的模型：以整体利益最大的多目标优化问题，以及一个以个体理性和集体理性相矛盾的利益分配问题。显然，这两个问题的分析难度远小于原问题。整个分析的关键之处在于构造那个等价的合作博弈模型，其等价条件的限定极为重要。（3）换变量。我们在经济与管理问题的分析中，往往有一种现象：用经典的模型分析目前的问题，发现经典理论失效。失效的本质是：当前的系统状态、功能与环境与经典所限定有所差异。进一步来说，经济与管理的系统是随机动态变化的，在不同的条件（发展阶段），系统的影响因素会不同，也许在起初有一些影响系统属性的关键变量会在某个时间上由于系统中多方势力的“势均力敌”而变得不重要。与此同时，以前的某些显得微不足道的变量会突然决定系统。再进一步讲，如果系统的演化到了其相变的临界点，比如当前我们中国的经济系统就具备这个性质，这种非平衡态下，经典的平衡态中所采用的变量肯定无效，需调整。如图 5－7 所示。

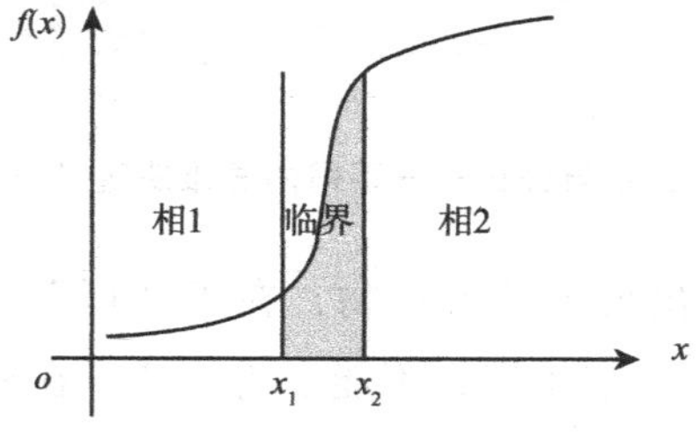

图 5－7　非平衡态与临界态

从图 5 – 7 可以看出，在相 A 这个平衡态中，可能会有很多经典的成果。在相 B 中亦是如此。但处在两种平衡态中间地段的临界态，其变量就需要调整。具体的方法如下：将相 A 与相 B 中所有变量进行考虑后，按照逐步回归的思想将变量删除，直到留下最能体现这个状态的变量为止。

最后让我们看坐标系的更换：这个问题其实很复杂，表明了思维视角的切换。主要是将这个问题转变成另一个问题。转换的思路有以下几种：（1）转换成其他学科的问题。比如在经典的经济学研究中，信息是由完美性与完全性，但实际上这是有问题的。每个人只能获得局部信息，且信息并不完美。为了解决这个问题，科学家引入“申农熵”的概念来描述信息。而这一内容则是从化学与物理中直接借鉴过来的。而“信息熵”这一概念的引入，是将经济学与复杂性科学结合起来的有效工具，将复杂系统的思维引入到了经济学中，从而把以前尚未发现的一些现象与规律都揭示出来。另外，我们知道，人与人之间的相互作用称之为博弈，博弈中各个主体所使用的的策略具有不确定性与随机性，且人与人的相互作用也具有随机性，故由相互作用而涌现出的群体的非理性行为就显得尤为复杂。为了解决这一难题，我们比较了该问题与非平衡统计物理中粒子运动特征之间的相似性，并将非平衡统计物理中的对应理论引入到其中，然后可以将经济系统中的每个人都抽象成一个又一个的粒子，将其行为抽象为粒子的运动方式，将其博弈抽象为粒子的碰撞形式及微观层面的动量守恒定律。这个意义下，对问题求解，显然就能在很大程度上简化分析的难度。这一部分，我们称之为用其他的学科看问题。（2）采用其他学科的方法分析问题。对于结构也属于非线性变化的问题——非结构化决策的问题，我们按常规的方法或采用还原性的思维方法无法对其进行分析，则需要实验等方法进行。在前面，我们有相对比较详细的分析，此处不再赘述。

无论是哪些更维技术，最关键的是对于问题定义的认知，这是至关重要的。因为当且仅当定义准确时，我们才能把握住问题的核心，才能找到类似的问题，才可找到更维的方向。这是更维的关键所在，所有的分析都是建立在此基础上。不仅要知道定义是什么，这个定义的内涵和外延都应把握很准。举例来说，我们研究我国经济体的效率，就必须先搞清楚效率的定义。科普中国对效率的定义是有用功率对驱动功率的比值。在经济与管理中，指的是在给定的投入和技术等条件下最有效地使用资源以满足设定的愿望和需要的评价方式。然后还可得到它的内涵，从中知道“条件”的重要性。考虑到时间也是一种资源——《时间简史》，便可知道，资源投入在时间上的分布、在空间上的分布、在功能上的分布的差异化都将导致效率的变换。与此同时，经济与管理的运营机制对其效率具有很强的影响。对于不同条件下的组织，不同的运行机制所形成的效率自然是不同的。最值得重视的是，环境对于效率的影响至关重要。比如我国在当前经济、社会、教育等环境下，同样的机制、同样的条件所产生的效率与2005年左右的完全不同。故此，知道这个原理的前提下，我们对具有个性化的组织进行分析，找出其影响因素与特征因素，从而才能分析效率，并能将这个问题进行更维，在时间、空间等维度下进行更换并得到可信的结论。如果只是对定义理解不透，仅限于表面，那么就无法准确地进行更维。

总之，当我们的研究陷入绝境时，不妨进行更维，换一个思路，换一个维度，这些问题将变得不那么难。

5.5.2 升维

——想要飞得更高，只有夯实扎实的基础

前面我们阐述了更维，通过更维即可对某些难题进行解决。但实际上我们还可以用升维来解决这些难题。

什么是升维，用知识的比喻即可了解。用圆来描述知识，我们掌握的知识属于圆内的点的集合，未知的知识属于圆外的点集，而圆上的知识则属于知道自身未知的知识。圆的半径相当于探索世界的过程，我们所说的维度，升维无非是学习的一个过程。通过升维，可以将圆外未知的知识转化为圆内的可以熟练运用的知识，以前的难题也将会迎刃而解。

当然，升维并不是如此简单，还包括更多更深刻的内涵，比如学科之间的升维、思维中的升维等。所有的升维其实都有一个普遍的特征，需要有丰富深厚的理论基础作为支撑，如果基础不扎实，则很难大幅度地提高自己的维度，对于难题的分析能力则自然要弱了一些。

由于基础薄弱，导致面对新问题时，科学家总是无法在质上进行突破。

比如，我们在经济学的研究中，对于计量经济学的偏执很重，并且有将计量经济学当成实证的趋势——其实在实证那篇文章中，我们也讲过这个问题——实证的内容很丰富，而计量统计仅仅是其中的一个分支而已。在这种思想下，绝大多数经济学家便将注意力放在了数据收集、模型计算以及结果验证上。这完全是一个技术问题，而不是科学问题。如果能将注意力放在问题的分析上，从根本上对分析过程进行升维，则会取得不同的效果。举一个例子来说，我们研究宏观经济学的科学家有时会抱怨：为什么用经典的模型分析当前的经济现象，总会觉得有很大的问题。其实他们忽略了一个问题，应该从这些模型的本质入手，重新分析中国的问题，而不应该是借鉴和拿这些理论和模型直接用。更进一步的，经济模型存在的条件不一定成立了——经典的经济学模型适用的条件是经济系统处在一个平衡状态中。而目前的中国正处于由一个平衡状态过渡到下一个平衡状态的非平衡状态，而在这种非平衡态上的经济规律自然不能用平衡态上的理论来解释。故此，应着手从非平衡态的经济运行的特征规律入手，解决这个问题。其实，如果我们仔细看经典理论的推导过程，也极容易发现它所适用的条件，从而判断科学界是否应修订这些问题。

升维的本质是退回到基础，而不是无基础地蛮干。如果基础不扎实，很难从更高的维度考虑我们的问题，那么这些基础指的是哪些?

首先是哲学。谈到哲学与自然科学家关系时，我们总在谈论哲学是自然科学的总结与概括，而哲学也能指导自然科学的发展。故此马克思说，哲学是高鸣报晓的雄鸡，黑格尔也说，哲学是黄昏时才起飞的猫头鹰。然而可惜的是，在经济与管理的研究中，对基础理论与知识的使用受限很多。很多所谓的创新，无非是创造一个新的名词，但却缺乏本质上的突破。利用哲学时，千万记住“指导”意义，这种指导不仅是方法上的指导，更重要的是视角上的指导、思维上的指导、思想上的指导。在分析问题的时候，因为逻辑混乱而导致的错误很多，因此需在科学的指导下进行。哲学告诉我们，世界万物都有联系。既然都有联系，那么我们就可从多个方面、多个线索、多个视角下对所研究的对象进行分析，而不是一味地采用一种被认定“权威”的方法锁定。其实，只要站在哲学这个更高的维度上看经济与管理中的问题，科学家就可以从多个角度试探分析问题，一个不通，另一个也许就通了。

思维逻辑合理性是科学家所具备的素养，但如今，我们的人员往往会犯这个错误。比如，已知两个集合 A 与 B，A⊂B，我们拟对 B 进行分析。目前的流行方法是对 A 进行分析，如果 A 成立，B 必成立。这个逻辑没有问题，但却忽略掉 B – A 部分的属性是否也满足此特征的条件。举例来说，帕累托分配中提到的二八定律描述如下：20% 的人掌握着 80% 的财富，而 80% 的人仅仅拥有 20% 的财富。如果不关心这个定理的条件及推导过程，直接将这个定理进行应用，则会导致严重的失误。事实上，帕累托分配定理的本质在于系统中主体的相互作用，而相互作用的基础选择条件是优先连接而非随机连接。由于主体在选择相互作用对象时，按优先连接的机制进行，故此，形成了优胜劣汰的现象，从而导致财富流到少数人手中，其本质是一个无标度的幂律分布。在双对数所形成的直线中，直线的斜率具有很强的经济学涵义——描述了一个国家与地区的整体贫富状态。而对于 20∶80，仅仅属于系列曲线中的极少数。绝大多数的国家与地区都不满足这个条件，如图 5 –8 所示。

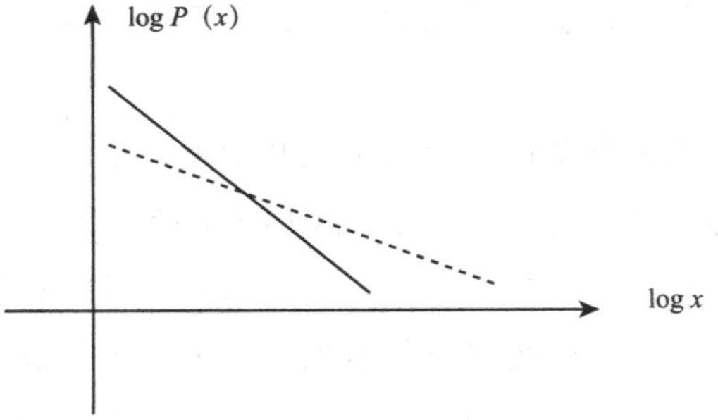

图 5 –8　二八定理的数学本质

比如 a 表示的是 20∶80 的那类国家和地区的情况，那么 b 则表示 30∶70 的这类地区。显然 a 表示的是集合 A 中的情况，而 a 与 b 则属于集合 B 中的情况。显然，二八定律不适合于此，故此，不能生搬死套。

其次就是数学。在很多经典的经济与管理的理论中，都离不开数学的帮忙。数学不仅是一种工具，更重要的是一种思维。前面曾提到其极限思维、函数方程思想、建模等，都对经济与管理的研究立下过汗马功劳，将来仍会大有作为。实际上，经济与管理研究的量化分析工具中，统计方程、博弈、运筹等，都被大量应用，这里不再赘述。

物理学对于经济与管理研究也极其重要。实际上，目前有一门流行的学科叫经济物理学。将物理学的相关理论、方法、技术与模型等，比如统计物理学、非线性动力学、流体力学、量子力学等应用于经济学，尤其是金融学领域，如金融市场建模、资本性市场定价、风险管理等，研究分析经济现象与金融系统中大量实证数据之间的微观特征和内部关联，解释金融现象，揭示规律和问题，预测其发展趋势。这就是将物理与经济之间的共同点抽取出来，然后将经济系统中抽象成一个又一个的“奇异”的粒子，从而将经济问题转换成一个物理问题，从而将问题简化。在管理学中，尤其是市场领域中，这种思路也非常关键。

计算机科学也是一个基础学科。在很多情况下，当我们对经济学、管理学问题建模都无法求解时，往往借鉴计算机工具进行分析。由于例子太多，就不再赘述。

总之，升维的前提是加深基础，只有基础深厚了，我们才可以找到经济与管理问题和其他学科的相通性，才可以站在更高的维度上分析对应的问题，才会做到游刃有余。

5.5.3 降维

——退一步海阔天空

前面的文章提到，由于经济与管理研究问题的复杂性，经济与管理的研究难度远大于自然系统。如果要建立一个完全与实际相一致的模型，那么该模型求解是异常复杂的。在解决这个问题的时候，一种比较有效的技巧，就是降维。下面就这个技巧进行简介。

需注意的是，这种降维是建立在对事物的认知深刻、准确的基础上，即对复杂的、高维的科学问题，在分析的过程中将其维度降下来，从而使得我们能够应用现有的理论知识来解决它。

降维主要包括以下几个方面：(1) 对问题降维。(2) 对变量降维——还记得我在《科学论文 story 的武侠体构造》一节中提到的那样，降维是创新吗？(3) 对不确定性降维。(4) 对目标降维。(5) 对分析过程降维。下面对这五个部分进行分析。

（1）对问题降维。

其实就是对模型进行降维。科学家在分析问题的时候，总喜欢建一个与现实非常接近的模型。然而，与现实越一致的模型维度越高，复杂性越高，同时计算难度越大，且其适用范围越窄。故此，将模型降维是一种贡献。降维最有效的方法就是分清楚环境与系统，且将系统进行合理划分，然后分解成相互作用的若干个子系统，以此类推。这种方法可以将问题的维度降下来。

比如，我们分析风险的时候，可以知道经济与管理系统中存在着若干个风险，它们之间不独立，一个风险可能会导致另一个风险的发生。同时，一个风险事件的因素具有多源、多层次的特点，那么这个风险系统很复杂。为了降维，我们可以分析单个风险，对其识别、评估、防范与控制，然后再分析各个风险之间的关系，这样就把问题维度降下来了。

（2）对目标降维。

主要指的是目标过于复杂时，需要对过多的目标进行重新考虑，要么按多目标分析的方法进行处理，要么将多个目标进行集结。总之，通过这种方法，可以迅速地将目标降维。我们可以针对目标在不同条件下的重要性进行排序（不同的条件不仅意味着不同的资源结构，而且表示不同的时机），将不重要的目标排在最后或删除，而将重要的目标排在前面。当然，有的时候我们会碰到一些自相矛盾的目标，比如效率与公平、短期与长期、成本与效益。在这些相互矛盾的目标前，如何衡量、取舍是一个很重要的问题。由于任何目标都具有双刃剑的性质，对于处理矛盾的两边，这种取舍显得特别重要，需要一些技巧进行。比如我们考虑像农业等过度依赖于不变资本，且这种资本一旦遭到滥用就无法逆转的产业的发展目标时，其产业的长期稳定性的意义则远大于短期的逐利性。从这个意义上讲，此类产业的目标，不仅要在市场范式下考虑利润大小以及利润的稳定性，而且要考虑在社会范式下利益的大小——包括与其他产业的关系、对社会稳定的意义等，以及这种利益的稳定性。从这个意义上讲，对其目标的确定就应该有所平衡，或有所取舍，前者属于更维中的思想与思维，后者则属于降维思维。

（3）对不确定性进行降维。

经济与管理的复杂性主要来源于其主体行为的不确定性、智能性以及非理性，对于此类难题，我们必须采用一些措施来解决它。这个问题很复杂，在这里我们逐个进行分析。

不确定性是经济人所具有的一大特性，当我们对每个人的行为进行建模时，大致做出类似下列的一个 PDE：

$dX(t) = AX(t)dt + B + Wdz$

或者一般形式：$dx = f(x)dt + Wdz$

一般意义上，dz 是一个随机性很强的布朗运动，更有甚者 $E[dz] \geqslant E[AX(t) + B]$，从而导致人的行为的巨大随机性。对于这个难度较大的问题，我们需要降维处理，将其转变成一个确定性的方程：

$$dx = f(x)dt + o(g(x)) \tag{5.4}$$

或者是通过期望理论将其转变成一个确定的方程，变为：

$$\dot{x} = f(x) \tag{5.5}$$

这种变换就将随机问题降维成确定性问题。

在前面分析中，我们多次用到极限的思维来处理这个问题，即 $f(x) = O(g(x))$ 与 $f(x) = o(g(x))$。这种极限思维下的分析能将随机函数 $f(x)$ 用一个确定性函数 $g(x)$ 来表示。这种方法对于降维具有十分重要的意义。以 $O(g(x))$ 为例，我们可以对于 $f(x)$ 的性质用 $g(x)$ 描述出来，如图 5－9 所示。

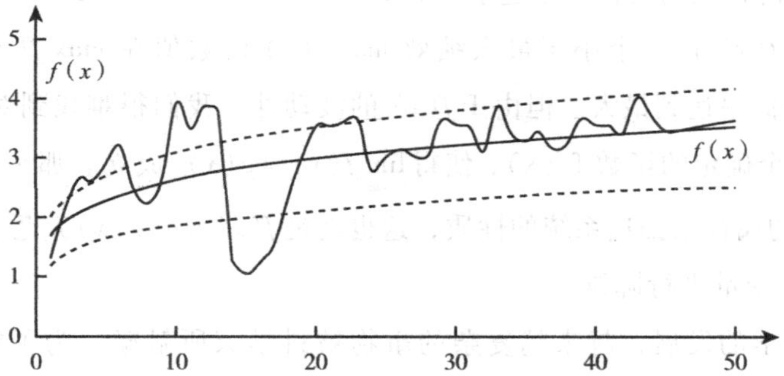

图 5－9　$O(g(x))$ 的属性

从图中可以看出，人的行为（这里的人表示经济人，包括组织），具有很强的不确定性，但如果能找到一个确定性的方程，采用夹逼定理的思想，将这种随机性问题 $f(x)$ 转换成确定性问题 $g(x)$，通过分析 $g(x)$ 的性质即可对 $f(x)$ 有较深的认识。

下面我们分析 $o(g(x))$ 的技术，在经济与管理的研究中，时间变量的重要性不言而喻，我们在前面花费了一定的笔墨对其进行解释。事实上，与系统效益的大小比，我们更关心系统效益的稳定性。换句话说，我们更关心系统效益的长效稳定机制。更进一步而言，我们知道，由于经济与管理问题的复杂性、随机性和临界性，我们很多策略难以保持长期有效或长期高效的性能，这也是很多宏观政策不稳定的原因之一。以图 5－10 为例。

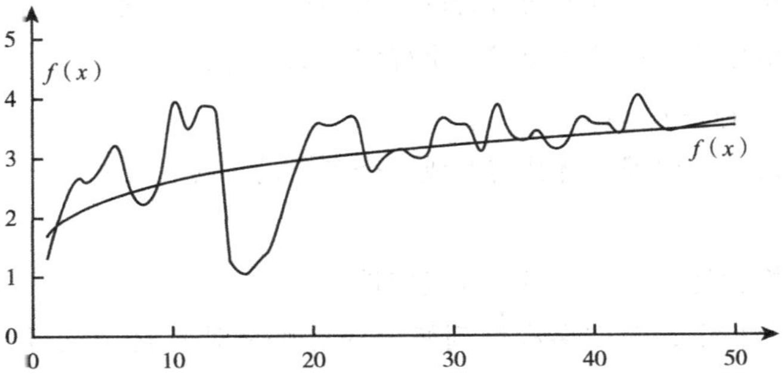

图 5－10　$o(g(x))$ 的属性

从图中我们可以看出，经济系统的效率波动性异常大。如果我们一味追求目标 $f(x)$ 的最大化显然是不现实的，我们假设系统的最优状态为 $\max f(x)$。对于管理者来讲，他们的目标是追求 $\max P(\max(f(x) \geqslant f(x) \geqslant C\max f(x)))$，也就是绩效 $f(x)$ 在一个小于最大绩效 $\max f(x)$ 的数值在 $\max f(x)$ 与 $C\max f(x)$ 之间的概率达到最大。但由于 $f(x)$ 的波动性，我们很难找到对应的答案，只能构造一个确定的函数 f（x），使得 $\lim\limits_{x\to\infty} f(x)=g(x)$ 成立。那么就可以通过分析 $g(x)$ 的属性来描述系统的性质，这也就是 $f(x)=o(g(x))$ 思想的应用。

（4）对变量进行降维。

随着科学的发展，越来越复杂的事物被科学家所触碰。为了能够准确地描述事物的性质，科学家们喜欢用更多的变量从多个角度来描述事物的性质、状态及变化。比如大数据的分析思想就是如此，其中包括两个思想：变量的多维性以及数据的全面性。表面上看起来这种高维更科学，但在这种情况下，高维可能会掩盖事物的本质特征，并且这种情况常常出现。比如地震的预测其实不需要更多的变量，仅仅靠极个别关键变量的关键指征就可以进行预测，更多的变量其实在特定情况下变成干扰变量，对于数据也是如此，下面我们分别针对这两种情况的降维技巧进行简单分析。

对于变量的降维，其实最有效的方法是定量定性结合。我估计很多读者听到这个词的时候会嗤之以鼻，认为我们在故意用一个老掉牙的东西来博取大家一笑。但我还是请各位耐心往下看。首先我们应该对系统进行有效的分拆分割，将隶属于不同子系统的变量进行集结，然后采取统计分析中的降维方法，将其不显著的因素剔除掉。当然，如果考虑到时间的原因，我们就在随机过程的角度上进行类似的操作。定性分析要求我们对系统的功能、结构以及性质有比较深刻的了解，将隶属于同一功能、同一结构下的变量与其他分类下的变量区分开来，使他们之间相对独立，这样就可以降低量化分析的难度。

同样的，对于数据来说，由于我们希望采用全体，而不是样本——正如大数据所提倡的那样可以，那么这些数据带来的干扰取决于数据的质量，尤其是错误数据的干扰。毕竟我们经常会犯两个错误：去真，存伪。在大数据思维下，存伪的危害更大。事实上，由于存伪给大数据分析带来的失误案例是有的。如果不进行数据的预处理，可能会得到错误的结果。实际上，大数据其实是一个复杂系统，是由于系统中人的行为（包括组织的行为）所产生的一个复杂网络，每一个节点都是一个数据，由于系统的随机性以及环境的扰动，这些数据是一个随机变量。随着时间的推移，这些数据形成一个随机过程。不仅如此，随时都会产生一些新类型的数据，这些数据必然与原有的数据之间形成一定的逻辑关系，从而使得系统中的变量结构也具有结构性随机时变的特点。但是，在数据演化的过程中，有一些“水军”制造一些虚假的数据冲击“好”数据，就会让这些数据在极大程度上被污染，最终使结果严重失真。事实上，从统计学意义上很难将假数据分离出来，只能从数据的演化过程中对其进行筛选。故此，可将数据的产生过程抽象成一个复杂网络，数据与数据之间的关系，如数据的引用、点赞、修改等，这些关系随时间动态变化，但总会产生一些“核”，这个“核”中的数据一开始可能是一个“团”，之后假数据汇入，会形成不同的聚集体。这些“另类”的聚集体中可能会有虚假数据，故在分析中需注意。不同的“团”都会有“桥”的连接，而“桥”数据的性质，则决定了另外“团”的数据的真伪性。故此，采用随机网络的分析方法，就可以掌握这些数据变化规律，从规律中找到真实数据，从而达到数据的降维。

(5) 对分析过程进行降维。

研究过程与研究方法像一对孪生子，当我们面临经济与管理这一非结构化决策问题时，经典的结构化分析方法与过程将失效。但我们知道，即使不掌握非结构化分析方法，对于该问题也需研究，其方法就是降维处理，一旦降维成功，必将推动这个问题的进展。非结构化变成结构化的降维方法很多，像 AI 就是非常有效的一种。同样的，群体行为由计算实验来代替经典的分析推演。下面举个例子，短期发电量需求预测一直是一个难题，在定性分析的过程中，科学家认为不同的天气对短期电量的需求影响很大。而影响天气的因素又有很多非结构化数据，比如云图、摄像头等。这些非结构化数据，在经典的模型中并没有得到讨论。但随着大数技术的发展，采用深度神经网络分析方法便可以得到短期电量需求量，而这个深度神经网络模型将非结构化思维降低了结构化分析方法，在不影响结果准确性的前提下，能够为所研究的科学问题提供一个新的思路。实际上，很多方法的使用都可以在很大程度上对过程降维。而现在，越来越多的方法，如 SD、SEM、CAS、complex networks 等都被用于各种研究中，在很大程度上降低了分析的难度。

总而言之，降维是一种非常重要的思想，它能够将经济与管理研究中所面临的各种困难都给予适当的化解，这种 trick 应值得大家推广。

5.6 经济与管理科学研究的思维：从复杂系统入手

5.6.1 经济与管理科学研究中的建模

——莫许杯深琥珀浓，未成沉醉意先融

这段时间，总有人问我一个问题：你说的思维实际上我们看了都知道怎么回事，但我们仍然不会建模型。其实，这是一个很普遍的问题。那么，如何解决这个问题呢？

在小说《笑傲江湖》中，风清扬给令狐冲传授武功时，其要领便是“无招胜有招”。只记要领，而不记招式的独孤九剑。只因此，令狐冲成为一代大侠。那为何我们的科学工作人员，在有了“要领”——即思想、思维与方法之后，仍然是不会建模呢？我认为原因很简单：读到的与看到的内容太少、经历的实践不够。

不熟悉计量经济学或统计学的不知道如何建立对应的模型，因此，给其讲建模思想无异于对牛弹琴。对于博弈论或者其他的理论或方法，亦是如此。故此，我们在讨论思想、思维、方法的前提是必须了解这个领域中的基本知识。

众所周知，抽象能力非常重要，这种抽象是建立在归纳的前提上，而归纳就要了解足够多数量的同类或近似事件。对于建模，也是如此。下面我们进行逐步分析。

针对一个既定的经济学或管理学问题，第一步是分析为题——定性的分析这个系统的结构与性质。在这个过程中，首先应对问题熟悉，其次要对其他人的研究成果较熟悉。在分析的时候，必须保持清醒的头脑，知道哪些细节可以忽略，哪些细节至关重要。这不仅要认真参考他人的成果，对这些成果进行价值识别，并有选择性的参考，而且要有主见，在哲学的层面上对该系统进行分析。

第二步，便是对已有的成果进行梳理，按照模型的性质分成几种类型。然后，根据自身的知识体系以及兴趣与习惯，选择一种合适的模型，将其他的作为参照体系，做好结果的对照准备。值得注意的是，这个过程需要对各种各样的模型有一定的了解，也需要对所研究的对象有所了解（至少知道主流的研究方法是什么，哪些方法在研究中大放异彩）。据此选择一些参考文献，然后精读这些文章，找出其中的关键所在。所谓的精读，也就是针对每一个模型，都认真钻研，并查阅国内外的有价值的资料，进行学习，直到真正掌握了这个模型。这一步其实很艰辛的，但在功利主义的驱使下，近年来越来越多的人不愿意下功夫去做这一步。仅仅希望参照某篇文章中的一个模型，并进行简单的修订就来使用。这种做法恰恰暴露出他们对模型不尊敬，恰如那些在玩实用数学（实用数学主义指的是，有一些所谓的数学工具，然后拼命地找一些所谓的能大致与工具与方法相吻合的、但从来没有人使用过这种方法的经济与管理问题，用自己熟悉的方法或工具对这些问题进行求解，最后得到一个很“漂亮”的结果的这种普遍现象）的工匠们标榜自己是做应用数学的科学家一样的情形。

第三步，对该模型下的成果的深刻性进行识别、评价、修订、创新。如果别人的模型与结果已完美地解决了这个问题，那么这个问题就已经成为了已知的，我们称之为不用再研究了。但一般情况下，这个问题或多或少都没有解决好，此刻就需检验哪个结果与现实最接近，并分析他们的问题（即与现实所存在的差距），从而选择一个最适合自己的模型作为基准模型。此时，建议学者深入研究这个模型，从基础读起，一点一滴开始，参考教材、著作、论文，并时常在各种平台上讨论，直到可以熟练地运用该模型验证一些历史研究例子为止，必然会掌握这个模型的本质灵魂与细节。与此同时，还需对所需研究的问题进行认真的钻研，定义这个问题，辨识这个问题所形成的系统——包括元素、关系、环境等，分别从系统的这些要素入手，抓住研究问题的灵魂所在。然后将其抽象成自己选定的模型。当然，如果最后所定的模型与经典完全一致，则需要求在所研究的特殊对象上，是否会得到有意思的结论。但一般的，如果真是创新，我们会对模型有所改变。一般的，我们在初学期间，采用的策略是模仿——对自己所喜欢的模型进行模仿，照猫画虎地做出一个模型。当比较熟悉后，就可以对现有的模型进行修订，这一点在前面已谈过，最好不要加变量，减变量是最大的贡献，更换变量也是一种可取的方法。

第四步，如果没有找到自己所需要的模型，那就意味着要创建一个新的模型。在这种情况下，对基础知识的要求非常高，同时，对想象力或灵感的要求亦是如此。很多创新性的研究都是对传统研究成果的颠覆。换句话说，如果没有足够深厚的基础知识、丰富的想象力、机缘巧合的灵感，很难有创新性的成果。退一步说，在经济与管理领域，从全球范围内看，极少有创新性的研究成果出现，绝大多数都是对现有成果的修订。造成这种局面的原因极其复杂：首先是功利主义主宰了全球范围内的科学界，导致科学不再是科学。在这种思潮之下，科学家不愿花几十年去研究可能会失败的事情，因为这个失败的可能性很高。在中国，功利主义横行的表现还有一层含义体现在科学研究的评价体系上。正常的这个评价本身就有问题——科学怎么能拿来被评价呢，科学是用于探索世界未解之谜的，它的价值在于推动了世界发展的步伐，并且，对其的评价是建立在被检验为真理且有一定的贡献量的基础之上，同步的评价无非是从功利的角度上炫耀国家、地区、组织能力的一种偷懒的方法而已。并且，这种炫耀从深层次上讲，是沿着其他人的鲜血而标榜有治病功效的馒头，尤其是那些想真正追求科学成果的学者的鲜血。在这种思潮之下，哪里会有人敢去、愿去做真正的科学，至少真的科学成果并不一定立刻会彰显其大的价值，因此，普遍性的追求那些能一眼看懂的技术则成为所谓的主流思想。在功利主义下，科学沦为技术，正如贵族衰变成流氓一样可悲。其次，我们总是标榜与鼓吹经济与管理科学居于应用研究，甚至有绝大多数学者认为经济与管理的研究成果就是直接能拿来用的结果。——正如前面所说，这种将科学技术化的那批人，是为了自身利益的搅局者。为何？经济与管理科学和经济与管理技术应该是有区别的，这种区别正如应用数学与实用数学的区别。找到研究问题中的科学问题，并能直接或间接指导同类的、相近的、相似的以及其他问题的研究。关于科学问题以及科学意义方面的阐述，详见我们的论述，这里不再赘述。由于很多经济与管理的科学家都忽视了基础科学的重要性，而是永远在前人的基础上修修补补。如果要从基础做起，所花费的精力与可能取得的成果之间不成正比。故此，导致了科学无创新的局面。最后，科学的发展，需要合适的土壤。在这种环境之下，相互的学习与批判、兼容并济，科学才会得到发展。反观现在，在中国乃至于全球范围内，学阀林立的事实已经成立。这其实已经形成了创新锁定的基本条件。一方面，圈子要求科学家的成果符合圈子的俗成约定，对于出现的成果适度给予修正，加深了科学锁定。另一方面，圈子中所形成的阶层被固化，成为圈子的制度锁定。科学锁定与制度锁定的相互影响，导致了鲜有好的成果问世。

让我们的思绪回来，回到建模领域中。在前面，我们分析了建模的三种境界——当然它是由四个步骤来完成的。对于模仿来说，最为简单，而创新则属于最难的。就初学者而言，我们建议模仿。不过在这个过程中切记，科学研究，切勿急功近利，踏踏实实走好每一步。做好基础，才能走得快。

在本书中，我们提到了各种各样的模型，这些都是经济与管理科学研究中可以参考的模型。随着时间的推移，科学也在不断地发展。新技术、新思想会推动这些模型的进步。终有一天，我们会有一些较大的突破。

进一步而言，我们关注一下模型是什么这个问题。从本质上讲，模型是科学思想、思维，以及方法的融合物。分析问题的思想其实最为重要，是基准，是路标，而思维则是解决问题的巧妙方向。其实，模型并不神秘，以应用数学——比如说方程——在经济与管理中的价值为例。我们都知道，PDE 能更加准确地辨别经济与管理的属性。而经济与管理的 PDE 建模中，最核心的问题是将此研究的问题抽象成一个什么样的系统，有哪些要素需要考虑，要素之间的关系是什么，这是问题的关键。举例来说，以资源为例，我们经济与管理中的资源分为人、财、物、信息管理等。他们之间不独立，而是存在着直接的关系。比如说，每多雇用一人，就会在工资与绩效、物、信息等多个方面引起一定的变化。而这种变化，便可以用一组 PDE 方程来刻画。这个对于学过方程的人来说，难度应该不大，都会建立一个模型。

尽管模型几乎是绝大多数人都可以建立的，但并不是所有模型都能准确描述事物的特征。那么，如何才能使所建的模型更准确，则是一个很关键的问题。

要抓问题的灵魂，就可以准确地描述事物。然而，要想抓住事物的本质，其实是一件不太容易的事情，需要深厚的洞察力、多个学科的知识、准确的思维过程，方可将使用的模型调到更为准确的状态。让我们以风险评估模型为例说一下建模的问题。

在国内的研究中，我们善于将风险列成质量风险、数量风险、政治风险、经济风险等，但问到什么是政治风险时，绝大多数答案都是模棱两可，然后将这些模糊不清的问题甩锅给经济与管理的“社会性”以及“模糊性”“不可精确测量性”上。国外的一部分专家不如此行事，他们善于定义一个叫作“风险事件”的术语。比如说，“新型冠状病毒肺炎的确诊感染者数量超过 10000 人”这个风险事件显然更能准确地描述风险的特征。这里的 10000 可以换成一个连续的随机变量 X。进一步而言，可以知道，风险不可空谈，而应由不同的风险事件构成。合适的风险事件就可以描述风险。毕竟这个风险事件是可测的。而很多学者心中、笔下的风险是虚无缥缈的。对于科学研究来说，客观地刻画事物的性质与状态，并揭示其运行与变化的规律是其目的。故弄玄虚显然是科学的敌人，是妖魔化之后的科学。这是风险分析中的最为重要的一步——定义风险事件是风险分析的第一步。第二步，对风险因素进行识别。一旦风险事件定义出来，我们就可以分析风险事件，找到风险因素、风险事件的特征向量以及风险因素与风险事件之间的关系。尽管在经典的研究中有很多变量，但我们必须要清楚地认识到一个基本的道理，风险因素是因，特征变量是果。这种因果关系千万不可混乱。如果真的有两个变量相互影响，则需将其中一个放于环境中。可叹的是在很多风险的研究中，比如说风险的评价，将因当成果，也参与风险的评估。像在前面所说的环境、政治等，都应该属于风险因素，他们影响着风险事件的状态以及变化趋势，但绝不能用于描述风险。这种因果倒置的现象或因果混乱的现象，会得到严重的错误。在系统风险识别中，无论是风险因素还是风险特征向量，都需要认真的筛选，通过定性定量结合的方法，找到关键因素与特征向量，以及非关键的。这种筛选实际上是非常复杂的，需与第三步结合才能真正的做到。第三步，选择评价模型。比如说，我们选择一个深度神经网络模型描述风险因素与风险特征向量之间的关系——从目前看，似乎是比较先进的模型了。这种模型有比较成熟的例子，比如“围棋大师”Alpha - go 就是一个比较成熟的例子。在强化学习算法的前提下可得到一些结果。然后根据计算结果与实际之间的差距——是否属于同一统计分布，判断模型是否需要修改以及通过调整变量以及模型的结构与算法来改进模型。这样就可以建立起一个风险的深度神经网络模型了。对于其他类型的模型来说，其做法亦是如此。

让我们重复强调以下基础的重要性，如果没有深厚扎实的知识，没有经济、管理、物理、数学、计算机等多学科的基础知识，我们的视野就很小，就不会有更多的模型来选择，也无法从更多的模型中选择一个准确的来解释那些事情，发现世上未解之谜掩藏的那层面纱，也不会在用一个模型分析问题时，由于不会求解而束手无策。故此，殷切地希望学者们重视基础的研究。如果基础薄弱，我们说起创新或重大发现来，岂不是空中楼阁？

建模容易，但建一个好的模型则很难。关于建模的事情很复杂，我们在此仅仅是做了一些粗浅的探讨，个人观点仅供借鉴。希望这些粗浅的见解起一个抛砖引玉的效果。

5.6.2 经济与管理的复杂系统思维

——东边日出西边雨，道是无晴却有晴

前面我们一直在谈，经济与管理系统其实是一个复杂系统，那么有几个问题需要弄清楚。为什么说经济与管理系统是一个复杂系统？如果是一个复杂系统，我们该如何去分析，它们具有什么样的性质？它应满足何种规律？在这种思维下，经管的科学家该如何思维？

为什么说经济与管理系统是一个复杂系统，原因其实很简单——涌现。举例来说，一个企业，以制造复杂结构的产品簇为主的企业，最后将这些产品簇生产出来，离不开研发、调研、生产、采购等多个部门的合作。比如说采购部门，它的功能仅仅是将原材料从一个企业到另一个企业，并不能做其他的。而研发部门则需要根据功能，设计出它需要的原材料以及各个部件的特征。而功能则需要调查部门去完成。而对于产品的加工，则需要生产部门实现。当且仅当这些部门通力合作/协作，并融为一体，整个生产部门的功能才得以实现。可见，由各个部分所组合而成的系统功能更强大、更复杂。这种由“涌现”机理所确定的经济与管理系统显然是一个复杂系统。这种例子不胜枚举。我们在此处不再详细举例，仅仅提一下，比如产业集群、金融系统等都是涌现的结果。

下面，我们说一下为何经济与管理系统是一个复杂系统，让我们回顾一下经济系统的特征，如图 5－11 所示。

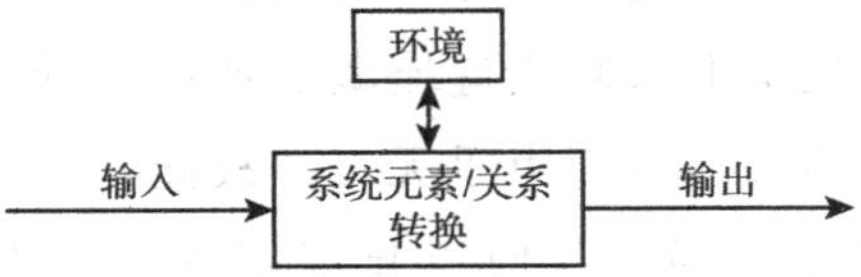

图 5－11 系统的基本框架

首先，在这个经济与管理系统中，系统的元素最核心的是人，而人的行为大多数是复杂的、非理性的，且人的行为中有很多创造性的因素，不会像物理系统中的粒子，按预设的轨道、方向、速度去执行，人的行为一般会偏离预设的轨道。并且，我们每个人的行为规则不同。比如说，有的人喜欢以长期利益为主进行决策，有的人则关注眼前利益。他们在不同的目标驱动下，其行为肯定不同。

有些经济人和管理人之间是合作关系，有些是竞争关系，这种关系并不稳定，而是随着时间随机变化的。

不仅如此，这种个体与个体的关系也并非固定不变的，在上一时刻，他们之间有关系，在下一刻也许就没有关系，这种相互关系所形成的拓扑变化的情形，详见《经济与管理系统拓扑结构差异性思维——江间波浪兼天涌，塞上风云接地阴》一节。这种转换也并不是很简单的事情。总之，系统内部的事情不简单。

其次，就输入来说，输入的多样性以及随机性使得这种复杂性增大，并且在积木机制下会衍生出足够多的组合。这种组合让科学家无从下手。这种复杂性让很多人望而却步。

最后，环境也不是简单的，经济与管理系统的环境特别复杂。因为一个经济与管理系统，比如金融业，它离不开农业、工业与商业的影响，离不开政治、社会、文化的影响，这些都是他的环境。经济与管理的环境是复杂多变的，比如我们经常遇到非常规突发事件——SARS、新型冠状病毒肺炎、地震、火山、海啸等，他们都会对经济与管理产生很复杂的影响。

经济与管理系统的输出是多维的，因为我们的目标是多样的。不同的目标下，会得到不同的结果。进一步说，不同的目标不可能同时实现，鱼与熊掌二者不可兼得就是这个道理。这种复杂的、多维的目标也是复杂性的来源之一。

通过输入、输出、系统转换的分析，可知，经济与管理确实可以抽象成一个复杂系统。这种复杂系统也的确可以准确刻画其性质，尤其是人的主观能动性，以及人与人之间的非线性叠加效应，用经典的方法的确难以刻画。

复杂系统则可以描述，实际上是不错的思维之一。

经济与管理复杂系统如何去分析，这才是我们关注的重点。由于技术的发展，尤其是计算机技术的发展，很多以前科学家只能想象的问题也已经得到突破。计算机模型便成为经济与管理复杂系统的有效途径之一。生物学中也有一些模型，尤其是物种模型、生态系统模型也对经济与管理复杂系统有较大的作用。比如在产业集群、金融等中均有建树。同时，在非平衡统计物理学、量子力学等都有很大的价值，具体详见系统相关文章，在此处不细说。

总而言之，经济与管理复杂系统的研究，需多门学科综合在一起，才能真正地分析其属性。也可以说，经济与管理复杂系统是一个多学科交叉的边缘学科。正如科学家语言，21 世纪的科学是复杂系统的科学，这话对于经济与管理系统的研究亦是如此。

进一步讲，什么是交叉学科、边缘学科。钱学森先生曾经以为，对于特别复杂的问题，需采用一种叫“专家综合集成研讨厅”的方法进行研究。就是请一大批各个领域的专家，请他们针对这些问题提出自己的看法，然后再将这些属于不同学科、不同领域的结论再进行集成，最后所得的结论所具的科学性就很大。这种方法的本质就是学科交叉，边缘学科的本质也是多个学科的融合。

经济与管理复杂系统具有很多性质，比如说，无标度性就是其中一种非常重要的性质，临界性、随机性、混沌，都是十分不错的属性。经济与管理系统的一些典型属性，利用这些属性对经济与管理的不同问题进行分析，会取得不错的效果。

复杂系统之所以复杂，是因为我们不愿将系统看成一个“黑箱”，希望发现其中的因果关系，这不是一件轻松的事情。经济与管理的科学家，很多都没有足够的勇气打开这个“黑箱”，在很多层面上描述所发生的现象。但其中为何如此则避开。当然，我这么说并不是一棒子打死所有的人，也有相当一部分科学家不断探索这个“黑箱”。这其中的缘由在于中国科研人员数量太多以及科研评价体系错误。但无论如何，尚有一部分人在努力地揭示着经济与管理界中的那些未曾发现的规律。

作为经济与管理的科学家，如果想从复杂系统的角度上思考，我们给出以下的建议。

（1）识别出环境、知道什么是环境、什么不是。这项工作其实很难。经济与管理的科学家，很容易犯一个错误——愿意将所有相关的都纳入自己的研究范畴，比如说研究供应链风险的，就谈经济风险、政治风险、环境风险、文化风险，但实际上政治、经济等都可以认为是环境。再进一步说，环境的设定不仅与所研究问题的属性有关，也与其粒度有关。在不同的粒度下，环境可以设置为不同的子系统：如果研究企业层面的事情，国家政治、社会文化、人口结构仅仅是其环境；如果研究对象是国家，这则不属于环境。然而，只有正确识别环境才能给我们的研究带来正确的结论，环境中考虑太多或不足都将对研究结果产生很大的影响。

（2）要切记系统不独立。它与环境也可以说其他系统之间存在着一些相互作用。环境对系统的属性有明显的影响，系统对环境也有一定的作用，这其实是由系统的耗散性决定的。系统中总有能量要流入流出，这导致了系统与环境与存在着正负闭环反馈的情况。在分析的过程中，有必要将环境设置成一个对应的系统然后考虑系统与环境系统之间的相互关系。这种复杂的问题就可以得以解决。

（3）既然是经济与管理复杂系统，人的行为在其中是不可忽视的一个因素，即使在以物、财为主的物流、金融的研究中，人的行为对对应的物流与金融也有影响。人的行为具有很强的非理性、随机性，这一特点十分重要，我们应给予考虑。进一步说，人的行为对于所有的经济与管理系统的影响力并非完全一致，有些很轻，有些则很重，应给予区别对待。比如在金融、电子商务系统中，人的行为的重要性非常大，对于会计系统来讲，人的行为对其影响较少，不管何种情况都需要考虑——若行为影响重大，就对人的行为建模，对影响小的，将行为设为噪声即可。

经济与管理复杂系统中不同的要素之间的相互作用对系统的影响很大，必须考虑这些因素。要素之间的相互作用是导致系统复杂性的主要因素，需重点考虑。这种相互作用远复杂于物理系统中的情况，非“动量守恒定律”可以解释。抓住相互作用，必然会有很多重大的发现，故此元素之间相互作用的特点及规律是一个关键问题。

同时，经济与管理复杂系统存在着显著的蝴蝶效应现象，也就是当系统处于临界现象，是系统对于初始参数具有敏感性，其演化过程会朝着完全不同的情况发展，这种情况其实不好处理，需要参考非平衡物理系统的相变理论与混沌理论。这种情况非常复杂，要找到其特征与规律，难度很大。所幸的是，目前有人用混沌理论做出了一些成果，但这还远远不够，还有很多的领域期待科学家探索。

学科交叉性很重要，一定要用多个学科的知识来考虑所研究的问题。毕竟，自然界的各种现象之间本来就是一个相互联系的有机整体，人类社会也是自然界的一部分，因而人类对于自然界的认识所形成的科学知识体系也必然就具有整体化的特征。科学史表明，科学经历了综合、分化、再综合的过程。现代科学则既高度分化又高度综合，而交叉科学又集分化与综合于一体，实现了科学的整体化。从这个意义上，有人说 21 世纪的科学是复杂性的科学，这是符合科学发展的规律的。我们也坚信在经济与管理研究中，复杂系统与复杂性的成果越来越多。

5.6.3 经济与管理科学研究的思维之复杂自适应系统

——抽刀断水水更流，举杯消愁愁更愁。

在前面，我们在阐述经济与管理的系统思维，诚然这很重要。但更加重要的是我们所面临的经济与管理组织中存在着大量的人。而人的主观能动性使得这些系统从功能、结构、性质上都充满了复杂性，我们称之为复杂系统。其中复杂自适应系统就是一种比较重要的系统。

那么，什么是自适应系统？什么是复杂自适应系统？一般的，我们认为环境对系统的状态与性质有影响，并且这种影响一旦超过某种程度，将会产生一种现象：系统的性质、状态与功能随着环境的变化而适应性的调整，比如刺激－反应系统就是其中的范例。对于经济与管理的系统来说，其中最重要的资源是人，而人可以同时存在于几个系统，使得各个系统之间有了千丝万缕的联系。对于一个特定的系统来讲，其他系统则可以用环境来描述。由此可以看出，系统的行为、状态也会影响环境的性质，由此形成了下面的闭合系统：

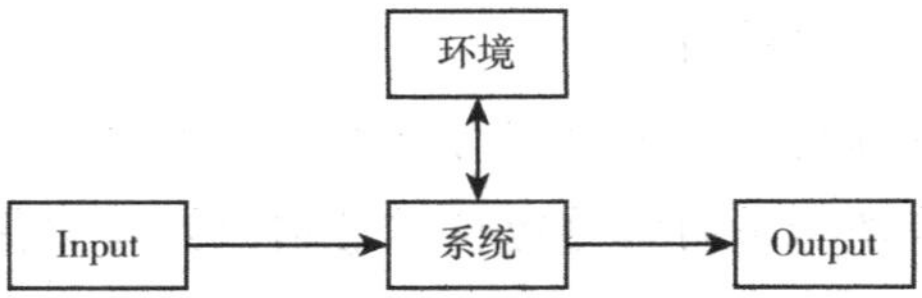

图 5－12 系统与环境形成的闭合关系

从上图可以看出，系统与环境之间形成了正负反馈共存在的复杂现象。这貌似使我们陷入了“先有鸡还是先有蛋”争论不休的怪圈中，从而加深了问题的复杂性。

不仅如此，在经济与管理系统中处处都存在着不同的 Agent，每种 Agent 的目的、资源以及行为策略都不一样，即使对于一种 Agent，也不是说完全是同质的，其异质性是问题复杂的主要来源。从而可知，Agent 的属性非常有趣，它可以解释非理性行为。一般的讲，Agent 最主要、最核心的性质是智能性、目的性与社会性。智能性指的是每个“经济人”和“管理人”能在已有的经验上进行决策，比如它的策略一般可以看作在某一时刻上资源组合，记为 $u(t,x(t))$，$\dot{x}(t)=f(x(t-1),x(t-2),\cdots,x(t-l))+\omega(t)$，说明这个 Agent 可以记住 l 个时刻之前的事情，当然，每个时刻的记忆差异性由 $f(*)$ 决定。这种有限记忆表明了个体的不完美记忆，它可能会忘记一部分事件，因此所做的决策并不是很理性的。

其次，每个 Agent 不能获得系统中所有人的信息，仅仅能获得一部分人的信息，而这种信息依赖于他们之间是否存在一定的联系——如果完全没有间接的联系，则不可能知道他人的信息，这决定了 Agent 的社会性。不仅如此，它在选择自己“邻居”的时候，并不是随机选择，而是按一个优先顺序，优先选择自己所喜欢的 Agent 进行相互作用，我们将其称之为“优先连接”。这一处不仅体现了 Agent 的社会性，也体现了 Agent 的智能性。如果以收益为核心，可以定义这种优先连接机制为

$$P=\frac{\pi_i(t,u)}{\sum\pi_j(t,u)},j\in\bar{\mathcal{N}}^i \tag{5.6}$$

其中 $\bar{\mathcal{N}}^i$ 代表邻居集合所形成的代数。$\pi_i(t,u)$ 表示 Agent i 在策略 u 下市场利润与社会利益的总和。可以看出，Agent 在选择邻居时也并非“随心所欲”，而是按照“物以类聚，人以群分”的规则来进行的。由于这一点，Agent 在学习的作用下逐渐改变自己的性质，其“朋友圈”也会不断变化。这种智能性在经济与管理系统中表现得比较透彻——经济体与管理体的分分合合，动态变化，使得其“朋友圈”也在动态变化，导致其获得信息的范围也在不断变化。每个 Agent 的行为也与它所说话的信息量有关，不同的 Agent 范围不同，即使是同一个 Agent，它的这个范围——我们称之为“博弈半径”也会不断变化，也表现了其智能性。

每个 Agent 都有学习性在其中，通过与他人的相互作用，然后进行学习。这种相互作用与每个 Agent 的能力有关，有强弱之分。这种差异性表明了 Agent 发展潜力不同，不仅是学习，Agent 还可以模仿、改进其他人的行为。

相互作用是这个系统复杂性的来源，即使是最简单的相互作用，也会在

一种叫"涌现"的机制下，涌现出非常复杂的系统，其中最为简单的是 heatbug：系统中随机存在一定数量的 Heatbug，这些 heatbug 无法补充能量，仅仅靠热量生存，但自身的热量无法维持其正常的生存，只能靠相互聚集才能有足够多的热量，但相互太挤的话，则会热死。现随机在一个区域中放置一些 heatbug，它们则会根据自身的热量来判断是聚集还是分散。无论何种初始条件，系统总会聚集成固定的结构，并且这种宏观的拓扑结构服从一个特定的规律：一般情况下为幂律分布。

但当个体的行为稍微复杂一些，所涌现的系统行为则更为复杂，如何描述其行为，揭示其行为规律，则属于一个非常重要的研究。

为更好的研究该问题，我们对这问题进行简单的分析。首先可以想象，经济与管理所对应的组织可以抽象成满足以下特性的复杂自适应系统：

1. 存在足够多的子系统，使得从空间维度上讲

（1）从宏观上看，子系统半径足够小，使得系统中存在足够多的不同群体在相互作用；从微观上看，子系统半径足够大，使得每个子系统中存在足够多的个体在相互作用；

（2）不同子系统中个体间的相互作用为非合作博弈，同一子系统内个体之间的相互作用为合作博弈。

2. 存在足够多的短时间尺度（time - scale），使得从时间维度上讲

（1）从宏观上看，这一时间尺度足够小，使得系统有足够长的时间去演化，从而"涌现"出多样化的集体理性；从微观上看，这一时间尺度足够大，使得个体有足够多的时间调整自己的策略，以满足系统策略从量变到质变的转换；

（2）短的 time - scale 中，个体在与其他个体相互作用过程中，个体在特定的局部结构中通过调整策略参数（包括调整资源结构及控制变量）的性质与大小来实现自身收益的最大化，其行为性质表现为随机博弈（包括随机自适应博弈、随机微分博弈、随机量子博弈等）；在多个 time - scale 构成的 time - scale 序列中，个体行为主要表现为选择合适的博弈对象以及如何从博弈对象那里获取最大的收益，表现为在 time - scale 序列中，优先连接机制可以保证 Agent 选择理想的博弈对象，而学习、复制、交叉变异等机制能够使得优秀的策略在系统中得以传播。

（3）在多个 time – scale 构成的 time – scale 序列中，通过相互作用，个体可以自适应的修订自身的策略，甚至是将自己的行为转向完全相反的方向。

（4）在任意一个 time – scale 段中，系统的结构保持不变，个体在确定的局部结构中与其他个体进行合作/非合作随机博弈，直到达到系统结构变化的临界点，这时个体调整自身的局部结构，使得系统结构发生变化，调整完毕之后，就在下一个 time – scale 对应的确定结构中继续进行合作/非合作随机博弈。

3. 当多样性与随机性相结合时，系统中的个体行为变得非常有趣

（1）微观的 time – scale 中，个体之间的相互作用可以为随机微分博弈、自适应博弈、量子博弈等；宏观的 time – scale 中，优先连接机制取决于个体的度、强度、收益等；

（2）个体行为的性质可以不变，也可以随机变化——与个体的局部环境属性有关；

（3）个体行为性质变化主要基于一个概率，如果这个概率是常数，那么就是确定性的变化，如果这个概率是一个函数，这种变化就是完全随机的变化。

综上，经济与管理系统是一个由人的非理性行为决定的社会复杂自适应系统。

那么，对于这个复杂自适应系统，科学家主要的研究目标为：其一，发现社会复杂自适应系统在平衡态与非平衡态下个体行为与系统状态的性质及其演化规律；其二，发现社会复杂自适应系统演化的结构随机时变的动力机制及机制的演化规律；其三，制定社会复杂自适应系统的管理决策机制。

为了说明问题，我们先引入一些基本的定义。

博弈半径：系统中的个体在不断进行着直接或间接的相互作用，这种相互作用的关系可以抽象成图 5 – 13。

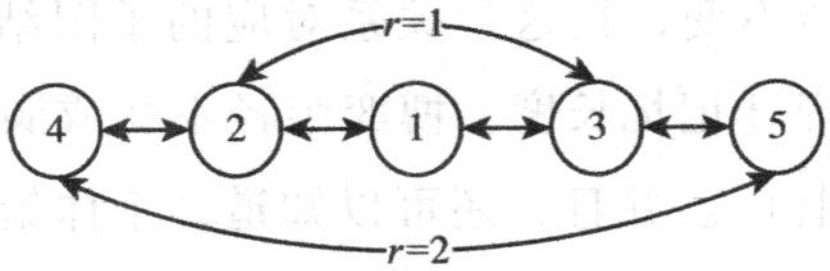

图 5 – 13　博弈半径

定义1：个体相互作用形成的图 G 中，任意个体 i 对应节点 i 可达距离的最大值，称之为博弈半径 r_i。

（1）由于个体的智能性、自治性与社会性，在相互作用过程中，个体会根据自身的特征与局部状态确定适宜的行为，使得 r_i 随着时间的变化而变化，本质上是一个随机过程；由于个体的个性化，使得 r_i 具有很强的差异性。

（2）记忆长度　一般的，每个个体都无法记住所有的历史事件，这种有局限的记忆能力体现了该个体的非完全理性的程度，这一参数通过记忆长度来描述。

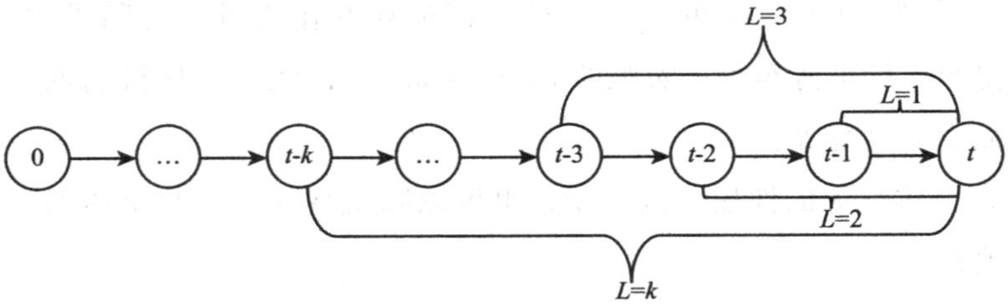

图5-14　记忆长度

定义2：对于个体的行为方程

$$X(t)=f(X(t-1),X(t-2),\cdots,X(t-k))+w(t) \tag{5.7}$$

个体行为受到历史事件影响的时间最大值 k 称之为记忆长度。

同样的原因，k 取决于个体的性质，具有个体的差异性，以及时间上的动态性，因此，k 本质上是一个随机过程。

对于这个系统，我们想得到什么样的基本结论呢，给出了以下猜想（注：部分猜想已经得到证明）：

猜想1：当系统结构固定不变时，系统中的个体相互作用的结果一定是，存在一个最优策略，并且个体行为趋于比较稳定的值。

这个猜想意味着系统应该满足如下的条件：个体数量不变；个体所形成的相互作用关系的性质不变，且这种关系对应的子图结构不变；环境的性质不变；个体的性质不变［记忆长度、博弈半径不变或满足特定的条件（如收敛于一个极小的区间上）］。并且，还可以知道，个体策略随相互作用过程的发展不断变化，但是无论什么性质的行为，最优策略最终都将收敛到一个固定的轨迹上，这一最优轨迹存在且对各种性质的博弈满足一定的普适性表达式。进一步来说，这一最优策略的（普适性）轨迹与系统的结构有关（结构描述了个体相互作用的特征）。

其实，这个猜想还给出了一个思维，就是粗粒化技术。粗粒化技术指的是在空间与时间上，将一段时间或空间压缩成一个点看待。在这个猜想中，可以看到，通过空间细粒化技术，可以知道同一子系统中个体之间相互作用的结果是合作博弈，空间粗粒化时不同群体之间相互作用的结果是非合作博弈。

猜想 2：系统结构确定时，当最优策略收敛到其吸引子时，外部环境的微弱扰动，就使得系统中个体的适应性改变相互作用的对象，从而造成系统结构变化。其吸引子就是系统结构变化的阈值。

这个猜想意味着：经过长期的相互作用，系统的最优轨迹可能收敛到一个极限；最优轨迹收敛后，旧有系统发展的主要动力将系统推到一个“非稳定平衡”状态上，这个时候，系统影响的主要因素的作用就会退化，导致系统发生变化的将是系统发展初期那些不起眼的因素。正是因为环境及“转变后的那些关键性因素”的微弱变化，将导致系统中一部分个体选择/改变相互作用对象，从而导致系统结构发生变化，可以称这一结构变化之前的状态为“接续态”。同时，一旦系统结构变化，它将在一段时间内保持不变，他自身的主要任务就是调整自身的行为，使得在这一确定的结构下逼近最优化。

这个接续态意味着系统结构变化存在一个阈值，由这一猜想知道这一阈值存在且唯一。阈值的表达与结构有关，与个体行为的性质无关。个体的性质对此阈值有影响。

猜想 3：系统结构变化的主因是个体为追求局部收益最大化而在系统中按照优先连接机制选择更加合适的相互作用对象而决定的，另外一个主因就是开放性系统的增长。

这个猜想意味着，时间一旦进行粗粒化处理，我们就会看到一个又一个时间段压缩成一个又一个时间点。在猜想中提到的优先连接指个体选择能为自身带来更多收益的其他个体进行相互作用，且相互作用的性质要么是合作博弈，要么是非合作博弈，取决于相互作用双方关系的性质。由于这个优先连接，以及博弈半径的原因，我们可以推断出来，Agent 在选择作用对象时，一定在自身博弈半径内选择，而不是从所有的个体中进行选择。并且在选择对象时，不仅考虑上一个时间段为收益的吸引子，而且应该考虑记忆长度内所有时间段收益的吸引子，不过就是其权重不一样而已。总而言之，这些结果都与时间的粗粒化有关。

优先连接包括两个方面：选择新的个体建立新的相互作用，与旧有的不如意的个体断开相互作用。增长是表明系统开放性的特征，包括正增长与负增长两种。前者指的是新个体加入系统，后者指的是旧个体被系统淘汰或自己主动退出系统。进一步讲，优先连接机制取决于个体的能力。

在选择的过程中，个体可以对相互作用的对象进行以下操作：（1）复制策略；（2）改善别人的策略；（3）自身行为与别人行为的交叉复制；（交叉学习）；（4）行为变化——参考回声模型的说法。且考虑①每个个体的能力、速度以及持续时间；②每个个体在此过程中，进攻、防御、黏着的能力；③操作与个体行为的性质可融合。

猜想 4：在大的时间粒度下，复杂自适应系统中个体最优行为不存在，但满足一个特定的不变分布。

这个猜想意味着：个体相互作用，给系统涌现出一定的群体，其参变量及其性质非常关键。这种序参量非常关键，但无论如何，都可以知道，系统结构决定了最优轨迹对应的方程，结构变化意味着最优轨迹发生变化，故最优策略不断变化，不固定。并且，从粗粒度的时间维度上看，这是一个复杂网络。最优策略对应的收益决定了每个个体的能力，优先连接正是基于每个个体收益大小以及其局部相互作用的特征，故此是一个典型的复杂网络问题，不过机制有所出入。通过复杂网络的研究，可以知道绝大多数复杂网络的结构服从一个不变分布，故此我们猜想这个系统也满足一个不变分布。其实，复杂网络是图的随机过程，确定这一随机过程的特征，就可以确定出在合理条件下的不变分布。

与之对应的，最优策略的分布与结构的分布具有对偶关系，一旦这个映射确定出来，则结构最优分布就可以推导出策略的最优分布。最优分布与结构特征、噪声特征有关系。最优分布与个体性质、记忆长度、博弈半径以及个体的属性（参数性质）有关，但何种关系，待定。个体的复制、变异行为决定着最优分布的性质。

正如前面所说，系统环境对于个体的行为影响具有非常重要的作用，环境会影响系统及个体的属性。个体属性突然变化，起源于局部相互作用的特征及变化。

猜想 5：个别个体非常规的行为，会导致系统发生崩溃，这时意味着系统处于临界状态。

这个猜想说明，临界状态是社会系统的一种常态，正是因为临界状态，才使得系统不断朝着这一点运动。系统的变化具有增长与衰退两种情况，增长过程中有一个逾渗的临界状态使得系统在微小的变化时暴涨，在衰退过程中也有一个临界状态使得系统在微小扰动下暴跌，这两个临界状态是等价的，需要证明。临界概率与系统演化过程特征有关，临界概率与个体属性无关，临界概率与噪声性质有关。

这个猜想也说明，当系统处于临界状态时，系统的鲁棒性与脆弱性并存，这种性质在此意义非凡。这是系统的变化，取决于系统中大组分秩的分布。

猜想 6：对于上述的猜想，如果考虑多样性、随机性与智能性的个体行为，一定存在一个普适性的结论。

这个猜想意味着，经济与管理系统中，行为具有多样性，针对于任意一种特定的行为，一定能找到一个确定的结论；对于任意的特定行为，也能找到一个普适的结论。

与之对应的，如果系统中个体的行为的性质是多样化的、确定不变的，也可以找到一个确定的结论。同时，从这个猜想可以知道：微观 time - scale 上，系统中存在不同性质的行为，即随机微分博弈、自适应博弈、量子博弈等，但每个个体的行为性质不变化，个体之间存在着相互作用；宏观 time - scale 上，个体的行为也是具有差异性的，每个个体的优先连接机制固定，但不会发生变化。此时，行为参数对系列结论具有非常重要的影响，噪声对系列结论的影响很重要，系统结构对系列结论的影响很关键。

如果系统中个体的行为的性质是多样化的、智能随机变化的，也可以找到一个弱解。同时可以知道，在微观 time - scale 上，系统中存在不同性质的行为，即随机微分博弈、自适应博弈、量子博弈等，且每个个体的行为性质随机变化。这种变化通过选择概率来实现，这个概率可以是固定的值，也可以是一个随机变化的值。在宏观 time - scale 上，个体的行为也是具有差异性的，且每个个体的优先连接机制随机变化，但不会发生变化。这种变化通过选择概率来实现，这个概率可以是固定的值，也可以是一个随机变化的值。此时，概率的性质对结论的影响很显著，行为参数对系列结论具有非常重要的影响，噪声对系列结论的影响很重要，系统结构对系列结论的影响很关键。

猜想 7：时间维度与空间维度抽象的粒度大小对上述结果的影响是显著的。

这个猜想说明粗粒化技术对于结论的影响。从这个猜想可以看到，时间维度的层数对结果的影响没有什么变化。空间维度的层数对结果的影响很大，主要指 Agent 的层级大小，一旦系统的层级数超过一个特定的值，就无解了。

显然，这是一个非结构化的问题，其研究方法也会显得非常关键，我们认为，主要有以下方法：

（1）计算实验的方法。

a. 系统识别。确定系统的边界及环境的属性；确定系统中各个 Agent 的性质及其行为性质；确定可能涌现出的群体类型及属性，确定描述群体行为的序参量（个体策略变化频率、异质 Agent 结构及数量、Agent 种类多少、系统性质、环境性质、个体博弈半径大小及其变化、个体记忆长度大小及其变化等）。

b. 真实实验与个体行为方程的确定。进行真实实验（实验经济学的方法），并记录每个参与者观测变量对应的数据，通过记录数据确定不同参与者的属性，从而形成面板数据，对这些数据进行分析，确定所有 Agent 的所有属性行为的动力学方程。

c. Simulation 建模与模型调整。在复杂系统仿真平台（Repast、NetLogo、Swarm 等）上构造由不同个体行为方程以及交互作用方式方程构成的 simulation 模型，然后进行多次（尽量多次）simulation，将结果与真实实验的结果进行对比，观测是否服从同一分布，如不服从，调整模型，重复试验，直至满足同一分布特征。

d. 预设机制的实验。预设一些机制，确定这些机制对系统环境属性、资源量以及各个 Agent 行为的影响情况，从而对 Agent 的参数进行适应的调整；对每个机制进行若干次实验，观测实验过程并进行记录。

e. 结果分析。根据实验结果，分析实验发现的必然规律及背后的机理；以及所出现的偶然现象与原因，分析这些偶然现象转化为必然事件的特定条件，从而有效的控制/引导这种变化。

（2）解析的方法。

考虑多种混合行为随机变化的情况，沿用专著《经济与管理复杂自适应系统：个体行为、系统状态及演化》的分析思路，并加入场论的方法，确定出普适的结论。

主要拟将结果应用于至少以下几个领域：

a. 网络有效大数据的筛选。针对网络上的大数据，构建大数据衍生与传递的复杂自适应系统模型，确定出网络大数据演化过程的特征，确定在数据传递过程中形成的“数据核”与“数据外围”集合，然后分析“数据核”与“数据外围”的有效性，剔除噪声数据并选择出最有效的数据进行大数据分析，从而提供比较准确的结论。

b. 网络消费行为及其诱导机制。网络消费者自身的选择可以影响其他消费者，从而形成消费群体。根据消费者自身的特征，构造各自的行为动力学模型，然后构造对应的复杂自适应系统模型，确定出消费群体的行为特征，并设计合适的诱导机制，改善电子商务产业的状态，使得其健康发展。

c. 适度城镇化。构建城镇化的绩效评价体系，客观评价中国城镇化的合理性，根据中国城镇化的特征，构造合理的复杂自适应系统模型，然后确定出中国城镇化的边界，并且制定合理的机制，诱导其健康成长。

d. 碳解锁难题。考虑由于制度与技术闭环锁定的碳锁定的个体特征，主要因素，分析个体的行为特征，然后设计一系列的解锁策略，并确定合理的解锁机制。

e. 雾霾治理。考虑导致雾霾形成的主要因素，通过实证确定系统的参数，构造复杂自适应系统理论模型确定雾霾治理成功的临界状态，确定临界状态的有效性、可靠性以及演变路径，并设计有效的雾霾治理机制。

f. 金融市场暴跌的临界条件。将导致股市波动的主要因素纳入复杂自适应系统理论模型，通过实证确定系统的参数，运用理论模型确定股市大幅度震荡的临界状态，确定临界状态的有效性、可靠性以及演变路径，设计防止股市大幅度震荡的有效机制。

g. 工业 4.0。通过调查我国工业发展现状与德国工业 4.0 之间的差距，确定实现“中国制造 2025”以及“互联网 +”的过程中各种资源流的流动方向和状态，确定系统参数。运用理论模型确定临界状态，并运用计算实验的方法确定临界状态的有效性、可靠性以及演变路径，设计促进我国工业 4.0 涌现的长效机制。

h. 土地质量。耕地质量经营系统是一个经济复杂自适应系统，其中，以中长期目标最大为核心的随机微分博弈、以适应性为核心的自适应博弈、以不完全信息决策为核心的量子博弈等个体行为的多样性与随机性使得其临界属性远复杂于自然系统。与物理系统中同质个体相比，社会系统中的个体都是非理性人，每个人的目标、思维方式等存在极大的差异性，经典的相变理论难以对其诠释。综上，这种复杂的个体非理性行为涌现出的群体行为一致性转向的本质可以抽象成一个复杂系统的逾渗、临界相变、传播、控制问题，这一普适性问题的结论具有广阔的应用空间。

5.6.4 经济与管理科学研究微观和宏观思维

——山僧不解数甲子，一叶落知天下秋。

宏观是什么？微观是什么？其实很难说清二者之间的区别。宏观与微观主要看我们所处的维度高低。对于小蚂蚁来说，它面对一个篮球大的阻碍物，他会觉得自己面临着一个巨大的难以逾越的“大山”，但如果从人的角度看，则算是比较小的事物。故此，微观与宏观只是相对的，在某个研究对象的眼中是宏观的问题。但在另外的研究对象看，则属于微观问题。虽然，学术界对微观与宏观进行了规定，但这个标准是否会变化则值得推敲。

科学家一般把管理学问题看成微观问题，而把经济学问题分成微观与宏观问题，故此分成微观经济学与宏观经济学两大类，在经典的思维中。大家对于宏观与微观区分的十分明显，并且认为自己领域是真的科学，而对方的则是伪科学，从而，从事微观研究的看不起从事宏观研究，从事宏观研究的看不起从事微观研究的，双方的学者都觉得自己的领域是科学的。那么二者之间真的不通吗？

其实站在更高的维度上，所有的宏观问题都是微观的、中观的。正如前面我曾说过的一样，当研究不断发展，微观与宏观都会相通，从哲学的观点上看，宏观是由足够多的微观融合而成的，微观是宏观在不同视角下的影射。而这一问题已经有解决的答案就是自下而上的建模方法，其本质属于分析——综合法。

在前面，我们曾经提过这种方法。从最小粒度的个体入手，构建个体的行为方程，然后按照涌现的方法确定群体的行为。什么是群体？从某种意义上讲，群体就相当于由具有同种性质个体聚集而成的子系统。然后循环使用这种方法，最后确定出最高层次的系统的属性。

在这个过程中，群体行为是一个叫“涌现”的理论，搭起了从微观到宏观的桥梁。那么什么是涌现？它的核心理论是什么？以及群体的行为如何定义？则成为一系列非常关键的问题，从《涌现：从混沌到有序》一书中霍兰对此进行了比较详细的描述。所谓“涌现”就是由个体形成的更加复杂的系统行为的现象，而其中积木机制，受限生成过程均是系统复杂性的内因。

之前，我们总在说一个哲理：系统大于部分之和。这句话是什么意思呢？系统的“流”大于各个子系统的“流”之和，不妨假设这个“流”为资金（这其实是一种错误的理解）。曾经有科研人员问我，供应链有不同的企业组成，为何在计算利润的时候没体现出来，一加一大于二的思想。我只能告诉他，他看到的已经是系统了。整体大于部分之和，主要指功能。当构成系统之后，系统的功能远远超过了部分之和——那种线性相加的和。如果没有供应链，就企业自身独立经营，则获得的利润一般会小于加入供应链中所得的利润。这正是系统大于部分之和的魅力所在。

在自下而上的建模方式中，这种 Multi - agent 的建模方式，对于从微观到宏观的统一具有很强的指导意义。具体的内容请参阅相关的文章。在此处我们想说的是，Multi - agent 模型是距离经济与管理最近的是计算机仿真模型。科学家在计算机上先设置好最底层个体的行为，然后设置一个相互作用的机制，在计算机上就可以看到所有的个体在系统中的状态，最后可按照某种群体行为的序参量判断所涌现出子系统的行为特征。按照这个方法逐层分析就可以得到更高层级的系统行为。以此类推，可以分析系统的宏观行为。

然而，最主要的在于我们对群体行为的定义，如何刻画群体行为乃是沟通微观与宏观的桥梁。

一般的，群体行为的描述，需一些序参量来表示。不妨假设系统中只有一个层次，不妨假设个体的行为由若干个因素决定，这些因素决定个体会在有限的策略中选择自己合适的一个。在一定的博弈之下，导致系统中涌现出与策略集数量相对应的群体行为。

群体行为的分布特征，群体行为中博弈半径的分布特征、同质个体的连通大组分的分布等都可以表示群体的行为。关于具体的请参见《个体相互作用涌现的社会群体行为及其复杂性的实验研究方法》一节。

至此，微观与宏观之间的关系可以弄清了。具体的研究方法，请参见后文《个体相互作用涌现的社会群体行为及其复杂性的实验研究方法》，并欢迎与我们讨论。

5.6.5 经济与管理科学研究中的适度粒度思维

——四叠阳关，唱到千千遍，人道山长山又断

粒度指的是我们关注事物的尺度，这种尺度在时间与空间上都会体现出来。举例来说，我们在研究股票价格时，所取的数据间隔是 5 分钟、1 小时还是 1 天，这其中的差距很大，这指不同的时间尺度。在空间上我们也应关注这个尺度，例如，在取数据时，是从人、部门、企业、行业、产业、区域、国家分别取值，最后所得的结果也会有很大的差距——换句话说，对系统中主体的定义，会影响结果的性质。

事实上，如果粒度太细，结果中可能会有更多细节上的性质，比如微观或精细时间上的变化，但也会导致计算的复杂性增强。如果从最小粒度到系统的层次超过一定的数量，则计算不出来；如果粒度太粗，则无法揭示一些细节上掩藏的规律与性质——虽然计算很简单。

从系统的角度上看，我们知道，系统可以分成子系统，而子系统又可以分成下一层的子子系统，以此类推。与此同时，时间又可以由年分成季、由季到月、由月到天、由天到小时，以此类推。那么问题来了，这个粒度应该如何设置，才能既不失科学价值，即可以发现规律，又可以用现有的技术分析出来？这是一个非常有趣的话题。

一般地讲，如果层次超过 7 层，将难以计算，进一步说，3 ~ 4 层就可以发现一些有趣的结果。当然随着科学技术的发展，这个分析的能力也会增加，会有更多的科学真理、规律被发现。

举例来说，程永生等人对供应链系统进行了分析，他们认为供应链是一

个非常复杂的系统，是一个多层次系统，他们分析典型的供应链大系统信息传递流程，按照分解综合的方法，先建立外部模型（粗粒度广义算子模型），再逐层深入分解，针对每个决策点或控制环节再建立更细粒度的广义算子模型，如此层层深入，组成多粒度的供应链大系统广义算子模型。事实上，这个广义算子模型对于多层次系统的解决具有一定的参考价值。

在经典的经济学研究中，一般的经济系统不分层，也就是说，系统中仅仅由一些普通的“个体”构成。比如价格机制、比如均衡、比如税收等都是在不分层次的前提下所得的结果。也有一些研究超过了一个层次，比如说产业集群、城市模型等。在这种条件下，一种叫“分形”的理论便在经济与管理研究中得以盛行，也在很多方面上揭示了经济与管理理论中的分形特征。比如，1960 年曼德布罗认为从 1880 年到 1958 年美国棉花的价格变化具分形特征，收入分布也具有分形特征。它揭示了在空间或时间中，当粒度由小变大的过程中，经济与管理系统所具有的自相似分形特征，也算是经济学中一个很重要的规律。

与之对应的，在管理学的研究中，这种多层次的现象研究得更多一些。比如研究企业的结构，本书中在后文提到一个 HNKL 模型就是一个比较成功的案例。不仅如此，科学家还采用多种分形的理论分析管理学中的一些问题。多重分形（Multifractal）一种分为多个区域的复杂分形结构，更准确地刻画了管理组织的特征。进一步讲，随着层次不断加深，区间变化越来越碎，而性质在小的区间上的分布就会体现出奇异性。

下面一个问题就值得探讨：在不同粒度下，系统的属性是否满足标度不变的特征，这是一个非常有趣的领域。

关于粒度思维，我们先粗略谈到这里，希望各位学者，在分析经济与管理问题时，能够思考这个问题。

5.6.6 经济与管理科学研究中的动态性思维

——物是人非事事休，欲语泪先流

系统都具有动态性，他们具有以下的特点：（1）系统的状态变量是时间函数，即其状态变量随时间而变化。（2）系统状况由其状态变量随时间变化的信息来描述。(3) 状态变量的持续性。动态系统理论来源于经典力学，美国数学家 G. D. 伯克霍夫发展了法国数学家 H. 庞加莱在天体力学和微分方程定性理论方面的研究，奠定了动力学系统理论的基础。现代控制理论的发展促进了对动态系统的研究，使它的应用从经典力学扩大到一般意义下的系统。

动态性是所有系统的特性，经济与管理系统也不外如此。并且由于人的参与，经济与管理动态性更强，在某种条件下，有扑朔迷离的特征。

比如我们做一个投资，前期可能会亏损，但后期也许会赚钱。这样，他就会进行投资，否则不会。举例来说，下面有两种方案：a 方案是每年投 100 万，每年赚 500 万，10 年共赚 5000 万；b 方案是每年投 100 万，但前三年一分不挣，第 4 年，利润 50 万，5 ~ 10 年的利润为 100 万、200 万、500 万、1000 万、5000 万。那么决策者会选择哪个方案？一般人不太敢选方案 b，因为直观决策与理性决策相比，人们一般选择直观决策。

为什么？因为长期的、动态的决策面临着更大的风险，未来的不确定性导致预期未必会实现，尤其是有人参与的系统中，极有可能发生蝴蝶效应，导致未来不可预测。按照量子信息理论，未来系统的状态也是测不准的。故此，系统动态性更加复杂。

一般的，就一个经济人或管理人来说，它的轨迹可能如图 5 - 15 所示。

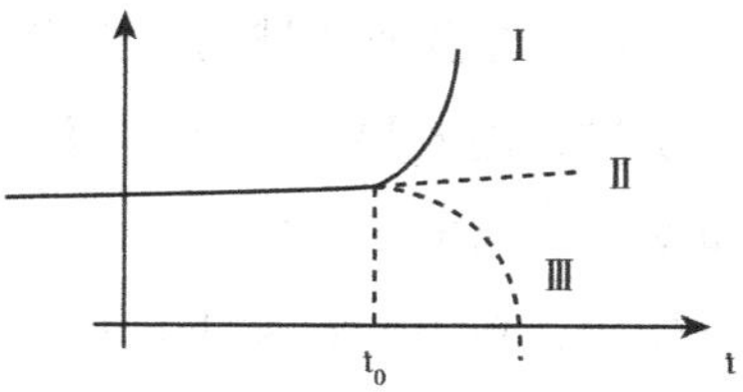

图 5 - 15　未来不可预期性

当经济人或管理人运行到时间 t_0 时，它未来的变化面临着三种：持续上升、平稳走动、持续下降。对未来的变化难以预测，正如在《经济与管理复杂性思维》《临界思维》等文章中所提的那样，未来在这三种情况下变化。我们真的没有能力把握未来的事情，只能看到历史所经历的事情。由此可见，动态性很关键。

动态性的重要性不仅在于此，它还是普遍存在于经济与管理系统的研究中，那么，如何去用动态性的思维解决经济与管理中的问题呢？

从系统演化的角度，我们可以将系统按演化的特征分成若干个阶段，每个阶段可采用不同的模型去解释其变化特征及内在因素。如图 5 - 16 所示，经济与管理系统一般有如下特征。

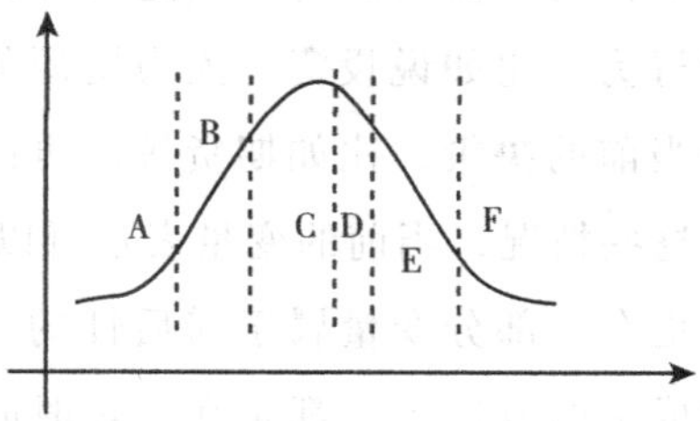

图 5 - 16　经济与管理系统的演化过程

经济与管理系统的变化特征说明，任何一个经济与管理组织，必然经过萌芽与发展、迅速增长（我们称之为临界暴增）、成熟、缓慢衰退、临界暴跌、没落六个过程。对于每一个阶段，单独处理是合理的建议。

在每两个阶段交替的时候，其实是非常难以控制的，此刻需要我们用极限思维，将时间放慢。把非常短时间与在每一个阶段的时间等成一个时间单位，然后再分析，效果会更好一些。这种粗粒化/细粒化技术，在前面我们已经讲述，此处不再赘述。如图 5 - 17 所示，请注意每一个点代表一个时间单位。

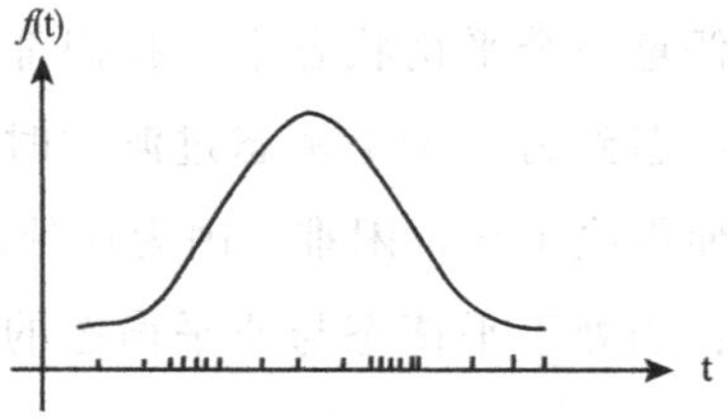

图 5 - 17　标度技术

这种标度技术可以发现很多有趣的结论。

另外，即使就一个阶段来讲，动态性也应体现出来。一般来讲，系统的行为可以描述为：

$$y(t) = f(x_{1,t-l_1}, x_{2,t}, x_{3,t+l_3}) + w \tag{5.8}$$

其中，x_1，x_2，x_3 分别为不同类型的变量，表示先行一致与滞后影响因素/

特征向量，而 l_1 与 l_3 表示时滞的大小。

这一方程表明，一个系统，无论是影响因素还是表现特征，都会体现出时间的差异来。先以影响因素为例，有一部分因素是即时影响系统的性质与状态。比如，亲友的购买行为、供应商的产品定价等；也有一些因素，在一定时间之前影响当时的行为，比如说投资、人力资源的培育等；还有一些因素，未来的数据会影响当前的决策，比如期货等。再以特征向量为例，系统所表现的特征中也会有这些情况，当前的变量表示可以描述当前状态的变量，比如说产出、效率等；也有一部分变量属于滞后性的，比如说投资效果中的社会关系的强弱、科学成果的效用等，都是在一定时间之后方可确定出系统的状态或策略的价值；还有一些变量会提前描述系统的状态，比如说农业或工业的绩效就可以提前刻画商业的繁荣程度。这种动态性思维，我们在前面已有阐述，这里不再赘述。

在这种思维之下，我们分析经济与管理问题的时候，需加入时间变量，切不可在静态意义上分析问题。

在动态性中，我们谈到了时间的标度技术——将不同的时间长度设置成同一个时间单位。这种标度技术依赖于情境，当系统处于平衡态——如缓慢增长，稳定在最大值时，我们不需将时间标度，但当在非平衡态时，则需标度。

然而，由于动态性的特点，经济与管理系统经常会从一个平衡状态过渡到另一个平衡状态，在任意一个平衡状态中，我们都可以找到其对应的解决方案。然而，从一个平衡态到另一个平衡态过渡的时候，我们一般称之为非平衡态，这种非平衡态使得决策异常困难。因为这种动态并不属于动态稳定。下面我们考虑一个问题：当处于平衡态与非平衡态的过渡态时，下面方程该怎么办。

$$y(t) = f(x_1, t - l_1, x_2, t, x_3, t + l_2) + w \tag{5.9}$$

该如何确定 l_1 与 l_2，才能使得这一方程更能准确地刻画经济与管理的问题，这个问题似乎是一个非常关键的科学问题。我个人猜想，未来会引起科学家的关注。

其实，动态性是经济与管理中的一种常规的属性，对于它的评论，资料非常的多。在本章中，我们不再重述那些普通的观点，仅仅突出上述两个属性，希望对科学家有启示。

5.6.7 经济与管理系统拓扑结构差异性思维

——江间波浪兼天涌，塞上风云接地阴

前面曾说过，经济与管理可以抽象为一个对应的系统。系统的功能与结构之间存在着一定的关系，或者说结构可以决定功能，而功能反过来可以影响结构。

在全球化的生产、金融和贸易体系中，经济上的相互依存关系越来越明显。在经济主体之间建立相互依赖关系对于复杂产品的生产至关重要的同时，它们也可能由于故障传播而增加系统性风险。关键是要确定网络连接如何影响紧急生产和经济系统崩溃的风险。本节提出了一个模型，通过改变主体之间连接的密度和集中度来研究网络结构对经济系统行为的影响。由于零件和产品的组合爆炸，生产的复杂性随着连通性的增加而增加。当互联增加脆弱性时，会出现紧急系统性风险。我们的研究结果表明，在网络结构与个体失效风险之间的关系中，临界点和相变的出现是经济崩溃的普遍描述。在网络日益密集或集中的情况下，这种关系似乎遵循乙状结肠的形式。该模型揭示了经济增长复杂性的政策相关性，并强调了在增加系统潜在生产能力和对崩溃的鲁棒性之间的贸易关系。

——How connected is too connected? Impact of network topology on systemic risk and collapse of complex economic system, Aymeric Vié, Alfredo J. Morales, http://arxiv.org/abs/1912.09814

经济与管理系统中，存在着大量或足够多数量的个体，这些个体之间存在着这样或那样的关系，这种关系使得个体之间形成一个图。这就称之为经济与管理系统的拓扑结构。这种结构会对系统的功能造成很大的影响。当系统的拓扑结构紧密时，系统崩溃的风险将增大；松散时，则会出现比较稳定的情况。

经研究，一般的经济与管理系统，如果仅仅考虑拓扑结构，大多数系统呈现出无标度的性质，进一步说，每个个体与其他人形成的连接数称之为度，定义为 k，则

$$P(k) \sim k^{-\lambda}, \text{其中 } \lambda > 0 \tag{5.10}$$

这个结构，当系统遇到随机攻击时，系统的稳定性很强，功能不会受到影响。但当系统受到蓄意攻击时，系统则表现出很强的临界性。所谓的蓄意攻击，就是攻击系统中度最大的一些个体。这是存在一个临界攻击概率 c，不妨假设系统中的个体总数为 n。当小于 cn 个个体被攻击，系统的功能不会受到影响，能保证系统正常运行，但如果大于 cn 个个体被攻击，系统崩溃，功能也不再存在。如果恰好有 cn 个数量的个体被攻击，系统的属性则扑朔迷离。具体情况，请参见《经济与管理科学研究的思维之临界》一节。

看来，系统的拓扑结构对于系统的功能、属性、状态的影响很大。故此我们可以说，一个经济与管理系统的功能、属性、状态不仅依赖于其影响因素，更依赖于系统的拓扑结构。

但为何我们的经济与管理的科学研究中，科学家回避了这一问题，他们更善于用一个宏观的模型去解释可能出现的现象。这里面有一个误区：研究宏观现象的人忽略微观机制，认为微观的无足轻重；研究微观的人认为宏观仅仅是一个环境。但实际上，微观与宏观之间存在着紧密的相关关系，这一点在谢林的《微观动机与宏观行为》一书中有比较详尽的阐述。

微观与宏观之间不孤立，“涌现”就是解释这一关系的。对于经济与管理的科学家来说，能真正做到这一点的确有些为难他们。这也是目前科学界的一个大问题：大家对于自己的熟悉的领域不断进行锁定，对于自己不熟悉的领域不愿解锁。懒惰在其中有很大的作用，当然功利主义起决定性的作用。在功利主义下，科学家的主要目的不是探索世界上未解之谜，而是为了获取更多的功利，在自己熟悉的领域中搭积木。进行创新性研究需付出的太多，故此，守住已有的成就，其实就成了经济与管理学家在微观与宏观、功能与结构之间研究停滞不前的主要原因。

事实上，拓扑结构对于经济与管理系统的意义很大。以人力资源系统为例，我们总说“人尽其才”，其实就是把所有人的核心竞争力辨识出来，并放置在能发挥他们优势的岗位上，然后通过相互作用，让这种相互作用在系统的拓扑结构中“扩散”出去，从而集成出十分强大的人力资源系统。需要维持这一“强度”，则需要进一步的激励与控制。然而在实际的实施中，以及在众多的科学研究中，科学家以及管理家仅仅认为高学历、高能力的人才为人才，其实，这种思想必然使得人力资源管理的方向跑偏。在这种错误的思想下，企业家精神配置、精英人才的引进与培养这些研究变得如火如荼，但对于拓扑结构的研究则变得十分单薄。曾经指导学生做过一个叫 HNKL 的模型，通过这个模型可以解释在不同的领导力（L）、不同企业层级结构（H）、不同的局部连接（K），企业最佳的规模（N）之间的关系，尽管这个模型很简单，尚需在很大范围内进行细化，但却可粗糙的勾勒其中的关系。如果这个 HNKL 中各个因素的影响变量被发现以及影响因素与 H、N、K、L 之间的映射被找到，也许会得到更加深刻的结论。

拓扑结构包括系统拓扑结构与局部拓扑结构。对于一个个体来说，它不仅受到系统拓扑结构的影响，而且更会受到局部拓扑结构的影响。具体详见《经济与管理科学研究的思维之自适应系统》以及《经济与管理科学研究的思维之临界》，此处不再赘述。

进一步讲，拓扑结构并不简单地指个个体所形成的关系，而且还包括个体的行为状态以及个体之间的流大小，其实流也是由个体的行为所生成的，而流在系统结构中非常重要，这种流我们一般称之为资源流，主要分为有形资源与无形资源两类，也包括来自于市场范式下的利润以及社会范畴下的利益两种。并且，这流在拓扑结构中进行流动，必然会产生价值增量，从而实现系统的功能。这种流会产生不同的动力机制，使流按照一个特定的动力学流动，并实现系统功能。在流方面有一定的研究，对两个节点之间的流的变化成果更多。

退回来，让我们专注于节点关系所形成的图这一拓扑结构。这里我们关心的是节点的定义，这个节点到底是什么其实非常关键，是人、企业部门、企业、产业、行业还是省、国家，我们称之为不同的抽象粒度。如果研究城市行为，节点定义为人的话，这个粒度就显得太小了，但如果将城市视作节点，只能研究城市群的结构，对于单一城市行为则太大了。不同粒度所形成的拓扑结构差距还是很大的。如图 5 - 18 所示。

上图中的（1）空间粒度较小，可以看出满足无标度性的特征。但从（1）中也可以看出，如果采用粗粒化技术，①②③④可以抽象为一个节点 a，⑤⑥⑦⑧抽象为 b，⑨⑩⑪抽象为 c，结构就由（1）变成了（2），在（1）中所表示的无标度特征在（2）中则荡然无存，可见这种粗粒化技术对于系

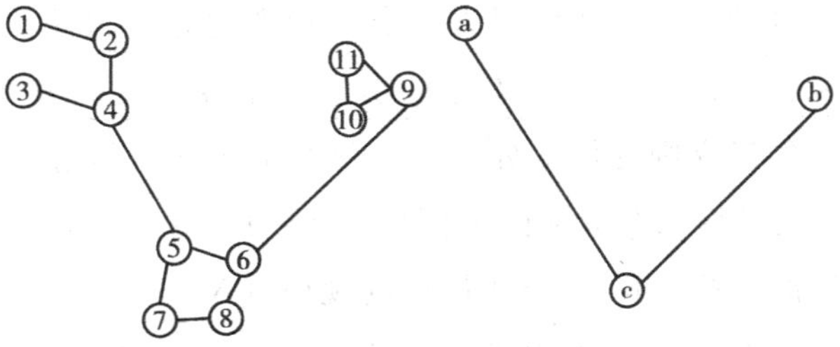

图 5－18　不同粒度下系统结构的简繁程度

统结构的特征具有很强的差异性。

比如，经济和管理组织的行为其实并不一定是组织的决策，毕竟在组织做决策时，只有极少部分人参与，跟大多数人无关。如果从企业这一粒度上对系统抽象，获取企业行为及其拓扑结构，立刻就会损失这一重要的细节，最后所得的结论就失真很多。

但粒度越细说明空间层级越多，计算就越复杂，当超过一定数量的层级，计算机就无法进行计算。

这个结构是固定的吗？答案是否定的。一个企业的合作伙伴必定会随时间的推移而随机变化，产业集群中企业数量与关系也在动态变化，大规模定制中零部件的数量及关系不断地变化。故此，可知经济与管理拓扑结构也在随机变化。如果仅仅考虑关系，则构成一个随机复杂网络，那么这个随机复杂网络与系统的功能有何关系，则变得更加有趣。到目前为止，我们所设想的问题变得深邃又有趣，复杂又准确。那么下一个问题则接踵而至：这个拓扑结构是有向的还是无向的？这个结构如何描述？其变化如何描述？

首先我们需要知道，在这个世界上，标量不存在，而矢量存在。标量不过是高维空间中矢量在低维空间中的投影。从这个思想上讲，拓扑结构，尤其是经济与管理的系统中，其拓扑结构是有向的，而无向的则是对称性前头的“浓缩”。其次，这个结构可以用度（包括入度、出度、出—入度、入—出度）的分布来表示，也可以用聚集系数、介数、强度来表示。而对于图来说，用邻接矩阵则可以描述一个图的形状，也简化了问题。对于图的参数来讲，其变化规律由对应参数演化的不变分布来表示。

结构的随机变化必然使经济与管理系统功能、性质及状态发生变化，而这其中的映射关系和非映射关系则表示了系统运行的内在规律之一，这也是科学家一直就想找到的答案。本书欲抛砖引玉，希望产生更大的结论。

5.6.8 经济与管理系统中的随机系统模型

——花自飘零水自流，一种相思，两处闲愁

前面我们谈论经济与管理系统的随机动态性、临界性，并提出了一个方程：

$$y(t) = f(x_{1,t-l_1}, x_{2,t}, x_{3,t+l_2}) + w \tag{5.11}$$

其中，x_1、x_2 和 x_3 均为时滞变量，其时滞期分别为 $-l_1$，0 和 l_2，也可以说 x_1、x_2 和 x_3 分别表示前行性因素/指标（特征向量）、一致性因素/特征向量与滞后性因素/特征向量。这种将时间融入到方程中，对于经济与管理系统特征的分析与发现，具有十分重要的意义。

不仅如此，我们还知道，经济与管理系统的动态性还意味着：①在一个阶段中，其关键的影响因素到下一个阶段，也许仅仅是可忽略因素。②滞后因素或许会变成一致性因素，换句话说，每个变量的滞后期也会变化。就第一个问题而言，我们有：

$$\begin{cases} X(t+1) = f(x(t)) + v \\ Y(t) = g(x(t)) + w \end{cases} \tag{5.12}$$

进一步来说，这个经济与管理系统的参数具有随机时变性，即系统的参数会随着时间的推移而随机变化。假设这个系统是线性的，则上述方程组会变成：

$$X_{m(t+1)\times p(t+1)} = A_{m(t)\times n(t)} \times X_{n(t)\times p(t)} + B_{m(t+1)\times p(t)} + w \tag{5.13}$$

那么，系统中的参数为什么会随机变化？其原因主要有以下几点：①系统结构变化。此方面的解释请查看《东方日出西边雨，道是无情却有晴——经济与管理的复杂性思维》《经济与管理科学研究思维之临界》《物是人非事事休，欲语泪先流——经济与管理科学研究中的动态性思维》等章节。②系统功能变化。经济与管理系统的功能会随着时间的推移而不断变化，从雏形、发展再到成熟，系统的功能变化的性质很强，功能的强弱体现在参数的大小及其变化。③系统的状态变化。系统是平衡的还是非平衡的，它们的因素及特征向量的差异性很大；系统状态的变化也可以表明系统是随机时变的。④环境的变化。经济与管理系统不是完全与外部融合的，而是有千丝万缕的关系，外部就成了其环境。环境的变化对系统造成很大的冲击：重大非常规突发事件的发生就会对整个经济与管理系统造成大的影响。比如说，新型冠状病毒肺炎在中国爆发使得政府采取隔离策略就出现物流困难、物质短缺、物价上涨等现象，比如地震会造成需求不确定——不知多少人生还，运输路线不确定——不知道路面是否会塌陷，供给不确定——不知能否筹措到足够多的资源，这些都会使得系统发生很大的变化。

参数的随机时变主要包括以下几种情况：(1) 参数按一个统计分布的特征随机波动。很多经济与管理系统都具有这种性质，比如特定时期的期货的供需、生活必需品（油、盐、水、醋）的需求分布，其参数大致满足这种特征。(2) 参数随机变化，但上确界与下确界是固定的。也就是说，参数可以随机变化，且不一定是同一个分布。但无论如何变化，都不可能超过一个区间。比如说，新产品的需求、大规模定制中产品需求，非常规突发事件下产品需求大都满足这种特征。(3) 参数是一个随机过程，且参数满足 ϕ - mixing 过程的特征。这种情况最复杂，它描述参数的是有记忆的进化过程，适用于绝大多数人参与的系统。比如刻画人类活动为主的动力学、博弈等，其参数一般都满足这个特征，新产品开发、产业集群、合作、供应链协调也满足这个特征。主要指的是系统中的参数具有自学习性、自适应性，且在学习的过程中受临近时间的影响更大。进一步说，在时间上越接近当前时间，受影响越大。这种随机过程特点的参数系统其实和经济与管理系统相近，但由于变化太复杂，至今仍很少在经济学与管理学中被重点关注。

从前述中可以看到，参数的这种变化还远远不够。更加贴近现实的是，系统中变量的数量并不一定是一个确定的数值，也会发生一定的变化。事实上，如果时间尺度很大，这一点表现更加显著，正如在前面所描述的那样。

既然这种随机时变具有普适性，那么就有很多问题期待着答案。比如说，这些变化的参数如何估计，参数变化的特征或规律如何判断，结构性变化（指变量增加、减少或替换）的周期如何判断等，都是其难题。

比较简单的方法为 LMS 算法，kalman 滤波也是一种比较不错的方法。这些方法对于 m,n,p 为一定值时比较有效。但当 $m(t) \neq m, n(t) \neq n, p(t) \neq p$

时，上述方法就有些无能为力。此时最为有效的方法便是 Multi - Agent 建模。详情请参考对应的内容。

在本书中，我们主要介绍其思想，对于其分析方法，将在另文中给予解释。

在前面，我们简单地阐述了随机时变系统模型的特征，在本书中，我们继续讨论这一问题。

在一般的经济与管理系统中，我们都会面临着集中不同的随机变化，比如说，系统中个体之间的相互作用是一个随机问题，环境变化也是随机的，个体行为变化的频率最快，个体之间的相互作用频率次之，而环境的变化最慢，他们的关系如图 5 - 19 所示。

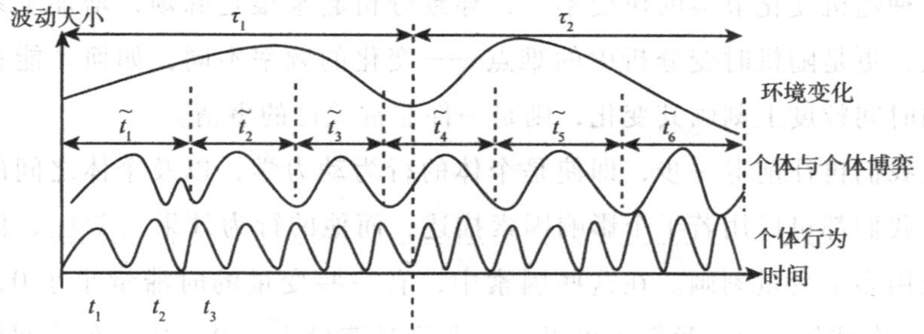

图 5 - 19　经济系统中相互作用频率的不同步性

可以看出，它们的变化频率并不一致，那么在这种情况下 t_1，t_2，t_3，… 可以压缩成一个个离散的时间 $\tilde{t}_1$，$\tilde{t}_2$，$\tilde{t}_3$，…，而 $\tilde{t}_1$，$\tilde{t}_2$，$\tilde{t}_3$，…可以压缩成一个又一个离散的时间点 τ_1，τ_2，τ_3，…，从这个意义上看，不同的时间尺度下，可以看到不同的结论，如果从 t 维度上看，只会看到个体行为的动力学，如果从 $\tilde{t}$ 维度上看，就可以看到经济与管理系统中的相互作用，如果从 τ 的维度上看，就可以看到环境对系统状态的变化，而实际上，要真正的读懂经济与管理的问题，则需要从这三个维度上看经济与管理系统的状态、特征及规律。

如果再深思一下，貌似会看到下列的结果，个体行为受环境影响——“环境”一词，请查阅前文，最终导致了个体行为的动态变化，这种变化我们称之为内部的、微观上的变化，当其在内部的，微观上的变化时，它会与系统中的其他个体发生着博弈，这种博弈的基础恰恰是内部的微观上的变化及其累积。换句话说，每一次的博弈，都需要系统中所有的主体去适应这种策略，无论他们做的准确与否，这种适应与行为的调整是必须的，否则，就会在“适者生存”“物竞天择”的规则下被淘汰，而对于环境的变化，自然对微观以及宏观的行为都有影响，这种影响只有在弄清了环境是什么之后，才可以弄清，但无论如何，我们都可以找到环境变化，对宏观博弈与微观行为调整的影响。

从直观上看，这种微观状态可以决定其宏观策略选择，而宏观策略，对于微观行为的影响也是明显的，而环境的影响则自然看成系统中个体与外部环境系统的博弈过程。

这种随机变化节奏的快慢不一，导致分析起来很是麻烦，增加了系统的复杂性，更是随机时变分析中的难点——变化的频率不同，如何才能在一个统一的时间粒度上刻画其变化，则是一件非常关键的事情。

让我们再往前退一步，即使是个体的行为动力学，以及个体之间的博弈方程，我们都可以用若干个影响因素描述，而他的行为效果（效应、价值），也应该用多个变量刻画。在这些因素中，有一些变量的时滞量小于0，有些大于0，有些等于0。我们也可以说，那些时滞量小于0，其实在前期就对系统有影响或提前对系统的属性有预兆，那些时滞量大于0，是“慢反应”，在之后才影响系统属性或反应系统属性，这在前面已有解释，具体的原因请参照对应部分。从某种意义上讲，那些先行的似乎充当与“原因”的功能，而那些滞后的，也似乎充当了“结果”的功能，此处的“原因”与“结果”并非真正的形成于因果关系，而是在时间上形成类似于因果的逻辑关系，是变量关系在时间维度上关系的体现。

从另一层意义上讲，这些时间维度上的“类因果关系”的变量形成于系统中个体行为，以及个体间相互作用关系的复杂性，兼之在不同维度上的“错乱性”及“异步性”这种复杂性之大可以想象。

其实，更加复杂的问题还没有谈及。在前面说过，不同维度上有时间的异步性，不同维度上，行为的周期不同，每一维度上的周期并不一定是确定的，从总体时间上看，这种周期变化应该是一个随机变量，也就是说，t_1，t_2，t_3，…是一组随机变量，$\tilde{t}_1$，$\tilde{t}_2$，$\tilde{t}_3$，…是另一组随机变量，τ_1，τ_2，τ_3，…也是一组随机变量。进一步，时滞部长 l_1 与 l_2 也应该不是固定不变的，是随机变化的。两种随机性纠缠在一起，这种维度便会放大。

这种复杂性很大，超过经典方法分析的能力，最起码数学分析技术对这个问题也无能为力，因此，需要有新技术对它进行分析，但若采用实验方法定性猜测，所得的结论又不深刻。从深层上讲，从数学的角度对这些实验、仿真、猜测的结果进行说明，不仅可以证明这些结果是科学的，而且还可以发现更多的，深层次的发现。在本书剩下的篇幅中，我们给出一种分析思路，仅供参考。

对于多维时间的异步性，我们可以将频率快的维度上一个周期压缩成一个时间点，然后取其统计特征变量中的某一个，比如均值、最大值、最小值，作为其值，然后进行分析，就可以纳入到大的周期中行为的分析中去了。

对于时滞周期的随机性来说，我们可以假定在一个不太大的时间范围中分析，此时，时滞的周期是基本上固定的。如果在较长的时间范围中看，这种时滞期的随机性则比较明显。此时，我们可以做一些假设，比如假设他们慢时变，或假设他们满足 $\alpha-mixing$，$\phi-mixing$ 鞅差序列、马尔可夫等的特征，这些假设可能与现实不太相符，但总算往前走了一步。

不仅在时间维度上具有随机时变性，在空间上也有这种属性。这种属性在前文已有解释，此处不再赘述。

我们希望经济与管理科学研究更进一步。

前文中曾经就时间的重要性进行分析，并就在此意义上的所产生的随机时变模型进行了简单的分析。那么，还有一个非常重要的问题需要分清：在经济管理中，时间是否像时钟一样，一步一步的按照所规定的步骤，按固定的节拍往下走呢？它会不会一会儿快，一会儿慢呢？

在图 5-19 中，我们曾经根据事物变化的特征，对时间进行了标度，这种标度技术展示了时间推移的不均匀性与变速性。其实我们用频域来描述这个更好——假设我们将一个周期时间上的变换放于频域中表示，它就变成了均匀变化的了。这一技术我们可以称之为傅立叶变换。但在此处我们不讨论频域上分析问题，先讨论时域的非均匀性。在管理与经济中，我们经常会有一种感触，在一定的条件下，我们觉得时间太仓促来不及决策，但有的条件下我们就会感受度日如年。

那么我们就会有一个基本的问题，时间是如何前行的？沿着一条直线走的吗？显然，这个思路有问题，因为我们试图混淆时间域与空间域的关系，试图在空间域中解释时间的问题。

回到原问题，时间在经济与管理中是如何前行的？刚才说过，肯定不是均匀变化的，而是非均匀变化的，这时，对时间的重新标度意义就很大。

前文中，曾经说过时间前行的事情，那么这种前行是否意味着时间是一种矢量，而不是我们认为的标量。事实上所有的在低维中的标量，从高维上看都应是矢量，是矢量低维空间投影过程中将方向给弄丢了。

不妨假设，我们都弄清了这个概念，时间是一个矢量。那么，要么它在高维中的行走一定不是均匀的，不过投影到低维中是均匀的；要么在高维中行走是均匀的，投影在低维中是非均匀的；要么在高维是非均匀行走，投影到低维中也是非均匀的。举一个例子，假设在二维空间中时间均匀行走，那么投影在低维空间的便是非均匀的，表现为 $\cos \omega t$ 的形式，如图 5 – 20 所示。

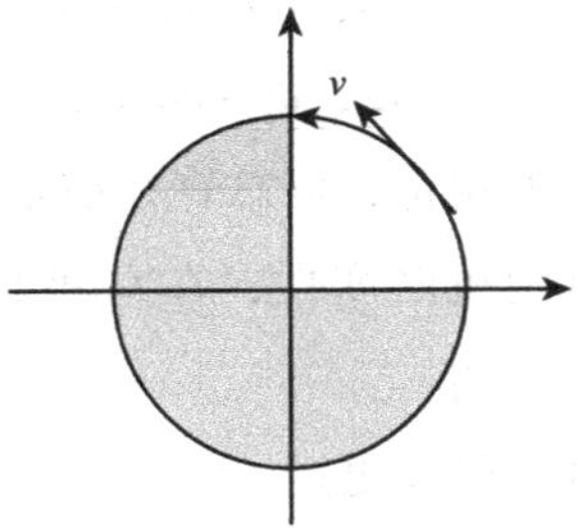

图 5 – 20　高时空维度向低时空维度的投影

如果它的速度在二维中为 $\arg\cos \omega t$，则在一维中的速度为匀速的，这种非均匀的变化从低维空间看，确实是均匀变化的。

对于经济与管理的科学研究，尤其是需要我们洞悉问题本质，凝练经济与管理问题的科学问题以及解决问题关键所在之时，的确应该先将问题升维，在高维中看低维的问题往往比较透彻。对于问题亦是如此，举个例子来说，对于风险而言，我们发现一个现象，它并不随着时间均匀分布，而是一开始很不起眼，甚至我们可以将其忽视不见。但当超过一定的时间之后，我们便发现这种风险会突如其来，让我们觉得这个时间变得异常宝贵，似乎每一分钟都非常重要，这种非均匀变化的现象，也许在高维中便是均匀的。

进一步而言，这种随机时变性在高维中也许就不会是确定性的系统，可以将在低维中的标量转换成高维中的矢量——其实，哪里有标量这个东西，无非是矢量的一种特殊表现形式而已。为方便起见，我们从二维中谈论这个，在二维中当矢量为双向时，便成了标量。如果在高维中，我们可以消除这种时间的不均匀性，将时间维度的不同步性以及粒度的异构性消除掉，当然就比较好了。

对时间进行标度、重整化群，的确可以有效地处理这一问题。重整化群指的是一个在不同长度标度下考察系统变化的数学工具。它与标度变换和共形不变性的关系很密切。共形不变性包括了标度变换，它们都与自相似有关。通过重整化群理论，系统在某一个标度上自相似于一个更小的标度，但他们的参量值不同。重新审视在前文中提到的经济与管理系统在多个维度上时间的变化特征，我们通过重整化群来解决这一困难。

然而，这种重整化群的技术对于经济与管理的科学家来说稍存些难度，因此，有一些所谓的科学家就说了，重整化群是数学中的事情，并非经济学和管理学中的知识，认为这个“超纲”了。我之前也遇到这种“专家”，对于提出的新理念、新思想、新思维、新方法具有很强的排斥性，这种“创新锁定”的思想会严重地阻碍学科的发展。

之前，物理学家在重整化群时，一般都不会对时间进行重整化群，而是将目标关注在“空间”维度上（此处的“空间”表示空间以及一些序参量——标量或矢量）。其实，这种自相似不仅在空间域中发生，而且在时间域中也常常发生——我们不妨假设时间不是均匀变化以及时间粒度的选择具有多粒度性——在多个维度上以大小不同的粒度在变化。

在中国的古代神话传说中，这种理论经常存在，比如说“天上一日，地下一年”，可见其粒度的多样性。那些神仙由地上到天上，或者从天上下凡，也许正好是时间的扭曲——时间非均匀变化，不过人们没有感受到这种非均匀变化，当事者有意或无意的对时间进行了标度，从而体现的感觉是均匀性变化。

为什么我们非要说这个？除了上述的理论之外，我们举一个例子，假设我们分析的国家经济景气度，我们会按一定的指标对很多个产业进行测定。现在问题来了，对于股市来说，我们是按每分钟采集数据还是按一天来采集数据。同样的，对于商业来说，如何采集数据，对于农业，我们采集的数据次数就很少。无论如何，我们只能采集一个区间的数据，不管这个区间有多大。这个区间中，我们可能采集的是统计结果，比如说均值、最大值、最小值、中位数等。从这里可以看出，他们的区间大小不一样，倘若非要放入一个系统中，显然就很不准确。即使对于股市的变化来说，不同的时间尺度上测出来的股市状态也有很大的差异性。这种依赖于测量时间长度的系统很有意思，值得我们思考，到底在哪一个环节出了问题：明明是同一个事物，观测时间不同，结果怎会有如此大的差异。其实这个真的与时间有关系。在经典的研究中，我们要求不随便改标，按一个固定的时间长度观测系统并得到规律。不过，不同的学者所选的时间标度不一样，想要得到普适性的规律。看来，重整化群是一个非常有效的工具。

在时间重整化群之下，系统随机时变性会弱化。其实这种随机性还可以理解为来自时间的随机性——观测时间的不确定性所导致。听起来有些不可思议，但从高维中看，也许是这样。

除了重整化群的方法之外，我们还可以考虑傅立叶变换，也就是说，我们可以暂时放弃时域中的随机变化，而从频率的角度考虑经济与管理系统的状态与性质。傅立叶变换，也就是将满足一定条件的某个函数表示成三角函数（正弦和/或余弦函数）或他们的积分的线性组合。只要这个函数能表现出一定的特征，我们就可以将其进行转换。比如设 $f(x)$ 是一个周期函数，$F(w)$ 是 $f(x)$ 的像函数，$F(w) = \mathscr{F}[f(t)] = \int_{-\infty}^{\infty} f(t)e^{-iwt}dt$ 称之为傅立叶变换，$f(t) = \mathscr{F}^{-1}[F(w)] = \frac{1}{2\pi}\int_{-\infty}^{\infty} F(w)e^{iwt}dw$ 称之为傅立叶的逆变换，其中 $e^{it} = \cos t + i\sin t$。图 5－21 是几个傅立叶变换的例子：

通过傅立叶变换，我们可以轻松地将非线性的系统转换为线性系统，如图 5－21 所示。在图 5－21（a）中，我们可以看出系统在时域中是一个非线性周期函数，经过傅立叶变化之后，可以看出在频域中是一个线性周期函数，这就在很大程度上降低了分析的复杂性。在（c）的混合域中，可以找到系统变化的更多有趣的性质。可见，傅立叶变换的意义非常重大。

傅立叶变换在概率论、组合数学、经济学、管理学中皆有建树。通过傅立叶变换，可以将时域上的信号转换为频域中的信号。随着域的不同，对同一个事物了解的视角也不同，在时域中不好处理的一些事情，在频域中则容

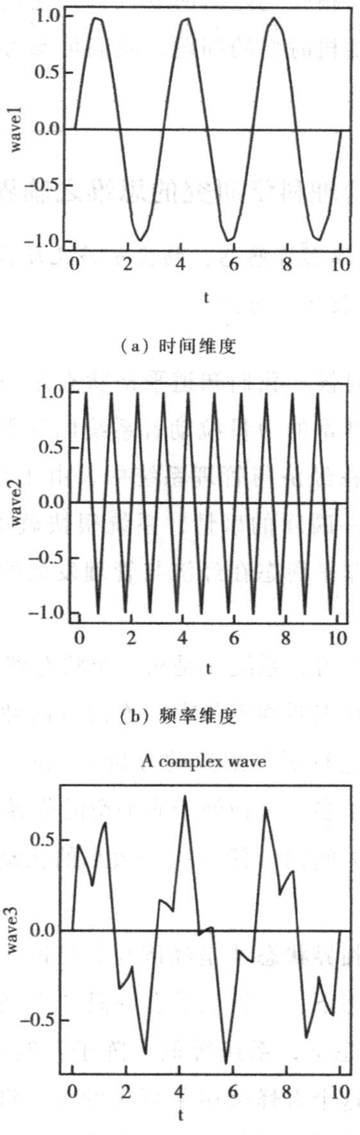

(a) 时间维度

(b) 频率维度

(c) 混合维度

图 5-21　傅立叶变化——时域与频域上系统的不同性质

易处理。关于傅立叶变换的相关知识，在此不再赘述，请有兴趣的人参考专业知识。我们只需要知道，在时域中很多杂乱无章的现象，在频域中便出现了很强的规律性。

经济与管理系统具有很强的随机时变性，在建模的时候，我们一定要考虑这一特征。关于结构随机时变的问题，我们可参考自适应系统模型和复杂网络模型相关部分。

5.6.9 经济与管理科学研究的思维之临界

——闲云潭影日悠悠，物换星移几度秋。阁中帝子今何在？槛外长江空自流。

之前我们在学习的时候，我们知道平衡状态是一种常态，只要系统偏离了平衡态，它总有一种神奇的力量拉动着系统回到平衡态，因此说，平衡是一种常态。但实际上，在经济与管理系统中，由于系统的动态性与随机性，平衡极不稳定，也就是一瞬间的事情，系统很快就由平衡态转向非平衡态。从总的发展意义上讲，非平衡态在经济与管理发展的历史长流中，占据了主要的地位。

从系统演化的过程中看，系统总是从一个状态到另一个状态，循环往复。在这个过程中，有一种状态叫临界状态，连接着两种不同的状态（或更多的状态，在后文中我们将进行更加细致的分析）。在这个状态上，各种可能的状态发生的概率几乎差不多。这种处于非平衡的临界状态绝非一个固定的点，而是一个区间。在这个区间内，任何一个微小的扰动，都会使系统毫无征兆地转向另一个状态。

从这个意义上讲，临界状态才是经济与管理的一种常态，绝大多数情况下，系统都处于临界状态下。并且似乎有一只“奇怪吸引子”拉着系统到达了临界状态。在临界状态下，系统徘徊一阵子，然后就漂向了另一种状态。一旦远离了临界状态，这个奇怪吸引子再次发力，将经济与管理拉到了临界状态。故此，临界状态才是一种常态，因为非平衡态常在，而昙花一现的平衡态不常在。

其实我们的经济与管理正是这么一种特征，在平衡态下，几乎所有的现象都有其比较成熟的理论对其解释，然而在非平衡态下，几乎所有的现象都难以找到合理的理论对其解释。前一段时间我碰到一位经济学家，他就抱怨说，经过验证，很多经典的经济学模型在中国都失效了。我给他讲了一个事实：经典的经济学模型所适用的条件都是经济系统处于平衡状态的。在一个平衡状态下，经济系统运行的关键因素是“固定”的，这是系统运行的根本动力所在。然而，一旦系统处于一个状态到另一个状态转换的临界状态，我们称之为势均力敌的状态，此时，那些关键的因素都势均力敌了，很难做出大的贡献了，而那些平时被我们忽视的那些平衡态下微不足道的因素则会决定着系统的发展。显然，在临界状态下，经济学的理论是空白的，需构建，这也应是经济与管理学家所面临的一个重要课题之一。

由于存在着状态的切换，在临界状态，那些表面上和直观上很不重要的因素将会主导经济系统管理系统的演化过程。这就意味着在总的演化过程中，随着系统由一个平衡态下降/上升到临界状态，然后迅速切换到另一个平衡状态中，系统中的作用力也由在平衡态中所识别的“主要力”切换到“次要力”，然后再回归“主要力”。这个过程将一直重复循环往复。那么，在临界区中，经济与管理系统到底满足何种规律才是我们关注的。

可惜，在经济与管理科学界，鲜有人有这种思维。科学家要么因为懒惰，不愿意考虑临界状态下经济与管理系统的性质，而硬是用在平衡态时的性质“套用”在临界状态上，或许他们发现了不正常，也是因为懒惰而不愿意深究其原因；要么因为洞见不够，看不到临界是不同状态的“夹生饭”，仅仅通过证明或证伪满足一下自身发表论文、获取功利的愿望。

让我们退回到最简单的情形，以水为例，对于一杯水，水的表面分子密度小于内部密度，但大于水蒸气分子的密度。水表面密度小，从而形成表面张力，但由于水分子的布朗运动，总有一部分水分子的密度大于周围的分子，这些大的，将以水的状态存在并沉于水杯中；那些密度小的分子将会逸出，逃到空气中，从而变成水蒸气分子。这种变化当且仅当水的温度达到100℃时才会出现，故此100℃的水的那个状态——沸腾的状态，显然，这个状态是不一样的。在经济与管理中，这种临界性则常常存在，比如谣言的散布、产业的突然崛起、股市的暴涨暴跌——在临界状态下，一切的结果都表现得突如其来，其实就是在几种状态下的等概率选择的其中一种而已。

让我们画一个示意图，说明这一问题（见图5-22）。

其中，(C_1, C_2) 是临界区，而 C_0 是明显的临界点，在 C_1 之下，系统是A相，在 C_2 之上，系统则处于B相。可以看到，临界区其实也可以看成两个

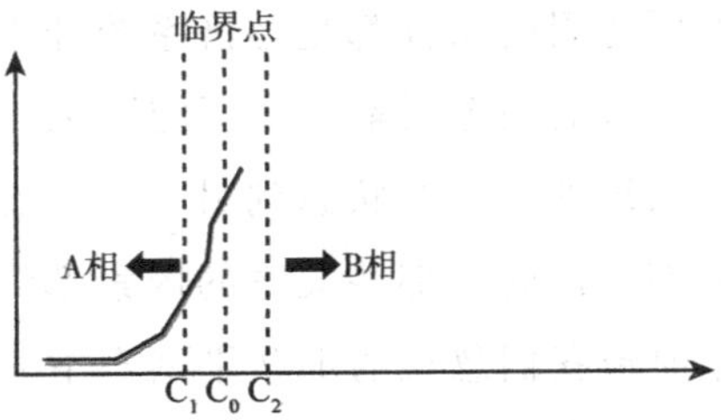

图 5－22　系统临界相变及其接续状态

相之间的“连接状态”——从 A 相到 B 相或从 B 相到 A 相的中间地区，这个区域中，越靠近 C_1的状态，性质越接近于 A 相，越接近于 C_2，性质越接近于 B 相。如果这个假设成立，我们可以知道，其实临界状态也不是一个点，它总存在一个域，这个域导致了不同相的变化，如果我们知道这个域中经济与管理的临界状态及其渐变的过程特征，就很容易弄清楚系统的性质。

经济与管理系统是两相的吗？显然不是，应该是多相的。也就是说，一旦经济与管理系统处于临界状态，它可能向多个方向发展，而不像我们在前面说到的两个相中徘徊。多相表明了经济与管理系统的随机性与多样性，而这种多个等概率选择时，系统中的微观层面的结构、性质的微弱变化才是其转向后转向何方的关键所在。少数派胜利的条件就是系统中多个文化平衡时，少数派的变化改变了系统的结构，从而导致系统性质的变化。

如果采用极限的思维，将临界区域放大到足够大，我们就可以看清其变化规律，这不仅需要在思维上的革命，更需要有足够的耐心，一个小区间接一个小区间地去试验、研究，然后将其由离散的性质转化为连续的性质变化，并找到最终的规律。

前面在讲，在临界状态下，一个微小的扰动将会导致系统性质发生一些突变，其主要原因是对系统的微观结构和功能进行的微观的改变而导致的失衡。对于经济学家与管理学家来说，如何以最小努力量使得系统超预期目标发展则是一个不错的方向，“最小努力量”在未来也必将成为一个前沿问题。

然而，事情并不是这么简单，如前所述，我们的“经济人”与“管理人”的行为远远复杂于物理系统中的粒子，这就意味着非平衡统计物理中的相关理论在经济学和管理学中失效。尽管近年来所兴起的“经济物理学”在此领域中有所突破，然而最大的问题却并未解决——非理性行为——无论是个体的非理性还是群体的非理性行为的刻画，目前都没有一个准确的定义，这就给研究带来了极大的障碍。我们在此处不推崇从用粒子代替 Agent，毕竟 Agent 才能在某些限制下对某些非理性行为进行刻画。因此，我个人认为 Agent为核心的临界研究时代，并不远矣。

临界思维虽然朴素，但其内部的推算异常复杂，融合了多门学科的知识，如管理学、经济学、数学、计算机科学、社会学、生物学等，这种分析的复杂性让科学家望而却步。在本节中，我们仅仅点出这一思维的重要性，未来的路还很长，希望本书对经济与管理科学研究有抛砖引玉的作用！

上文中，我们谈到了经济与管理中的临界，说明了临界在经济与管理学中的普遍性以及基本的特征，也粗略地说明了临界的大致分析思想。在本节中，我们就这一临界现象进行进一步的分析。

从一个相（一种均衡状态）到另一个相（另一种均衡状态）的过渡并不是缓慢进行的，它们中间存在着一种过渡的状态，我们称之为接续状态和临界状态。在临界状态中，事物的相变是突然的，甚至是毫无征兆的，在前面的分析中，我们认为是处于非平衡状态中的系统中，有一些原本在平衡态中微不足道的“力”的变化导致平衡的破坏，从而使系统从一个相突然变到另一个相。

让我们退一步，退到物理领域。在物理实验中，“渗流现象”也经常发生。取一杯洁净的水，我们逐渐往其中滴入墨水，一开始无论如何滴，水洁净如故，但突然在某一瞬间，使得颜色突然变成了墨水的颜色，在此之后，水的颜色只是由浅入深的变化。这其实也验证了一个哲学理论，从量变到质变的过程中，当且仅当量变的积累达到度，就会突然发生质变现象。从微观上看，墨水的例子，对水分子的污染是按照一个概率进行的，这个叫作相互作用，这种相互作用下，个体的行为会在群体中传播，最后扩大到全体。当系统中的一定数量的个体被污染后，系统中突然出现了联通的大组分，一旦这种联通的组分大小超过一个值，我们从宏观上就可以看到系统的质变现象。

举个例子——产品的价格是如何形成的？假设系统中（市场中）有若干数量的同种产品，有消费者前来交易，在买与卖的过程中信息产生，并在顾客与商家之间传递，然后就开始平均。当这种平均质在市场中扩散到一定程度，执有平均价格的商家将会形成一个又一个的大组分，当这种大组分的大小超过一个特定的阈值时，市场中就会涌现出一个特定的“平均价”，从而价格形成。平均价将拉高那些过低的价格也会压低那些过高的价格，这就是临界的作用——大组分下的“同步”效应。

“相互作用”是个体行为与群体行为微观行为与宏观行为之间的桥梁。唯有相互作用，个体与个体之间会有联系，一个个体行为将会由相互作用传到下一个个体行为，个体的行为通过相互作用才会对群体行为形成影响。举例来说，在股市中，各个股民在进行股票的交易，一旦买进某一股票的人构成连通的大组分，达到临界状态，临界暴涨的条件将得以满足，只要再多一点买入，股市便会暴涨。暴跌则是反面的事情——物极必反，讲的也是这么个道理。

这种相互作用既有有形的，也有无形的。在经济与管理系统中无形的相互作用居于主流。比如说——产业聚集，事先由少数企业在某一区域中经营某产品，随后有一些企业陆续加入，当达到产业聚集的临界点时，这个聚集行为不仅自发并且极其凶猛。新技术的扩散亦是同理，这种相互作用背后所隐藏的力是来自市场范式下的利润与来自社会方式下利益的综合，并且这种利益具有 Agent 所满足的所有性质。

无论如何，不管形式如何，这种力确确实实存在，并且约束了 Agent 的行为，让我们不能胡来，现在的问题是这种力如何影响其他人的行为？这将是一个非常重要的科学问题。

统计物理中关于粒子的相变理论十分丰富，他们大多假设这种力以一个概率的形式作用给他们的邻居，对于邻居的邻居则无暇顾及。这貌似与我们在前面所提的博弈半径的思想相差甚远，但毕竟从最初时的角度解释了这种相互作用，这种概率也表现出无选择性以及无差异性的属性，也就是说他认为周围的粒子是同质的，因此以等概率的情况与邻居们发生作用，从而计算出同种行为形成临界大组分的基本条件，也可以推算出大组分的分布特征。

在这个方面，Ising 模型在规则系统中表现了非常卓越的成果。这一模型也被外推到了不规则图中，从而形成了 Vicsek 模型。这两个模型都是非常优秀的模型，解释了自然界的很多的临界现象，值得我们借鉴。

然而，如前所述，在经济与管理系统中人的行为远复杂于物理系统中粒子的行为。行为的智能性、随机性以及多样性使得概率表现出有选择性以及有差异性。显然，Vicsek 模型更加接近一些。但无论如何，这些模型都需要修订，才吻合经济与管理系统的属性。

在临界状态上，经济与管理系统具有很大的活性、创新性。原因很简单，它的发展具有多向性以及初始条件的敏感性，当处于临界状态时，微弱的扰动将导致系统中的行为产生根本性的反转，少数派的胜利也就是这个条件下的结果。

正因为如此，对临界条件的研究以及临界状态下系统属性的研究就显得至关重要，这将是经济与管理科学研究的主要内容之一。

如何判断一个经济与管理系统处于临界状态，显然是一个非常关键的科学问题。并非所有的系统在任何时候都是临界的，对于临界状态来说也不是一个点，而是一个区域，如前文所述。为了更加清楚地说明问题，我们还是愿意用接续态这个术语，其含义在前文中已有说明，此处不再赘述。以两个相为例，由一个相连续变化到另一个相的一个渐变过程，故其上确界与下确界的确定，则非常关键。实际上，这个区域下，容易发生不连续相变，其微观机制中隐含着“强不连续”和“弱不连续”的概念。一般来说，在渗流演化过程中，由单条连边引起的最大连通分支尺度变化与系统尺度比值在热力学极限下为一非零常数，那么该渗流模相变为“强不连续”相变，否则为弱不连续相变。

在临界性思维下，科学家认为经济与管理系统极易进入临界状态，并且略微一点点努力就可以改变系统的属性，其度的分析也是研究的主要科学问题，临界的思维并非上述单调，还有很丰富的内涵，在后文中我们将继续阐述这一思维。

当经济与管理系统处于临界状态时，系统的属性非常重要。一般来讲，系统的状态何去何从，直接决定了管理（控制）的策略，不同的方向，策略则大不相同。让我们看一下临界状态的演化图（图 5 - 23）。

假设下面为 A 相，上面为 B 相，中间为临界区域。当系统在 t_0 处于临界状态时，系统的发展将有三种方式：Ⅰ突然以迅雷不及掩耳之势切换到 B 相；Ⅱ突然失去增长的势头，返回 A 相；Ⅲ在临界状态中徘徊。

可以看出，一旦经济与管理系统到达临界区域，将在等概论出现这三种情况，故此，需采取对应的策略。如果希望增加这种势头，就选择曲线Ⅰ的

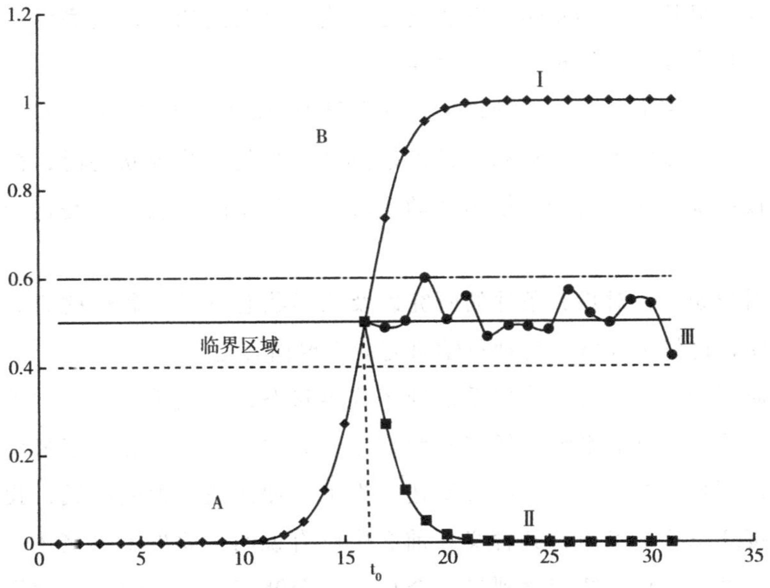

图 5－23　临界状态上系统状态可能发生的三种变化

诱导；如果不希望这种现象出现，就选择曲线Ⅱ的控制；如果是希望在临界状态上，则需要将系统调整至临界状态Ⅲ。

临界状态，一定是几种“力”处于平衡状态的一种非平衡状态，类似于图 5－24 所示。

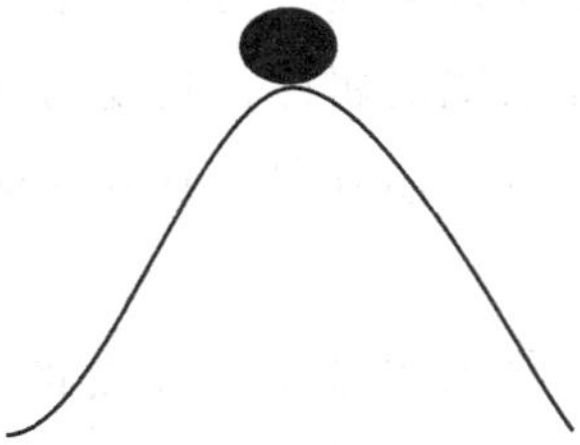

图 5－24　系统的非平衡稳定性

图中的小球就类似于临界状态，任何一丝风吹草动，将导致旧有平衡被打破。小球要么跑到左侧，要么滚到右侧。它的走向完全依赖于环境，似乎与之间的平衡力关系不大。

设定临界状态的目标，并能以一个最小努力量使得系统偏离临界状态，并自发实现预设目标，是每个科学家的梦想。然而，现实是残酷的。在临界状态下，系统的走向呈现出随机性的特点，这种策略很难选择，也可能出现事与愿违的结局。

那么，最根本的应该是了解系统中各个 Agent 行为的细节——看其结构的情况。下面，就介绍这种思想：

前面讲过，在处于临界状态时，系统在不同行为的 Agent 会在“物以类聚，人以群分”的性质下，聚集成一个又一个连通的大组分。为简单起见，我们不妨假设系统中仅有两种相反的行为，那么系统中将涌现出若干个不同性质的行为大组分。此时，分析两种行为所形成的大组分的分布特征——大小的分布特征。一般情况下，它们将满足幂律分布，根据幂指数的特征，可以知道往哪个方向发展更容易一些，从而可以有可能预知系统中的发展情况。

并且，我们还可以根据这两种行为转换的机理，根据在临界状态之下，两个不同群体行为中的影响因素的变化情况，从细节上确定出系统的发展趋势。更进一步说，我们以 x 表示一类人的行为所占比例，以 y 表示另一类人的行为所占比例，则有：

$$\begin{aligned} \frac{\dot{x}_i}{x_i} &= \beta_X(R_i^X - R^X) + \alpha_X(H_i^X - H^X) + \omega_i \\ \frac{\dot{y}_j}{y_j} &= \beta_Y(R_j^Y - R^Y) + \alpha_Y(H_j^Y - H^Y) + \omega_j \end{aligned} \tag{5.14}$$

其中 β 表示 Agent X 与 Y 的行为自适应水平，而 α 表示 Agent 的学习能力，R 表示 Agent 的行为强化能力，H 表示 Agent 的熵，而 ω 表示噪声。可以看出，在临界状态时，不同 Agent 的行为在更大程度上取决于环境 ω 的影响。可以根据这个方程，推算出行为将会朝着哪个方程发展。

既要考虑 Agent 的行为分布，又要考虑 Agent 的分布——大组分的性质。上述方程则显得心有余而力不足。而此刻，在前文中曾提到的 Ising 模型或 Vicsek 模型则可用到。然而，这个模型并不是说直接应用，因为经典的 Ising 模型或 Vicsek 模型仅适用于粒子而不是 Agent，毕竟 Agent 的行为远复杂于粒子，且相对作用的规则亦是同理。故此，当且仅当对这两个模型进行修订，才可以适用于经济与管理系统。下文中，我们将针对这两个模型进行粗浅的分析。

Ising 模型是一类描述物质相变的随机过程模型，物质经过相变，要出现新的结构和物质。Ising 模型所研究的系统由多维周期性点阵组成，点阵的几何结构可以是立方的或六角形的，每一个阵点赋予一个取值表示自旋变数，即自旋向上或向下。Ising 模型假设只有最邻近的自旋之间有相互作用，点阵的位形用一维自旋变数来确定。常见的二维 Ising 模型示意图用箭头方向表自旋方向。二维 Ising 模型中，任意 Ising 点的状态 $P(s_i)$ 可有 ±1 两个取值，并仅受到其相邻接点的影响 $P(s_i) \propto \exp\left(\frac{1}{2}\varepsilon\sum_i\sum_{j\in B}s_is_j + \sum_i b_is_i\right)$，式中 B 为与 s_i 相邻接点的集合，求和项 b_is_i 称之为外部场，ε 是模型的参数。当 $\varepsilon>0$ 时，随机场所有点的正负相同；当 $\varepsilon<0$ 时，随机场中所有点的正负相反；当 $\varepsilon=0$ 时，点与点无相互作用。

而 Vicsek 模型超越了 Ising 模型中点阵所形成的规则图，它变成了不规则图。一个点可以与不固定数量的其他点相互作用，此时 B 是一个随机变量，其余的本质上 Vicsek 模型与 Ising 模型差不多。

从上面可以看出，无论是 Ising 模型还是 Vicsek 模型，都难以满足我们所分析的经济与管理系统，故而需要修订、修订的切入点主要为：

①人与人（经济人或管理人）的关系在随机变化，并不是固定的。这种关系的变化是一个随机复杂网络。

②人与人之间的相互作用是复杂的，它所满足的“转向”可以用博弈来解释，尤其是个体的行为时多样化的，策略是随机的、自适应的。并且，人与人之间的博弈可能是合作的或是非合作的形式。

③每个人的行为不仅由其邻居决定，而且还会受到邻居的邻居行为的影响，这种间接作用不可忽略。

④关于环境，也应给予修改。环境不仅包括系统外的环境，而且还包括每个个体博弈半径内其他个体的平均行为，包括自身的历史行为，这种环境对个人行为有很大的影响。

⑤关于扰动。在经济与管理系统中，扰动十分复杂，时机、干扰、结构等都对系统属性有影响，故此，扰动需要精细化。

修订后的模型有十分广泛的应用空间，是一个非常重要的模型。具体的，请参见 Ising 模型、Vicsek 模型的相应部分。

然而，可惜的是，目前在经济与管理学界，科学家过于专注那些经典的模型，对于这些处于非平衡的临界现象的关注度不够。这块领域尚需进一步的研究。

5.6.10 个体相互作用涌现的社会群体行为及其复杂性的实验研究方法

——秋千巷陌，人静皎月初斜，浸梨花。

5.6.10.1 前言

个体之间的相互作用会导致系统涌现出非常复杂的现象，其中最为重要的一个就是能够涌现①出不同行为特征的群体，这些群体内的个体行为基本上趋于一致。这种涌现现象非常有趣：从微观上看，随着时间的变化，这些群体结构及行为不断变化；但是从宏观上看，这些群体的结构及行为的统计特征比较稳定②。进一步而言，系统的功能受制于系统的结构与环境属性，但反过来，系统的属性也能反作用于其结构与环境，他们之间存在着双向的正负反馈关系。鉴于此有趣的现象，这种涌现的形成过程以及个体行为导致的群体行为的性质就显得非常关键，这一领域是系统学研究主流问题之一。

学术界对这一类问题进行了比较深入的分析，由于问题的复杂性，很难得到一个普适性的结论。目前主流的研究方法是针对某一特定的问题，如谣言传播、交通拥堵、火灾发生下的疏散、逃税等，科学家构造了相应的 simulation 模型，然后模拟各种条件下群体行为的状态及演化规律。然而遗憾的是，现有 simulation 的核心理念是一种目标驱动的研究方法，也就是通过有监督学习的模式分析各种已知现象的发展变化情况，而不是通过实验发现这些

---

① 系统学中最简单和基本的原理是系统的结构与环境共同决定系统的功能。当然，系统功能反过来也会影响其结构和环境，他们往往是相互影响的双向关系。系统环境包括自然环境与社会环境，系统结构包括物理结构与信息结构，不同时空尺度和层次结构一般对应不同模式和功能。系统功能一般不能还原为其不同组分自身功能的简单相加，故称之为“涌现（emergence）”，它一般是在时间与空间中演化的。在给定环境条件下，系统的结构可以唯一决定功能，但反之一般不然。——郭雷．郭雷：系统学是什么？https：//mp. weixin. qq. com/s? __biz = MzA4Njk3NjAwMg == &mid = 401915739&idx = 1&sn = 59d721107448fa140b87c104db5d1f9f&scene = 1&srcid = 0329OlEGZ2VmugMEGelDa7PD&pass _ ticket = TSp4BdhLeh3IDiukeJ1yq4KFoYlLyudKsfvtGf5D4ZklM5t7P%2B78z2lhPM0wsv23#rd。

② 这里的“观”在有些文献中称之为“粒度”，实际上是指系统抽象的粒度粗细程度。越细越能从细节上描述系统的属性，但太细的话，分析的难度很大，也有可能通过现有的分析手段无法得到适宜的结论。一般来说，就某一个特定的问题来说，不同的粒度分析得到的结论应该有一定的差异。反之，如果结论与粒度无关，说明系统满足无标度特性。

事件未知的规律[①]。鉴于此，本质上按照无监督、无目标的学习模式对各种问题进行探索性分析的 exploratory computational experiments（探索性计算实验）研究方法受到了更大的重视，这种研究方法试图通过大量的实验，发现在某些条件下研究对象所出现的必然性以及偶然性的现象，以及这种现象所对应状态与性质的演化规律，具有更强的发现科学现象、发现科学规律的功能。对比之下，显然后一种的科学价值更高一些。为了更加明确地理解本书的内容，我们先给出几个基本的概念。

定义 1　经济与管理所对应的组织可以抽象成满足以下特性的复杂自适应系统：

（1）存在足够多的子系统（sub - system），使得在空间维度上：

①从宏观上看，子系统半径足够小，使得系统中存在足够多的不同群体在相互作用；从微观上看，子系统半径足够大，使得每个子系统中存在足够多的个体在相互作用；

②从宏观上看，每个子系统中个体的数量与结构相对静止不变；从微观上看，每个子系统中的个体在子系统间随机运动，从而导致子系统中个体的数量与结构动态变化；

③不同子系统中个体间的相互作用为非合作博弈，同一子系统内个体之间的相互作用为合作博弈；

（2）存在足够多的短时间尺度（time - scale），使得在时间维度上：

①从微观上看，这一时间尺度足够大，使得个体在这个 time - scale 中有足够多的时间调整自己的策略，以满足系统状态及性质具备从量变到质变的转换条件；从宏观上看，这一时间尺度足够小，使得系统有足够多的时间尺度去演化，从而“涌现”出多样化、异质化性质的群体，从而使得系统属性呈现出有趣的演化规律；

②短的 time - scale 中，个体在与其他个体进行着复杂（合作或非合作）的相互作用，个体在其固定的局部结构中通过调整策略参数（包括调整资源结构及控制变量）的性质与大小来实现自身收益的最大化，其行为性质表现为随机博弈（例如，随机自适应博弈、随机微分博弈、随机量子博弈等）；

① 从某个意义上来说，就是对已知现象或经验的一种验证，本质上属于证明。

在多个 time - scale 构成的 time - scale 序列中，个体行为主要表现为选择合适的博弈对象以及如何从博弈对象那里获取最大的收益，表现为在 time - scale 序列中，优先连接机制可以保证 Agent 选择理想的博弈对象，以及通过学习、复制、交叉变异等机制使得优秀的策略能够被实施并转化成对应的预期收益；

③在任意一个 time - scale 段中，系统结构保持不变，在确定的局部结构中个体与其他个体进行合作/非合作随机博弈，直至系统状态达到相变临界点，这时个体行为、环境的微弱变化则会导致系统结构发生变化，演化时间切换到下一个 time - scale。随后，系统中个体在下一个 time - scale 对应的确定结构中继续进行合作/非合作随机博弈；

④在多个 time - scale 构成的 time - scale 序列中，通过相互作用①，个体可以自适应地修订自身的策略，甚至是将自己的行为转向完全相反的方向。

实际上，个体行为的性质并非一成不变。一般的，系统中个体行为呈现出多样化的属性，并且这种多样化在相互作用过程中会“变性”②。考虑到这种行为的多样性与随机性，整个系统中个体与群体的行为变得非常复杂有趣。进一步而言，这种个体行为属性的多样性与随机性具体可以描述为：微观 time - scale 上，系统中存在不同性质的行为，即随机微分博弈、自适应博弈、量子博弈等，且每个个体的行为性质随着自身状态、个体局部环境性质以及系统属性的动态变化而随机变化。这种变化通过选择概率来实现，这个概率可以是固定的值，也可以是随机变化的值。宏观 time - scale 上，个体行为的性质也是具有差异性的，即个体优先连接机制取决于个体的度、强度、收益等不同的参量，且每个个体的优先连接机制会根据自身历史行为、周围其他个体行为、系统属性以及环境特征发生随机变化。这种变化特征可以通过选择概率来描述，这个概率可以是固定的值，也可以是一个随机变化的值。其行为的选择过程如图 5 - 25 所示。

与自然现象相比，现实社会具有更强的复杂性，要想对其进行探索性计算实验研究并得到深刻的结论，采用经典还原论对其研究具有很大的难度，

---

① 这种相互作用不仅包括个体之间的相互作用，个体与群体之间的相互作用，还包括个体与环境之间的相互作用。正是由于这种相互作用，使得这个系统复杂性得以涌现。

② 这种变性实际上有两层含义：个体可以从一种行为转换为另一种行为，从而导致系统中这种行为的结构发生变化；在演化过程中，由于相互作用，可能会创造出新的行为，或者旧的行为将会“消失”，使得行为的结构发生变化。

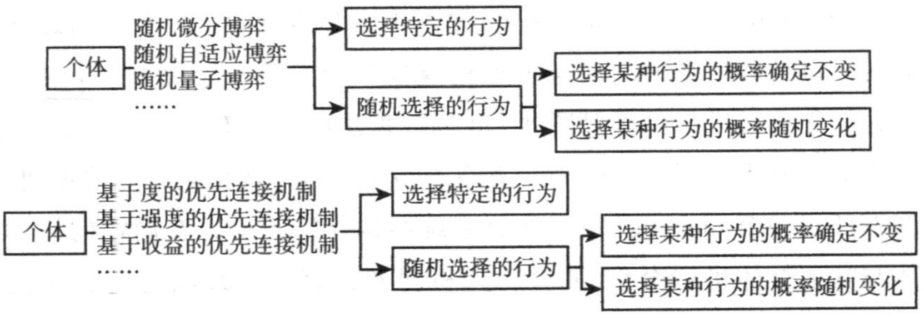

图 5－25 随机多样性的个体行为

要想真正的研究该问题，就应该采用一种超越还原论的理论方法体系，才能得到比较深刻的结论①。在此意义上，本书提出一个研究体系。在探索之前，先介绍几个基本的定义。

5.6.10.2 几个基本的定义

（1）博弈半径。

系统中的个体在不断进行着直接或间接的相互作用，这种相互作用的关系构成一个有向图②。实际上，在相互作用过程中，主体能够掌握到的信息量实际上取决于他能够通过获取间接作用的其他个体信息的能力，以及系统给个体的“平均”信息。前者表达了个体的能力，可通过有向图中的可达距离来描述，这个最大间接作用距离就称之为博弈半径，如图 5－26 所示。

定义 2　个体相互作用形成的图 G 中，任意个体 i 对应节点 i 可达距离的最大值，称之为其博弈半径 r_i。

由于个体的智能性、自治性与社会性，在相互作用过程中，任意个体会

---

① 我们所说的系统论固然不是还原论，但也不是整体论，正如钱学森所言，系统论是还原论与整体论的辩证统一．正是这种统一使系统论超越还原论成为可能。但究竟如何统一？笔者认为，至少可以从三方面的结合来考虑：一是整体指导下的还原与还原基础上的综合相结合（或“自上而下”与“自下而上”方法相结合）；二是机理分析与功能模拟相结合；三是系统认知与系统调控相结合。毫无疑问，还原论是推动人类文明进步的基石（如社会分工、学科分化、结构分层、情况分类等），也是促使系统论产生和发展的基础。——郭雷．郭雷：系统学是什么？https：//mp. weixin. qq. com/s？ _biz = MzA4Njk3NjAwMg = = &mid = 401915739&idx = 1&sn = 59d721107448fa140b87c104db5d1f9f&scene = 1&srcid = 0329OlEGZ2VmugMEGelDa7PD&pass _ ticket = TSp4BdhLeh3IDiukeJ1yq4KFoYlLyudKsfvtGf5D4ZklM5t7P%2B78z2lhPM0wsv23#rd.

② 无向图是有向图的特殊形式，箭头可以描述出相互作用的性质与特征，比如主动与被动，先后顺序等。

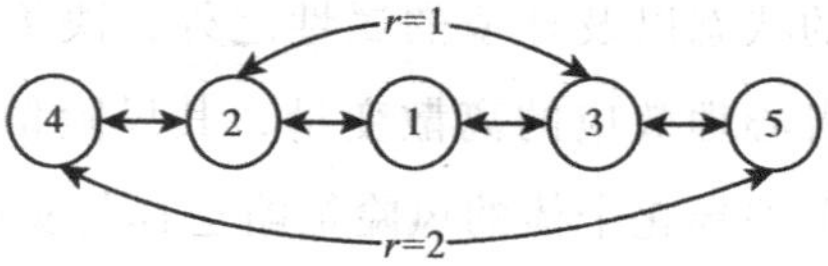

图 5－26　博弈半径

根据自身的特性及局部状态确定适宜的行为，使得 r_i 随着时间而变化；另外，由于个性化的原因，使得 r_i 具有很强的差异性，但同一属性的个体则会满足一个特定的统计特性。从这两个意义上说，r_i 是一个随机过程。

（2）记忆长度。

一般的，每个个体都无法记住所有的历史事件，这种有局限的记忆能力体现了该个体的非完全理性的程度，这一参数通过记忆长度来描述。如图 5－27 所示。

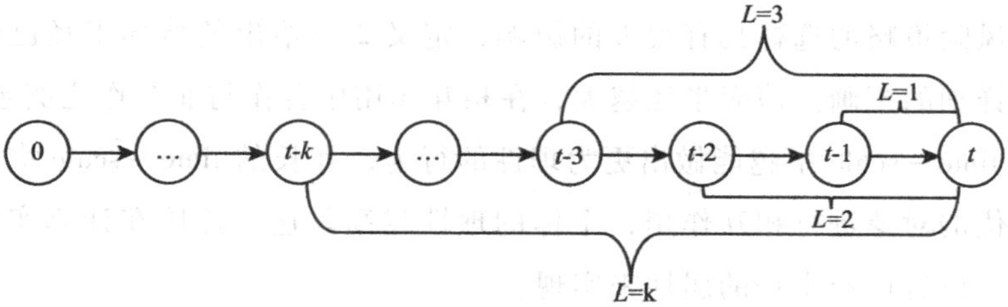

图 5－27　记忆长度

定义 3　对于个体的行为方程

$$X(t) = f(X(t-1), X(t-2), \cdots, X(t-k)) + w(t) \tag{5.15}$$

个体行为受到历史事件影响的时间最大值 k 称之为记忆长度。

同样的原因，k 取决于个体的性质，具有个体的差异性，以及时间上的动态性，因此，k 本质上是一个随机过程。

5.6.10.3　离散决策变量驱动的个体行为所涌现出群体行为的复杂性：以面向风险决策的有限理性的个体选择行为为例

个体的决策依赖于行为方程，其基本形式为方程（5.15），包括个人历史行为、博弈半径内其他个体的历史行为以及环境特征的信息。值得注意的是，方程（5.15）的决策变量包括若干个连续变量与离散变量，也可以包含一些非结构化的变量。

风险决策是一种非常典型的个体行为选择问题，除了个体的状态与性质、博弈半径内其他个体的状态以及环境的属性之外，决策者的风险态度是一个非常关键的描述决策者心理效应的离散变量，其风险偏好、风险中性与风险厌恶等风险态度对完全差异化个体的风险策略选择与实施具有直接决定效应。进一步而言，尽管个体的有限理性还有待于其他更加丰富的内涵，包括情绪、性格等人的影子系统中的那些难以刻画的变量[①]，也包括个体对信息的掌控能力及行为的偏好等，但从本质上说，风险态度可以从一定意义上刻画个体有限理性的特征，何况这种态度对于风险决策具有非常大的影响作用。

风险偏好受到很多因素的影响，一方面，除了自己的性格、决策习惯之外，对信息的掌控能力以及在与其他个体相互作用过程中的学习能力，也就是博弈半径以及学习能力的大小对其影响很大。由于这个半径是动态变化的，因此在分析的过程中难度很大。另一方面，与其他个体相互作用的间接性大小也对风险策略的选择具有很大的影响，定义 2 所给出的博弈半径已经给予了比较详细的刻画。博弈半径越大，在相互作用中合作与非合作比例越接近，在短的 time - scale 中越能做出更为理性的行为，在长的 time - scale 中就越能选择更优的对象进行相互作用，个体的理性越高。这一性质在计算实验的模型中通过设置博弈半径的属性来实现。

一般的，个体的决策策略受制于环境，其行为也反作用于环境并影响环境的特征。那么，个体的环境到底如何定义就顺理成章的成为其关键的问题。科学家认为个体的环境其实包括以下几个部分：系统环境，这是每个个体都可以掌握的，但是对其理解具有个体差异性，取决于个体将信息转化成知识的能力；以自身为中心，以博弈半径为半径形成的局部个体集合，描述了每个个体的影响力与被影响力的强弱，显然，这一半径受个体性质的影响，且不是静止不动，而是随时间、环境、状态动态变化的；个体历史行为集合，这种经验是不断积累，且通过学习可不断改进。

综上，根据每个 Agent 性质、状态，个体相互作用的规则，以及环境的特征，在构造实验模型的过程中，将做以下假设：（1）每个个体的策略是在决策因素 x、风险态度 r、时间 t 已知下确定的：每个个体可获得博弈半径内其他个体的平均信息，以及它在记忆长度内的历史策略信息——按照一定的

① 如果引入大数据的分析方法，这些变量也能纳入分析的框架中。

概率分布——设置成自适应博弈时就更准确、可靠，即风险策略 i，$i=1$，2，3，在时间 t 使用的概率为：

$$dp_1^{(i)}(t) = f(p_1^{(i)}(t-1), p_1^{(i)}(t-2), \cdots, p_1^{(i)}(t-m+1), \\ p_2^{(*)}(t-1), p_3^{(*)}(t-1), \cdots, p_l^{(*)}(t-1))dt + w(t)dz \tag{5.16}$$

分别描述风险偏好、风险中性与风险规避的倾向性，其中 m 为记忆长度，l 为博弈半径（这里所有的个体均通过重新编号来辨识），$w(t)$ 表示环境的属性，dz 是一个布朗运动。

（2）在优先连接机制驱动下，每个个体博弈半径随时间呈现出一定的随机性，或者说是一个随机过程，不是确定的值，这一博弈半径也将呈现出自适应的特征，可以通过下列方程描述

$$p(l(t)) = \alpha p(\pi(t-1), l(t-1)) + v(t) \tag{5.17}$$

其中 π 是个体的收益，α 是学习能力，这种学习能力使得个体可以根据自身的特征，调整自己的博弈半径。

（3）所有的个体可以得知系统的平均信息 $w(t)$ 与个体的局部信息——由于每个个体与其他个体存在相互作用，这种相互作用的关系就形成一个图 G，对于图 G 中某一个体对应点 v 以及一个整数 $l \geqslant 0$，令 $\Gamma_l(v)$ 表示图 G 中到点 v 的距离恰好为 l 的点的集合——博弈半径内其他个体的集合，则这种平均信息为集合 $\Gamma_l(v)$ 的平均信息。一般的，这个集合与个体的性质相匹配，因此，$\Gamma_l(v)$ 可以看成是一个随机过程。尽管如此，每个个体在转化成知识方面存在一定的差异，$\Gamma_l(v)$ 并不能独立刻画个体的属性。

（4）由于相互作用，个体之间存在着互动，结果使得“优秀的”策略可以被学习；由于优先连接，这种学习是有向的；这种行为可以通过下面的方程进行描述：

$$\mathbb{P}(\pi(\alpha^{j_i}, \alpha^{k_i}) + \varsigma_{k_i}^{j_i} \geqslant \pi(\alpha^{j_i}, \alpha^{l_i}) + \varsigma_{l_i}^{j_i} \forall l_i \notin \bar{\mathcal{N}}^{j_i}(\omega)), t \geqslant t_c \tag{5.18}$$

$$\mathbb{P}(\pi(\alpha^{j_i}, \alpha^{k_{i'}}) + \varsigma_{k_{i'}}^{j_i} \geqslant \pi(\alpha^{j_i}, \alpha^{l_{i'}}) + \varsigma_{l_{i'}}^{j_i} \forall l_{i'} \notin \bar{\mathcal{N}}^{j_i}(\omega)), t \geqslant t_c \tag{5.19}$$

$$\mathbb{P}(\pi(\alpha^{j_i}, \alpha^{k_{i'}}) + \varsigma_{k_{i'}}^{j_i} \leqslant \pi(\alpha^{j_i}, \alpha^{l_{i'}}) + \varsigma_{l_{i'}}^{j_i} \forall l_{i'} \notin \bar{\mathcal{N}}^{j_i}(\omega)), t \geqslant t_c \tag{5.20}$$

$$\mathbb{P}(\pi(\alpha^{j_i}, \alpha^{N_i+1}) + \varsigma_{N_i+1}^{j_i} \geqslant \pi(\alpha^{l_i}, \alpha^{N_i+1}) + \varsigma_{N_i+1}^{l_i} \forall l_i \in i(\omega)), t \geqslant t_c \tag{5.21}$$

$$\mathbb{P}\left(\sum_{k_i \equiv \mathcal{N}^{j_i}}(\pi(\alpha^{j_i},\alpha^{k_i}) + \varsigma_{k_j}^{j_i}\right) \leqslant \sum_{l_j \in \mathcal{N}^{k_j}}(\pi(\alpha^{l_j},\alpha^{k_j}) + \varsigma_{k_j}^{l_j})),t \geqslant t_c \tag{5.22}$$

其中，j_i 表示第 i 个子系统中第 j 个个体。t_c 是策略收敛到吸引于平衡态的临界时间。方程（5.18）~方程(5.22）给出了在长的 time - scale 中定义 1 所描述的宏观 time - scale 下个体的各种行为，其本质是任意一个个体在选择相互作用对象的过程中，一定在其博弈半径内选择的相互作用对象满足的条件是能够使得自己获得最大收益的可能性最大。这种相互作用相互叠加，随着个体不断的推移，从而使得系统内几乎所有的个体不独立，都存在着强或弱的间接或直接影响。由此，群体行为的复杂性就涌现出来了。

（5）通过 Agent 的相互作用，最后使得系统涌现出一些不同的群体，每个群体都有一些比较复杂的行为，这些行为可以通过以下序参量来描述[①]：①策略选择以及风险选择所导致的策略分布特征；②群体收益与个体收益的分布特征，以及这种分布特征的变化；③群体策略与个体策略的分布特征，以及这种分布特征的变化。

（1）个体风险决策的行为。

风险决策的因素具有多维性、多源性以及结构时变性的特性。任何一个个体的行为不仅取决于资源的拥有量，而且还取决于风险的态度。如果选择风险偏好这个风险态度，那么这个个体一定是属于善于冒险的个体，如果喜欢选择风险规避这种态度，那么对于某些资源的使用则会采取谨慎的态度。描述这一行为的方程应该包括以下信息：历史风险态度及收益，博弈半径内其他个体的风险态度及对应收益，以及包括激励、监督、税收/汇率等信息的环境属性（环境因素从本质上可以看成是宏观调控的因素）。方程（5.16）~方程（5.22）给出了其粗略的描述方式，然而在实际研究过程中需要通过归纳法与演绎法结合方可确定出准确的表达形式：前者需要对各种情境的各种状态下 Agent 行为实验/或调查并进行归纳才能得到；而后者就需要首先构建一个普适的方程，再在 simulation 平台上设置这些参数，在具体问题分析过程中再根据对象的基本特征设置方程中参数大小。

个体非完全理性是风险态度的根源之一，因此在分析过程中需要深入考

① 实际上，群体行为更容易观测、控制，并且具有更强的意义。

虑才能准确描述风险决策这一事件。退一步来说，个体非完全理性就是个体在信息不完全的前提下选择一些偏离于 Nash 最优策略的行为，或者是个体在明明知道最优策略的前提下故意做出的一些非正常的行为。前者是由于个体拥有不完全、不完美的信息使得决策非理性所导致，为了描述这一属性，在计算实验模型构建过程中将个体博弈半径以及记忆长度的上确界设置成一个有限的值就可以实现这一非完全理性的性质。后者是由于系统中存在着一定比例的完全非理性人，这些完全非理性人会选择异常策略与其他个体相互作用，在计算实验模型构造的过程中需要设置系统中存在不同性质的个体（完全理性人、理性人、完全非理性人），然后设置不同属性 Agent 所占一定的比率，即允许一部分完全非理性者存在并与其他个体相互作用，用此描述这类非完全理性行为。不仅如此，由于 Agent 具有智能性、社会性与自治性的性质，在与其他 Agent、环境交互作用的过程中，他们会修改自身的动态调整自己的博弈半径、记忆长度与属性，使得这些参数具有结构时变的特性，通过一个特定方程设置其变化的规则描述个体非完全理性这一属性；此外他们也会修改自身的属性，使得个体在完全理性人、理性人与完全非理性人之间按照一定规律切换，这种非完全理性的属性也能通过一个方程进行描述。

个体之间的相互作用是风险传播的关键源泉，这种相互作用可以通过交互作用规则给予确定。在相互作用的过程中，个体行为主要涉及有两个问题：如何选择博弈的对象，以及如何在相互作用学习博弈者的信息并转化为自己的知识给予传播。前一个问题包括两部分内容：第一是如何选择一个个体作为相互作用对象①，也就是说系统中的任意个体是如何选择合作或竞争的对象的，其选择的原则一定是选择了这一对象比在搜索半径以内的其他合作者获得更大收益的可能性最大，用公式表达就是最大化方程（5.18）与方程（5.19）。另外一层含义就是，系统中的任意个体是如何放弃自己不愿意的合作对象，他放弃相互作用的原则一定是这一合作对象与搜索半径以内的其他个体相比获得更低收益的可能性最大，也就是最大化方程（5.20）；如果考虑到系统的耗散性，也应该考虑个体进入以及退出系统的情况，即最大化方程（5.21）与方程（5.22）。第二个问题其实就是在相互作用的过程中，个体对博弈半径内其他个

① 这里的选择对象包括两方面的信息，一方面指的是选择作为相互作用对象的，另一方面是选择其作为传播知识的对象的。

体行为的平均信息进行差异化地选择与学习。一般来说，这些行为不仅依赖于Agent的种类、Agent的属性，还依赖于Agent的局部环境及自身的性质。

为实现上述过程，不妨假定某一Agent选择风险态度为风险偏好、风险中性与风险规避分别定义为r_+、r、r_-，与之对应的概率为$p(r_+)$、$p(r)$与$p(r_-)$，且$\sum p(r_\cdot)=1$。假定在某时刻，Agent决定选用r_+，它对应的效益用$U(t)$描述，如果$U(t)>U(t-1)$，那么选择成功，否则，选择失败。该决策的结果所得到的信息可用来更新选择概率。那么有

$$\begin{cases} p(r_+(t)) = (1-\alpha)p(r_+(t-1)) + \alpha, & U(t) > U(t-1) \\ p(r_+(t)) = (1-\alpha)p(r_+(t-1)), & U(t) < U(t-1) \end{cases} \tag{5.23}$$

相应的，与其他选择相关的概率也随之更新

$$\begin{cases} p(r(t)) = (1-\alpha)p(r(t-1)) & U(t) \geqslant U(t-1) \\ p(r(t)) = (1-\alpha)p(r(t-1)) + \alpha/2 & U(t) < U(t-1) \end{cases} \tag{5.24}$$

$$\begin{cases} p(r_-(t)) = (1-\alpha)p(r_-(t-1)) & U(t) \geqslant U(t-1) \\ p(r_-(t)) = (1-\alpha)p(r_-(t-1)) + \alpha/2 & U(t) < U(t-1) \end{cases} \tag{5.25}$$

其中，α表示个体的学习概率，或者说是个体更新所选择概率的强度。这一系列差分方程描述了各个决策者的风险态度属性及其变化情况，通过公式(5.24)~公式(5.25)就可以知道在相互作用过程中，各个Agent风险属性的变化情况。当然，正如前文所说，个体更新属性的选择概率也取决于效益这个因素，效益函数之间的差别，就解释他们的不同行为及群体不同的演化过程。正是由于如此，Agent就可以根据博弈半径内其他属性的Agent的行为及其收益大小，判断是否需要学习他们的行为，通过学习，就可以修订自身的风险态度。进一步，风险偏好的Agent的效用如下

$$U_{r_+} = U(Y(1-\alpha)) + bR(1-\mu) \tag{5.26}$$

其中Y表示收入，$R(1-\mu)$是风险偏好部分的收益，这里$1-\mu$指的是风险偏好者在群体中所占比例。同理，可知风险中性者的效益函数为

$$U_r = U(Y(1-\alpha)) + U\left(1 - \frac{|\alpha - \langle\alpha\rangle|}{\alpha}\right) \tag{5.27}$$

$\langle\alpha\rangle$是Agent群体的平均学习概率。风险规避者的收益函数可以设置为

$$U_{r_-} = U(Y(1-\alpha)) + U\left(1 - \frac{\alpha - \langle\alpha\rangle}{\alpha}\right) \tag{5.28}$$

通过方程（5.23）~方程(5.25)、方程（5.26）~方程(5.28）中的确定的这些行为，个体将在交互作用过程中将自身的风险态度不断沿着相互作用形成图的路径直接或间接传递给博弈半径内的其他个体，从而影响他们的风险态度，最终导致系统状态与性质发生变化。

（2）群体风险属性涌现的描述。

如前所述，个体的风险偏好分成三种，因此系统中将涌现出来风险偏好、风险规避与风险中性共三种不同的群体。虽然这些群体在微观上看是动态变化的，但是宏观上总服从一个特定的分布特征，下面我们将导入一些序参量来描述系统所涌现出的群体属性①。

首先，三种群体的属性能够直观地描述这个系统的特征，这个特征能够表明这个系统的创造力、稳定性大小。这些序参量有：三种风险偏好性质对应群体的大小、分布及其演化特征，每个群体的效益及演化特征，系统的总的效益及演化特征。一般的，风险偏好群体占主要地位会导致这个系统具有很强的创新性，但稳定性就差一些，反之亦反。分布特征表明这种结构动态变化的统计属性。因此可以根据这些序参量的特征及其变化趋势按照需要对这个系统进行宏观调控。

其次，个体策略的变化频率、个体博弈半径大小及其变化、个体记忆长度大小及其变化的统计量可以作为系统的序参量描述系统中群体行为的性质与变化特征，从而刻画出系统中风险决策策略的特征与规律。一般的，策略变化频率表明群体的易变性大小，博弈半径表示系统中群体的获取信息的能力及个体行为的辐射能力，记忆长度表明了群体智能性的大小。这些序参量的分布特征也会根据系统的属性具有很大的差异性。

最后，系统中涌现的大组分数量、大小及各大组分分布可以从空间拓扑结构上描述系统在演化过程中所表现出来的属性。由于在宏观上存在三种行为，那个就任意一种行为对应的个体来说，我们称之为同质 Agent，每一种同质 Agent 将在系统中涌现出若干个大组分，采用这些大组分的秩大小及组分秩大小的分布这一系列序参量就完全可以描述不同冲突群体的结构及其演化

---

① 群体的属性非常重要，因为个体在风险决策的过程中，其自身的决策依赖于群体状态与性质，这一点在前文中也得以阐述。如果这个个体风险态度取决于服从大众化，那么他一定会分析哪个群体的行为占优，反之亦反。

规律，能够在更深层次上描述系统的属性。

（3）计算实验过程。

在真正研究的过程中，一般需要构建一个 Repast 实验模型。系统识别是最为关键的一步，包括系统结构与 Agent 属性分析。第二步非常关键，就是确定这些 Agent 行为及相互作用的具体参数，而其中的方法就是行为实验——通过对选择对象的实验及结果获取而构造其合适的动力学方程——这一问题在其他文献中给予了比较详细的阐述（郑君君、明思颖、郑小京，2016），这里不再赘述。第三步就是根据上面两步的结果构造一个对应的多 Agent 的 simulation 模型，Simulation 模型一旦建立，要根据搜集的实际情况进行仿真，然后在系统涌现的序参量上与实际实验的归纳结果进行对比，一旦几乎所有的 simulation 结果与实际几乎一致，才能确定模型不需要调整。第四步就是要进行实验——对需要决策的事件进行计算实验，分析在预设条件下系统可能出现的情况以及可能的控制策略的有效性。需要强调的是：就计算实验来说，不要以目标为“终点”去调整系统模型或模型中其中的参数，因为经过前面的调整，模型应该是符合现实的，如果出现与预期不一致的结果，就需要记录这一实验结果为奇异结果，并进行下一次实验，如果后续的多次实验都是这个结果，那么就证明我们预期的经验是错误的；如果这个结果是偶然出现的，在后续的结果中并没有出现，那我们就作为偶然事件进行分析——分析其出现的原因；如果发现后续实验中，出现的现象既不是预期，每次实验的结果偏差很大，那说明所决策的状态是一个临界状态，即整个系统处于蝴蝶效应的状态，本身就具有对初始参数的敏感效应，这种情况下说明实验失效，则需要通过其他方法进行分析。

一般的，实验得到的结论就应能够说明问题，然而，对于同一类事件的各种情况都进行了实验之后，我们才能通过这些实验结果的归纳方可发现规律。从这个意义上讲，每一个实验类似于一个贝努利（Bernoulli）实验，当且仅当足够数量的实验结果获取之后，才能从其中归纳出一定的规律。当然，实验研究的真正意义就在于在无数次实验中通过归纳法寻找其规律，也就是说，就单一的风险决策事件的若干个有限的系统参数的模型结果不能称之为规律。另外，如果实验的对象正好处于临界状态，而这一状态是客观存在的，并不以我们的意志为转移，那么从理论上讲，不管实验多少次，由于蝴蝶效应的作用，都难以得到有规律的结论。因此，必须通过解析的方式，将系统模型中的若干个非重要的变量简化，然后尽量将变量的性质简化，使之满足解析的条件，通过解析得到的结果满足演绎法的要求。如果能获得解析解，规律则是非常深刻的，且具有较高的科学价值。

（4）实验结果的分析思路。

在实验研究过程中，需要分析下列参数对群体行为性质的影响方式：个体策略变化频率、异质 Agent 结构及数量、Agent 种类多少、系统性质、环境性质、个体博弈半径大小及其变化、个体记忆长度大小及其变化，还有一些参数是控制参数大小，来自于可以控制系统信息的那些变量。通过这些参数的设置可以分析群体行为序参量的变化特征与规律，包括某行为群体数量的演化特征、特定策略的动态变化情况、特定行为的不变分布、系统行为突发性转变的情况及条件等。通过对应 simulation 模型的构建及修订，以及进行大量的实验结果，即可获得在特定状态下系统中群体行为序参量的大小及结构，即同质行为实施者所构成大组分的秩大小及组分秩大小的分布。同时，也可以确定出来群体策略的不变分布形式。通过调整控制变量的大小而调整个体行为的某些参数，分析这些控制变量大小对群体行为的影响。这种影响主要表现在具体参数的大小上，这种参数的大小也可以分析群体行为的"对称性"及对称性破缺的特征与条件。

另外，正如前面讲过，系统的行为受制于环境的状态，因此，环境的性质对系统以及系统中群体的行为影响也非常大。在真正实验的过程中，在同一组系统参数下需要考虑不同特征的环境特征，就可以得到环境对群体行为序参量的影响特征了。然后在考虑不同状态的系统在不同特征环境下的变化特征，最后进行归纳，就可以得到环境对于系统中群体行为的影响特征了。

通过上述的分析，最后将给下列问题给出答案：（1）导致个体决策的因素结构是否是固定的，其影响程度是否是固定的；如果不变，特定条件下的行为是什么？如果他们变化时，这些变化特征与规律如何？（2）个体对风险的认知是否是固定的，如果是固定的，风险态度的分布特征将是什么？如果这些认知态度是变化的，那么将导致风险态度的变化规律如何？（3）群体的状态如何影响个体的决策，包括风险态度的决策？（4）风险态度如何在群体中传播的，包括优先连接对其的影响程度，包括个体对直接或间接相互作用者风险态度的复制、交叉变异、学习等行为，这些是如何影响其他个体行为的决策？（5）当外部的控制状态及其变化时，系统会达到预期的目标，从而使得能够对群体行为进行有效的激励。

5.6.10.4 个体交互作用涌现出群体行为的复杂性：面向利益冲突的群体选择行为实验和集体理性研究

复杂系统最重要的特点是涌现，涌现的本质来自于个体之间的相互作用。即使是最简单的相互作用，也会给系统涌现出复杂的现象。实际上，相互作用的非线性更强一些，如何能在这种个体非线性相互作用中把握系统的涌现自然成为目前研究的主要问题之一①。

（1）个体相互作用及其冲突的内涵。

前面讲过，我们所研究的系统在空间与时间上可以分割为粗粒化与细粒化两种，空间上的细粒化中，个体之间的相互作用分为合作博弈，粗粒化空间中个体相互作用为非合作博弈。时间上也可以分为细粒化与粗粒化两种，细粒化时间维度上，个体之间的相互作用为随机博弈，粗粒化的时间维度上为优先连接机制下的选择与策略的学习、复制与交叉变异等行为。细粒化时间维度上的行为如图 5－28 所示。

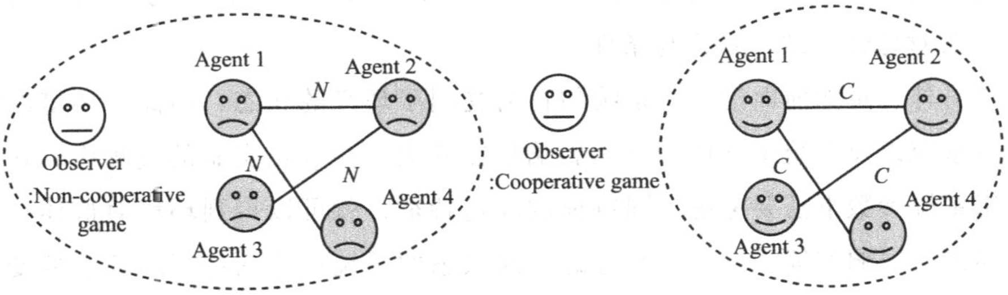

图 5－28 Agent 之间的相互作用

如图 5－28 所示，不妨假设系统中设置一个虚拟的 Observer－Agent 观测到系统中 Agent 之间相互作用的真实情况。他看到同质 Agent 之间的相互关系

① 如何判断非线性关联系统的稳定性一般是困难的理论问题，除非能验证“小增益定理”或其他稳定性定理的条件。有例子说明，哪怕是两个都稳定的线性子系统，如果连接不当，则关联系统也会变得不稳定；哪怕是小的扰动或偏差，如果负反馈机制失效，系统也可能在正反馈机制推动下走向崩溃。——郭雷. 郭雷：系统学是什么？https：//mp. weixin. qq. com/s？ __biz = MzA4Njk3NjAwMg == &mid = 401915739&idx = 1&sn = 59d721107448fa140b87c104db5d1f9f&scene = 1&srcid = 0329OlEGZ2VmugMEGelDa7PD&pass _ ticket = TSp4BdhLeh3IDiukeJ1yq4KFoYlLyudKsfvtGf5D4ZklM5t7P%2B78z2lhPM0wsv23#rd.

为 C——合作随机博弈，而异质 Agent 之间的相互作用为 N——非合作随机博弈。其实，合作博弈意味着同质 Agent 首先以群体收益最大化为目标与其他群体进行竞争，然后在一个合理的收益分配机制下将获得的收益合理分配；异质 Agent 之间为了获取一定的资源与收益而展开的竞争性的非合作博弈。进一步而言，如果 time - scale 足够大的话，它也看到，这一系统的结构是动态的，这不仅表现在策略随着时间而变化，而且还表现为它会动态选择博弈对象，这一现象如图 5 - 29 所示。

图 5 - 29 描述了行为与局部结构共演化的复杂自适应系统的动态属性，可以看出：系统中存在两个子系统，在 t 时刻，Agent 1，2，3，4，位于子系统 1 中，Agent 5，6，7，8 位于子系统 2 中，其相互作用的结构为图 5 - 29 的左边。然而，当时间变成 $t+1$ 时，新进入的 Agent 9 加入子系统 2 中并与 Agent 8进行了合作随机博弈，并且整个相互作用的结构发生了比较大的变化。这一结构变化的原因是 Agent 为了获取更多的收益，在选择合作对象时采取的一种叫优先连接机制而导致的。

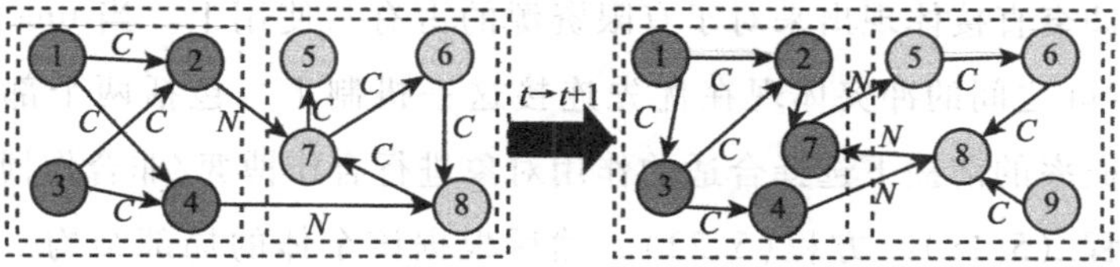

图 5 - 29　动态结构中 Agent 之间的相互关系

那么，什么是冲突，按照社会复杂系统的基本理论，由于个体的相互作用，集体内个体的利益基本上是一致的，就是在集体收益最大化的前提下获得公平的分配，冲突在于分配的公平性与否，本质是一个合作博弈。集体之间的利益冲突本质上就是不同群体之间个体为了收益最大化而涌现出来的结果，从宏观上看，可以粗粒化为群体之间的非合作博弈。然而，即使在同一子系统中，系统将涌现出不同性质的行为。因此，不管是合作博弈也好，还是非合作博弈也好，个体之间都存在一定的冲突。从微观上看，尽管这些Agent随着时间不断变化，但是从宏观上看，由于优先选择及行为复制、学习、变异等性质的存在，使得这些异质化群体所构成的群体是相对比较稳定的，或者是随时间渐变的。在不同层次的子系统中，群体就变得更加复杂，这些群体之间由于异质化的行为而发生着一定的冲突。

不妨假设 Agent j_i 的目标函数为 $g^{j_i}(t,x,u)$，那么这一冲突将用数学语言描述成：

$$\max_{u_{j_i}} \sum_{j_i=1_i}^{n_i} g^{j_i}(t,x_{j_i},u_{j_i}), j \neq j', i = i' \tag{5.29}$$

$$\sum_{j_i=1_i}^{n_i} v^{(t)j_i}(t,x_{N_i}^{t*}) = W^{(t)N_i}(t,x_{N_i}^{t*}), v^{(t)j_i}(t,x_{N_i}^{t*}) \geqslant W^{(t)j_i}(t,x_{N_i}^{t*}), j \neq j', i = i' \tag{5.30}$$

其中 N_i 表示子系统内个体的数量，$v^{(t)j_i}$ 表示 Agent j_i 在时刻 t 的收益，$W^{(t)N_i}$ 表示子系统 i 的收益 $\max\limits_{u_{j_i}} \sum_{j_i=1_i}^{n_i} g^{j_i}(t,x_{j_i},u_{j_i})$。当且仅当公式（5.29）~公式(5.30)满足，同一子系统内的合作博弈才会发生。而个体之间的冲突就主要体现在公式（5.29）所体现出来的个体理性与集体理性之间的冲突上。但是，如果 $i \neq i'$，按照前面的假设，两个 Agent 之间发生的是非合作博弈，满足

$$\max_{u}\{g^{j_i}[t,x_{j_i}(t),u_{j_i}(t)],g^{j'_{i'}}[t,x_{j'_{i'}}(t),u_{j'_{i'}}(t)]\}, j \neq j', i \neq i' \tag{5.31}$$

这一冲突直接体现出来对于有限资源的占有与使用上。当 time - scale 较大时，Agent 之间的冲突体现在优先连接这一机制上，包括两个部分，在最大化连接概率的前提下选择合适的作用对象进行合作博弈/非合作博弈，即首先考虑方程（5.18）~方程(5.22)，然后根据该个体的局部结构，考虑方程(5.29)~方程(5.31)，方可确定该个体之间的冲突性质与冲突程度。

（2）群体冲突的涌现过程。

个体之间的冲突通过系统中的相互作用以及这种相互作用及其传递而实现的，从而使得整个系统中个体的行为不完全独立，这种性质使得系统中涌现出来几种立场不同的行为。即使在同一子系统中，也会由于 Agent 属性的差异性而分成几种不同的派系——这一接近于演化博弈思想的解释似乎比较容易理解。如果考虑整个系统复杂的层级结构，那么这种异质化或者具有冲突的行为的 Agent 集合的结构就非常复杂。进一步来说，即使在同一群体之内，每一个同质的个体的属性也是具有差异的，这种差异表现为个体行为的若干参数上，再考虑随机性的话，因此导致所涌现出的群体行为具有非常复杂的特征。正是因为这种个体之间的相互作用行为，并且由于系统的多层次性，使得系统涌现出来非常复杂的行为。从宏观的空间维度看，群体之间的冲突主要表现在同质

策略所使用的比例以及这种最大比例的稳定性。假设个体的策略为 m，且每种所占的比例为，则任意策略在时刻 t 的概率为 $P(i(t))$，$i \in \{1,2,\cdots,m\}$，则 $P(i(t))$ 的性质就可以描述这个策略的比例及稳定性。进一步来说，群体之间的冲突将表现为：策略的分布特征、策略使用个体的分布特征，策略对于某些控制的敏感程度，以及上述分布特征及敏感程度的动态变化规律。

经过前面分析已经知道，群体冲突本质上是个体行为涌现出来的结果，因此需要采取自下而上的建模方式①，先从个体行为入手，然后再确定群体行为的选择方式，这种计算实验模型才能体现出来真正的涌现计算过程。众所周知，个体行为具有很强的随机性、智能性、社会性、自治性，在相互作用的过程中，即使最简单的个体行为相互作用也能涌现出非常复杂的群体行为，因此，这个模型的准确性就显得非常关键。唯一的方法就是通过实验结果与实际情况进行对比，其对比的前提就是需要构造一些序参量对群体行为进行刻画。群体行为的描述以简单为主，目前主流的方法是从宏观角度上描述出在利益驱动下的某些个体决策参数所占的比例，以及这种比例的动态变化形式。在前文中，我们还提出另外一些描述方式，如策略切换的频率、博弈半径与记忆长度的分布，系统中大组分的秩，这些序参量都可以在某种意义上刻画系统的属性。一般的，不同参数代表的群体性质趋向于同质化，群体之间的冲突就显得更复杂。那么，如何才能在模型中设置群体冲突，或者如何才能通过模型描述这种冲突，并对此进行调整，使得群体具有较高的理性，是科学家关注的重点问题之一。

由于个体行为具有差异性、多样性及随机性、智能性及社会性，对其进行分析的难度很大，因此个体的行为非常关键，对于方程（5.15）~方程(5.17)、方程（5.18）~方程(5.22)、方程（5.29）~方程(5.31）的设置非常重要。在很多情况下，个体行为的参数都可以离散化，这就使得在整个系统中形成了若干个异质行为，从而涌现出不同的群体。由于离散化的行为是不兼容的，因此，涌现出来的群体行为就具有一定的冲突性。进一步讲，由于个体行为参数有多

---

① 实际上，这种实验研究的方式是自上而下与自下而上分析方法的结合，或者说是分析法与综合法的结合。在系统识别的过程中，采用的是自上而下的方法，而在建模的过程中，则采用自下而上的建模方法。正是由于这种分析思路，我们才称复杂自适应系统的分析方法超越了还原论。事实上，郭雷认为复杂系统的分析应该从三个方面入手：一是整体指导下的还原与还原基础上的综合相结合（或“自上而下”与“自下而上”方法相结合）；二是机理分析与功能模拟相结合；三是系统认知与系统调控相结合。——郭雷．郭雷：系统学是什么？

个，因此通过相互作用，就给群体涌现出来的行为具有多维性，进而使得系统中群体的行为变得非常复杂。值得注意的是，如果将方程（5.18）~方程（5.22）中的“收益”退化成“度”（入度与出度或入强度与出强度），模型就退化成经典的复杂网络中的人的行为，这类研究结果则比较丰厚。

通过 Simulation 模型的分析，将在系统中涌现出来多维的行为特征。在每一维度上都会有特定数量的不兼容行为，考虑到不同的维度，群体行为就可以分成较多的种类，他们之间必然存在着各种以及程度不同的冲突。不妨假设 Agent 相互作用之后给群体涌现出来 1，2，…，m 个维度的行为，并记每个维度上的行为分别有 n_1，n_2，…，n_m 个不兼容属性的冲突行为，那么系统中总共涌现出的具有冲突性的行为种类为 $\prod_{i=1}^{m} n_i$。并且，就第 i 个维度上的第 j 个属性的行为来说，通过计算实验就可以得到在下面的序参量上所体现的这一群体行为的性质及其随时间变化规律。

经过分析，不同策略的采用比例及其波动情况就可以通过涌现得到，不仅可以知道群体采取何种策略的可能性较大一些，还可以确定出群体的策略分布。可以知道，考虑系统的结构比较复杂，加上群体所涌现出来行为的多样性，就使得这种群体行为的描述非常困难。同时，我们也可以通过一些序参量来描述这种群体行为，比如同质行为实施者所构成大组分的秩大小及组分秩大小的分布就完全可以描述不同冲突群体的结构，而这种结构是需要通过实验来实现的。

（3）群体行为变化及诱因。

在研究过程中，有一个问题异常关键，就是群体行为是如何涌现出来的，具有什么特征，受到什么因素影响，如果影响因素变化，会导致群体行为如何变化。这一系列问题对于管理系统的决策具有十分重要的价值。显然，群体的行为是如何变化的，以及群体如何在这种变化过程中确定自己的“最优”行为，这些问题则具有更加深刻的意义。前面讲述过，群体行为取决于个体行为以及个体之间相互作用规则（包括如何选择相互作用的对象，如何在与其他个体相互作用过程中交叉复制及交叉学习，如何传递这种知识等）的性质①。一般的，个体行为通过相互作用可以给系统涌现出一定数量异质化行为的群体，

① 由于系统有多个层次、每个子系统中又有不同的 Agent，故此这种规则对群体行为的影响是非常显著的。

这些群体的行为具有不可兼容性。进一步讲，群体行为是由个体行为以及他们之间的相互作用所涌现出来的，则可知个体行为的多样化、异质结构及其随机时变的特性也一定能够影响群体行为的性质及其变化。同样的，相互作用规则的多样性及其随机时变性也会导致系统中群体行为发生非常复杂的变化。这些都需要实验分析才能得到真实、准确、深刻的结论。在实验研究过程中，需要分析下列参数对群体行为性质的影响方式：个体策略变化频率、异质 Agent 结构及数量、Agent 种类多少、系统性质、环境性质、个体博弈半径大小及其变化、个体记忆长度大小及其变化，还有一些参数是控制参数大小，来自可以控制系统信息的那些变量。通过这些参数的设置可以分析群体行为序参量的变化特征与规律，包括某行为群体数量的演化特征、特定策略的动态变化情况、特定行为的不变分布、系统行为突发性转变的情况及条件等。通过对应 simulation 模型的构建及修订，以及进行大量的实验结果，即可获得在特定状态下系统中群体行为序参量的大小及结构，即同质行为实施者所构成大组分的秩大小及组分秩大小的分布。同时，也可以确定出来群体策略的不变分布形式。通过调整控制变量的大小而调整个体行为的某些参数，分析这些控制变量大小对群体行为的影响。通过这种冲突大小，确定在实验模型下群体的行为，以及个体行为选择方式的影响。这种影响主要表现在具体参数的大小上，这种参数的大小也可以分析群体行为的“对称性”及对称性破缺的特征与条件。

另外，正如前面讲过，系统的行为受制于环境的状态，因此，环境的性质对系统以及系统中群体的行为影响也非常大①。这种复杂的相互关系通过经典的还原论很难对其进行识别，因此，非结构化的计算实验方法就能够在很大程度上对其进行探索。在真正实验的过程中，在同一组系统参数下需要

---

① 系统学中最简单和基本的原理是系统的结构与环境共同决定系统的功能。当然，系统功能反过来也会影响其结构和环境，他们往往是相互影响的双向关系。系统环境包括自然环境与社会环境，系统结构包括物理结构与信息结构，不同时空尺度和层次结构一般对应不同模式和功能。系统功能一般不能还原为其不同组分自身功能的简单相加，故称之为“涌现（emergence）”，它一般是在时间与空间中演化的。进一步，在给定环境条件下，系统的结构可以唯一决定功能，但反之一般不然。这一基本事实，既造成了根据系统功能来认知其内部（黑箱或灰箱）结构的困难性，也提供了可以选用不同模型结构来表达、模拟或调控系统相同功能的灵活性，这是一种与结构分析法互补的功能建模法。——郭雷．郭雷：系统学是什么？https：//mp. weixin. qq. com/s? __biz = MzA4Njk3NjAwMg == &mid = 401915739&idx = 1&sn = 59d721107448fa140b87c104db5d1f9f&scene = 1&srcid = 0329OlEGZ2VmugMEGelDa7PD&pass _ ticket = TSp4BdhLeh3IDiukeJ1yq4KFoYlLyudKsfvtGf5D4ZklM5t7P%2B78z2lhPM0wsv23#rd.

考虑几乎所有可能的环境特征，运行计算实验模型就可以得到环境对群体行为序参量的影响特征。然后再考虑不同状态的系统在不同特征环境下的变化特征，最后进行归纳，就可以得到环境对于系统中群体行为的影响特征了。

集体理性，其实就是某一群体从系统不同行为中选择占优的一种作为自己群体的行为。从系统角度上看，假设系统中涌现出若干行为，那么集体理性其实就是从这些行为中按照一定的概率进行选择。当然这种理性的选择也应该按照一个“优先连接”来选择，显然这一优先连接选择过程与这种集体行为序参量的大小成一定的相关关系（正比）。由于系统的自适应性，这一选择概率随着系统特征及环境特点、集体行为序参量变化而动态变化，因此，这个概率可以看成是一个随机过程，该随机过程的性质最终决定了集体理性的选择规律。除了优先连接之外，另外一个机制非常关键的行为决定了集体理性的特征及稳定性，这个机制就是 Agent 对行为的学习与传播过程。与优先连接类似，它也是一个随机过程，这一过程的特征决定了集体理性选择与稳定性的特征与规律。由于分析的难度，科学家建议这种行为如果通过实验研究相对容易实现一些，即在有限多次实验结构的基础上进行对各种特征的系统就各种参数进行多次实验结果归纳，其结果才比较真实准确。

（4）冲突演化下的临界性。

在个体的相互作用下，最后使得整个复杂系统演化到一个临界点，这一临界点拉动下，使得整个系统的状态不断地逼近于临界状态；在临界状态上，群体的创造力最强；在临界状态上，即使是少数的个体的一些一致性的行为，也会使群体的行为与预期的状态发生非常大的逆转，并且这种逆转是突发性的[①]。这是因为系统个体之间、群体之间存在一定的冲突。实际上，也正是因为存在这些冲突，才使得整个复杂系统涌现出了不同的具有更高智能行为

① 临界具有以下特征：第一，从动力系统的观点看，临界意味着在分岔点的附近，从动力学上来看，还很可能蕴含着慢化的现象。而分岔与相变又有着紧密的联系。例如，从分岔图上来看，Hopf 分岔（Hopf bifurcation）就可以与二级相变的临界点对应起来，而从分岔点处分开的两支，正好是对称破缺的表现。第二，临界性通常都跟集体行为有关，而集体行为中的层级化结构、模仿、博弈等特征常常可以更快更好地让系统整体达到临界，因此集体行为中的临界现象是更常见的。第三，临界性与幂律有关，而幂律分布的许多随机事件都蕴含着偏离平均值的黑天鹅现象，一些极端偏离平均值的灾难性事件虽然发生的概率较低，但仍然可能发生。因为人类的行为通常具有强的阵发性和弱的记忆性，这种幂律的特征常常会表现得更加明显。——傅渥成．临界：智能的设计原则．http：//yuedu. 163. com/book_reader/9f6ab7c3b6aa4166839cd2f263b10047_4.

的群体；也是由于冲突的存在，才使得系统不断逼近于临界状态，使得系统具有高度的创新力。因此，基于冲突的群体行为是如何选择的，以及这种情况下集体的理性如何判断则成为一个非常重要的命题。

值得关注的是，如果系统处于临界状态上——对称性破缺的那个点上，则认为群体的理性不存在。实际上，如果系统处于临界状态，群体的理性具有很大的脆性，也就是说，个体的非理性行为将导致群体理性突然失去/转向。这种情况下，临界状态上的集体理性是非常脆弱的，也可以说，没有真正的理性存在，并且这一点是最具创新的一个点。然而，临界点的存在又非常关键，它拉动系统朝这一点运动，这将是一个常态，因此，对于这一点上群体理性是什么样的，就需要真正的分析，原则是抓系统中的“关键的”哪些 Agent——系统“核”上的 Agent 以及“桥”上的 Agent，通过它们的行为分析，所得到的集体理性应该是比较准的。但也应该通过大量的实验来完成。

5.6.10.5 基于实验分析的群体理性选择方法的可实施性评价

个体相互作用给系统涌现出非常复杂的现象，最直观的就是涌现出不同的群体。与个体理性的判断类似，群体理性的最简单的方式就是实践对其进行检验。进一步而言，群体行为的科学性评价标准不仅在于是否能够使得系统收益最大，而且还要看这种行为是否在大尺度的时间维度上具有稳定性。而这两个标准意味着科学评价群体行为的理性程度，不仅需要考虑当前的收益，还应该考虑未来这种行为的可靠性。

某一时刻群体的行为实际上取决于若干条件，一般意义上，系统远离临界状态，群体的行为是由个体按照比较稳定的机制在稳定的环境中交互作用而涌现出来的，那么这一行为具有可重现性，我们认为是比较理性的。然而，还有一种情况，系统处于临界状态附近，其本质是系统处于非平衡态上，这时也许会由于“少数派”的行为所导致系统行为对称性破缺所形成另一种群体行为，由于这种行为正好处在分岔点上，具有很强的不稳定性，因此就很难说清楚其行为是否理性①。因此，从这个意义上讲，群体行为形成的背后

① 一般地，临界状态下系统中群体的行为都不是理性的。自然界与社会界中发生的很多事件，回顾起来其实群体的选择并不一定是理性的，而是由于当时系统的性质处于临界状态，并且能够观测的时间尺度太短所导致的。

的原因则是其科学性判断的关键所在。

一般的，我们不妨假设群体行为的属性有 m 种，$X(t)=i, i\in 1,2,\cdots,m$ 表示群体在 t 时刻选择了第 i 种行为，那么，一旦

$$P(\pi(X(t)=i)\geqslant\pi(X(t)=j),\cdots,\pi(X(t+l)=i)\geqslant\pi(X(t+l)=j),\\ i,j=1,2,\cdots,m,i\neq j,1\ll l<\infty) \tag{5.32}$$

达到最大，则认为群体行为达到理性。由于社会系统的非线性，以及复杂自适应系统的特性，这种判断方法非常困难。

另外，群体行为选择方法能否可实施也是一个关键的评价准则，而选择方法能否实施不仅取决于科学性，而且还取决于实施的难度，也就是说，取决于实施所采取策略涉及的关键因素是否可控以及是否易得，如果不可控，那么就非常难实施。一般来说，选择方法是否可以实施，仅有实践才能检验。但是实践具有滞后性，这种滞后性对于决策与控制来说毫无意义。因此就需要采用新的方法对这种群体选择的理性进行研判。

正如前面所说，群体行为取决于个体行为在相互作用下的涌现的宏观结果，在正常情况下，群体的选择一般来说是理性的，正如前面的分析。然而，并不一定说群体选择是完全理性的，也有一些选择是违背理性条件的，“逆淘汰”就是群体选择失误的一种现象。群体行为完全失控这种现象特别有趣，也特别关键，研究证明，群体行为失控在很大程度上是因为系统状态正好处于其逾渗的临界点上，这时系统正好处于非平衡状态上，任何个体行为、环境特征等的轻微扰动都会导致整体行为发生突然性分岔，并且这种突然变动是由于极少部分个体行为所导致。这种情况下群体所选择的行为是完全失控的，当然，如果经过试验在这个状态下选择出的策略就绝对不是一个很好的选择。因此，需要对所选择的策略进行验证。

（1）群体选择方法合理性的判断。

首先要分析群体行为是如何产生的，群体行为选择，主要看这种行为产生的原因是什么。一般情况下，群体行为选择是与涌现出来的群体多样性行为所占的比例成正比的，然而这种选择方法是否正确，就需要进行深入的探讨。一般的，群体行为一旦形成，则要么由于“大势所趋”（在远离临界态的系统下通过 Agent 相互作用所涌现出来的行为），要么是少数派导向（在临界状态下），少数 Agent 通过恶意攻击使得整个系统中 Agent 行为与少数派行

为发生同步，而最后远离了理性的行为。我们分析造成这种选择的原因是什么，需要从演化过程中找到，是必然结果，还是偶然结果，是多种因素，还是某些因素变化导致。这个演化过程分成两种，一种是我们可以获取群体行为的历史发展数据，另外一种则不然。如果是前者，可以采用溯源技术，根据时间的倒推，采用反向查询法求解模型，并描述当前群体行为状态的形成与传播过程，分析这个状态是否在传递过程发生过相变，从而判断群体决策理性程度。还有一种就是历史数据不好获取，那就需要通过计算实验的方法判断这种选择的正确性。具体的方法就是通过多次实验，如果这个结果是稳定的，那么这就是一个必然的结果，如果这个结果不稳定，并且与稳定点比较远，则属于偶然结果。无论结果是什么，都需要分析清楚原因。然后就需要分析这个选择是平衡态的结果，还是非平衡态的结果。这一点非常关键，如果系统处于平衡态，这个选择就比较稳定；否则，这个选择不稳定，但是具有创新性——对于这个选择就需要进行后续的实验验证其创新性的大小及其诱导方法。

其次，应该确定一个群体行为理性分析的评价标准。群体行为一旦出现，那么选择标准是否合理应该是科学家所关注的。前面提到根据系统涌现行为所占比例进行优先选择，这只是其中一种机制，还有一些其他的机制（并且这些机制都是已知的）。问题的关键就在于如何确定这些选择机制是合理的？这一问题通过实验是可以实现的。就某一种机制来说，选择不同性质的系统以及不同的情境，对其进行实验，看系统整体的收益是否较大并且稳定，通过这一参数的性质即可确定评价标准是否合理——与其他标准比较的结果。原则有：收益的一致稳定性、评价的难易程度、风险大小，这几个原则应该综合考虑。进一步讲，如果收益具有一致稳定性，即在各种参数（噪声、个体行为、系统）变化下，这一行为策略一直占优，且稳定，即认为评价标准是一致稳定的。通过实施过程中的难易程度（时间大小、需资源多少、控制变量的可控能力）等判断评价体系的难易程度。

最后，通过在评价过程中可能存在的风险大小来分析这一标准是否具有科学性。而这一系列都可以通过实验来实现。

也有另一种选择方法，可以通过系统中群体行为的分布特征来选择行为，其中也包括连续变量。根据其分布特征，确定出收益最大所对应的群体策略及其形式。这个过程中除了采用经验的分析之外，也包括理性的思维方式，而这种思维正好是建立在复杂性科学的基础上的。这一选择虽然比较科学，然而由于分析过程较为复杂，其实施的难度却是很大。不过作为选择优劣的评价，则更为合理。

（2）群体选择的评价（一）：贝叶斯网络评估。

群体选择理性与否可以由以下几个方面来判断：从更加长的 time - scale 范围看其达到较好的概率最大，稳定性更强，或者在下一个时间阶段有更好行为的选择；在环境的扰动下能够保持稳定的可能性比较大。不管如何，这种评价更加倾向于事后评价。而这种事后评价如果不给予凝练并抽象成规律，科学意义将会受到很强的影响。

数学家证明，Bayesian 推理方法是一种事前评估的方法，能够在非常大的概率上完全可以替代这种事后检验的方法，从而达到未卜先知的目的。Bayesian 公式如下：

$$P(A \mid B) = \frac{P(B \mid A)P(A)}{P(B)} \tag{5.33}$$

后验评价的主要依据是取得了足够多的群体选择事件对应的数据，然后根据一定的指标找出这些数据中的最高点，然后就认为这个选择是最好的。这种分析的前提是数据足够多，以反映全貌的特征。而采用 Bayesian 网络推理所做选择的关键是不一定能做出最好的选择，但是一个相对较好的选择，其结果依赖于最初的条件与当时的状态。进一步讲，Bayesian 网络推理具有以下属性：①原来看起来非常复杂的问题可以用贝叶斯公式转化为简单的数学问题；②可以把贝叶斯公式和马尔科夫链结合以简化问题，使计算机能够方便求解；虽然我们不完全了解为什么这种看似粗暴的简化并不影响我们的研究过程，但从实践看来它非常有效；③将大量观测数据输入模型进行迭代——也就是对模型进行训练，我们就可以得到希望的结果。随着计算能力的不断提高、大数据技术的发展，原来手工条件下看起来不可思议地进行模型训练的巨大工作量变得很容易实现，它们使贝叶斯公式巨大的实用价值体现出来。从这个意义上讲，贝叶斯网络就成为一种非常有效的工具。科学家把所有假设与已有知识、观测数据一起代入贝叶斯公式，就能得到明确的概率值。而要破译某种现象的成因网络，只需将公式本身也结成网络，即贝叶斯网络，它是贝叶斯公式和图论结合的产物。

贝叶斯网络的操作原理如下：把每个可能的原因作为网络中的节点连接

起来，根据已有的知识、我们的预判或者专家意见给每个连接分配一个概率值。接下来只需要向这个模型代入观测数据，通过网络节点间的贝叶斯公式重新计算出概率值。为每个新数据、每个连接重复这种计算，直到形成一个网络图，任意两个原因之间的连接都得到精确的概率值为止。即使实验数据存在空白或者充斥噪声和干扰信息，不懈追寻各种现象发生原因的贝叶斯网络依然能够构建出各种复杂现象的模型。贝叶斯公式的价值在于，当观测数据不充分时，它可以将专家意见和原始数据进行综合，以弥补测量中的不足。我们的认知缺陷越大，贝叶斯公式的价值就越大。

考虑到前面群体选择准则中提到的持续稳定性，那么就需要在分析中介入时间变量，进而形成动态贝叶斯网络模型。和前面提到的马尔可夫链类似，我们可以假设动态贝叶斯网络中每个节点的状态值取决于其前面的有限个状态。不同的是，动态贝叶斯网络比马尔可夫链灵活，它不受马尔可夫链的链状结构的约束，因此可以更准确地描述事件之间的相关性。可以说，马尔可夫链是动态贝叶斯网络的特例，而动态贝叶斯网络是马尔可夫链的推广，它给复杂问题提供了一个普适性的解决框架。我们在这里构造一个基本的模型，因此来评价群体选择的科学性与合理性。不失一般性，定义 Bayesian 网络节点集合为 $\{1, 2, \cdots, L\}$。令 $\mathcal{M}=(Q^{1:L}, D^{1:L-1}, O^{1:L}, \pi^{1:L}, A^{1:L}, B^{1:L}, P^{1:L-1})$ 表示复杂系统，其中 $Q^{1:L}$, $O^{1:L}$, $D^{1:L-1}$分别表示节点 1 到节点 L 的行为状态、观测及节点 1 到节点 L－1 的驻留时间状态的集合。这是一个特殊的动态贝叶斯网络，其状态空间被分解成 L 个行为状态的集合 $\mathcal{Q}^l=\{1,2,3 \mid Q^l\}$ 和 L－1 个驻留时间状态的集合 $\mathcal{D}^{l-1}=\{d \mid d \in N \cup \{0\}\}$，其中 N 为自然数集。这一模型的参数 Θ 包括初始概率 $\pi^l=\{\pi_{ij}^l\}$（节点 $l-1$ 在初始时刻状态为 i 条件下节点 l 状态为 j 的概率）、转移概率 $A^l=\{a_{ijk}^l\}$（节点 l 在时刻 $t-1$ 上状态为 j，且其驻留时间为 d，以及节点 $l-1$ 在时刻 t 状态为 i 条件下，节点 l 在时刻 t 状态为 i 的概率）、观测概率分布 $B^l=\{b_i^l(O_t)\}$（节点 l 在时刻 t 被观测到状态为 i 的概率分布）以及行为状态的驻留时间分布 $P^{l-1}=\{p_i^{l-1}(d)\}$（节点 l 时刻 $t-1$ 驻留时间为 d 条件下在时刻 t 状态为 i 的驻留时间为 d' 的概率），其中 $l=1$ 时，π_{ij}^l 和 a_{ijk}^l 可以退化成 π_j^1 和 a_{jk}^1。即 $\Theta=\{\pi^{1:L}, A^{1:L}, B^{1:L}, P^{1:L-1}\}$。为了直观的描述这一问题，图 5－30 给了一个只有三层的动态贝叶斯网络的情况。

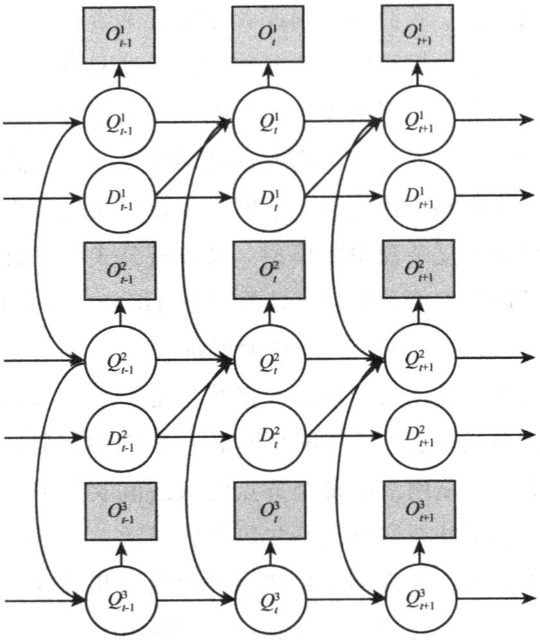

图 5－30　3 层 HDS－DBN 模型

在经典概率测度已知的前提下，这一模型的条件概率分布可以表示如下：

$$P(Q_1^l=j\mid Q_1^{l-1}=i)=\begin{cases}\pi_j^1, & l=1\\ \pi_{ij}^l, & l=2,\cdots,L\end{cases} \tag{5.34}$$

$$P(Q_t^l=k\mid Q_{t-1}^l=j,Q_t^{l-1}=i,D_{t-1}^l=d)=\begin{cases}\delta(j-k), & d>0,l=1,2,\cdots,L-1\\ a_{jk}^1, & d=0,l=1\\ a_{ijk}^l, & d=0,l=2,3,\cdots,L-1\\ a_{ijk}^L, & l=L\end{cases} \tag{5.35}$$

$$P(D_t^l=d'\mid D_{t-1}^l=d,Q_t^l=i)=\begin{cases}p_i^l(d'), & d=0\\ \delta(d'-d+1), & d>0\end{cases} \tag{5.36}$$

$$P(O_t^l\mid Q_t^l=i)=\sum_{k=1}^{M_i^l}w_{ik}^lN(O_t^l,\mu_{ik}^l,\sum_{ik}^l) \tag{5.37}$$

其中，$p_i^l(d)$ 是节点 l 的状态 $Q^l=i$ 的驻留时间分布，$P(Q_t^l=j\mid Q_t^{l-1}=i)$ 表示任意时刻 t 上，节点 $l-1$ 的状态 $Q^{l-1}=j$ 的条件下节点 l 的状态 $Q^l=i$ 的

概率，由前面的分析可知，$i=1, 2, 3$；显然，贝叶斯网络中的第一个节点发生的概率为 π_j^1。$P(Q_t^l=k \mid Q_{t-1}^l=j, Q_t^{l-1}=i, D_{t-1}^l=d)$ 表示在时刻 $t-1$ 上，节点 l 的状态为 j，在时刻 t 上，节点 $l-1$ 状态为 i，且从 $t-1$ 时刻开始节点 l 状态 i 的持续时间为 d 转换的条件概率，$\delta(.)$ 是 Delta 函数，a_{ijk}^l 是正实数。$P(D_t^l=d' \mid D_{t-1}^l=d, Q_t^l=i)$ 表示时刻 t 节点 l 的状态为 i，从 $t-1$ 时刻开始节点 l 状态持续时间为 d，且从 t 时刻开始节点 l 状态持续时间为 d' 的条件概率。$N(\cdot, \cdot, \cdot)$ 是高斯分布函数，M_i^l，w_{ik}^l，μ_{ik}^l，$\sum_{ik}^l$ 表示第 i 层观测的概率分布中高斯分布的个数、权重、均值和协方差矩阵。

为了确定各个节点之间的相关性，需要用已知数据对贝叶斯网络进行迭代和训练。由于网络结构比较复杂，可以根据实际情况对网络结构（采用网络拓扑的图同构技术）和训练过程进行简化，使它在计算上可行①。从而估计出网络中的参数，然后将群体选择的情形代入到模型中，通过动态贝叶斯网络的分析，确定出模型中各个统计变量的特征，因此判断这种群体行为选择的科学性。

（3）群体选择的评价（二）：计算实验。

尽管对复杂自适应系统群体选择理性与否的评价有很多难度，计算实验仍然是一种有效的判断群体行为理性的方法。在实际研究的过程中，我们可以模拟出多种“情境”，在计算机上进行实验，分析各种情况对选择的影响程度，如果某一选择不仅能够实施，容易实施，并且保持稳定，那么则可认定是群体的理性选择②。

前面我们在构建出准确可靠反应复杂自适应系统计算试验模型的前提下，我们将群体选择所对应的系统状态输入到计算实验模型中，进行计算若干次，如果得到的结论基本上是比较稳定的，并且系统绩效相对于历史情况有明显的提高，那么就认为这种群体选择是正确的。反之亦反。

然而我们不能完全忽略临界状态这种特殊性，通过前面分析可知，当系统处于临界态时，其实少数的行为选择就完全可以决定系统的动向，这个时候，多数派原则就会失效。如果系统处于平衡态时，多数派原则就会成立。

---

① 从这个意义上讲，动态贝叶斯网络推断技术本质上也是一种简化之后的计算实验方法。

② 个体行为特征、相互作用方式以及系统性质对这种选择方法的影响很大，并且这种影响是无法直观上得到，通过计算实验的方法，可以分析这种选择的可靠性与稳定性。

不过，最难的是对系统状态的判断，而这些判断则通过实验就可以实现的。需要注意的是，在确定标准的过程中，需要考虑个体及系统参数的特征，比如个体之间的独立性大小、博弈半径及其变化情况、记忆长度及其变化情况等，只有在所有情形得到大量实验的基础上，才能得到一套准确的群体行为选择方法的评价体系。

(4) 数据来源。

尽管这种基于案例库推理的思维能够在很大程度上评估群体选择的合理性，然而有一个最大的问题被提出来了：这些推理过程中的数据从哪里来？

一般的，我们可以对实际数据的分析获取一部分数据，但这类数据量比较有限，还需要补充。同时，一旦证明前面构建的复杂自适应系统模型是稳定的，那么就可以通过计算实验的方法获取另外一部分数据。两组数据的结合就形成了我们所需要的数据库。

5.6.10.6 个体行为驱动的系统临界性性质以及临界状态的确定

临界性是复杂系统的根本特征之一，也是决策的重要依据。一旦系统处于临界状态，系统具有分岔的特征，在多种行为下可能随机波动，因此，在这个非平衡状态下，系统非常不稳定，也无法找到最优的行为。

在现实世界中，临界现象普遍存在。这几年由于尘粒对大气粒子的污染处于临界状态，而这时大气状态、环境性质以及大气排放一个微弱的波动，就会导致雾霾在我国的形成并迅速扩张，处理这一问题的关键的第一步就是将雾霾降低到临界点之下；谣言在网络上进行传播，当传播数量的人群超过临界状态，就迅速在全社会广泛存在，并难以控制；在股票市场中，市场非常容易处在临界状态，这时一个微弱的波动，将导致整个股票市场由稳定增长瞬间转向急剧下降，甚至导致整个股票市场的崩盘。由于这种普遍的临界性，科学界对其异常关注。著名科学家菲利普·鲍尔（Philip Ball）在他的名著《预知社会——群体行为的内在法则》中曾经说过，“……群体行为所表现出的突然改变未必是所有个体一致要求的结果。即使个体的倾向只出现微小的改变，集体行为也可能自动地转轨变向。”

从根本上讲，这种临界性的本质就是系统中极少部分的主体特征微弱的变化就会导致系统从一个状态突如其来地转换到另外一个相反的状态，因此，可以说：无论从生态系统中种群因为竞生、共生与寄生复杂关系所导致的复杂的生态链到由于雪粒微弱震动而引发的突如其来的雪崩的自然界中，还是从个别企业之间自愿构建合作关系从而引发绝大多数同类及相关企业共同合作而产生的产业集群现象到谣言在社会中迅速传播并引发暴乱现象的社会中，这样的系统在生态、生命、气象、地质、社会、经济等领域中大量存在，并与我们的生活息息相关。尤其在经济系统中，以非理性行为为特征的金融体系、以核心产业为主而在空间与行为上企业自发产生的产业聚集体系、虚拟经济体等，个体行为具有一定的随机性，同时这种随机性在与其他个体相互作用时还会被放大，这就使得对其的把握难度非常巨大。因此，如果能够把握这些系统的特征，发现其逾渗的临界状态及条件，对于这些系统的发展或可能面临的突如其来的灾害具有十分重要的意义。

郑小京、郑君君（2015）设置一组随机数确定出任意时刻系统的状态，包括每个 Agent 的策略、收益、局部结构等参数，然后确定出一个基于收益的优先连接机制，从而构造出一个复杂自适应系统数学模型。并且将这一复杂系统模型转化成一个随机过程模型，通过解析，认为当系统受到随机攻击时，即使仅有极小部分的 Agent 保留下来，系统中仍然存在两个大组分保持系统联通。最大组分的直径最小值为 $n\exp(-\Theta(1-p^2))$，最大值为 $(1+5d\sup_{\alpha\in\mathcal{A}}E[\pi]p/8)\exp(-1/2\sup_{\alpha\in\mathcal{A}}E[\pi]p)$；第二组分直径大小为 $o(n)$。然而，共演化复杂系统受到蓄意攻击，也就是按照一个临界概率 c 删除系统中收益最好的 nc 个 Agent 时，系统表现出很强的临界性。如果删除概率小于临界概率 c，系统中有两个大组分保持绝大多数 Agent 联通，最大组分的秩为 $(\theta(c)+o(1))n$，第二大组分的秩为 $o(n)$，系统表现出很强的鲁棒性；如果概率大于 c，系统中仅留一个大组分，其秩大小为 $o(n)$，此时系统功能受损。进一步而言，这一临界概率的大小取决于 agent 的收益以及它的局部拓扑结构。并且临界概率 $c_0=\frac{q_3-q_4}{1+\delta_{in}(q_1+q_2-q_5)}\frac{(\inf_{\alpha\in\mathcal{A}}E[\pi]-1)}{(\sup_{\alpha\in\mathcal{A}}E[\pi]+1)}$。这一结论比较深刻地反映了复杂自适应系统的临界性，但也需要实验来证明。

为了对其进行实验研究，首先需要对真实的社会系统进行调查，并对其进行分类，确定出与研究假设一致的真实的经济组织对象，并通过实证的方法，确定出每个系统的性质，包括 Agent 的种类、每种 Agent 的性质及行为特点、各种同质 Agent 连通所形成的拓扑结构。进一步，对每一个真实的系统的性质进行统计，得到这些系统的基本性质，包括个体的性质（即 Agent 的种类大小、每种 Agent 性质、非理性 Agent 数量及结构）、个体策略的性质（即自适应博弈方程中参数的大小）、交互作用行为的规则（合作/非合作自适应博弈的类型），以及选择交互作用对象的规则（优先连接机制对应的参数）等参数。

其次，需要按照前面阐述的个体行为及系统的序参量。就个体行为而言，根据系统中 Agent 行为的博弈特征，确定能够描述群体行为状态、性质的序参量，以描述个体通过预设的规则与随机动态变化局部范围内其他 Agent 交互作用而涌现出的群体行为的描述方式，以及描述整个系统中这种群体行为的状态、性质及结构，以及他们的随机变化特征。就系统结构而言，选择具有同质行为的 Agent 所形成的子系统大小为群体结构的序参量，以描述系统中各个主体所占的结构，以及对应的系统结构大小。

在实际的研究中，局域内的 Agent 采取的是合作博弈的方法进行相互作用，局域间 Agent 采取的是非合作博弈的方法进行相互作用。从本质上同一条件下合作博弈最优策略是非合作博弈 Nash 最优策略的子集，二者之间存在很大的差异。为了确定出最优的策略，需要构造一个非线性耦合算子，将二者有效地耦合在一起。从而使得仅仅需要知道局域内合作博弈 Pareto 最优策略，就可以通过该算子确定 Agent 真实的最优策略。

再次，需要确定出来计算实验下动态群体行为的特征与性质。具体的，在 Repast 软件上构造系统的实验模型。通过明确系统中 Agent 的状态及行为方式，剖析系统中的影响变量及控制变量，确定系统中 Agent 交互作用的特点，了解拟研究的系统特性，从而获得特定机制下群体行为的演化过程。针对演化过程中的机制进行不断的修订和试验，归纳演化规律，给出试验结果。通过实验结果的进一步分析，发现复杂自适应系统的演化规律，并剖析这些规律形成的原因。并且，还要确定出同质 Agent 所形成组分结构对应序参量的演化规律，具体的，考虑 Agent 行为、系统的噪声构造复杂自适应系统理论模型，导入实验得到 Agent 行为序参量所对应的数据，通过对自适应博弈的解析，确定各种性质的 Agent 所形成的连通组分对应序参量的动态变化规律，以及这些组分所满足的不变分布特征，包括发生的时间、持续的时间等统计特性。

最后，就可以通过分析确定出这一个体规则驱动的复杂自适应系统的临界条件。为了实现这一目的，首先需要确定出各类异质 Agent 的连通组分对应的系统结构演化规律，即将共演化的复杂自适应系统理论模型转化对偶的随机过程模型，导入实验得到的 Agent 行为序参量所对应的数据，分析在噪声以及个体异常行为下系统结构的变化规律。其次，就可以确定出个体规则的复杂自适应系统在受到外部环境干扰时，系统中一些 Agent 被移出系统，从而造成系统崩溃的临界条件，或者是系统在增长过程中迅速成长的临界概率 p 和 c 的大小。

5.6.10.7　小结

个体行为的复杂性并不一定意味着群体行为具有更高的复杂性，还受制于系统的结构、系统中 Agent 的结构以及外部干扰的特征。对于这一问题的分析，探索性计算实验方法具有非常好的效果，一旦模型建立之后，就能够通过对应的模型分析复杂的社会现象。在后续的研究中，我们将针对具体的问题，分析其群体行为的特征以及调整的策略。

第6章　经济与管理科学研究过程和方法

6.1　研究过程

6.1.1　如何设计一个丰富多彩的故事

——山重水复疑无路，柳暗花明又一村

科学家的所有工作几乎都是对未知世界的一个又一个的探索与发现，然后将所探索到的结果以各种形式呈现给世界。其中，文章就是一种重要的表达方式。但如果文章过于苦涩而趣味性不足，则会在知识传播的过程中失色不少。从这个角度看，研究过程非常重要。

研究过程其实包括了两个部分：研究推理过程与论文的表达过程，而其趣味性部分由研究过程决定，一般情况下二者不一致。研究推理过程是发现科学结果的进程，而表达过程描述的是如何构造一个跌宕起伏的故事，让读者趣味性的接受科学发现的过程。前者是内容，后者是形式。在本篇文章中，我们将详细分析在经济与管理的科学发展中的这两部分过程。

退一步来说，经济与管理属于科学领域，都应该遵从科学研究的范式——尽管这一范式可能包括若干个不同的体制，但其本质上都应存在很大程度上的共性。

科学研究的意义要求我们不仅要回答这个问题发现了什么，还要回答为什么、怎么样以及如何回答这两个问题。故此需要一个系统的分析过程，方能表明论证结论的科学性以及深刻性，而漏洞百出、粗糙的推理过程则难以服众。

一般地，我们在分析一个科学问题时，会将该科学问题拆解成若干个相互联系的子科学问题——具体详见《结论 VS 结论，技术 VS 科学》《关键科学问题与关键技术问题》《科学问题的抽象》《科学思维：决定成败的关键》等相关部分的阐述。值得注意的是，各个子问题的因果、相关、互补、并列等逻辑关系严密性是整个分析准确的保证。

我们关注的是，对于每一个问题，为什么有的人分析的特别深刻，有些人分析的特别肤浅，关键在于是否进行了上述科学的分析。为了真正地分析得到我们预设的深刻的结论，很多人都采用思维导图的方式，或采用因果图、贝叶斯网络等方法，确定各个必需的过程，也可能会用到各种思维方法，如前文所述。在文章阅读中发现，有些作者的分析过程简单粗暴、漏洞百出，其原因就是思维导图、因果图或贝叶斯网络出了问题。要真正做到这一点，好的思想是必需的，大量的阅读也是其必要条件，否则这个关系是难以发现的。思维导图能够按照严谨的过程将整个问题推导出来，这就使得研究成果具有了科学性——至少在逻辑上无懈可击。事实上，科学之所有称之为科学，在于其科学推理，也叫科学思维或科学逻辑，是在实验基础上经过概括、抽象、推理得出规律这样一种研究问题的方法。科学推理形成并运用于科学认识活动，是一个从具体到抽象，再从抽象到具体的过程，通过概念、判断、推理，在思维中再现客观事物的本质，并真实反映客观事物的运动规律。在科学活动中，科学推理必须严格合乎逻辑，既包括归纳逻辑，也包括演绎逻辑。科学认识是一个由个别到一般，又由一般到个别的反复过程，达到归纳和演绎的统一。科学创新需要通过对现象的分析提出问题、形成假设、形成见解，在此基础上提出假说并且设计试验确证假说，然后得出结论并应用规律等，这都需要依靠演绎推理能力和归纳概括能力。因此，从科学假说的提出到科学发现、科学理论的形成是逻辑方法与逻辑能力的综合运用和发挥，这就是科学推理的过程。

即使是再完美的逻辑，也不一定能够解决所研究的问题。毕竟，在研究的过程中，科学家会碰到一些“黑洞”，这些盲区让他们对所研究的问题无从下手。然而，科学家希望迅速抓住事物的本质，除了采用先进的方法分析这个问题，还应需学会一些技巧，我们称之为 trick。很多时候，这些 trick 出现不仅让我们迅速产生一个好的思想、好的结果，还会使得问题的分析变得相对简单可解。比如分析贫困问题，我们知道，撒哈拉地区的贫困问题是世界难题，中国的贫困问题也是我们关注的一个重点。这个问题的复杂性主要在于贫困产生原因的多源性，而导致贫困的本质原因是不公平。这种不公平性不仅体现在外在偶然原因（如重大疾病，灾难等）与内在必然原因（社会，政治，经济，教育，环境等）的不公平上，而且体现在这种贫困在特定条件下具有传递性——在一定条件下能够从上一代传到下一代。故此，对其的治理难度就很大。在此，分析这个问题的时候，第一步，对贫困进行定义，分析贫困到底有什么原因导致的，各个诱因之间的相互关系如何。这一定性分析过程极其重要，很多人忽略了这一内容。第二步，要对贫困进行测定，确定一个合适的标准。当然，这种确定的标准的科学性与准确性则需论证，如果以前的标准存在问题，可论证后提出新的标准。第三步，在新的标准下，将人们以家庭为单位分成不同贫困程度，同时按外在/内在产生原因进行分类。然后对每个类型进行分析，分析不同类型的性质、状态以及它们之间切换的条件。如果再跟踪某些家庭的经济情况，分析他们家庭的变迁过程，则可以从代际传递的角度上分析贫困问题，会得到更加深刻的结论。

trick 使用的最高境界是对某些从方法上难以解决的问题提出一些巧妙的构思过程，在前面的篇幅中，我们也指出，由于经济管理系统中个体行为的随机性以及人行为的非理性，研究问题的难度远大于自然科学。进一步而言，经济与管理和自然导论有一定的相通性，它比自然导论更复杂一些，如果在自然导论的理论上逐步加入一些随机性，则会使得导论的特性逐步逼近社会导论。按照这一思路，我们可以用一定的 trick 简化经济与管理问题，使之在自然科学的基础上可解。

由于经济与管理的随机性与非理性行为，使得它更复杂。以随机性为例，在经典的物理体系中，相似的个体、群体及系统模型如若可用，首先应弄清楚随机性存在的地方，然后逐步增加随机性，每增加一个变量和/或一个环节的随机性，都要分析这种随机性给结果带来的影响。根据这种思路，我们的结论可以不断地接近于真理。然而，在分析的过程中，任何一个随机性的增加，都会使得结果更加难以计算。解决这一难点的方法有两个，第一，通过设置一个更好一点的算法，如智能搜索算法，使它可解。第二，就是思路转换：尽管有的时候不能准确把握随机性带来的影响，但我们却可以大致估计其单调性，以及上下确界，这样通过上下确界的性质即可粗略确定这一结论的性质，当然上下确界的距离越小越好。或者我们采用以下的思维：不妨假设研究对象的属性为一个随机性极强的函数 $f(x)$，但我们可以找到一个确定性的函数 $g(x)$，使得 $f(x) = O(g(x))$ 成立，只需关注 $g(x)$ 的性质，就可以确定 $f(x)$ 的性质了。其中，$f(x) = O(g(x))$ 成立，表示存在两个正常数 C_1，C_2，使得 $C_1 g(x) \leqslant f(x) \leqslant C_2 g(x)$ 成立。但对于某个局部细节（无论是时间、空间还是功能上），对于随机结论的确定只需找到一个确定的等价函数，如果这种函数能找到，只需弄清楚这个确定函数的性质就可以知道原问题的性质了。这一思路的数学含义如下：$f(x) = o(g(x))$，其中 $f(x)$ 与 $g(x)$ 的属性，如上文所述，其中 $f(x) = o(g(x))$ 表示 $\lim\limits_{x \to x_0} \frac{f(x)}{g(x)} = 1$ 成立。在特定约束条件 $x \to x_0$ 下，$f(x)$ 与 $g(x)$ 等价无穷小。上面两种转换都采用了一个基本的数学思维，将随机性转换为确定性问题的一种合理的、科学的 trick。这个 trick 过程值得我们去学习。

在随机性融入物理体系，逐渐逼近社会系统的过程中，要求在构建模型的过程中都尽量考虑随机模型，这就要求分析过程中融入一个 trick，设置目标的过程中，并不是要求个人、组织、系统的目标达到最大化，而是应该修订为个人、组织、系统的目标到某一预期值的概率达到最大。这一转变可用数学语言来描述，经典的物理体系为

$$\begin{cases} \max\limits_{u} f(x) \\ s.\,t. \\ g(x) \leqslant 0 \end{cases} \tag{6.1}$$

但这很难描述随机性——即使 x 是随机变量。因为在经济与管理系统中，每个人的目标函数与约束条件都由两部分构成，而他们行为的随机性更强，甚至其漂移项的期望会超过趋势项。故此，方程（6.1）不能描述社会系统中人的随机性，但作为第二种思想，个人、组织和系统的行为规则可以用

$$\begin{cases} \max P[f(x) \geqslant \bar{f}(x)] \\ s.\,t. \\ g(x) \leqslant 0 \end{cases} \tag{6.2}$$

其中 $\bar{f}(x)$ 为一个确定性的目标函数。方程（6.2）不仅包含了方程（6.1）中的所有信息，而且还流露出个体行为的随机性—弹性目标。

显然方程（6.2）的难度较大，为了对其分析，我们又可借鉴前面所描述的两种方法：选择合理的算法或用 $f(x) = O(g(x))$ 与 $f(x) = o(g(x))$ 将这个问题转化成一个确定性的问题。这里重申一下，$f(x) = O(g(x))$ 描述的是在所有的时间尺度和空间尺度上都满足，$f(x) = o(g(x))$ 则考虑在特定的时空范围上成立。

随机性虽复杂，但其复杂程度远不如非理性行为。非理性行为的分析更难，但也可以采用上述的思路逐步解决，鉴于篇幅有限，这里不再赘述。

前文主要阐述了 trick 的使用，然而，在经济与管理科学研究中，仅仅关注 trick 是不够的，一个丰富多彩的故事，意味着一个研究，或者一篇科学论文，需要丰富多彩的内容，庞大的信息量，这才能够使得这种推导具有科学价值。

为了在逻辑上达到严谨性，我们一般建议考虑逆向思维法。首先将所研究的问题凝练成一些科学问题（如果是一篇科学论文，那么科学问题有可能是一个），然后寻找这些/个科学问题的必要条件；再分析这些必要条件，将这些必要条件的所有科学问题抽象出来，然后再找出这些科学问题的必要条件；以此类推，直到拟推到已知的、成熟的结论上，这样就构成了一个以不同学科子问题构成的复杂的逻辑拓扑图，里面每一个点，就是所要得到的小结论，每一条有向边，就是两个结论之间的逻辑关系。这会使得研究比较充实，里面没有多余的废话。这种充实感就是内容丰富的具体表现，是科学家所喜欢的；否则，一篇科学论文或一个研究中，基本上看不到有价值的内容，那么这个研究基本上就可以看成一个“假科学”。

进一步讲，看来经济与管理系统并不完全独立于自然系统，它们之间存在着千丝万缕的共同点，不能完全将它们割裂开来。目前在学术圈中的确流行一个观点，做经济、管理的科学家看不起做自然科学的，反之，做理学与工学的也看不起做社会科学的。有一部分社会科学家在看不懂该领域中某个从自然科学中借来的模型时，用一句“他们做的是自然科学（如数学、传统学）领域，我做的是社会科学，二者不一样。”作为搪塞，一切的疑虑全部烟消云散了。这种阿 Q 精神以前、现在与未来都是在残害我们的科学研究，必须去除。所以在一定约束条件逐步放宽的过程中，自然导论会越来越接近于社会导论，可以应用它来分析社会中的某些问题，无论是随机性与非理性，都会逐步得到结果。实际上，很多经济与管理科学问题，都是自然科学问题的外推。在设计这个逻辑的时候，经常会用到自然科学或基础科学里面的一些结论、观点及思想。然而，由于经济系统或管理系统的难度远远大于自然科学，那么在其分析的过程，就不简单的是线性外推，其中会碰到一些远比自然系统复杂的行为，其外推就呈现出非线性、随机动态性、自适应性、耗散性等特征。这些就使得经济与管理的研究，更加有趣。

然而，经济与管理科学研究内容的丰富多彩性不仅体现为如此，同所有的科学一样，它还有更加丰富的内涵。很多经济与管理科学论文的研究成果止步于结果，在文章中我们看不到关于结论的相关说明。下文我们就再阐述一下这个观点。回顾《结果 VS 结论，技术 VS 科学》一节，我们意识到，每一个具体的经济与管理问题，都可以看成一个贝努利试验。这个结果并不具有科学性，但从不同条件的结果归纳所得的结论则具科学性。进一步而言，就任何一个事件来说，我们都可以将其升华成一个更加高维度的事件。比如说，中国的农业问题属于世界农业中的一个组成部分，并且中国农业根据特色也会分成不同的区域：东北的农业与鱼米之乡的长江中下游的农业特征完全不同，可以先做一个特殊的情况，然后形成结果；再接着做第二个区域，做出对应的结果；接着下一个，以此类推，直到将全球范围内的所有区域都做完了；然后将这些区域划分的条件确定成一个个特殊的参数，实际上就得到了不同离散参数之下的农业的特征；再将这些参数连续化，归纳出这些参数连续变化之下农业系统状态的变化情况，从而归纳出对应的规律。这种升华为结论的过程应该体现在我们的研究结论中。这一步如若不做，研究的价值不大。所以，需分别做不同条件下（时空）所对应的结果，再将这些结果进行分析，即可找到更深刻的结论。因为第一步给出的研究过程实际上给了一个范式或者研究的“模型”，根据这个模型，仅仅需要收集到不同区域的变量的数据，就可以得到他们对应的结论，这种套用实际上就是一个“技术”工作，但技术分析之后结果升华成规律且变成结论，就是科学研究的魅力所在。

在分析的过程中，我们会碰到一些“怪事”——研究的结果与经验不符。一般情况下，科学家会认为自己犯了错——毕竟经典不容易出错，然后就进行修订，直至结果与经验一致。其实这恰恰是放弃了科学探索发现的机会，如果碰到这一结果，就需对这一“奇怪”的结论进行反复验证。对初始条件进行缓慢变换，看其是否服从这个“奇怪”的结果。如果发现在一个时空范围内，这一“奇怪”结果还持续发生，那么这一结果产生原因，结果预示什么，以及产生条件就极为重要了。往往的，很多重大的科学发现就在这个偶然结果中得到的。因此，对于偶然的结果，一定要追踪到底。在不断探索这个偶然结果发生原因、可能的演化以及所形成的规律，也许就有重大的发现。这一相关的内容在前一篇中已有阐述，这里不再赘述。对于相同的结果，尚需进一步的归纳与升华，以形成一个特定条件下的规律。关于结论的升华，需多步归纳与升华才能得到。举例说明，有人对“中国是否进入中等收入陷阱”进行研究。他先通过全球的数据，采用数据驱动的方法构建了一个概率模型，然后将中国目前的条件输入模型中。采用基于案例库推理的方法，推理出各个区域的进入中等收入陷阱的概率，以及未来 10 年、20 年的概率，然后分析这些概率与条件之间的相关性，以便确定各个区域进入可能性的动态变化以及各个区域的传染特性。按照基本理论、公平、创新可以降低进入中等收入的陷阱的概率。但将此机制放入中国各个区域中，发现仅有个别的区域有效，对很多区域却无效，下一步再分析机制无效的原因，即可从中得到更加深刻的结论。

总而言之，研究过程应包括丰富的内容，可以给读者大量的信息。这些信息量大，内容丰富的研究，是科学研究的意义所在。

6.1.2　如何倾诉一个跌宕起伏的故事

——山重水复疑无路，柳暗花明又一村

有人说，科学论文是一本枯燥乏味的书，读起来让人昏昏欲睡，这样很不利于科学的传播。其实，科学家也想让自己的文章像诗一样美。但并非所有的科学家都会把科学成果写成诗篇，也不能要求读者完全站在科学家的高度与角度读懂他们的观点，只能尽量地把文章写得好一些，把自己的发现尽量以“吸引人”的形式表达出来。

退一步讲，文章的表达形式并不重要，最重要的是文章的内容。比如德布罗意的博士毕业论文尽管只有一寥寥数页，写得也非常简单，而且完全没有按照八股文的形式写文章，曾一度被怀疑“抄袭”，但最终被认为是成功的，他本人在此基础上取得了极大的成功。并且这篇文章还给薛定谔带来很大的灵感，大力推动了量子力学的发展。

换句话说，科学的本质在于探索，探索那些未知之谜，这种对世界的未知也会随着探索的不断加深而增加。而最终能发现世界未解之谜的，毕竟是少数人。因此，科学对内容的要求远大于对形式的追求。尽管如此，我们也不能随意地撰写，也应该“包装”一下文章，让很多人尽量地关注研究发现的成果。

要想真正地表达清楚一个科学发现，科学文章是一个重要的途径。科学界归纳出一些特别的文章体例。实践证明，这些体例在准确表达科学发现又不失趣味上取得了成功。主流观点认为，科学文章需要构造一个 story，毕竟我们更加熟悉叙事文，更喜欢小说而非说明书。比较成功的体例为“武侠体”，武侠体的详细介绍见《科学论文 story 的武侠体构造》一文，在此我们简单介绍一下武侠体的基本形式。

像武侠小说一样，开篇一般地会提出一个极其重要的“江湖”问题，说明这一问题如若不解决，必将阻碍我们的发现。然后回顾一下各路人马是如何分析的，为何失败的，是因为科学思想太低，思维守旧，还是因为方法太落后，并针对他们的问题，提出我们的“英雄观”，开始塑造这个英雄，让问题得到解决或部分得到解决。另外，在讲这个故事的时候，将武侠体的情节错综复杂、此起彼伏、悬念多发等特点也表达出来，使得文章引人入胜，在形式上实现了“外在美”的目的。

事实上，武侠体最诱惑人的地方在于情节、悬念与高潮。显然，要实现这一目的并非那么容易，需要长期的训练才可以实现。例如，我们要表达结论 A，而前提是 B（B 包括大前提 B1 与小前提 B2)，需要在一定的方式下推导得到这个结论的正确性。按照前文的方法，我们不妨假设分析过程为图 6－1 所示。

我们以逆向思维的方法理解结果 A 的分析过程，A 的必要条件是 D，但 D 并不能直接由前提 B 推导得到。D 既可以由 C 推出，也可以有 H 间接推出。而 C 可以由 B 直接推出，也可由 F 间接推出。

进一步看这个例子可知，仅仅由前提 B 是不能得到结果 A 的，需要条件 F 的协助方可实现。可假定 E、F 是一组小前提。但如果按照上图的形式写文章，则会显得平铺直叙，缺乏吸引力。如果换成下面的思路，则会表达出另

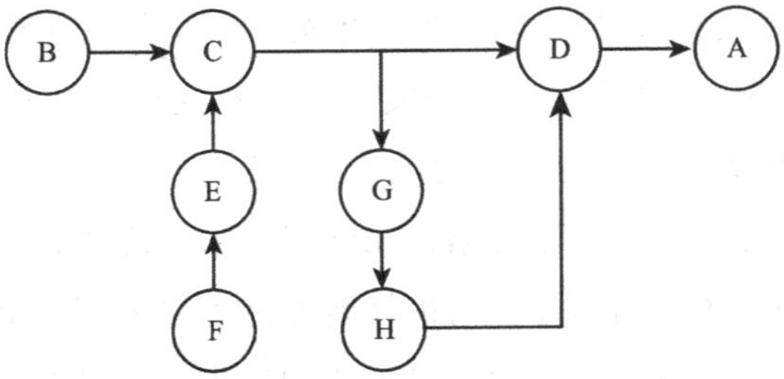

图 6-1　科学问题的分析过程

外一种不一样的韵味：

B→C→E→F→C→D→H→G→C→A 先提出前提，然后由 B 推出 C，并提出 B 无法直接得到 C，设计出第一个悬念，并分析条件 F 与 E 的必要性及他们之间的推导过程。然后，设计从 C 推导出 D 的过程。似乎这里可以结束了，但提出 C 推出 D 的过程中具有不完备性，提出第二个悬念。通过分析 C 推出 G 这一过程是合理的，并指出得到 D 的必要条件不是 C，而应该是 H，分析从 D 推出 A 的理由与证据。随后对这组完备推理过程与不完备推理过程进行比较，确定不完备推理过程这一思维的缺陷与错误，给读者更多的启示。然后再分析 B 以及 E、F 变化对 A 的影响，得到另一个结果。以此类推，就可以得到系列的结果，这些结果对应于前面所讲解的那些一个又一个的贝努利试验的结果。再归纳这些结果，升华之后就可以得到深刻的结论，这些在《结果 VS 结论，技术 VS 科学》一节中也给予比较详实的分析，这里不再多说。

除了武侠体之外，还有一些其他的体例可以借鉴。比较有名的是易安体。易安体的精髓在于韵味深长，能给读者留下无限的遐想。在推导过程中，尽量地省略一些相对简单的过程，让整个推导看起来不合理，但仔细推敲又完全无懈可击。在撰写结论的过程中，能够通过某些技巧，巧妙地将尽量多的事物包括进去，形成一个深刻并留有无限思索空间的结论。

进一步而言，在分析的过程中，易安体的写法并不注重情节的曲折性与多个高潮迭起，但更注重各个情节之间逻辑上貌似不合理但实际上很合理的“陷阱”的设计，这种技巧给读者带来的是推导过程的不连续性——似乎每个衔接都有问题，但仔细推敲之后却又无懈可击。文章所有的部分都言简意赅，无任何多余的废话，但整个篇幅中却呈现了丰盛的内容与信息，且留下无线的遐想空间。关于易安体的说明，我们将在后面详细的阐述，这里简要的以上面的例子为主，易安体的写法为 B→F→E→C→H→D→AB→F→E→C→H→G→D→A。

体例仅仅是一种表达形式而已，以前曾讲过，内容的重要性远甚于形式。下面我们讲解文章形式的第二个重点——简洁。任何科学论文的表达形式都应该尽量的简洁——能用最简单的语言描述的，绝对避免翻来覆去地用不同的语言来描述，切不可像懒婆娘的裹脚布，又臭又长，让读者读起来觉得很累，读了好长一段文字，结果就表达了一丁点的信息或知识。要做到简洁，其实最主要的是要有大量的内容，要有大量的推导过程，只有信息量足够多，在篇幅有限的前提下，我们才能简洁地将一个观点说清楚。因此，我们可以说，简洁不仅要体现在语言上，而且还要体现在推理的简洁上。

简洁要求在布局的时候，直接切中观点的要害，在分析的过程中，绝不拖泥带水，直接诉说故事的引子、情节、高潮、关键矛盾、发展过程以及结果。由于一个 story 是由一个又一个小的 story 构成的，那么不仅每个小的story 要用简洁的语言说清楚，而且这些小的 story 如何按照顺序、倒叙、插叙等方式构成一个丰富多彩、引人入胜的故事也是需要用简洁的语言设计出来的。

科学文章是对世界未知发现的一种呈现方式，是对所发现客观存在规律的一种表现形式，因此，用客观的语言将我们的发现完美地呈现给读者也是一个非常重要的事情。不仅如此，在表达的过程中，我们还要尽量客观地描述每一个发现。

尽管如此，我们也不得不说，表达形式存在着多样性，这使得我们无法给出一个确定的模板或经验，让科学界借鉴。但科学文章，最主要的是如何讲述一个 story，将发现通过构造出的这个 story 尽可能完美地呈现给读者。因此，写作的核心在于构造 story 的方法。

6.2 研究方法

——思路决定出路，细节决定成败

科学研究的目的似乎是一个旗帜，引导我们前行。但如何去走，才是我们关注的。毕竟沿途的风景会留下丰富多彩的美好记忆。

在我们撰写《关于摘要的写法》时，曾经描述了过程与方法所应该关注的点。过程与方法是一对孪生儿，这里的方法并不是说采用了哪种方法，或采用了什么样的过程实现了研究，讲的是从细节上说明这一方法。

在找准问题的基础上，在合理的思维下，我们才能对问题逐步展开讨论。针对每一个特定的模型，不仅要看这个模型是否能够准确地描述所研究问题，而且要看这个模型是否可解。前者指的是抽象的准确性与科学性，后者指的是分析的可行性，即采用何种方法才能进行分析。这是本篇文章的主要内容。

一个非常漂亮的模型会因为落后或不成熟的分析方法而夭折，故此，方法非常重要。古代人们羡慕在天上飞翔的鸟，也曾梦想去天空上遨游，但由于技术的不成熟而被搁浅，但现在在天空中飞翔是多么容易的一件事。分析问题的方法存在着多样性与复杂性，但科学的方法则要体现出逻辑推导过程的严密性与科学性。

进一步讲，由于人的行为的非理性，导致经济与管理所涉及的很多问题实际上都是非结构化的，对于这些非结构化的问题，采用经典的方法是无法对其进行分析的。故此，很多科学家尽力将这些问题转化成一个结构化的问题进行研究。不过这种强约束导致结果的准确性失色不少。在此意义上，有科学家建议结合神经科学、心理学以及行为科学的相关理论，让每个人的行为与其自身的生理上的脑电波、心率、眼动速度等结构化的数据形成一个映射关系，通过这种映射关系，可以将非结构化的变量转变为结构化的变量，从而降低了分析的难度。这一方法，看似多了一次转换，但实际上却大大降低了分析的难度，将以前不可解的问题转变成一个可解的问题，其贡献非常大。

除了上述的方法之外，也有一些其他的方法融入经济与管理的各个问题研究之中，比如大数据。尤其是一些非结构化的大数据令经典分析望而却步——偏偏这些非结构化的大数据对管理决策具有关键性的作用。为了对其分析，科学家可以构造一个深度卷积神经网络模型来识别这些非结构化数据，并将其纳入到深度神经网络模型中直接参与分析，帮助经济与管理问题的求解得到所需的结果。

现在看来，我们不仅可以将非结构化的行为提取出来——将无形的非结构化心理活动转换为结构化的数据，而且还可以将可视化的高维数据，如图片、文本、音频与视频识别出来，并转换为结构化的数据，进而打破非结构数据难以应用到经济与管理决策的这一瓶颈。

先进的方法不仅可以帮助我们解决系统输入的问题，通过多维统计学习的方法将高维数据降维到可以直接参与运算的结构化数据——当然，这里不仅仅指的是上述的方法，还包括更多的可行方法，如粗糙集等。更加重要的是，好的研究方法可以洞悉经济与管理问题的本质，使得分析的可行性增强。对于很多经济与管理系统来说，这是一个结构与功能随机时变的系统。也就是说，系统的影响因素、表现特征以及功能都会随着时间的变化而变化。这种变化不仅体现为程度的变化，而且体现在维度的变化。不妨以影响因素为例来说明：假设一开始，系统变化受到 A、B、C、D、E 共 5 个因素的影响，其中 A 与 B 是关键因素，E 是可忽略的因素。随着时间推移，影响程度也会发生变化，直到某一刻开始，最重要的因素变成了 B 与 C，而最不重要的因素则变成了 A 与 E。再过一段时间，当系统发展到由量变引起质变的那个临界点，以前影响它的关键因素都不再影响系统的性质、状态及功能，但以前的那些貌似微不足道的影响因素则会对系统的作用起到至关重要的作用，如 E 与 F 变成了关键因素，C 与 D 成次要因素，A 与 B 不再影响。显然，这一问题可以抽象成下列的模型：

$$\|X(t+1)_{n(t+1)\times 1}\| = \|A_{m(t)\times n(t)}X(t)_{n(t)\times 1} + B_{n(t)\times 1}\| \\ \|\omega_{p(t+1)\times q(t+1)}(t+1, X(t+1))\| \tag{6.3}$$

$$Y(t)_{n(t)\times 1} = C_{n(t)\times m(t)}X_{m(t)\times 1} + D_{n(t)\times 1} + v_{p(t)\times q(t)}(t, X(t)) \tag{6.4}$$

可以看出，系统的输出表征 $Y(t)$ 是一个由一定数量的特征向量描述的，且这些特征向量的数量 $n(t)$ 是一个随着时间 t 变化的数。而其影响因素 $X(t)_{n(t)\times 1}$ 也是一个具有结构随机时变特性的变量。要解决这个问题，显然利用经典的方法不可能对其求解。但可以假设 $n(t)$ 为常数 n、$E[n(t) \mid t_1 \leqslant t \leqslant t_2] = n$ 以及 $E[n(t) \mid t_1 \leqslant t \leqslant t_2] = n(t)$ 等三种情况。第一种情况最为简单，属于经典的问题；第二种情况，郭雷院士在其著作《随机时变系统》及相关成果中也给予了详细的说明；第三种情况，属于非结构化决策的问题，其最好的方法就是用实验的方法解决。

但实际上，在管理学中，评价尤其是科学评价一个团队的绩效，一个策略的优劣，其实是极其困难的。一般的，我们会犯两个错误：以假当真、以真当假。简单地说，本来是个不好的结果，结果由于评价体系的失误，被当成了真正的有价值的成果；反而言之，本来是很优秀的成果，由于评价的错误，被当成了不好的成果。实际上，从历史上看，很多非常著名的发现都是由当时都被评价为疯子完成的，很多优秀的策略在当时都被抵制。评价一个事物的唯一准确的方法是实践，因为实践是检验真理的唯一标准。但实际上，我们实在没有办法将时间扭曲，让时间返回到原点，让时间重新开始。因此，当我们面对选择时，来不及花时间检验，就必须从众多的备选中找出一个“最正确”的选项。因此，当时对备选选项的评价就非常关键。然而，几乎没有人能准确预见未来，无法判断有些事情的对与错，价值的高与低。在艺术领域中，很多大师的作品就在其生前被误判，在其死后这些作品的价值才大放异彩。在科学界中，当一个创新性的结果做出来之后，在很长一段时间才会被判定是有价值的。

经济与管理学中，尤其是经济学中容易面临一个悖论，就是对系统效益的刻画。一般的科学家都会倾向于根据实际对象的特征，列举出若干个指标体系（下文统称为特征向量），然后根据这些特征向量的特征将诸多向量拟合成一个指标。这一做法无可厚非，但存在一个弊端——我们只是描述了事物静态的特征，却无法考虑事物的时间属性——在经济与管理系统中，滞后效应更具有说服力。以教育的管理为例，教育的目的在于把受教育者培养成满足一定社会需要的人的总要求，从这一目标可以看出，教育具有长期持续性。在评价教育的效用时，应因此设置合理的特征向量。然而，在中国的教学评估历次实施与研究来看，评审者并没有关注教育的滞后效应，而过多地强调了其即时性——谁敢保证现在学习好的学生在以后就一定有更大的贡献而不是社会的祸害呢？一般来讲，描述一个经济管理系统，需要三个方面的特征向量：（1）一致指标——即反映事物特征、性质的变量；（2）滞后指标——在一定周期后才可以看出当时经济策略的效应的那部分变量；（3）先行指标——提前可在一定程度上表明系统特性的那部分变量。故此，该问题变成

$$y = f(x_{1\ t-k}, x_{2,t}, x_{3,t+l}) \tag{6.5}$$

其中 k 与 l 为正整数，分别表示提前期与滞后期，$x_{1,t-k}$为先行指标，$x_{2,t}$为一致指标，$x_{3,t+l}$为滞后指标，分别从历史、现在与未来三个时间维度上以

及从原因、事实及结果三个逻辑维度上刻画经济与管理中的时间含义，这一从时间的先行、同步与滞后的角度上描述经济与管理问题就能准确地描述经济与管理问题的本质，是一种比较科学的方法。

经济与管理的问题并非如此简单，而在于非理性行为的描述与分析。非理性行为的存在使得经典的研究方法对此束手无策，为了解决这一难题，科学家引入复杂系统的研究方法，通过行为实验与计算实验相结合的方法，在计算机上将人的非理性行为描述出来，并采用涌现理论得到群体非理性行为的特征。同样的，如果采用 Vicseck 模型描述个体的行为，也会在一定程度上刻画群体非理性行为的状态与性质。我们坚信，尽管非理性行为难以分析，但仍然可以通过某些科学的方法逐步逼近于科学。

故此，研究方法对于我们来说十分重要，不适当的方法不会得到准确而深刻的结论。然而，应该注意的是，研究方法不应该是一个名词，而应该体现为一种分析过程，包括分析中的每一个小过程以及细节。

为了解释这一问题，我们举一个简单的例子：绩效评价。前文曾经讲过，对于绩效评价，需要认真考虑其一致性指标、先行性指标、滞后性指标，这三类指标可以体现出它管理的时间效应，这属于思维层面。但对其进一步的分析，则涉及技术层面。

首先应该考虑各个指标的选择。不仅要对研究对象的性质把握得非常清楚，从定性的角度分析各个特征向量的一个归属。还应该查阅大量的文献，分析别人采用的指标，通过比较方可确定自己所采用的可能的指标。然后采用逐步回归的思想，逐步增加或删除那些重要或不重要的指标（先确定经典的模型中的方法，再一个一个的增加我们主观猜想的那些指标，每加一个，观测结果的差异性，如果无差异，则表明这一指标并不是必需的，这就是逐步增加的方法；逐步减掉指标的过程与之相反，不断减掉我们认为的最不重要的指标，观测结果。这两种方法都可以使用)，直至计算所得的结果与实际吻合——当然，这一过程建立在 $f(x_{1,t-k},x_{2,t},x_{3,t+l})$ 已知的前提上，而对 $f(x_{1,t-k},x_{2,t},x_{3,t+l})$ 的确定则更为重要，因为这一公式依赖于特征向量的结构——如前所述，而特征向量的结构不一定是确定不变的，因此分析的难度就非常大。

如果所有的向量都是结构化的数据，我们首先可以采用经典的方法进行，但之前应该通过定性分析的方法确定各个变量之间的关系，将不同类型的变量归为一类，以避免数学分析过程中得到的“数学上相关但实际无关”的错误，然后分析各个特征向量之间是否满足独立同分布（i. i. d.）的条件，并对其进行数据的预处理，使之满足这一独立同分布的要求——很多科学家忽略了这一问题，只是在做简单的数学运算，最终导致结果与实际完全错位，这就是数学滥用的具体表现。其次就是确定$f(x_{1,t-k},x_{2,t},x_{3,t+l})$，这一关系的分析则比较简单，但关键之处在于它是否能准确地描述事物，如果这里面既有定性向量也有定量变量，则需要进一步地深入讨论如何处理。

故在此，模型的选择显得十分重要。在式（6.5）中我们给出了一些模型，这些都是一些比较经典的模型，这些模型所得的结论均不是非常准确，因此，尽管我们也提出一个比较有智能性的模型，但由于长期的评价，效果也不太准确。

基于案例库推理的技术、人工智能等技术成为在短时期内评价较为准确的方法，虽然目前尚无较为成熟的基础理论等作为支撑，但也有较为先进的各种算法助其得到结论。这些算法，因有监督学习算法与无监督学习算法而闻名。所谓有监督学习算法，指对具有概念标记（分类）的训练样本进行学习，以尽可能对训练样本集外的数据进行标记（分类）预测。而无监督学习则是对没有概念标记（分类）的训练样本进行学习，以发现训练样本集中的结构性知识。比如，用深度神经网络模型进行评价时，用探索性有监督学习方法算法进行评价，比探索性无监督学习算法的准确性与可靠性差不少。如若其智能算法中有一些基础性的理论，比如算法的收敛性条件，局部最优解与全局最优解的算法性条件等基础问题得到解决，则会大大提高评价模型的准确性。

为何我们要再次大谈智能学习算法？只因无论是基于案例库推理技术，还是人工智能、深度神经网络技术，都会或多或少涉及非结构化或者半结构化数据。此时，经典的算法难以胜任对非结构化数据的分析。进一步而言，非结构化变量在评价中的意义极大，它们往往比结构化变量更加重要。因为，很多蛛丝马迹般的迹象，往往都是判定事物状态变化的重要依据。

基于案例库推理、人工智能、深度神经网络模型都体现了非线性映射关系。这虽然看起来复杂，但却可以准确地刻画经济与管理系统的属性。

在此处，我们阐述一个思想。我们追求简单，也就是说我们希望呈现给世界一个简单的，干净的结论，必然要在分析中复杂化。通过仔细的分析，这样才能将这种复杂的部分隐去，并得到简洁的、深刻的、能揭示事物特征的结果。毕竟这个世界中充满了平衡，像这种简约与复杂的平衡，就是其中一种典型的美。

不仅如此，我们所获取的数据能否表示事物的本质特征也需要论证，如果不能直接代表，就需要进一步论证样本与总体之间的相关关系，这个论证过程的科学性与合理性决定了结论的准确性，在《科学思维：决定成败的关键》一节中举的那个酒店的例子也说明这一点。

但如果特征变量中包含了非结构化的数据，则过程更为复杂一些。目前由于多维统计学习、人工智能等的兴起，可以通过某种方法（比如深度神经网络）来解决。注意前文将计算结果与真实数据的比较，就在这个深度神经网络训练中得到了体现。

在经济与管理的研究中，可能会涉及各种各样的定量研究方法，如统计学（或计量经济学）、运筹学、博弈论、系统动力学、多 Agent 建模等，这些方法本身并不难，难的是如何在分析的过程中让每一步都很科学、很合理，这样得到的结论才准确。以目前比较推崇的多 Agent 建模仿真为例，很多科学家对其的做法如下：根据具体研究对象的特征，构建一个多 Agent 仿真模型，然后输入一组参数，进行计算机仿真。如果仿真结果与实际相一致，则表明研究成功；如果不吻合，就开始调整仿真模型直至吻合。其验证的目的大于探索的目的。如果以探索为核心，第一步应该是构建仿真模型，并根据模拟结果与实际数据的差距调整模型至准确，然后假设一些可能发生的情境，在仿真模型上进行计算实验。如果实验结果与预期一致，则证明在该条件下结论符合预设；如果不一致，则需要在当前的情境下进行重复试验。如果这一“奇异”结果是一个偶然的结果，则可以忽略；但倘若这个结果是以一个不是很小的概率重复出现，则采用溯源法的思维分析与预期相悖的原因，分析是系统内部原因，还是因为其他方面的原因。对这一类现象需要进行更深入的实验——也许，我们会从这些偶然中得到重大的发现。

在前文，我们一直在强调一种“平衡”：我们不排斥在分析方法上的复杂性，而是追求在结果中的简约性。事实上，越是简约的结论，更需要更加复杂的分析计算。比如说，我们经过简单的分析，认为生鲜供应链协调过程中应该采用折扣契约的策略，这个策略非常有效，同时给出了折扣大小的表达方式。由于采用经典的合作随机微分博弈模型，导致零售商的折扣率是一个非常复杂的表达方式：

$$\eta_r^* = \frac{\gamma q_0 e^{T_w(\lambda_2-\lambda_1)}(e^{-\lambda_2 T_F}-e^{-\lambda_2 T_1})}{4p_r\lambda_2(T_F-T_1)(\beta-\alpha)} - \frac{\gamma q_0(e^{-\lambda_1 T_1}-e^{-\lambda_1 T_F})}{4p_r\lambda_1(T_F-T_1)(\beta-\alpha)} + \frac{c}{2p_r} - \frac{U}{4p_r(\beta-\alpha)} - \frac{\gamma q_0(e^{-\lambda_1 T_1}-e^{-\lambda_1 T_F})}{4p_r\lambda_1(T_F-T_1)(\beta+\alpha)} + \frac{\gamma q_0 e^{T_w(\lambda_2-\lambda_1)}(e^{-\lambda_2 T_F}-e^{-\lambda_2 T_1})}{4p_r\lambda_2(T_F-T_1)(\beta+\alpha)} + \frac{(2\theta-1)U}{4p_r(\beta+\alpha)}$$

超市的折扣率也将变成：

$$\eta_d^* = \frac{\gamma q_0 e^{T_w(\lambda_2-\lambda_1)}(e^{-\lambda_2 T_F}-e^{-\lambda_2 T_1})}{4p_d\lambda_2(T_F-T_1)(\beta-\alpha)} - \frac{\gamma q_0(e^{-\lambda_1 T_1}-e^{-\lambda_1 T_F})}{4p_d\lambda_1(T_F-T_1)(\beta-\alpha)} + \frac{c}{2p_r} - \frac{U}{4p_d(\beta-\alpha)} + \frac{\gamma q_0(e^{-\lambda_1 T_1}-e^{-\lambda_1 T_F})}{4p_d\lambda_1(T_F-T_1)(\beta+\alpha)} - \frac{\gamma q_0 e^{T_w(\lambda_2-\lambda_1)}(e^{-\lambda_2 T_F}-e^{-\lambda_2 T_1})}{4p_d\lambda_2(T_F-T_1)(\beta+\alpha)} - \frac{(2\theta-1)U}{4p_d(\beta+\alpha)}$$

但对于多阶段折扣，则难以得到准确的结论，给出了一个近似的结论：

$$\sum_{n=1}^{n}(\eta_r^{n-1})^* = \sum_{n=1}^{n}\frac{\gamma q_0 e^{T_w(\lambda_2-\lambda_1)}(e^{-\lambda_2 T_n}-e^{-\lambda_2 T_{n-1}})}{4p_r\lambda_2(T_n-T_{n-1})(\beta-\alpha)} - \frac{\gamma q_0(e^{-\lambda_1 T_{n-1}}-e^{-\lambda_1 T_n})}{4p_r\lambda_1(T_n-T_{n-1})(\beta-\alpha)} + \frac{c}{2p_r} - \frac{U}{4p_r(\beta-\alpha)} - \frac{\gamma q_0(e^{-\lambda_1 T_{n-1}}-e^{-\lambda_1 T_n})}{4p_r\lambda_1(T_n-T_{n-1})(\beta+\alpha)} + \frac{\gamma q_0 e^{T_w(\lambda_2-\lambda_1)}(e^{-\lambda_2 T_n}-e^{-\lambda_2 T_{n-1}})}{4p_r\lambda_2(T_n-T_{n-1})(\beta+\alpha)} + \frac{(2\theta-1)U}{4p_r(\beta+\alpha)}$$

$$\sum_{n=1}^{n}(\eta_d^{n-1})^* = \sum_{n=1}^{n}\frac{\gamma q_0 e^{T_w(\lambda_2-\lambda_1)}(e^{-\lambda_2 T_n}-e^{-\lambda_2 T_{n-1}})}{4p_d\lambda_2(T_n-T_{n-1})(\beta-\alpha)} - \frac{\gamma q_0(e^{-\lambda_1 T_{n-1}}-e^{-\lambda_1 T_n})}{4p_d\lambda_1(T_n-T_{n-1})(\beta-\alpha)} + \frac{c}{2p_r} - \frac{U}{4p_d(\beta-\alpha)} + \frac{\gamma q_0(e^{-\lambda_1 T_{n-1}}-e^{-\lambda_1 T_n})}{4p_d\lambda_1(T_n-T_{n-1})(\beta+\alpha)} - \frac{\gamma q_0 e^{T_w(\lambda_2-\lambda_1)}(e^{-\lambda_2 T_n}-e^{-\lambda_2 T_{n-1}})}{4p_d\lambda_2(T_n-T_{n-1})(\beta+\alpha)} - \frac{(2\theta-1)U}{4p_d(\beta+\alpha)}$$

其中，c 为合作社生产生鲜农产品的单位生产成本；g 为不进行打折出现变质废弃后产品的单位损失，考虑到产品废弃后不仅造成生产浪费，还需一定的废弃处理成本；α 为渠道自身的价格敏感系数，β 为渠道之间的交叉价格弹性系数，一般来说，渠道自身的价格弹性对需求的影响要大于渠道交叉价格弹性；H 为超市店面固定成本；Q 为超市对合作社的订货量；γ 为生鲜农产品质量对需求的影响系数；D_d 为电商渠道市场需求；p_r 为超市传统渠道定价；U 为市场潜在规模；w 为超市的订购批发价；D_r 为传统渠道市场需求；θ 为传统渠道所占市场份额；p_d 为合作社电商渠道定价。这个表达方式过于烦琐。但我们如果将模型中加入随机动态性以及供应链节点企业的自适应性，那么问题变得异常复杂，这个时候，采用经典的方法就很难得到折扣率的大小。但如果通过多主体建模的方式，构建一个多主体建模，就可以得到打折次数，打折时机以及折扣率大小的表达方式，可以通过计算实验得到。最后在对这些具有随机性结果进行统计分析，就能够得到比经典的结论更加准确的结论，显然，这个结果更简单一些。

总之，方法很关键，其中包含了很丰富的细节，细节的科学性以及细节之间逻辑推理的严密性，决定了文章丰富多彩的内容，决定了文章结论的准确性与深刻性。在后文中，我们将针对研究过程进行进一步的诠释。其实，过程与方法是一对孪生兄弟，它们形影不离，方法注重实现，过程注重问题的剖析过程，希望能在研究过程中带来诸位更多的深思。

6.3 基本分析方法

6.3.1 经济与管理科学研究中的定性分析

——千头万绪不知措，快刀斩尽始得因

前段时间我们听到一种论调：数学滥用论。很多学科生搬硬套一些数学模型，通过所谓的数学分析得到一些“漂亮”的结果。他们批评滥用数学是因为对所研究问题本质涵义洞悉不透，更深层的原因则在于定性分析不到位。由于对事物的“本质”认识得不够深刻，才会用数学来弥补这种缺陷。这即是数学滥用论的本质所在。

定性分析非常关键，它往往能揭示定量方法所带来的一些质上的不足。

比如说学生的考试成绩，一个96，另一个也是96，然后它们到底有什么区别则表述不清——但是这两个学生的能力一定是有差异的，可能一个擅长于分析，一个擅长于归纳，于是我们就知道一个事实，数量上的刻画难以解释清楚资源的区别，5个人与5个人之间也有不同。很多定量方法得到的结果并不尽人意，其主要原因在于定量并析的确不够深刻，分析过程过于粗糙。

中国有不少研究颇有数学滥用之风。之前常有学者为了模型而模型，完全不顾所研究对象与所用模型之间是否完全对应，只看模型是否先进，是否没有人用过。对于分析过程，能把简单的事情变复杂了，似乎是一种能力。当结果与实际有差异时，要么修改模型的变量，要么改样本，要么修改数据作假。这种行为均可以称为学术腐败。然而，这种学术腐败的原因在于定性分析不够。

以当前流行的大数据分析为例：Google有一个预测流感的大数据平台在某次预测过程中发生重大失误。后对其原因进行追溯，发现采用的数据有误。根本原因是对数据来源的途径认识不清。其实，海量数据也可能将真实的、有价值的信息掩盖。如果不先从定性角度分析数据来源之真伪，不在分析中犯“以假当真与以真当假”的错误，不将“假”的数据剔除出来，即使运用再先进的量化与技术，也会导致错误的结果。

再以大数据分析为例，大数据分析中总喜欢提“相关分析”而不是“因果分析”，因为用一般的分析技术难以得到使得，包含非结构化以及海量数据的数据驱动模型的因果关系，只能用相关分析来搪塞。我们经常会看到两个毫无关系的事物过度相关的结论。其主要原因有：（1）定性分析不够透彻，导致数学滥用——虽然我们不排斥蝴蝶效应的发生，但这毕竟是偶然的现象，不常发生。如果在一个不接近于0的概率发生，那么二者相关的结论显然是一个错误的结论。（2）也许其中有因果关系，但凭我们目前的技术方法无法破解其中的因果关系，只能认为存在“模糊不清”的相关关系了。

以上的例子告诉我们，纯粹的定量分析受限很多，如果能辅助于定性的分析，则会有更多的突破。实际上，历史上绝大多数的科学突破都是先从定性分析入手的。比如相对论，就是先有思想实验才有研究上的成功。

实际上，定性分析的难度远大于定量分析，因为定性分析不仅要提炼出科学问题，提炼研究的各个模块以及它们之间的关系，而且它能够提供合适的推理方式、思维过程，还能预测结论的可能形式，最重要的是，定性分析往往夹在定量分析之中，为定量分析做各种各样的假设，提供分析中的各种技巧。下文对其进行一一分析。

首先，我们在分析研究的问题时，应先将此研究问题抽象成一个系统。在这个过程中，定性分析不仅要搞清楚系统中应该包括哪些元素，元素之间存在哪些关系，还要弄清系统的结构，最重要的是系统的环境。环境的识别至关重要，很多经济与管理的文章，都把自己的问题放到一个包罗万象的系统中，只要跟系统有关系的，都看成系统的元素，而对环境的定义特别模糊，仅仅假定环境是一个白噪声。其实，对系统边界的识别至关重要，当且仅当元素的识别非常准确，其他弱相关或不相关的才可以被看成环境，环境与系统的属性才可以测量，才可以知道环境是否是一个噪声。如图 6 - 2 所示：

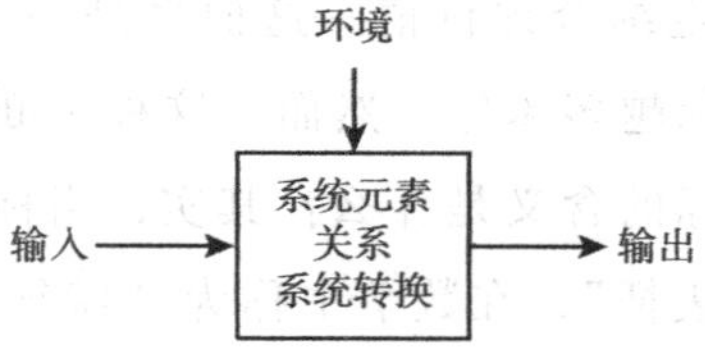

图 6 - 2　系统的属性及其要素

以文章《Reducing food's environment impacts though producers and consumers》（science，2008，6）为例，作者先假定由于食物生产与流通过程中的种种行为，食品环境被污染了。为验证这一结论，作者主要考虑食品在生产流通这一供应链中各方面的行为，包括种植者（或者是养殖者）、生产者、流通者（仓储、运输等）、消费者、科研工作者，但并没有包括政府。因为作者认为，政府提供的是政策，故这一部分可以归入环境系统。经过大量的调查，作者认为生产者之间的策略是降低食物环境污染的有效方法。如果再加入政府，保留元素增多的同时关系变得复杂，同时涌现出来的问题就是找不到环境，使得这个问题根本无法定量分析——因为找不到所谓的环境。环境可测性是经济与管理中特别重要的一环，因为我们不能空想出一个子虚乌有的环境出来，真实的环境必须存在。当且仅当我们对环境的性质了解之后，才能假设环境是一个白噪声，或者具有其他性质，当然这一前提是定性分析准确，因为对系统结构功能的分析是至关重要的，而这个无法用定量分析得到。

在思维推导中，定性分析的作用更加重要。这一主要体现在分析过程的选择上——必须从众多的过程中选择一个更加有效的途径，使得推理更严密、更科学。当然在选择过程中需理解各个定量分析方法，如果对定量方法不熟悉，对定性方法应有足够透彻的理解，才会在这个过程中选择更适宜的过程和方法。

上面说到定量方法与定性方法各有千秋，如果能给予互补，则会得到更令人兴奋的结果。定性分析在分析元素、元素问题关系、确定系统的状态的向量与特征向量上有十分重要的作用。在这个过程中，只有用多种定性分析工具才能得到比较准确的结果，比如思维导图、因果图、散点图、帕累托图等图形工具，专家综合集成研讨厅法、德尔菲法、头脑风暴法等分析方法以及逻辑学中的各种方法，可以帮助我们确定直观系统。

举个例子，一般的评价过程是：确定评价指标体系→确定评价方法→测定评价指标的数值→确定综合评价值。这似乎是一个铁律，在分析过程中，绝大多数科学家希望指标越多越好。然而，这种不断增加指标的同时却忽略了一个重要的问题：指标的含义是什么？其实，指标是描述事物特征的系列变量，是事物特征的“表征”，在数学中称为“特征向量”，是“果”。但在很多研究中，将其影响因素也放到指标体系中。这其实犯了因果倒置的错误。如高校合格评估中，学生数、图书数也在指标体系中，但我们知道，学生数和图书数只是表示学校绩效的影响因素，绝不是高校的产出。这种将原因当成结果的做法必然导致评价结果与实际偏差太大，甚至是错误的结论。显然，这种关系的错误，是通过定量分析无法得到的，只能通过定性分析才能得到。

不仅是元素之间的关系，在重要因素与次要因素的分析方面，定性分析也具有非常重要的作用。而这种重要性的判断，首先需要专家综合研讨厅的方法来进行。找一群专家将最重要的、不重要的因素全部罗列出来，然后将共性的全列出来，而有争议的因素，再根据定量分析法判断，不仅能使整个研究变得更加容易，而且更科学，尤其是对于一些变量归类的时候，先定性地讨论哪些变量应属于哪一类，或哪个模块属于哪个子系统，以后再进行分析，准确性更高一些。

我们在研究经济与管理的具体问题时在研究方向与目标已知的前提下，首先应该做的是弄清楚国内外的研究现状，并从中得到我们可以做什么，我们应该做什么，怎么做更好等一系列问题的答案。这一部分的分析属于定性分析的内容，非常关键，掌控着研究的方向、思路、预设结论及大体思想，决定着研究的科学价值，详见《摘要的写法》文。当所有都确定后，最关键的当属于设计研究的技术路线，显然这是这个定性分析的典型过程。技术路线的合理性与科学性不仅决定研究的可行性，而且决定研究成果的价值大小。在《技术 VS 科学，结果 VS 结论》《摘要的写法》《科学问题的抽象》《研究过程》等部分已将该部分的内容做了简单的描述，这里不再详述，只是简单地归纳一下。技术路线其实与研究分析过程基本一致，见《研究过程：山重水复疑无路，柳暗花明又一村——如何设计一个丰富多彩的故事》以及《研究过程：山重水复疑无路，柳暗花明又一村——如何倾诉一个跌宕起伏的故事》两文。

通过严密设计一些关键的子过程，以及这些子过程之间严格的逻辑推导方式，就可以得到预设的结论。这样就可以得到一个科学的技术路线，在此基础上，我们就可以抽取研究的内容，以相应的方法获得可能的阶段性成果，以此可知，以定性分析为主取得的技术路线，对研究的价值很大。

在经济与管理研究的过程中，我们经常会碰到一些变量，这些变量的值并不是结构化的数据，而是非结构化的文章、音频、视频、图片，显然这些都会是一些定性的数据。对于这些定性的变量，我们在定量分析之前必须进行结构化的处理。科学家也提出了一些特定的方法，比如粗糙集法、灰处理法、定性判断法等经典处理方法，也提出了卷积神经网络这种先进方法。实际上，这些定性的数据，如果不加以分析，也很难用于分析中。而上面用到的很多方法，均是定性与定量结合分析的结果，如果离开了定性分析，将非结构化的数据变成结构化的数据则表现为空谈。

更进一步的，在定量分析过程中夹入一段定性分析，会大大加大分析的难度。这是因为，定性的分析，可以给定量分析提供一个严格的约束条件。这些条件的加入，将会使得量化分析的难度降低。比如，我们分析 2016 年《Science》中有一文《Network science on belief system dynamics under Logic constricts（321－326)》，认为系统的力学方程应包括以下的形式：

$$X(t) = AWX(t)C^T + (I - A)X(0), t = 0,1,2,\cdots \quad (6.6)$$

其中 X 为某一观点所占的比例，W 是系统中个人形成的网络，C 表示不同观点之间的逻辑约束关系，A 是系统中每个人将这种观点反馈给自身所形成的网络。在分析的过程中作者就遇到了一个难点，AW 是否收敛于 0，如果收敛，就可以确定这一动力学的稳定形式，否则，就不能。作者就从定性的角度，判断 AW，表示两个过程：先将这一观点反馈给自己，然后将这一信息传递给其他人，这两个过程都是有选择性的，都不可能 100% 地完成这种观念的传承，故 $AW < 0$，也就是说 $R_{AW} < n$，那么 $\sum_{t=0}^{\infty} A_t W_t$ 收敛，可判断出 $\sum_{t=0}^{\infty} A_t W_t = I - AW$，从而通过这一 trick 使得原本非常复杂的数学分析过程变得异常简单。

实际上，定性分析对结论深刻性的影响远不止于此，深刻准确地定性分析对于结论的抽象意义更大。以菲利普·鲍尔的《预知社会》、古斯塔夫.勒庞的《乌合之众》、托马斯.C谢林的《微观动机与宏观行为》这三本纯粹的以定性的逻辑归纳与推理为主的作用，以及张五常的《佃农理论》中定性分析地租的本质都可以看出定性分析的重要性。三本名著，作者从物理、哲学、政治、经济、社会、生物等多个领域研究成果入手，找到他们之间的共性，将这些貌似毫不相干的知识中的相同点归纳出来，并抽象成系列按逻辑有机组分而成的理论体系，其对科学研究的指导意义巨大。这种价值，是很多纯粹定量分析难以给出的。而《佃农理论》，在大量文献的支持下，在实际深度调查的前提下，通过归纳而形成的具有革命性的成果，对后续的研究具有的意义十分巨大。

从上面的例子可以看出，定性分析的意义非凡，可以获得研究问题的本质，如果这一发现是创新性的，那么对于未来深入研究的指导意义非凡。但这种创新的难度极大，不仅需要渊博的知识，而且需要能融合各学科的思维能力——融会贯通的能力；不仅需要有大的格局，而且需要有深刻的科学发现的洞见。科学研究对定性分析的要求之高，可见一斑。这一要求如此之高，令我们不得不望而生畏。这并不是所有人都能达到的。退一步讲，并不是每个人都能像霍金一样写出《时间简史》这种不朽著作。但对于我们来说，定性分析与定量分析结合，也不失为一种好的思路。定性确定经济与管理现象的本质以及导流的特性，然后找到量化分析的钥匙，再解决它。

所以看出，定性分析可以指导定量分析，反过来，定量分析的过程与结果也可为定性分析提供归纳的素材——像《时间简史》、《预知社会》、《佃农理论》以及《微观动机与宏观行为》那样的归纳。

定性分析的涉猎范围很广，正如前文所说，可以从思想抽象、思维过程、分析过程中的 trick 分析方法选择，以及结论的升华方面都有非常重要的意义，更不必说综述类文章对于科学研究的意义比研究性成果更强这一事实，均可表明，定性分析非但不能少，而且还应重视。

6.3.2 经济与管理科学研究中的实证研究

——验证，探索，还是发现？

实证研究是经济学的主要研究方法之一，倍受大家的钟爱。只要有数据，我们总可以由数据出发，找到一些特定的规律，从而指导科学研究以及指导经济与管理的实践。

百度百科对实证分析做了以下的描述：实证分析是指排除了主观价值判断，只对经济现象、经济行为或经济活动及其发展趋势做客观分析，只考虑经济事物间相互联系的规律，并根据这些规律来分析和预测人们经济行为的效果。它主要解决的是“是什么”的问题，在解答的过程中，我们会用到各种各样的方法，如个量分析与总量分析、均衡分析与非均衡分析、静态分析与动态分析、定性分析与定量分析、逻辑演绎与经验归纳、经济模型与非理性人假设等。

回顾实证分析的几对对偶的方法或内容，我们突然发现我们似乎弄错了一件事情：我们印象中的实证，往往注重了总量、均衡、静态、定量、经验归纳、经济模型等，而忽略了它们的对偶项。比如说，我们专注于定量分析，而忽略了定性分析。经管科学家一谈到实证研究，就不由自主地选择一个模式：对国外的经典理论——或是一个方程，或是一种体制——进行验证，目的不是证明就是证伪。一般地，他们会选择一个教科书或期刊中的经典理论，然后根据我们研究对象的特点，提出一个或一系列的假设，收集相应的数据——如果找不到对应的数据，就找一些可以替代的数据，然后在计量经济学或统计学方法（包括多维统计学习）的基础上构造一个对应的模型，求解之后，对经典理论/结论之下的假设进行证明或证伪。这种体例是目前经济与管理研究的主流做法，在这里我们姑且不谈实证文章的布局，如希望阅读的，请参见《科学论文写作中的 story 及武侠体构造》、《研究过程：山重水复疑无路，柳暗花明又一村——如何设计一个丰富多彩的故事》、《研究过程：山重水复疑无路，柳暗花明又一村——如何倾诉一个跌宕起伏的故事》三部分内容。我们关心的是这种主流的做法是否大大伤害了实证研究的本质。

正如前文所述，与定量分析相对应的，还有定性分析研究。而定性研究这一形式在实际研究中的价值还高于定量分析，如前文《定性分析：千头万绪不知措，快刀斩尽始得因》中所述。下面让我们重点谈论定量分析的对偶方——定性分析。比如梁漱溟先生的《乡村建设理论》就是一本纯粹以定性分析为主的作品，这本著作的意义非常深远。在同一领域，费孝通先生也以定性分析为主做出了重要的贡献——书中尽管有一些定量分析，但大多数归于描述性统计分析，深度的统计分析并不占优。在管理中，定性分析的模型也很多，比如 SWOT 模型、迈克尔·波特的五力模型等都在管理中取得了极大的成功。其实我们可以看出，所有的定性分析，均是以一些实际的研究对象为主，在定性分析的基础上，或在其他研究的基础上，采用归纳法，即可得到事物整体发展变化的特征与规律，或者在这一规律的基础上进行演绎，得到个体的性质积极变化的可能性。无论哪种形式，均离不开实体，都是对实际事物或现象的分析。然而可惜的是，目前学术界对于实证研究的思想，却是远离了定性，给实证打上了定量（或计量）的标签，不仅束缚了实证研究的发展，而且容易让错误的思想误导实证研究的进展。

暂时不分析定性，仅以定量研究为主，我们从前面也能看出来，也不是唯计量经济学为主，还有其他的定量分析方法，比如系统动力学、运筹学等，都应该归属于定量分析的范畴中。

总的来说，无论是统计学，还是计量经济学，绝大多数情况下都关注总量的性质与规律，而忽略个体性质的研究。实际上，对个体研究的重要性不亚于总体的研究。更进一步地，从更大的维度上看，整体其实也是一个个体。造成科学家强调总体而忽略个体这种现象的主要原因之一就是计量经济学、统计学和概率论的衰落。在很多经济与管理科学家的眼中，统计与概率被认为是一回事，其实它们的区别恰恰在于前者的研究对象是总体，而后者的对象是个体。统计分析中，很多个体的个性被群体“平均”掉，因此群体的行为更加稳定，更容易研究一些。但对于个体来讲，他的行为具有更强的随机性与不确定性，对此的研究就更复杂一些，一般来说，研究个体行为的时候，考虑更多的就是采用概率体系（包括量子力学、随机过程）的方法进行。在概率的基础上衍生出来一些现代的方法，如目前流行的人工智能中所有算法的基础就是概率论。在经济与管理中，尤其是在管理中，研究个体的可能性更大，因此我个人认为应该受到更大程度的关注，这一概率在管理中的重要性，会越来越凸显出来。近些年，量子决策理论在管理中取得了很大的成绩，如2016年在“*Operational Research*”上一篇介绍量子概率的文章“*Quantum Mechanics and Human Decision Making*”，2019年的文章“*Agent's Behavior in Crisis: Can Quantum Decision Modeling Be a Better Answer?*”，2015年的文章“*Quantum Decision Theory: Analysis and Optimization*”与“*Quantum Decision Theory: Suboptimization*”，都说明了这一方法对于经管研究具有极大的价值。有趣的是，量子决策最基础的理论就是概率论。不仅如此，概率论在动态分析中意义更大，一般来讲，我们在某一个特定的概率规律之下（如条件概率），可给经济与管理的对象状态及其变化构造一个鞅过程，当然这一构造时所遵守的条件限定则是比较严格的。进一步讲，设表示事物状态的随机变量在 t 时刻的概率为 $P(X_t)$，且 $E[P(X_{t+1}) \mid P(X_t), P(X_{t-1}), \cdots, P(X_0)] = P(X_{t+1})$，或者 $E[P(X_{t+1}) - P(X_t) \mid P(X_t), P(X_{t-1}), \cdots, P(X_0)] = 0$，则表明随机变量 $\{X(t)\}$ 是一个鞅。它表明了已知过程在时刻 s 之前变化规律的条件下，该过程在将来某一时刻 t 的期望值等于过程在时刻 s 的期望值，这种“公平性”在经济与管理中就应该被关注，而最关键的问题，则在于这个随机变量如何构造，一旦构造成功，那么这个问题按照鞅论中的基础定理进行分析就可以得到结果。由此可见，个体分析有一系列具体的方法，也属于实证研究的范围。比如，基于案例库推理的方法（Case - based Rationing）也是一种个体分析的方法，利用众多案例所形成的规律，对拟研究的对象提供一些特殊的推断——值得注意的是，这种推断技术在古代中国就有，比如“狄仁杰”系列，就是在定性分析的基础上推断，从各种影视剧以及其他资料中亦可看出这一领域的神奇之处。

上文讲过，概率论是对个体分析的一种有效的工具，对于个体的研究，我们不仅关心是什么以及怎么样的问题，更加关注何时、何地、何条件的问题。进一步而言，我们不仅关心事物会怎么样，更加关心在什么条件下事物会怎么样。一旦考虑这个问题，那么这种状态可能发生的时间、可能持续的时间以及可能结束的时间等问题就显得异常关键。显然，这里提出的要求貌似非常“高端”，如果实证分析能解决这个问题，那么对于个体来说，意义更大。实际上，如果站在更高层面的粒度上看总体，它就是一个个体，也可以用个体的方法研究所谓的总体。

无论是个体还是总体，我们都应该注意到，在前文中我们强调了时间的重要性。因为，动态性是所有事物的基本属性，当然此处我们不探讨时间的矢量性以及多维性——毕竟我们面对的经济与管理研究对象所生存的空间中时间矢量性与多维性的条件不具备。故此，动态性的重要性就得到大大的提高。虽然计量经济学有一定的动态模型，但这种方法的局限性较大，难以从更微观的角度得到事物细致的变化过程以及在细节中所呈现出的规律，像simulation的方法则可以从细微的角度分析事物动态变化的情况。这些年，系统动力学、复杂系统等多种新的理论方法如雨后春笋一般接踵而来，而这些方法均可以从更加细致的时间维度上刻画经济与管理系统的动态变化特征，并从这种变化中找到规律，以此推断未来的若干种可能的发展变化情况。然而，我们都知道，准确的动态分析未来变化是非常困难的，因为未来是不可知的。这种不可知使得分析的难度急剧增大，面板数据分析、多维统计学习等方法就是其中一些比较成熟的科学方法。我们最关注的是多维统计学习，而其使用的条件是有大量的案例或样本作为分析的基础。通过这种有监督或无监督的学习算法，找到事物未来最大可能的发展方向，就可以比较智能、比较准确地预见未来。霍兰曾经提出一种预期反馈调整权重的方法，对于较长时间的动态分析具有很强的参考价值，大致过程如下：根据目前的状态以及食物发展变得的特征，给未来某个时刻事物的若干个特征向量赋值——一个预测的值。然后根据实际观测到的数值与预测值之间的差异性，设置一个用于调整的权函数，使得这个观测值与预测值一致。然后重复预测—观测—调整这个过程，最后，该权函数经过长时间的学习，就形成了一个比较稳定的常函数，通过这个就可以准确描述事物发展变化的特征与规律，并用于动态分析。这种思想目前逐步被应用于经济与管理的动态研究中，是实证研究的未来发展主流之一。

经济与管理系统不仅体现出动态性，而且体现出周期性：总是从一个均衡状态发展到另一个均衡状态，从一个最优转到另一个最优，从一个谷底转到另一个谷底。因此对于一个实际的经济与管理研究对象来说，它不可能一直处于均衡状态上，毕竟这种均衡状态依赖于一些特定的条件，由于事物的动态性与随机性，这些条件一定会随着环境的变化而变化，一旦这种变化超过这一条件均值的阈值，这种平衡将不再存在，系统将处于不平衡状态。一般来说，经济与管理系统处于非平衡状态反而是一种常态，平衡分析、非平衡分析是实证分析的一项主要的内容。

在目前经济与管理的研究中，绝大多数成果适用于均衡状态的经济与管理系统，对于非平衡状态的经济与管理系统，则很少有成果支撑。不仅因为这个领域研究难度很大，还因为我们经常把研究对象抽象成一个理想状态，对于特别复杂的对象，因为害怕失败、研究难度大、功利性等，不愿意花那么大的利器做一件未必能给自己带来对等收入且极易失败的事情。在《临界：智能的设计原则》一文中指出，世界上，临界是一种常态，事物总是在一种奇怪的吸引力作用下，从一个临界状态转换到另一个临界状态，系统中几乎所有的状态都围绕着临界状态进行，一旦系统偏离临界状态，奇怪吸引子一定会拉着系统回到临界状态。因为临界状态最具有创新性，因此对于经济与管理在临界状态下的研究就显得非常重要。虽然定性的分析有很多结论，甚至分析了少数派的行为在一定条件下会突然转变成系统中的主流行为的现象，也分析了在非平衡态下群体理性的不稳定性，但采用定量方面对这一问题的研究成果，仍显得非常少，这方面的实证研究余地很大。

归纳法是实证研究的一把利刃，很多优秀的成果都来自于该方法而得。归纳法对于实证研究非常重要，在《结果 VS 结论，技术 VS 科学》这一文中，我们重点介绍了归纳法的重要性——发现科学规律的高效的方法。尤其是在研究总量的时候，我们习惯性采用归纳法，弱化每个个体的奇异的个性，通过归纳共性之下所掩藏着的事物发展变化的规律，获得具有极高科学价值的结论。正所谓“看遍人生百态，方能捂透人生哲理”。在归纳的过程中，总有一些个体具有一些奇异的属性。这些偶然现象和偶然结果能不能得到更有意义的科学发现呢？具体见《研究过程：山重水复疑无路，柳暗花明又一村》。而对于演绎法，在管理的研究中经常用到，在统计学中也会用到，比如假设检验，比如判别分析等。这是在获得基本规律的前提下，对特定对象进行推断研究，推断它是否具有特定的性质与状态、特定动态演化可能性的分析。以 Case - based Rationing（基于案例库推理）的方法为例给予说明，当我们知道经济与管理系统具有一定参数的特征时，即系统的规律已知时，可以对特定的个体进行推断，具体思路如下：假设系统由参数 θ 决定（θ 表示了系统运行的规律，如一个动力学方程、状态转移函数等），假设这一规律用函数 $f(\theta \mid \mathcal{D})$ 描述，其中 $\mathcal{D}$ 表示不同的案例 D_1，D_2，…的案例库空间构成的 σ 代数的集合，那么对于特定的需要研究的对象 D 来说，它所满足的特征应该为 $f(D \mid \theta)$。可以看出，$f(\theta \mid \mathcal{D})$ 的确定一般可以采用归纳法完成，而 $f(D \mid \theta)$ 则应该由演绎法实现。因为特定个案的约束条件、系统结构具有其特殊性，在案例库中并不一定能找到统计意义上对应的情境，故此对于这一新案例状态的判断才会根据 Bayesian 定理来推导。在这里我们以概率的角度说明，可写为

$$P(D \mid \theta) = \frac{P(\theta \mid \mathcal{D})P(\mathcal{D})}{P(\theta)} = \frac{P(\theta \mid \mathcal{D})P(\mathcal{D})}{\sum_{n=1}^{N} P(\theta_i \mid D_i)P(D_i)} \tag{6.7}$$

可以看出，归纳与演绎同时使用方可得到更加深刻的结论，如果循环使用，定能得到一些具有革命性科学价值的结论。

经济模型一般建立在理性人假设的基础上，而近年来，对于非理性人的关注度越来越高，无论是个体非理性还是群体非理性，都得到了足够的重视。《乌合之众》艺术对于群体非理性进行了非常深入的分析，《预知社会》《微观机制与宏观行为》则从个体非理性与群体非理性二者入手分析了它们之间的关系。学界一般认为，个体的非理性行为主要来源于以下几个方面：（1）信息，主要是环境对个体的影响具有差异性，（2）个体行为偏好，（3）个体的学习能力等要素，而群体非理性行为更加复杂。正如《乌合之众》中描述的那样，纯粹的理性个体形成的团队往往不具备完全理性行为的性质。对这一非理性行为的研究，无疑是实证研究的重点与难点之一。笔者长期从事非平衡态上群体非理性行为的性质、状态及其演化过程的研究，深知其难度很大，但也知道，该方向是经济与管理科学研究的突破点之一。

以前我们确实误解了实证研究，给计量、统计贴上了实证的标签，这实际上是一种曲解。不仅如此，实证的目的不仅仅是证明或证伪某一命题，更重要的还在于科学规律的发现。

6.3.3 经济与管理科学研究中的实验研究

——只要展开想象的翅膀我们就能飞得更高

在理化科学中，实验的地位很高，也曾取得了巨大的成就，如居里夫人用实验发现了镭，伽利略用实验发现了惯性定律。实验在科学发现中的作用也是显而易见的，在生命科学、计算机科学、农林科学、生物学等领域中广泛应用。

自然科学与社会科学有一定的区别，这种区别的本质在于二者的性质存在较大的差异。社会系统中，主体更多、关系更复杂，且由于智能性、社会性与自治性等特点，主体行为的随机性、多样性、自适应性、临界性更强。并且由于“人”的原因，要想利用实验的方法对经济与管理的对象进行研究，并用实验发现一些规律，就比物理的系统难度大多了。在经济与管理中做实验的难度其实很大，主要是各种约束条件的限定，举例来说，要建设某个项目，如建一座大桥，实验会给出进度安排、地面交通管制规划、投融资管理经营等各个方面的最优策略。然而这个实验操作还是具有一定的难度的：(1) 有无条件（人、财、物等）构建这么一个与实际一模一样的场景，而不影响生产生活的正常进行；(2) 有无知识进行这么一个实验；(3) 这个实验能否将所有的不确定情况都能考虑的前提下不太多地增加实验费用；(4) 实验的效果是否很准确。一般情况下，在现实中很难允许我们在真实的场景中进行实验，尤其是对不同的方案都进行一遍实验的可能性微乎其微，因此，需要通过其他方法代替实地实验。同样的，对于经济政策的实验也是如此，一般地，我们预设了一种机制，然后找一个试点做实验，如果结果成功了才会推广，否则被认为该机制是无效的。即使如此，很多政策也会失败，其主要原因是我们试点地区的条件与推广地区的条件不相符——注意，这里的条件包括对象对应系统的结构、试验的投入结构与时机、环境的特点等。

除此之外，经济与管理实验的最大障碍在于“人”，在于人的非理性行为。维基词典对非理性行为的描述中，理性与激情这一属性一直难以解决。然而，我们也知道，经济与管理系统中最容易创新之处，恰恰是由于人的无限的来自于激情的创造性活动。这种激情很难设计出来，故此，对于个体非理性行为的实验难度很大。但群体则不一样，由于“平均”的作用，个性化的行为被“湮灭”，其行为实验的可能性更大。故此，在此意义上的实验才会带来有意义的成果。从这个意义上讲，经济实验的科学性更强。

下面我们将仔细描述经济与管理中的实验是什么样子。不过在讲此之前，让我们先弄明白实验是什么。所谓实验，就是对研究对象进行各种各样的活动，以观察对象可能出现的现象，并对该活动与现象进行归纳分析，从而验证一个已知的规律或发现一个新的规律的一个过程。正如百度百科中给出以下的定义：根据科学研究的目的，尽可能地排除外界的影响，突出主要因素并利用一些专门的仪器设备，而人为地变革、控制或模拟研究对象，使一些事物（或过程）发生或再现，从而去认识自然现象、自然性质、自然规律。可以看出，自然界中的实验所面对的对象的状态、行为、性质与社会界相比，相对确定一些，更加容易找到系统变化的影响因素，故此更容易进行实验。

从上面的分析可以看出，实验最重要的目的并不是验证某个已知的现象或规律，而是揭示或探索未知世界存在的但尚未发现的现象或规律。在下文中，我们将对经济与管理中的实验，进行比较系统的分析。

前文中曾经说过，经济与管理中的实验，由于人的主观能动性，相对有一定的难度，但如果人的因素被淡化，用实验则可以起到意想不到的效果。如果淡化人的因素，那么科学家可以很轻松的通过与物、信息、资金等相关的管理学的实验来挖掘它们背后的未发现的现象及规律。像 ERP、MRPⅡ等系统对于物流、资金流的实验会有很强的指导意义。

在经济与管理的实际操作中，会碰到一些棘手的事情，采用普通的方法一时难以给出答案，但若采用实验的方法，则会得到一个适宜的方案。之前由于技术的不足，经济与管理研究中的实验采用的是真实的“小”场景做实验，或称之为“试点”。但事实上，如果结果高度依赖于“情境”，那么这类实验结果的可重复性就会较差。在设计实验的时候，尽量避免此类失误——高度关注条件，并将敏感性的条件作为关键变量来处理。随着技术的不断发展，计算机技术让很多之前仅仅只能想象的实验也可以进行了。

然而，研究中的实验与实际实施中的实验差异性很大，研究中的实验是探索性实验，并非验证。在真正的研究中，我们提倡的是探索性的实验，而不崇尚验证性的、对比性的实验，只因后者对于科学的推动力较小，除非我们对新的创新的理论进行验证。下面我们举一个例子说明这种对经验进行验证的错误的例子。近年来，由于计算机仿真技术的发展，对经济与管理的仿真技术越来越受到一些科学家的钟爱。但我们知道，经验在很多情况下是不可靠的，但经济与管理学界中的科研人员却总是围绕着这些所谓的经验而去努力改变着“试验过程”。在供应链的经典理论中，信息共享被一致认为是供应链节点企业及整个供应链竞争力的来源，对牛鞭效应、双重边际化等具有显著的抑制效应。故而很多科学家在计算机上构造了一个 simulation 模型。有的人在运行完计算机仿真模型之后，会观测到供应链集合竞争力下降了，故而开始修改自身的模型，直到与这个结论一致，然后就发表结果，说自己证明了信息共享的价值。然而，这种为了证明而证明，为了实验而实验的思维却犯了一个典型的错误：信息共享给供应链带来竞争力是有一定的条件的，如果供应链的状态并不在此条件下，那么无论共享技术如何先进都会给供应链带来巨大的伤害，给节点企业带来很大的伤害。其实，正确的实验目的应是发现信息共享给供应链带来利益的边界条件：哪些信息可以共享，哪些不能？供应链类型与结构在什么情况下共享，什么条件下不能？共享给谁才是对的，等等。

可惜的是，目前这种“验证”的思想充斥着中国的经济与管理学界——国家提出了某种战略，作为科学家不去研究这个政策的适应条件，不去研究这个策略实现过程以及可能存在的风险，不去研究这个战略的可持续发展的条件，不去揭示这个战略背后的科学问题，却在归利主义的驱使下，争当验证这种政策正确性的“科奴”。这种广义的实验思想与奴从的思维，才是经济与管理科学研究中最大的祸害。

正确的实验思维应该是，在大量研究的基础上，搞清楚经济与管理研究对策的性质，然后设计一个实验方案，当且仅当证明该方案准确的前提下，我们就可以根据对象的性质，通过实验验证一个又一个预设方案的科学性与合理性，并从众多的方案中选择较合理的方案。这种思想既可以给对未曾发生的情境进行实验，又可以给可能发生的情境进行预判，并能分析目前我们不一定看到的，但最终我们可能会遇到的情境。当有此可能的情境都被实验到之后，我们就可以通过归纳法得到一些基础的规律。

6.3.3.1 计算实验

为了实现这一思维，我们在下文中提出一种名叫“计算实验”的做法。这个实验，总共可以分为几个步骤：

（1）将所要研究的事物抽象成一个系统，并且用定性分析法弄清这一系统的要素、关系、输入、输出、结构、功能等。具体的讲，弄清这一系统中有多少个层次，层次中有多少个主体（所谓主体，也称 Agent，是集智能性、社会性、自治性于一身的自适应于系统功能、结构及环境的非理性人），Agent 内部、各个 Agent 之间以及 Agent 与环境相互作用的关系。

（2）收集所需的各个方面相关数据，构造 Agent 的行为动力学方程。在这个过程中，可能会面临数据不足的现象：①同一场景下，数据量太少致使动力学方程不准。②已发生的现象，但由于各种原因无法获取到数据导致动力学方程估计不出。③未发生但可能会发生的现象，也因为缺乏数据而无法估计出 Agent 的行为方程。一旦上述任何一种情况发生，都导致动力学方程不准或无法估计，需行为实验给予辅助。具体地讲，给既定的场景（条件），可以随机找一部分经济与管理的被测对象，在特定的条件下进行对应的活动，并记录其相应的活动，从而作为相应的数据参与行为动力学的实验之中。

（3）确定系统的特征变量以便于观测系统的特征。对于特定的研究目的，最后确定的观测变量不一样，准确的特征向量体系能准确地描述系统的特性，稍有差错，就导致无法反映系统的特性。在描述的过程中，我们尽量融入一致性特征变量、滞后性特征变量以及先行性特征变量等多维性的变量体系，以描述经济与管理系统的动态性。一般地，我们会以某些行为的群体数量、结构、某一特定行为变化的分布特征等作为系统的特征向量。

（4）在计算机模拟仿真平台上构建一个对应的计算机仿真模型，以描述系统中各个 Agent 的相互作用的行为——值得注意的是，我们可以将环境看成一个 Agent 来处理，故此，对系统尤其是对环境的识别至关重要。在计算机上设置好与现实一致的条件，然后进行仿真，根据仿真结果与实际数据（包括行为实验数据）的统计分布的一致性，适度地调整模型中 Agent 及其行为的参数，使得二者一致，这样我们即可得到一个“标准模型”。

（5）预设一些可能发生的“情境”，比如说不同行为的群体初始数量，平均 Agent 集信息的来源，以及各个 Agent 属性特点比例，各个 Agent 的智能（包括记忆、适应性、接受与学习新知识能力、创新能力），然后对其进行探索性实验，并记录实验条件与实验结果，形成实验结果。

（6）总结归纳实验结果，并找出实验结果与情境之间的关系，发现在特定条件下系统变化的规律以及关键因素。此关键因素进一步进行识别，区别出关键可控因素与关键不可控因素。

（7）根据关键可控因素及其对系统的影响方式、影响程度制定可行的策略集。

（8）在仿真模型上输入不同的策略。①比较同一策略下，不同参数（比如频率、程度、持续时间、实施时机等）带来的效果——通过系统状态向量进行比较，从而发现参数与实际效果之间的映射关系，以此判定最优的参数。②比较不同策略下，最优参数及对应系统效益的大小，确定不同策略与系统绩效之间的映射关系，从而选择更好的策略。值得注意的是，在选择的过程中，应站在统计学的基础上，不仅考虑这一策略产生价值的大小（如平均值、最大值、最小值等）而且应该考虑他们的波动。——我们寻找的是一个稳定的以较高概率会创造较高收益的策略，而不是一个只能在某一时刻获取最大收益的策略。

（9）在实验的过程中，我们不免会得到一些“奇异”的现象，我们称之为偶然结果。对于偶然结果，验证性的、肤浅的实验研究将放弃这个结果，但计算实验鼓励我们认真地分析这些偶然实验结果。在对应的情境附近不断地重复实验，如果这一结果不再重复出现，我们需渐进地改变情境，直到确认这一现象不再出现，我们就可以认定这是一个误差。如果这一现象在参数调整到某一特定的条件下重复出现，我们认为有了重大的发现，将采用溯源法的思维，从实验过程中发现形成这一“奇异”现象的条件、原因、现象的变化规律。

（10）由于经济与管理系统的特性——随机性、多样性、非理性，我们发现它很容易运动到一个临界状态，也就是说，在这个临界状态下，即使外界或系统初始状态的微弱变化，也将给整个经济与管理带来不一致的结果。即使同一组参数，重复若干次实验，也会得到有限种不同的结果。——即结果不具统计的意义的唯一性。临界状态对于经济与管理系统的意义非常重要，很多重大创新都发生在这个状态上，而这个状态也可以通过实验找到。

其实，不难发现，计算实验就是在对实际经济与管理系统属性把握的基础上，将实际的事情看成一个又一个的贝努利试验的结果。在此意义上才开始在计算机上对其进行实验。计算实验与模拟仿真的最大区别在于，一个为了验证观察现象或经典结论，一个是为了探索人类社会的奥妙。最大的区别不在于技术，而在于思想与思维。

科学实验的目的在于探索世界中的未知现象，触摸世界中未曾揭示的规律，并能根据规律指导系统朝着未来的预设状态发展。而对于验证性实验，尤其是那种对于成熟理论进行验证的研究，价值则不太大。

除了此类实验之外，还有的计算实验在工程、人力管理、交通、疏散等领域有十分广阔的应用，在工程中，可视化的实验设计使得交通、物流园区、仓库、车站等的设计变得异常的明晰，可将科学与艺术进行有机融合，不仅顺利地完成项目，使其功能完美的实施，而且能够在艺术上体现出美感。这种实验实用价值很大。而对于后者，我们去借鉴统计物理、经济学、概率论、随机过程、计算机科学等多门学科的知识，在实验的思想及思维下，定能得到比较深刻的结论。其实，结论与结果的区别，我们在《结果 VS 结论，技术 VS 科学》中给予详细的说明，这种多次重复性实验结果，在归纳的基础上才能得到真正的科学发现的结论。

从前文中看出，计算实验在后期的步骤中，对未曾见到的情境进行假想，并通过这种想象，将所有可能的情境都设想到，才能尽最大的可能对所有可能的情境进行实验，并在理性的思想下，对所有的结果进行归纳。如果没有丰富的想象力，难以对这些预设的情境进行假想，会漏掉一些可能的情况，结论并不准确。进一步来讲，在后续的策略分析中，也需要在各种知识的支撑下确定出最全的策略集合。当然，丰富的想象力在其中起着决定性的作用。进一步地，在实验中会碰到偶然现象，而对于奇异结果的处理，只有理性与感性碰撞方能揭示重大的发现。

6.3.3.2 行为实验

在前文中我们曾经不止一次提到行为实验，所谓行为实验，就是在可控的实验条件下针对某现象通过控制某些条件观察决策者的行为和分析实验结果，检验比较和完善经济与管理理论。行为实验法的决策行为是在研究者有意识地投入某些刺激变量或改变其间组合的条件下做出的，这就使对决策主体行为特征及其结果较精确的测量成为了可能。

实验法自三大元素组成环境、体系和行为。良好的实验设计可以将复杂的市场环境高度简化在实验的环境和体系之中，使得其他研究者可以重复实验，从而独立地验证结果。

对于经济实验法，一个不可回避的问题是，实验绝大部分在实验室进行，实验的环境和体系将现实复杂的经济环境简化后，其研究结论究竟对实践有无指导作用？这个问题是实验法面临的最大质疑。Vemon L. Smith 的贡献是开创了实验经济学的新领域。他认为对人类的经济行为不仅可以进行宏观研究，而且可以在实验室进行研究。Smith 认为实验方法弥补了传统检验方式的缺陷，并具有两个优点：即重复性和控制性。重复性克服了所有观察结论普遍的一次性缺陷，经济学家可以再造实验，独立验证，以克服自然经验数据非复制记录的性质；控制性指实验室条件的可操纵性。

行为决策的研究对人类实际决策行为的精确描述提出很高的要求，进而对人类实际决策行为的研究方法提出很高的要求。与社会科学的其他研究方法——决策行为的一般研究方法离不开特定的方法论背景和理论基础。随着实验经济学的逐渐成熟，行为决策研究的方法有逐渐向经济学实验方法靠拢的趋势。多种实验研究方法的应用，尤其是经济学实验方法的逐渐成熟和应用，使得人们对实际决策行为的规律得到了比较全面的认识，为行为决策理论，尤其为在经济、金融、管理等领域的广泛应用奠立了扎实的基础。

总之一句话，只有给我们插上想象的翅膀，实验才会得到更好的结论，才能真正的探索世界。

6.3.4 经济与管理科学研究中的案例研究

——一叶落而知天下秋

前段时间听人说起案例研究，颇感兴奋，这个研究近年来越来越受到我们的关注。

与计量经济学、统计学不一样，案例研究是建立在推理的基础上的。如果案例有限，可专注于个案研究；如果案例数量达到一定的规模，可使用案例库推理的方法。对于前者，在经济与管理领域的工程技术方面应用广泛，其成功、失败的因果、条件、状态及变化的分析对于经济管理组织的作用较大，但对于科学发现则具有一定的局限性——毕竟从个案分析中所得的结论不一定具有普适性；其规律的发现价值的可能性不太大。故此，基于案例库推理的方法对于科学发现的价值意义更大一些。

案例库推理的前提是案例库的建设。与数据库建设不同，案例库中的数据既可能是结构化、半结构化的数据，又可能是完全非结构化的数据，比如视频、图片、文章等。而且案例库不是静态的，而是动态的。随着时间的推移，案例库中的案例会越来越多，最终形成一个动态变化的案例库。对于已成的案例，首先给定一个分类的方法，让案例构成不同的案例子库。一般采用的定量方法是聚类分析等技术——对于每一类案例，我们对其进行统计或概率意义上的分析才会有意义，唯有如此，科学意义才能被发现。那么，对于每一个新进入的案例，第一步应该是对子案例库的归类。如果经过判别分析，它不属于任何一个已有的子案例库，那么可能会增加一个新的子案例库。“聚类”，尤其是广义的“聚类”，是对已有的案例归类的方法；而“判别”则属于新的案例归入到某个现成的类别中的方法。

对于案例，我们可以收集到一个静态的描述，也可以对其发生的动态变化过程进行跟踪，从而从动态上对其进行描述。实际上，我们更加倾向于动态的数据。对于所有的案例，如果能获得动态变化的数据，对于科学发现的意义更强。

在这个过程中，时间尺度的选择是一个极其关键的事情。对于经济与管理的对象来讲，不同的对象，其时间尺度的选择截然不同。比如股市的时间，十分钟、30 分钟、一小时、一天所呈现出来的特征千差万别。以企业的经营为例，用一个月作为一个时间点去测评，则算比较合理。在收集数据的过程中，可以细，但是在做研究的时候则需要进行适当的调整。

动态案例库包括两层涵义：案例是动态增加的；案例是描述经济与管理研究对象的动态变化过程。这就为动态分析提供了资源。

对于案例库的分析，目前主要有两种思路：一是用归纳的方法找到不同类型的特征及演化规律，二是在规律的基础上再进行演绎，推算个案的情况。

AI属于第二类。总的看来，这个分析似乎包括了两步，第一步归纳，第二步演绎。如果说走完第一步的是英雄，那走完第二步的则算哲人。

本章主要讨论一种基于案例库推理（Case - based Reasoning）的方法，如AlphaGo就是在熟知大量的棋谱的前提下才成为知晓很深棋道的一个AI。基本案例库推理技术就是归纳+演绎的结合。

归纳是推理的基础，而这种归纳在目前的实证中属于主流——大量数据，通过模型驱动或数据驱动两种方式，确定在一定条件下某类经济与管理事件的规律——这种规律也许是映射意义上的，也许是统计意义上的，也许是概率意义上的。在确定规律的过程中，采用的方法可能是有监督的学习算法，也有可能是无监督学习算法。尽管目前业内兴起了无监督学习算法的高潮，但对于这种无监督学习算法的稳定性、收敛性等科学问题仍需进一步的探讨。

尽管模型驱动与数据驱动的表现不一样，但其本质是一样的。无非是数据驱动多了一部分探索事物发展变化规律的内容，而这部分内容恰好是模型驱动的前提——毕竟数据驱动的理念是，数据科学家相信事物具有多样性，无法用一个统一的方程来描述其内在特征或变化规律。如果他们对大量的对象进行研究，最终也会发现，其实站在更高的维度上看这些事物，应该可以找到一个统一的“方程”来描述。所站的维度越高，对不同事物的归纳越强。在寻找经济与管理对象变化规律的时候，切不可在没有弄清其变化特征的情况下乱用“相关”分析——诚如大数据分析中所提倡的那种不着“不找因果找相关”的逻辑——这是无端懒惰的集中表现，因为有的时候会得到毫不相关的两件事物相关的结论，这种虚假的结论往往给我们带来干扰。事实上，我们更关心的是“因果关系”，这种关系不仅解释其然，而且关注其所以然。

我们在此处更关注的是，不同的统计方法的基本条件极其关键，除了各个变量之间是i. i. d.（独立同分布）的关系，每一个模型都有独特的适用条件。曾经读过这么一篇文章，它研究农民工子女在大型城市中的教育问题。作者将孩子们对于与本地教育的融合程度设置为被解释变量，而孩子的父母教育、籍贯等作为解释变量。在文中，这种融合程度被定义为一个｛很差，较差，一般，较好，很好｝五个级别的离散变量。因此，作者选择了目前在学术界比较流行的Multi - Logistic模型。这个看上去“高大上”的模型其实被误用了，因为Logistic模型的被解释变量的类别是同等重要的，不分等级的，但这个研究中，它的被解释变量是由弱到强的一种递进关系。因此只能选择与之对应的Ordere probit模型。此类错误在经济与管理的研究中很常见，但却往往被忽视。因为，在我们中国，“科学家”的培养貌似是普遍的，几乎所有的高校都要求老师每年在××级别的期刊上发表一定数量的文章。在这种功利性极强的“目标管理”体制下，大多数人根本无法静下心来去将对应的基础科学弄清弄懂。只能是看到某某用了一种方法，觉得特别好，这种“猎奇”被误当成了“创新”，从而导致“为了模型而模型却不问津模型适用条件”的怪现象。这种方法所归纳到规律的准确性则大大降低，甚至是错误的结论。

近年来，随着新的理论出现，对于这种归纳越来越方便。在深度学习、人工智能、量子决策等领域都得到了很大程度的应用。这几种方法使得非结构数据也能加入到这种归纳中。且我们发现，非结构化数据的加入，使得结构的准确性与深度大大提高，并且还发现了一些其他有趣的新发现，包括新现象和新规律。

在归纳的基础上，我们确实得到了一个规律，不管这个规律的深度与广度如何，但我们至少得到一类事物或现象关于性质、特点及演化特征等方面的规律。那么在下面我们将关注另一个问题：对于一个特定的对象、现象或事物，是否满足这个规律，是否有别的新的特征出现。故此，我们应该用推断的方法来分析个案的特征。

这种推导的基本思想是贝叶斯定理，在某一系列条件之下，某一事件具备特定性质的状态，则需要进行更加深入的探讨。

没有任何理论指出个例一定与统计特征完全一致。实际上，个例与总体的统计性能经常不一致。对于同一类型的抽象的样本，其单一特征向量的统计性能一般会服从一个特定的分布，但对于不同的情境则具有不同的统计分布。为方便起见，不妨假设某一特征向量服从正态分布，那么多个情境下正态分布的变化如图6-3所示。

可以看出，即使是服从统一统计分布，也是多个（或逼近于无穷个）个体的总的性质的统计。它们并不是完全一模一样的，而是具有差异性——否则不能称之为“随机变量”。所以，总体的性能一定不能等同于个体的性质。

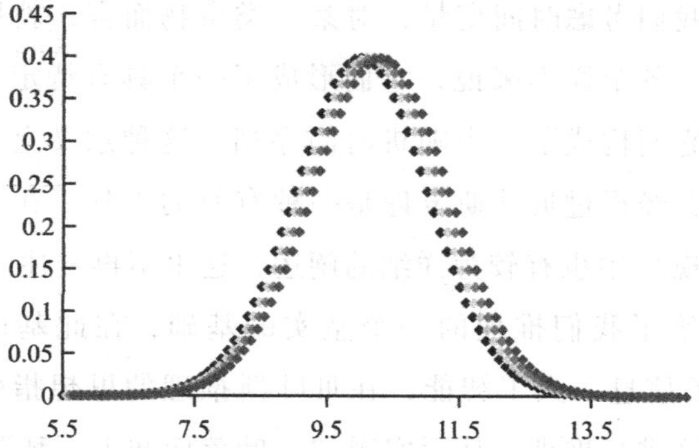

图 6-3　多个情境下正态分布的变化

故此，在总体性质的前提上对个体性质的判断则更加困难。

如果系统的状态并不完全服从同一个统计分布规律，情况则更加复杂。复杂网络（社会网络是一种特殊的复杂网络）是以关系为主的一种系统，随着时间的推移，关系在不断变迁，导致其构成了一个图的时间序列，这个随机过程不一定有一个不变分布，故此，它的统计分布便特别复杂。以一般的无标度网络为例，其分布特征会满足下列的形式，如图 6-4 所示。

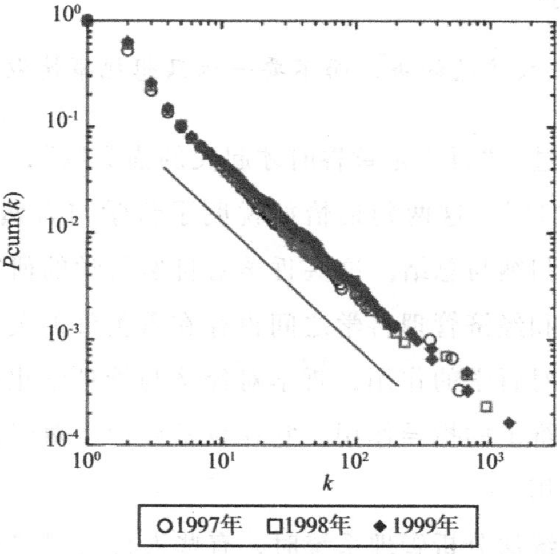

图 6-4　系统的 Scale-free 属性

可以看出，最后所呈现的“胖尾”分布描述了其波动情况，这种波动使得我们无法用确定的眼光推断某一个特定时间段上特定状态是否存在，而那些“可能”则具有更加重要的意义。

诚然，一旦我们考虑时间变量，对某一类事物而言，就形成一个随机过程：用同一时刻上各个样本来说，它们形成了一个具有特定分布的统计，就单一样本来讲，它们构成了一个随机时间序列。这种意义上对于个体的推理异常困难。前文曾经提过贝叶斯定理是一种有效的工具，在《实证研究：验证，探索还是发现》中也有较为详细的阐述，这里不再赘述。

概率论推理给了我们推理的一个坚实的基础，在此基础上，我们将其“形式”换成量子信息、人工智能，在贝叶斯推理的思想指引下，我们能够对很多同类的特境进行推理，从而实现“一叶落而知天下秋”的梦想。

显然，案例库推理第二条路的科学意义更重要。从总体规律推导个体属性，这个范式对于风险分析、决策等来说，具有十分重要的意义。

6.4 经济与管理研究过程中的学科融合——技术篇

6.4.1 哲学

——做该做的事，而不要一味只想把事情做对。

记得黑格尔说过，“哲学是黄昏时才起飞的猫头鹰”，马克思也说过“哲学是高卢报晓的雄鸡”。这两句话恰好说明了哲学与自然科学之间的关系：哲学是自然科学的归纳与总结。这些哲学对自然科学的研究有很强的指导作用。同样的，哲学和经济管理科学之间也存在着类似的关系，我们姑且先不讨论经济与管理学对哲学的作用，哲学对经济与管理学也有很大的作用。先不提哲学在思想思维上的指导作用，它在技术层面上对经济与管理的研究也具有十分重要的作用。

比如我们用系统法分析管理系统时，有些人喜欢用“指标”这个字眼来刻画事物的特征与状态，而用影响因素描述事物的诱因，那么它们之间形成的关系就叫因果关系，但是很多科学家在分析的过程中却因为逻辑关系混乱而导致分析错误。下面举几个错误的例子：①高等学校教育评估的指标体系中就有藏书数量、学校面积、师生比等指标，而实际上通过因果分析不难知道藏书数量仅仅可以表明书籍这一资源的多寡，不能表明师生对书籍知识的转换水平，因此不应该是评价过程中的指标。学校面积、师生比也存在同样的问题。②风险分析中，经济与管理的学者一般都喜欢谈环境风险，他们对环境风险的定义一般是由于环境中出现的变化导致系统所产生的风险，这个也是混淆了原因与结果之间的关系：环境随机变化——包括突变，是产生的原因，而非结果。如果说某个管理系统改变环境的性质则可以看成环境被改变所带来的风险。进一步讲，很多风险分析的科学家混淆了风险因素与风险事件之间的因果关系。导致逻辑混乱。因此分析的逻辑合理性是经济与管理科学家首先要重视的一环，而这种分析则依赖于哲学分析的技术。

哲学对经管科学的研究不仅在于逻辑上的判断，更多的时候它会提供一种全新的思路，尤其是当分析陷入死胡同时，先跳出管理问题的分析过程自身，从更高的哲学层面上进行分析，可能会收获“山重水复疑无路，柳暗花明又一村”的惊喜。2019 年诺贝尔奖经济学奖的主要贡献在于贫困问题上的突破。即便如此，撒哈拉地区的贫困仍然悬而未解，我们难以说清其贫困原因是环境、宗教、文化、社会制度中的何种因素在起决定性作用，我们也难以找到合适的策略，彻底改变撒哈拉地区的贫困面貌。因为这个地区与其他贫困地区的特征完全不一样，一般的理论难以奏效。在这里我们不妨提出一种思路：摒弃目前的理论，利用逆向思维的方法，先对不熟悉的因素进行研究，看其是否是其关键因素，也许可以找到真正的原因。再从这些原因中找到关键可控原因，从而发现有效可行的方法。再举一个例子，20 世纪，工人因工资太低而罢工，工会出面协调，企业家最后同意给工人增加工资以确保工人的利益。但事后却通过延长工作时间，加大工作强度以及裁员来弥补自身的损失，最后导致工人受到更大的损失。其实从哲学上看，在这个过程当中，工人处于弱势群体，在整个体制设计中毫无话语权与决策权。当自身的利益受损时，企业家策略均不会照顾弱势群体的利益，要想解决这一问题，应从决策机制上解决。故此，问题便转化为一个机制设计的问题，显然这一问题比初始问题深刻的多。其方案则会在更多层面上消除因策略漏洞而产生的负面效应。

另外，哲学对于研究思路的调整具有非凡的效果，其基本原理同上，这里不再赘述。

6.4.2 数学

——要想获得真理和知识，惟有两件武器，那就是清晰的直觉和严格的演绎。

——笛卡尔

量化研究方法使得经济与管理的研究越来越精确，它不仅解决了“怎么办”的问题，而且给出了做到何种程度的答案，增加了研究结论的深度。

大家经常将数学用于处理一些可能遇到的问题，比如说，对于投资利润的计算等。这些问题的共性在于，我们总可以找到一个已存的合适的公式用以解决此类问题，对于某一个特殊的问题，人们收集了对应的数据，然后代入计算，从而得到一个结果用于决策。对于这种“套公式”的做法，我们称之为“实用数学”。实际上，实用数学在管理学界是一种较为普遍的做法，就是套用一些成型的模型与算法，对一些特定的问题进行求解。利用 AHP 和熵权法求权重或利用 VaR 方法计算风险等均属于实用数学的范畴。

由于科学研究的主要目的在于探索未知世界的奥秘，这显然是实用数学所不能实现的。相反地，从各种事物中抽取共性，并将共性转换成一类数学问题，用数学的分析方法发现新规律的“应用数学”的科学意义更强。

从这一点上来讲，实用物理、实用信息学与实用数学的地位一样，都只是“做题”，不具备创造性，但应用数学、应用物理则可以。

实际上，经济与管理的研究需要的是应用数学，而不是实用数学。从应用的角度看，数学在经济与管理中主要采用的是统计学、概率论（包括随机过程、鞅论等贝叶斯网络推理）、方程（包括 ODE、PDE 等、函数）、拓扑学等。进一步来讲，数学在经济与管理学中的应用，重要的是思维，而不是技术。

数学是一门以抽象为主的学科，主要将世界上未知的谜题抽象成一个数学问题，最核心的地方在于抽象，而非计算与分析。当然，这种抽象的问题应是可解的，如果不可解，则需重新修订，直至可解。在很多时候，我们认为最理想的模型应是考虑到尽量多的细枝末节，让其与实际问题更加严丝合缝，但我们往往忘记一个道理——大道至简，往往越简单的模型越能刻画事物的普遍规律。因此，抽象粒度的大小至关重要，太细不仅导致适用范围受限，而且面临分析的难度加大；太粗，导致忽略了重要的信息。

当然，经济与管理问题的特殊性决定了其抽象过程，以统计学和计量经济学为例，在描述一个问题的过程中，往往会用到多种变量。但一开始人们往往不知道哪些变量是“对”的，哪些是“不对”的，只有通过系统分析的方法分析所有可能的变量，然后收集齐对应的数据（也存在获取不了数据的情况——但在此不妨假设所有数据可获得，对于无法获得数据的情况，我们在后文中将给予分析如何获得）。此时，逐步回归的思维就体现出来了。比较有效的方法有两种，“加”法与“减”法。先说减法，在一种性质方程（模型）的指引下，将所有的变量纳入模型（此处有一个问题：影响因素与特征因素之间存在着因果关系，但对其识别至关重要——且该内容已在前文中给予详细的分析，此处不再赘述）。再根据无关变量及弱作用定性分析结果，按照变量影响程度大小的逆序逐步删掉那些不重要的因素，并根据数学分析结果与实际差距的大小选择最关键的变量。在减的过程中，一开始减掉的那些变量对结果是没有太显著影响的，只要这件事情成立，我们就认为还可以删掉剩下的若干变量，直到减变量会显著影响结果为止。对于加法，则是减法的一个逆过程。需先确定关键核心变量，然后再逐步加上影响力最强的那些因素，直到加变量不显著影响结果为止。

这两种方法均是可行的，值得强调的是，当且仅当变量最恰当时，也就是加一个变量模型效果不变，减一个变量模型效果显著变化，其模型中所选择的变量则是最为有效的——相当于这一类型的模型而已。

不同的模型所面临的变量不同。对于同一模型来说，事物动态发展变化，会使得变量不同。一般地，当会在事情处于均衡时，由于发展与进步，双方因素势均力敌，而在事物初期起决定作用的变量逐渐失去了主导地位，在衰退时也会如此。尤其是在事物处于非平衡状态时，原先那些微不足道的因素将主导系统发展变化的情况。

经济与管理系统有极强的复杂性，从某种意义上讲，准确刻画其性质的模型应该是一个非结构化模型。显然，典型的统计分析模型不再适应于这一特征，从而多维统计学习、深度学习等听起来更高端的统计学方法便得以发展。然而，真正能准确描述特定事物的模型寥寥无几，而这些“稀有”的模型对变量选择更加严格。

无论如何，统计学变量的 i. i. d. 的约束条件不可放宽，统计学的基本原理不可违背。无论是多么复杂的问题，多么复杂的关系，这些基本条件必须遵守。就某一特定的模型来说，其自身也有严格的条件，当且仅当这些条件满足时，我们才可以使用该模型。比如，很多人分不清 Logistic 模型与 Ordered Probit 模型之间的区别，往往寻“奇”，会采用 Ordered Probit。实际上，如果因变量是无序的分类变量，用了 Logistic 描述其概率分布所体现的特征。但如果因变量是有序分类变量，才会考虑 Ordered Probit，并且这些模型中需有连续变量的存在，对于非结构化数据处理起来也可纳入到统计中。

如果说统计更加适用于经济学的研究，则概率更加喜爱管理学。概率论的核心在于“事件”的描述，从某一个角度上，因素也是一种事件，因此概率在管理中也经常被用。概率分布是一种较好地描述事物特征的序参量，比如我们研究消费者行为，其消费行为则呈现出特定的概率，这种概率则可以表示消费者对某种行为的偏好程度，而偏好则可以表达消费者的非理性行为。不妨假设消费者的消费行为有 N 种，每种行为被选择的可能性为 X（i）。假设自适应能力为 β，学习能力为 α，令行为的强化为 R，概率的差异性定义为行为的熵 H，则每种行为被选择的概率的变化为

$$\frac{\dot{x}_i}{x_i} = \beta(R_i - R) + \alpha(H_i - H) \tag{6.8}$$

通过这种方式，对管理系统中人的非理性行为：如自适应、有限记忆、学习、行为的紊乱性等方面分析行为偏好的变化，并可推出群体行为的特征。

概率的另一个很重要的应用是贝叶斯网络，它可以描述不同事物之间的概率关系，通过贝叶斯定理推断出新事物的变化情况。如果只有两个事物事件 A 与 B，那么这种最简单的方法是

$$P(B \mid A) = \frac{P(A \mid B)P(B)}{P(A)} \tag{6.9}$$

其中，$P(A)$、$P(B)$、$P(A \mid B)$、$P(B \mid A)$ 分别表示事件 A、B 的概率、在事件 B 发生条件下 A 事件的概率以及事件 A 发生条件下 B 发生的概率。如果将这一模式外推成更多的事件以及更复杂的关系上，上述公式失效，而贝叶斯网络则弱化了这一问题，但即使如此，贝叶斯网络也有其使用的严格条件，否则就是采用一个错误的方法，必将会得到错误的结果。如果再考虑其动态性，则其条件以及过程的复杂性更强。

贝叶斯网络的应用比较广泛，如非常规突发事件下的“情境——应对”管理、新政策的确定、新技术的推广等都可以。举例来说，供应链风险的表现特征就是由若干个风险事件构成的，如物流断裂、牛鞭效应、道德风险等。而诱导这些风险事件的因素——俗称风险因素——则是一个又一个的随机变量。不仅如此，它们的随机波动也会导致下一个风险因素偏离既定的轨道，从而导致风险事件的发生——实际上也可看作结果偏离了既定的预期。这种随机变量所形成的因果关系本身并不是确定的——在不同的条件下，风险因素不同，因素之间的关系也不固定。在收集到网络中各个变量的状态的前提下，可以估计出供应链风险事件的发生规律。针对一个新的事件，我们就可以在规律的基础上进行推理，也可获得有价值的结果——或许可以发现一些更有趣的结果。

复杂网络也是概率意义上的数学分析方法，它描述的是事物关系的特点，状态及演化规律，经典的概率理论以及随机过程方法在其中起重要作用。从本质上讲，复杂网络是图的随机过程，而随机过程则属于概率论的核心内容之一。利用复杂网络，我们可以对社会舆论、灾情、企业结构、生产制造、合作、交通、经济、通讯等多个领域进行分析。比如在生产制造领域中，有一种制造方式叫作大规模定制，其基本的描述是企业给客户提供各种所需的个性化产品。该方法结合了批量化生产的低成本优势与定制化生产的个性化优势，因为有一部分零部件是产品簇中的各个产品通用的，可以批量生产，而另一部分零部件是满足个性需求的，需定量定制生产。各个零部件的不同组合形成了不同的产品，这种组合则可以用图来表示。但这种关系随着时间周期的推移，又具有很强的随机性，故属于复杂网络。根据网络变化的规律，我们极易识别出通用件与定制件的演化的规律。一旦这种大致服从 scale - free 特征的规律被发现，就容易对各个零部件需求进行概率意义上的推理。

量子概率也是概率论的一种外推。在概率分析的基础上融入了量子的特征，将量子概率与贝叶斯网络结合所得的结论更加准确。实际上量子概率使我们能从更加全面的、深刻的意义上分析问题。上述概率意义上的例子均可加入量子的概念。

无论是统计还是概率，需要我们注意的是，对事物的抽象才是最关键的。

只有抽象的准确，才能对所研究的对象有更深刻，更准确地刻画。从所抽象的数学模型中发现现实事件的特征以及表象下面掩盖的真实本质，是应用数学的根本任务。进一步来讲，与其说我们关注结论是什么，还不如说我们更加关心在什么条件下的结论是什么。无视条件的结论，实际上是值得怀疑的、不具备科学性的结论。

运筹学对于经济与管理科学研究的意义很强。一般地，我们的理解是在约束条件下找到一个最优解，这种最优策略是理性的最优选择。但是人都是非理性的，并且条件也不是确定的，而是随机的，加上上述两方面的要素则更有价值。其实运筹学模型的分析并不难，难的是我们建模的思想思维。这一点在《科学思想》、《科学思维》等篇幅中已有比较详实的描述，这里不再赘述。进一步来讲，对问题的识别极其关键，如果认识很深刻，则模型就相对准确。比如说对一个企业运营来讲，利益最大化与成本最小化的建模思想其实截然不同，所得的最优化结果及对应的条件差异性也很强。举例来讲，我们常常分析农业问题，很多人将农业的收入作为目标进行优化，并得出一组最优的策略。但是如果不追求这个目标，而是将目标设置成收益达到某个值的概率最大，或长期达到某一目标值的可能性最大，则完全不同。这两者的区别在于，前者仅考虑短期利益，也不考虑约束条件的随机变化，而在后者的模型下，不仅会考虑投资，还会考虑土地质量以及土地环境的保护，这种视角的模型不仅考虑了收益的最大化，而且考虑了稳定性，故此所得策略更加有效。

前文说过，应用数学是为了经济与管理服务的，故此，满足经济与管理的性质则是第一遵守的规则。在管理学中，我们认为当短期目标与中长期目标发生冲突时，短期的应给予放弃。但目前运筹学模型对这一问题似乎还提不出有效的解决方法。经典模型（动态规划除外）的最优策略往往是针对短期目标而设置的，对于短期目标与中长期目标发生冲突时，多目标优化以及动态规划所发挥的作用很弱，不妨设三个策略的绩效如图 6 - 5 所示。

这三个策略如果按照经典的优化模型，很多人会选择策略 1，但如果考虑长期利益，则会选择策略 3。可见不同的思想，不同的思维所构造模型存在着很强的差异性。随机动态优化体系对于此似乎更有说服力，比如说，随机微分优化。

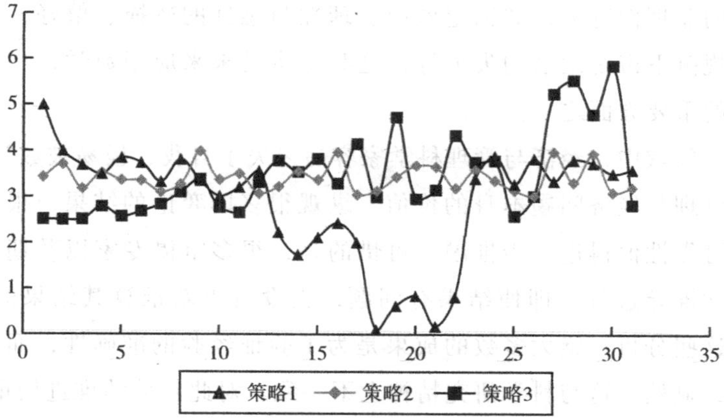

图 6－5　策略收益的动态性与稳定性

$$\begin{cases} \max E\left[\int_{t_0}^{T} g(x(t),t)dt + q^{T}(T,x(T))\right] \\ s.t., \\ dx = f(x)dt + zd\sigma \end{cases} \tag{6.10}$$

其中 $g(t)$ 为效益的单位时间上的密度函数，其时间区别为 $[t_0,T]$，$f(x)$ 是一个函数，z 是一个布朗运动，$d\sigma$ 是噪声。显然这一模型不仅考虑瞬间收益的最大化，而且还考虑在 $[t_0,T]$ 时间上总体收益的可能性最大。这个“可能性”说得很好，说明收益的期望达到最大。这一模型显然更符合大部分经济与管理的特征，尽管该模型的求解难度很大，但仍可以通过搜索算法找到其最优解。

到目前为止，运筹学的发展不仅依赖于数学思想的发展，而且依赖于算法的演化，当深度学习理论出现之后，这些模型的求解变得更加容易。

无论是经济学还是管理学，博弈论具有很强的作用。在经典的非合作博弈中，如囚徒困境、智猪博弈、雪堆博弈等中都得到了比较广泛的应用。合作博弈则是从另一个角度入手对其进行分析。进一步讲，非合作博弈是优化的外推，优化是一个人的博弈，而非合作博弈。合作博弈的思想，是将所有参与者看成一个整体，进行最优化分析，然后再设计一个利益分配机制，使得各个参与者积极参与合作。反过来说，优化模型是一个只有一个参与者的博弈，故此两者是同质的。

总的来说，运筹学及博弈论是为研究人的行为而设定的。经典的模型尚不能解决的非理性行为，如锚定效应、理性与感性的碰撞、偏好、免费的代价、社会规范下市场激励的失灵等，这些都将是未来应用数学，主要指博弈论需解决的重要方面之一。

在这一领域中，经济与管理科学家容易迷失了自我，极易被数学所绑架，而忽略了管理与经济问题本身的价值。纵观很多博弈论的结果，很多结果的准确性与可靠性值得进一步推敲。可惜的是，很多审稿专家以及期刊都偏爱复杂的数学推导过程，即使结果有问题，也没有重新推算其结果的准确性。并且纵观这些分析，绝大多数的成果是为了验证经验的准确性，而不是探索未解之谜，显然，这与科学研究精神上不一致。对此领域的推进任重而道远。

应用数学在经济与管理中的下一个应用是方程，对于其属性与规律有非常高的价值。一般地，人的行为都可以归纳为一个 PDE（随机偏微分方程），就像麦克斯韦方程描述电磁学一样。麦克斯韦方程如下：

$$\begin{cases}\nabla \cdot D = \rho \\ \nabla \times E = \dfrac{\partial B}{\partial t} \\ \nabla \cdot B = 0 \\ \nabla \times H = J + \dfrac{\partial D}{\partial t}\end{cases} \tag{6.11}$$

或

$$\begin{cases}\oint_l H \cdot dl = \int_s J \cdot ds + \int_s \dfrac{\partial D}{\partial t} ds \\ \oint_l H \cdot dl = \int_s \dfrac{\partial B}{\partial t} ds \\ \oint_s B \cdot ds = 0 \\ \oint_s D \cdot ds = \int_v \rho \cdot dv\end{cases} \tag{6.12}$$

同样的，在经济与管理领域中，PDE 也具有很强的价值，在金融、市场、供应链等领域中有很多的应用，尤其是在金融领域中，应用很广。Black - Sholes 期权定价公式就是一个。

首先，对经管的应用来自于将一些复杂的问题转换成一组 PDE，比如，对于 $\int_0^T F(x,u,t)\,dt$ 和 $\dot{x} = f(x,u,t)$ 这个微分优化与微分博弈来说，通过选择最优策略（或控制）路径 $u(t)$ 影响 $x(t)$，从而实现，为了对其求解。Pontryagin 提出了哈密尔顿方程（Hamiltonian eqution）

$$H(x,u,t,\lambda) = F(x,u,t) + \lambda(t)f(x,u,t) \tag{6.13}$$

其最优控制必须满足的必要条件为① $U^*(t)$ 对于每一个 t 都最大化 H；② $\lambda^* = -\frac{\partial H}{\partial x}$；③ $\dot{x} = f(x,u,t)$ 以及④终点条件。以上被称为 Pontryagin 最大值原理，就是将微分优化转化为一个普通的方程而实现的。

第二种情况则是将所研究的内容直接抽象成一个 PDE，用以刻画事物的本质。比如描述人口增长变化的 Malthus 模型，设 A 时刻人口总量为 $u(t)$，

$$\begin{cases} \frac{du(t)}{dt} = au(t) \\ t = t_0, u(t) = u_0 \end{cases}$$

这是一个 ODE，但将其推广成一个更加准确的 Poerster 模型，则有

$$\begin{cases} \frac{\partial u}{\partial t} + \frac{\partial u}{\partial x} = -d(x)u \\ u(x,0) = u_0(x) \\ u(0,t) = \int_0^\infty b(\xi)u(\xi,t)d\xi \end{cases} \tag{6.14}$$

再比如用于刻画行为的反应扩散方程组

$$\frac{\partial \mathbf{u}}{\partial t} = -a^2\Delta\mathbf{u} = f(\mathbf{u}) \text{（a > 0 为常数）} \tag{6.15}$$

尽管现实更接近于 PDE，但由于其分析难度太大，人们往往用 ODE 来建模。由于篇幅所限，在此处我们不予详述。

总的来讲，应用数学对经济与管理的价值很大，其核心在于通过抽象、分析揭示了经管事件背后隐藏的现象，发现更深的规律。在使用的过程中应学会恰当的应用，且不可被数学绑架，而忽略了经济与管理学的本质。

6.4.3 物理

——群峰倒影山浮水，无山无水不入神。

自 20 世纪中期以来，物理与哲学的争战致使哲学处于下风，物理对于各种学科的作用越来越强，对经济与管理的价值也是如此。

物理学家一般都是思想家，如果没有深邃的思想，在物理中很难有所作为。由于有创新先进的思想，物理学的思维在很多领域中都有应用。

物理学在经济应用最多的在统计物理、量子力学，尤其是统计物理与经济学结合衍生的一门叫经济物理学的学科，在经济与管理中，尤其是金融中取得了很大的成绩。

经济物理学除了科学的论著介绍之外，菲利普·鲍尔在其《预知社会》这本科普著作中给予了大力的推崇，欧阳莹之的《复杂系统理论基础》中也分析了这一特征。其基本思路如下：

以统计物理的基本思想为主，众所周知，统计物理是研究比较大量的粒子（固、液、气）相互作用而呈现的宏观性质所具备的特点的一门学科。这种宏观特性往往是所表现出来的统计特性。而在经济社会中，同样也存在着大量的个体，它们之间存在着人、财、物、信息、技术等以“流”为核心的相互作用。举例来说，在股市中的金融产品的交易就是一种相互作用。其与统计物理中的相互作用不同，统计物理以“力”与“动量守恒定律”为内因与规律而运行，金融市场以“看不见的手”与“股市交易规则”为内因与规律而运行。在金融市场中找到那个“看不见的手”以及集群反应的那个铁规，并将其按照统计物理的方法分析系统中不同的现象，就会得到一些有趣的结论。

与统计物理不同的是，经济物理学中更关注非理性行为。显然，这种非理性行为使得人与普通的“粒子”之间区别很大。不同理性程度的个体，其所使用的策略不同，即使是同一种策略，获得的效益也不尽相同。故此，经济物理学中对非理性行为的描述比较详尽。然而，真正的描述非理性行为则是一个非常困难的事情，尽管如此，学术界仍然在奋力地完成这件事。比如，我们以计算机仿真平台为依据，将不同的个体设置成以智能性、自治性以及社会性为核心属性的 Agent，然后对不同的事件进行建模。这种自下而上的多 Agent 建模方式深得复杂系统的喜好。从某种意义上讲，经济物理学与复杂系统的概念如出一辙。由于 Multi - Agent 建模技术的发展，各种非理性行为逐步得到了比较深入的探索。

与统计物理中息息相关的经济物理学关注宏观规律。这种规律包括系统中群体行为、系统状态及相变。比如，是否所有完全理性的个体所形成的群体也是完全理性的，反之，完全非理性的个体形成的群体是否也是完全非理性的？这种完全非理性所占的比例连续变化时，系统的理性如何变化？个体与个体相互关系的性质——合作还是竞争——如何影响群体行为？系统的结构对系统行为的理性有何影响？

系统中群体行为是否稳定的，其对应的是条件是什么，是否少数派行为永远不能成为系统中的主流——反正我不信，否则革命永远不会成功。这些，都与物理之间有着千丝万缕的关系，经典的经济学和管理学对此均束手无策。这一技术在非常规事件，如火灾的疏散、交通等中有比较广泛的应用。

除了统计物理学，量子力学对于经济学和管理学也有很大的帮助。由量子力学发展的量子决策技术，成功地引入量子信息技术，对不确定性进行了较为另类的解释。对于随机行为、非理性行为的刻画有很深的分析。一般来讲，一个概率为 x 的事件可以描述为量子幅，在同一个概率下，有很多组量子描述。再加上量子叠加原理下，使得这种变化更加复杂。再加上纠缠态的引入，这个能更有效地描述个体非理性行为以及群体非理性行为。

我们知道，非理性行为，无论是个体非理性行为还是群体非理性行为，均是经济与管理学的难点，一旦能对其进行刻画，就能越来越准确地描述经济与管理中的若干现象。而这种突破，物理学对其的价值很大。

其实，物理学对于经济与管理的最大贡献仍在于思想上的贡献，比如时间、弦论思想。在经典的研究中，经济与管理除了对时间价值给予了基本的描述，并没有进行更加深入的分析。但从物理的角度，对于时间的探讨则从未停止。时间真的存在吗？如果存在，是怎么产生的？起点在哪里，终点又在哪里？这就正如直线一样，找不到起点，找不到终点。回顾直线的定义：以无穷远处为圆心，无穷大为半径的圆弧。从这个定义看，直线其实是周而交替的圆。那么，时间是否也具有这种类似的属性。如果这个假设成立，则可以认为时间的起点并不重要，但选择的时间却很关键。另外，我们一般情况下都认为时间是均匀线性变化的，但物理学中却认为时间也可以非线性变化，甚至可以退回去——《相对论》中也如此说，如果从这些角度上考虑，管理学问题对时间进行非线性标度，则系统的效益则会呈现出一些更加普适性的规律。

标度理论是物理学中的一个较为重要的思想，利用这一技术，管理与经济的科学家得到了一个基本的规律——Scale - free 特征，如财富的分布、关系的密切度、谣言的传播、生产函数等。这些给管理与经济学的科学研究带来了更大的契机。一般的，这种 Scale - free 采用了对数标度，如图 6 -6 所示。

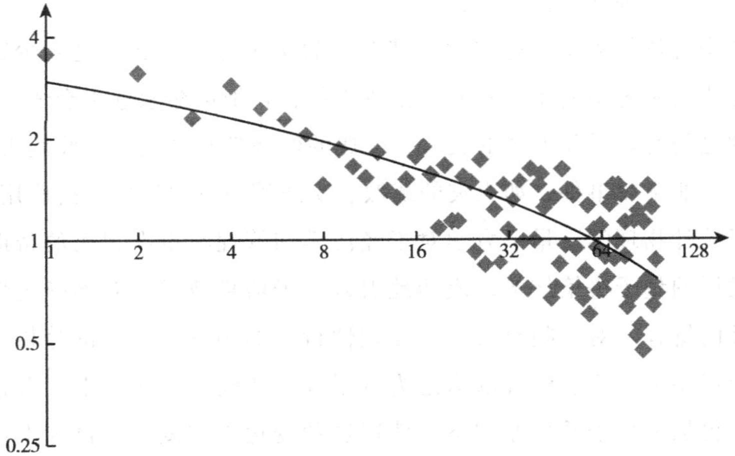

图 6 -6　对数标度下 Scale - free 的属性

这种发现，显然更加简单。

同样的，由于经济与管理系统的复杂性与异质性，采用普通的方法难以对其进行分析，平均场理论与方法、重整化群方法的使用，也在很大程度上加速了管理学的研究进展。

物理学在经济与管理中的应用不仅如此，我们将在后面的其他章节中给予补充，本篇不再赘述。

6.4.4　计算机

——计算机并不解决问题，它们只是执行解决方案。

——Laurent Gasser

经济与管理领域的研究其实远难于自然科学的研究，这一点在前文中有非常深入的分析，要想对更加符合非结构化问题的经济与管理学科的各种问题，用常规的结构化的方法很难处理，因此，在其中加入计算机的分析方法，便可化繁为简。

随着计算机的发展，它在经济与管理中应用也越来越广，它的应用主要有建模与分析（包括计算）等两个方面，前者更容易一些。

让我们先说计算的事情，很多模型的求解用计算的难度很大，但如果用计算机软件，计算起来相对容易一些，无论是统计学（包括计量经济学中）的参数学习，还是运筹学模型的求解，用软件显然更加简单。

在计算方面，计算机的能力的确很出众。在经典的研究中，像文字、图片、视频等非结构性的大数据很难被用于分析，即使可以，也是数据较少的情况下，可以用人工粗略处理的可以用于分析。但自从大数据技术被开发以来，这种分析越来越变得有可能。有一次遇到一个科研成果，是预测短期发电量的技术，大致问题如下：在复杂的电网中，有些小型电厂经常是电的供给者，但也会因为特殊情况成为电的需求者，这是其一；其二，在雷电的情况下，对电的消耗也极大，故此，天气对于电的供给量有很大的影响。而影响天气的因素中，云图、天气预报等大数据就很关键。但在经典的研究中，无法将这些非结构化数据放入结构化的分析框架中。为了让这种预测更准确，科学家构建了一个深度卷积神经网络对这些非结构化数据进行识别，然后再构建了一个深度神经网络模型，将结构化变量、识别后的非结构化变量以及电的真实需求量纳入这个深层神经网络模型中，通过这个深度神经网络模型刻画短期电量的需求特征，从而大大提高了预测的精度。在这个过程中，这么大的计算量，手动计算不仅耗时，而且准确性差，科学家在算法上进行了大量的选择与改进，对于以应用为主的经济与管理的科学研究来说，是一个巨大的进步。

除了计算以外，计算机在运筹学、系统动力学、博弈论等领域中有很深入的应用，这些年全国大学生数学建模竞赛的题目中，以计算机分析的经济与管理领域的题目占主导位置。与之对应的，也有一些对应的软件被开发了出来，如运筹学的 Lindo、Lingo、1stopt、博弈论的 Games、系统动力学的 Dynamica、Vensim，贝叶斯网络的 Genie 等，他们都使得分析变得更加轻松。这些平台的引入，给管理与经济学的分析带来了很大的便利性。

计算机在经济与管理中的应用不仅如此，更重要的在于计算机建模。在前文中不止一次的提及，经济与管理是一个复杂系统，而这种系统中的所有参与者，都可以看成一个个的智能体 Agent，这个 Agent 具有的最基本的特征是智能性、自治性以及社会性。智能性指的是部分理性，对过去的行为有部分的记忆，且对环境有一定的适应性。自治性是对自身行为进行自我管理、自我调整的属性。社会性则表示了任意的个体与其他主体、其他组织之间的相互关系。对于同一个 Agent 来说，它们的行为具有多样性。举例来说，以股民这一 Agent 为例，它可以分成理性的与感性的两种，可以分成智者、一般者、平庸者与愚蠢者几种。也可以分成过度依赖性、坚定拒绝者以及模仿者。这些属性之间还在动态变化，不可能是一个固定的值，否则，Agent 的属性则无法得到体现——Agent 总是通过学习改变自己的属性。不同的系统，其对应的行为完全不一样，比如在消费领域，顾客的行为是买与不买等，但对于质检部门的行为来说，则为监督不监督、惩罚不惩罚等。然而，在供应链的协调中，各种协调策略如折扣契约、回购契约、削价契约等的混合使用，使得各方的行为扑朔迷离，难以控制。即使单一的策略，能否真正地达到协调，仍取决于具体参数的大小，以及供应链中各个企业的理性程度。多种策略的混合使用则更复杂。这些情况的复杂性，让经典的方法难以对其进行建模，但采用计算机，可以完全实现这种想法。其实，采用计算机，科学家通过丰富的想象力，将系统中的属性逐步增加到计算机模型中，尽量与实际一模一样。

计算机建模方法中，尤其是复杂系统的建模，一般会采用自下而上的建模方法，这种 Multi - Agent 的建模方式与经典的自上而下的建模方式截然不同，自下而上的建模方式，一般都是从最底层次的 Agent 行为入手，这种行为包括如何选择一个合适的对手以及合作伙伴，如何从更多的策略中选择合适的策略，如何在博弈中学习，如何修订自身的行为等。先从最简单的行为入手，逐个添加，直至最接近于现实为主，然后根据新构建的涌现的生成过程，确定分一层 Super - Agent 的行为。再按照上述过程对 Super - Agent 行为的细节，依次类推，直至得到所有层次 Agent 的属性，城市模型完美地诠释了这一过程。显然，这种建模方法与过程让经典的还原论方法望尘莫及。计算机建模的过程，融入了艺术、技术、思想、思维等方方面面的内容，我们称之为“建模的梦工厂”，只要有梦想，我们就可以实现。

人的非理性行为难测吗，确实很难。但目前兴起了一门叫作神经经济学的专业，通过给测试人员戴上一些设备，可以测量被测者的心率、血压、眼动指数、心电等数据。通过该数据，可以抓住人们在决策时理性与感性冲突下的决策行为，环境对于人们行为的影响。这一过程，也将计算机获取的数据纳入到分析过程中。对于个人的行为的复杂性探索，则有比较突出的贡献。其实，这也属于老年常谈的事情——在心理学中早有比较广泛的应用，不过将这一方法顺延到经济学与管理学的研究中而已。但无论如何，这种借鉴也使得经济与管理方面的探索前行了不少。

6.5 经济与管理学中的方法篇（先进的）

6.5.1 基于案例推理（case – based rationing）

——物是人非，山水长阔，触处思量遍。

基于样本分析与基于案例分析是两个截然不同的方法，前者热衷于统计，而后者具有更加广阔的范围。

与很多管理科学家交流都会发现，他们对统计乃至于所衍生的计量经济学方法很熟悉，但对于基于案例的推理技术则显得不是很熟悉。故此，我们粗浅地介绍一下它的基本思想、思路，仅供参考。

首先，什么是案例库？案例库类似于数据库，但这种案例库中有可能存在一定的非结构数据或非结构化数据。并且案例库与数据库最大的区别在于：(1) 将众多的案例按一定的规则分成若干类，形成一定数量的子案例库。(2) 这种案例库不是静止的，而是不断增加的。当新来一个案例时，首先需判断这个案例是属于哪个子案例库，然后才能进行分析。当然，这种案例库的分类方法中所实施的思想是达尔文的“物以类聚，人以群分”，而在聚类的过程中，任意两个案例之间的距离可以在欧几里得空间中，也可能在希尔伯特空间中计算。然后通过距离的远近将案例分类。

一旦分类，我们就可以通过各种方法对不同的子案例库进行分析，从而找到子案例库的某种特征与规律。

对不同子案例库的分析，找到它们的运行规律的方法很多。统计分析、计量经济、概率分析、多维统计分析、人工智能、神经网络都是可行的分析方法。

无论采用何种方法，我们总可以找到、探索一些可以挖掘到的规律。这都是比较常见的问题，本章不再对具体的方法进行阐述。但需要强调的是，在得到结果的过程中，不仅会得到与经验吻合的结果，也会得到完全相反的结果。如果是后者，先不要轻易地质疑自己，而应重新做，也许我们的结果是真的。同时，既会得到一些必然的、可预见的结果，也会得到一些偶然的、怪异的结果。同样的，对于偶然的结果，需反复验证，也许这个偶然中蕴含着必然的结果——因为我们知道每一个结果都对应着一个条件，也许这条件很严格，也许在一个很小的、很严格的条件下，就蕴藏着一个重大的发现。可见，每一个规律都对应了一个很严格的约束条件，规律不要脱离条件。

举例来说，我们在做一个动力学方程的事情。我们知道，一般的表达应是一个 PDE 或退化为 ODE。以 ODE 为例，这是以随机过程为主的一个方程。更为重要的是，由于经济管理系统的复杂特征，这个 ODE 的参数是具有随机时变性。其参数的估计以及是否收敛，是一件很麻烦的事情。在一个特定的条件下，这个 ODE 可能就不存在。

一旦规律被发现，基于案例推理的技术就重在“推理”上。所谓的推理，就是在既定的规律上对特定的事件是否满足规律，其性质、状态及其变化是什么进行的一个推断，其思想类似于统计中的统计检验的思想。在这方面，多维统计学习做得比较好。它假定所得的规律，用一案例参数 θ 表示，而 θ 对应于之前的一个特定情境之下的案例 D。对于一个新的案例库 D，其特征就可以描述为 $P(D \mid \theta(D))$。比如，神经网络在训练的基础上形成了一个成型的模型。然后，对于一个崭新的事件将其纳入到输入中，经过该模型的推算，即可获得新事件的性质及变化。

虽然这种技术在中国古代的断案片中常出现，但不总是成功的，毕竟除了狄仁杰、包拯等少数出色的人被后人记住，不成功的案例也比比皆是，如窦娥案等。在军事上也是如此。大家都在读《孙子》，白起从未失败，但赵括则被冠以纸上谈兵的称谓。即使就纸上谈兵的军事家赵括与韩信而言，二人都熟读兵书，同样都没有带过兵，但赵括是失败的典型，韩信则是成功的范例，从中说明这种推理并不是照猫画虎那么简单，这些都说明，推理其实不是一件轻松的事儿，也需要很复杂的过程才能得到令人满意的结果。

可惜的是，在当前的经济与管理科学研究界，很多科学家在基于案例推理的分析中，往往照猫画虎。

故此，CBR 最关键的乃是如何让推断更精确。其实，我个人更倾向于 AlphaGo 的模式：先对足够多的案例进行“无监督性学习”的方法估计参数——确定规律。然后再采用概率推理确定特定事件的特征。对于传统的算法，毕竟受限太多，所得的结论在速度和精确性上都会差很多。

无论是有监督的学习算法，还是无监督的学习方法算法，在 CBR 中，我们更重视准确性与可靠性，这是推理的关键所在。尽管目前各种算法取得了重大的成绩，但仍需要提醒的是，如果不解决背后的数学证明，CBR 的准确性与可靠性仍面临着巨大的问题。比如说，局部最优解与全局最优等价性的条件的确定，必然是其中最为关键的一个科学问题。

今天我们对 CBR 进行了初步的探讨，但 CBR 太深刻，其他深层的问题尚需大家挖掘。

基于案例库推理的方法与计量经济学的经典方法有所不同，计量经济学的经典方法的主要目的在于验证某个经典的结论，而案例库推理则主要在于对未知事件的推断。在很多情况下，我们在“摸着石头过河”的思想下对一件新生事物进行决策，此时就不能用实证的方法了。因为此时的主要目的在于决策，而不是改进。但国内很多经济学家以及管理学者偏好于计量经济学中的因素分析、方差分析、回归分析等技术。其实此种情况属于前所未有的事件，我们根本找不到与之对应的数据，因此无法进行上述分析。但这种情况下，CBR 则是有效的——只要我们找到可描述的一系列或一簇现象参数变化给系统带来的变化规律，就可以用该规律做一些有预见性的推理。

6.5.2 贝叶斯网络推理

——明年花发虽可啄，却不道人去梁空巢也倾。

凡是看过《Big Bang Theory》的人都忘不了这一幕，那个天才少年 Sheldon Lee Coopep 有一次神采飞扬的白板上写下了贝叶斯定理的公式：

$$P(B \mid A) = \frac{P(A \mid B)P(B)}{P(A)} \tag{6.16}$$

这个公式如此伟大，在概率中占有极其重要的意义。借助于条件概率，人们定义了鞅，定义了马尔科夫链与马尔可夫过程等，这些使得人们对世界的认识更近了一步。再利用贝叶斯定理，人们便可知道世界更多的秘密所在。

贝叶斯定理揭示了两个事件之间的因果关系，不过这种因果关系是概率意义上的，却不是确定性意义上的。我们知道，概率可以从某种意义上描述事物的特征，但并不是唯一。比如说地震震级越大，其发生概率越小，但一旦发生，破坏力则是很大的。尽管如此，在影响程度大致相同的时候，概率描述事物的价值还是十分重要的，故此，贝叶斯定理的地位则是十分高贵。

但是如果涉及多个事件，并且他们之间的关系错综复杂，此时贝叶斯定理就难以刻画这种复杂的现象。总的来说，我们可以知道，在系统中有多个随机事件和多个随机因素，任何一个事件或因素都在随机波动，它们的波动也会导致另外一些事件和因素的随机波动。以此类推，最终导致结果偏离了预设的轨道的可能性在增强。这种复杂的连锁性的因果传递导致分析的复杂性以几何指数在增加。这显然已经超越了贝叶斯定理的可控范畴，而贝叶斯网络应运而生。

所谓贝叶斯网络，说到底，也是基于案例库推理的一个技术，符合 CBR 的所有原理。鉴于前文中已给予阐述，此处不再赘述。

为简单起见，我们以一个三个因素形成的贝叶斯网络为例，给予说明。

图 6－7 说明，事件 X_1 的发生将会导致事件 X_3 的产生。同样的，事件 X_2 也是事件 X_3 的原因。如果定性分析合理、科学，我们完全可以找到 X_3 的所有因素。这一部分内容在定性分析中已有很全面的阐述，此处不再赘述。

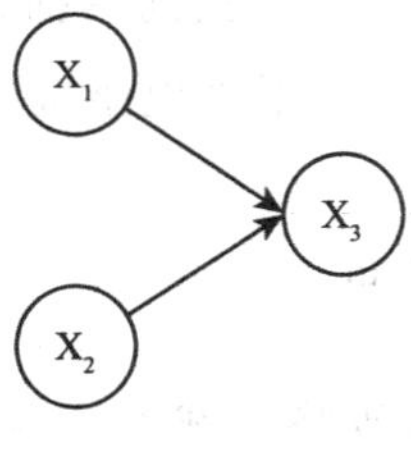

图 6－7 三因素形成的贝叶斯网络

现在的问题在于，这些因素中哪些在概率意义上是其关键的因素，哪些可以忽略。当然，我们通过案例库的分析可以获得其先验规律——或用极大似然法估计，或用其他先进的算法去估计。经过学习（统计中也称之为参数估计），便迅速知道了整个系统模型的参数 θ。根据这一参数 θ，便可认为模型已定。根据这一模型，便可分析特定的事件。

在贝叶斯网络中，条件概率在中间有极其重要的意义。正因有此，很多经典的成果才得以发现。从上面的图可以看出：$X_1 \cup X_2 \to X_3$ 是说 X_1 与 X_2 均可导致 X_3，故可写为 $P(X_3=1 \mid X_1=1, X_2=0)$，或 $P(X_3=1 \mid X_1=0, X_2=1)$，或 $P(X_3=1 \mid X_1=1, X_2=1)$ 或 $P(X_3=1 \mid X_1+X_2=1)$。我们在收集数据的时候，一定是形成了一个案例库，故参数 θ 是在案例库 D 的基础上方可做出来的。故在此条件下，我们尽可能使 $\max P(\theta \mid D)$ 趋近于 1。

对于基本的算法以及基础知识，我们在此处不再做详细的解释，我们关心的是模型的思想问题。假设我们考虑一个动态的问题。可以想象，就上图而言，结点 X_3 在 t 时刻的状态 $X_3(t)$ 不仅与 X_1 与 X_2 在 t 时刻的状态 $X_1(t)$ 与 $X_2(t)$ 有关，还与 X_3 在 $t-1$ 时刻的状态 $X_3(t-1)$ 有关。故，这一模型就变成了图 6-8 的形式。

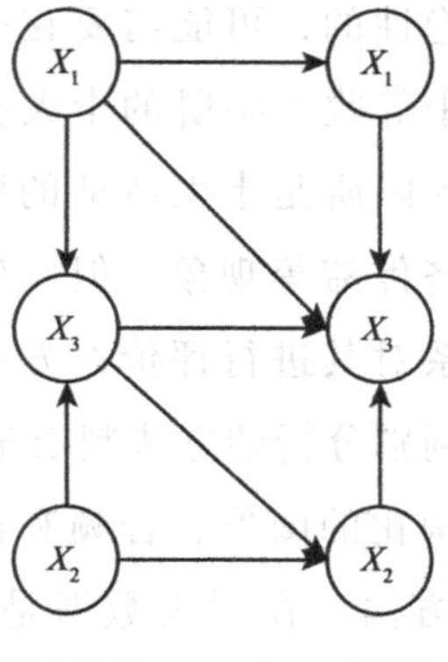

图 6-8　动态 Bayesian 网络

其实我们也都知道，动态的系统优先于静态的结构。一旦动态的模型建起来，我们就可以从细节上把握系统的性质及状态变化的规律。

现在让思绪回来，重新从思维的角度看待贝叶斯网络。无论动态与否，贝叶斯网络始终都是一种概率意义的模型，并且其事件属于离散事件，对于连续的离散变量来说，一般都可将其化为离散型变量。它描述了在概率意义上的因果关系，比如说，一旦 A 事件发生，那么 B 事件在 x 的概率上发生。以动态的为例，每一个事件都是一个随机过程。但在任意一个时间上，它都是另一个的原因，在 y 的概率上促使另一个事件发生。从一个时间到另一个时间，其状态保持不变可以按 y' 的概率发生，从此形成一个广义的随机过程。显然，这个模型与现实中的事件极其相近，是一个很好的模型。

既然概率是贝叶斯网络推理的基础，那么我们可以做一个假设：出身于概率世家的量子概率是否也可以用于贝叶斯网络？我想答案是肯定的。不妨假设一个事件描述为量子的公式：$\psi(x) = \psi A(x) + \psi B(x)$。其发生的概率用经典意义来说是 $|\psi A^2(x) + \psi B^2(x)|$。并且，在量子理论中，贝叶斯定理也适用，不过是表达略有出入。故此，在贝叶斯网络中将每个随机事件看成量子的一个状态，然后就可以构成一个先进、精确的量子贝叶斯网络模型，并用于分期一些特定的研究对象，定可得到更好的结果。

贝叶斯网络中的每一个事件都有若干种状态，这些事件的状态可能是显性的——我们可以用简单粗暴的方法一眼就可判断出状态，也有可能是隐性的——我们需要经过认真的分析才可以判断其状态。如果是显性的，我们就可以直接为其赋值，如果是隐性的，可能需要花一定的功夫才可弄清它们的状态。举例来说，我们对于中等收入陷阱的十大特征与中等收入陷阱之间的因果关系进行分析：中等收入陷阱是十大特征的原因，一旦陷入中等收入陷阱，就会发生民生乱象、经济停滞等现象。但民生乱象腐败多发，本来就很难测评，需要有一个参照体系对其进行评价，方可知道某一地区或国家的具体状况。当然我们也可以用判别分析的方法判断某一特殊事件的类型。

某一事件的描述是非结构化的图形、音频和视频文件时，大数据分析技术就是判断其状态的有效的方法。在《大数据是思想，是思维，还是方法》一节中已有一定的刻画——比如卷积神经网络就可以胜任这一工作。

贝叶斯网络的精华并不在于归纳规律，也不在于找出概率意义上的关键事件与次要事件、可控事件与不可控事件，而在于根据这些规律对任意一种新的情况进行推理。比如说，“中国人都是含蓄的”，这是一个基本的规律。那么现在有下列命题：“姚明是中国人，因此姚明是含蓄的”。显然，了解姚明的都知道这个推理是不对的。因此，推理的难度其实很大。在贝叶斯网络推理中，容易犯“以假乱真、以真作假”两种错误。故此，推理技术才是最难的，尤其是准确的推理技术。

要想推理准确，不仅要在模型参数学习很准确、推理的显著性水平以及准确的算法，而且要求在过程上的精细，避免两种错误的发生。

为了说明该推理，我们引入一个例子给予说明。假定 w 为元素估计的自然数，从 $[1:w]=[1,2,\cdots,w]$ 中随机取一个数 a（比如 $a=69$），问题是预测 w 的大小。这个 w 就是我们要估计的参数，应用贝叶斯定理估计，需两点：

（1）w 的先验信息，即 $P(w)$，但实际上完全知道 $P(w)$ 是困难的。既然是推理，知道一点对我们来说也是有帮助的。比如 w 的大小的大概范围，根据实际情况，想了解这个不难。

（2）数据 $D=\{69\}$ 的似然度，即 $P(D\mid w)$，知道 w 的条件下，取到 $a=69$ 的概率。

我们做一下试验，从 $[1:500]$ 随机取一个数 69，现在预测 w，实际的 w 为 500。现在我们不知道，应用贝叶斯定理，预测 w，看 w 与 500 的差距究竟多大。

假设 w 稍大一些，故 w 在 $[69:1000]$ 中任取一个数，则 $P(w)=\frac{1}{1000-68}=\frac{1}{932}$。当 w 确定下来，就可以计算 $D=\{69\}$ 的似然度 $P(D\mid w)$。由于随机性知 $P(D\mid w)=\frac{1}{w}$。

由全概率公式计算 $P(D)$

$$P(D)=\sum_{w=69}^{1000}P(w)P(D\mid w)=\sum_{w=69}^{1000}\frac{1}{932}\times\frac{1}{w}$$

由贝叶斯定理，可知后验概率 $P(w\mid D)$：

$$P(w\mid D)=\frac{P(D\mid w)P(w)}{P(D)}=\frac{\frac{1}{w}\frac{1}{932}}{\sum\limits_{w=932}^{1000}\frac{1}{932}\frac{1}{w}}=\frac{1}{2.6814\times w}$$

由于 w 的预测值就是在 D 条件下随机变量 w 的数学期望值，故

$$w_p=E_{w-P(w\mid D)}[w]=\sum_{69}^{1000}w\times P(w\mid D)=\sum_{69}^{1000}w\frac{1}{w\times\sum\limits_{w=69}^{1000}1/w}$$

$$=\sum_{69}^{1000}\frac{1}{\sum\limits_{w=69}^{1000}1/w}=(1001-69)\sum_{w=69}^{1000}1/w=\frac{932}{2.6814}=347.578$$

我们的预测值为 348，确定与 500 有一定的差。如果在此基础上，我们再获得一个样本，是否可提升准确率？

不妨设此时的随机数为490，利用上面的公式 w 的预测值为

$$w_p = \sum_{490}^{1000} \frac{1}{\sum_{w=490}^{1000} 1/w} = (1001 - 490) \sum_{w=490}^{1000} 1/w = 714.8147$$

因此，第一次的预测值是384，第二次的预测值是715。取其平均值，可知 $w_p = \dfrac{348 + 715}{2} = 531.5$。

可以看出，仅利用两个 D，就可以比较准确地推断出该 w 的值。将此原理用于贝叶斯网络推理，可知，通过多次推理，其均值可完全与实际情况一致。

然而，实际问题远复杂于这个例子。在实际中，对于每一个事件，都可以找到若干个影响因素，并且这些影响因素之间并不一定完全独立，他们之间可能存在一定的因果关系，这就使得图6－7中的模型经常被使用。而真实的情况，则需要真正的贝叶斯网络技术来分析。

进一步而言，对于同一件事情的推断，更加类似于一个贝努利试验。由于来自于同一件事情，它们可能会服从正态分布。此时取平均值：就从统计意义上无限接近于事物本身的状态。故此，我们又想起了当年那个生猪重量竞猜的游戏：让每个人猜生猪的重量，然后取他们的平均数，最后发现平均值与实际猪的重量一致。这就说明贝叶斯网络推理的过程中，推断的结果仅仅是随机变量而已。找到这个随机变量的数学期望，才可以抓住其真实值。

当贝叶斯网络推理融合了概率，融合了大数据，融合了量子信息，其价值就大了很多。然而其不确定性才是最核心的思想。即使是最难的推理，也只有通过不确定变确定性的思维，才能获得明确的结论。愿使用该方法的经济与管理的学者们真正的把握这一方法。就是动态，也要时刻想起鞅差不等式、马尔可夫过程等属性，唯有如此，才可对得起“概率”二字。由于篇幅有限，其细节不予详述。谅请各位慢慢品味。

6.5.3 统计物理

——大弦嘈嘈如急雨，小弦切切如私语。嘈嘈切切错杂弹，
大珠小珠落玉盘。

物理中蕴含着极强的思想，蕴含了自然界与人类社会中很多的哲理。这

种哲理可以帮助我们更好地理解经济与管理系统，其工具也可以在经济与管理中使用，经济物理学就是从这一视角入手，通过统计物理中的基本思想、理论与方法，分析经济与管理中的若干问题，并得到全新的结果。在本篇文章中，我们将介绍这一方法。

在经典的统计物理中，有大量的粒子（可能是气体，也有可能是液体）在不断地相互作用，这种摩擦也好，碰撞也罢，都从宏观中看到了程度，如气体的温度、压强等。其实，以我们的交通为例，也可以看出，在集市，一个又一个的行人往前往左往右走，他们会因为“碰撞”而改变速度或方向，然后就形成了人流。如果设置好这种规则，我们可以用这些分析火灾发生时人群的疏散。在这里，一个又一个的人被看成了“粒子”，他们按着类似于社会与经济系统中的“动量守恒”定理进行着两两的“相互作用”。这种由微观相互作用而产生群体行为的涌现现象，很是有趣。

其实，统计物理在金融中的应用十分广泛。如在股市中，有成千上万的股民围绕着某一股票进行买卖交易，他们之间有买有卖，也服从一个简单的规则，它相当于股市中的“动量守恒定律”。在这种规则下，股民的买进卖出形成了他们之间的相互作用。一旦交易成功，这些人就会选择另一个人进行下一次交易，依次类推。我们可以看出，这两者之间存在着一定的相似性，故可以用统计物理的思想分析金融领域中的若干现象。

事实上，在金融领域中已经有很多此类成功的例子，他们已经成功地解决了不少比较棘手的问题。

我们知道，相互作用在经济学、管理学中意义非凡，也是复杂性的来源。在经济学中，相互作用用策略的选择与博弈来描述。在管理中。相互作用则提供计划、协调、控制、指挥、监督等完成—协调与被协调、控制与被控制、指挥与被指挥。无论何种相互作用，都表达了人与人的相互碰撞。在前面的那个“动量守恒”——我们姑且称之为“经济守恒”或“管理守恒”的规则之下，所有的经济活动与管理活动发生了。比如在均衡中，其经济守恒定律是供给与需求平衡。在马克思的宏观经济理论中，第 II 部类的 C 与第 I 部类的 V + m 之间，又应是一个平衡。在金融中，其守恒也是在动态供需平衡中才实现价格的随机波动。在这个类比很相似的前提下，用统计物理来解决经济与管理的事件就有一定的根据。

在经济学中，经济物理学就是基于这一点而产生的。从经济物理学的角度，可以解释经典经济学难以解释的羊群效应等问题。边际报酬递增等都是基于统计物理而发现的。

以价格的形成为例，从经济学的角度上讲，由大量的供方与需方在“经济规则”的前提下相互作用，其实是两个群体的个体，在一一进行碰撞，等到两个群体的行为对称了，价格自然而然就形成了。如果系统结构不变，那么它就会形成一种对称性平衡，从而形成了价格。

群体的行为形成在于群体之间的相互作用，而群体行为在统计物理中常用Ising模型来描述。尽管三维及三维以上的Ising模型难以求解，但人类的行为应该超越了三维。因此，用Ising模型来描述人类的行为，有很大的局限性。即使可以求其数值解，但解与真实的人类行为之间仍然有很大的差距。为了使得这一行为更加准确，科学家在Ising模型的基础上，创建了vicsek模型，这个模型比Ising模型的精确度更高一些。

由于统计物理的引入，之前在经济与管理学中的概念性的变量终于可以用数学方法来描述——熵 $\sum_{i=1}^{n} - x_i \log x_i$。显然，这个概念来自于系统的申农熵，是对系统中每种行为发生率的相对熵的平均值，这种信息表明系统中行为的平均变化情况。当然，对于每一种行为，$-\log x_i$ 表示行为的自相对熵，也可表示该行为的波动情况。自从熵的概念引入到经济与管理中，可以对很多经典模型进行修订。比如上面提到的vicsek模型，确定性的vicsek模型加入熵变得更加有趣：它不仅要求每个个体观测周围个体的行为，且与邻居的行为一致。而且，它会根据邻居行为的波动情况，会让自己的行为在概率意义上与其他个体的行为保持同步，才可保持经济系统的高效。在经济系统中，个体的行为随机性更强，远超于物理系统，这使得分析的难度更大。

统计物理中，还有很多理论可直接用于经济与管理的分析。比如逾渗、相变。比如，谣言在系统中的变化就符合逾渗的特征：一开始谣言发生是很少数的，极少有人相信。但随着不断的推动，在一个临界条件下，突然大家都相信谣言是真的了。制造谣言的人就是掌握了这一特征，才动用大量的水军，力争在很短的时间内让更多的人知道。当人数超过临界数时，他就不会再努力了，就可变成自发性行为，自组织系统的特征表现得淋漓尽致。通过采用在随机网络中的逾渗建模方法，对谣言进行分析，一定可以得到有趣的结论。

近年来，中国的经济进入了“非常态”，有一位经济学家与我交谈，说突然发现很多经典的模型都失效了，问我具体的原因。我当时就给他讲了一个“非平衡”的概念：当今很多的经济学模型都是在经济系统处于平衡状态时的模型，然而我们中国的经济发展是由一个平衡态（由粗放式投入导致的高速稳步增长）向另一个平衡态（由集约型发展驱动的中速稳步增长）过渡，处于非平衡状态中。故此，确实没有经典的模型以供使用。尤其中国现在的经济内忧外患，确实不好参考。但如果采用非平衡统计物理学中的理论与方法建模，则定会找到合适的模型。

的确，非平衡统计物理中很多方法对于经济与管理的研究非常有借鉴价值。比如平衡场理论、重整化群理论都是对经济分析的很有效的工具。我们这篇文章仅仅起到一个抛砖引玉的作用，后续的还望去学习专业知识。

6.5.3.1 经济与管理中的“逾渗”模型

——揭开经济与管理系统的临界性特征

临界性是经济与管理系统中的一个非常普遍的现象，比如，就一件事件的风险来说，存在着几种不同的风险，且在不同的时间段中，其风险也不尽相同。当一个风险发生时，这个事物保持正常的功能，再有风险发生时，事物仍可保持正常的功能。但在某个情况下，再有一个风险发生，事件立刻崩溃。从量上也会有此类临界现象：当危害程度小于某个值，使事物保持正常，但一旦超过某个值，就会直接让事情的运行崩溃。

再以经济系统中的产业集群为例，在集群初期，一些企业自愿在某个地方驻扎下来，然后他们获得了一定的收益，有另一些企业也会慕名而来，企业越来越多，最后成一定的规模，突然间似乎有大量的企业涌入，在该地区出现一个企业的聚集区。这些“突如其来”的突变，让积攒了很长时间的能量迅速爆发出来，从而出现一个焕然一新的状态。

在经典的逾渗模型中，我们以二维为例。在一个方格中，不妨假设其中有一些栅格为黑色，其余的为白色。然后这些黑色的格子以一个特定的概率对周围八个邻居进行“污染”，他们以特定的概率最终变成黑色。当系统中黑色的栅格到达其临界值之前，系统的颜色为白色。但当黑色的栅格到达临界时，只要有一丁点的格子变成黑色，这个系统立刻变成了黑色。主要原因是黑色的栅格形成了一个联通的“巨组分”，这个巨组分正以指数级增长速度吸附更多的白格子变黑，从而使系统变色。然而，在经济与管理系统中，个体的行为更复杂，且个体与个体之间的关系并非是一个栅格图，而是存在着很大的变化，如图6－9所示。

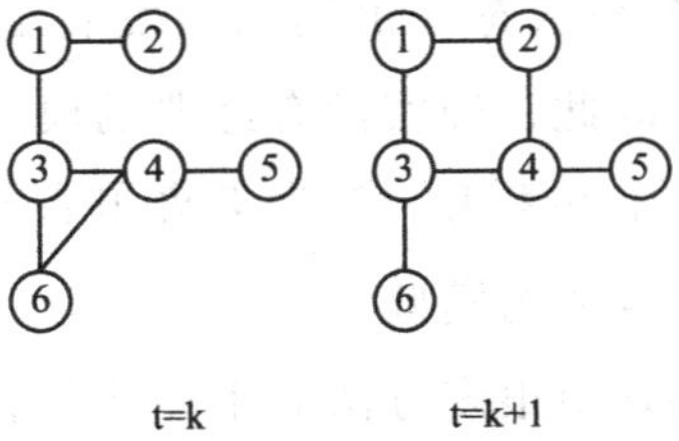

图6－9　经济与管理系统中个体相互作用的随机动态性

可以看出，人与人之间的关系不确定，随着时间的推移而动态变化。就像我们的朋友圈一样，幼儿园的最好的朋友到我们成人之后，不一定仍然是我们朋友圈里的人。事实上，人与人的关系变成了一个随机复杂网络，而非一个规则图，当然也不是一个图。如果将类似经济与管理中的逾渗现象进行归纳，可以发现有以下特征：

（1）个体能力的非均匀性。不妨假设个体的能力服从正态分布，则可知，能力大的与能力小的所占比例很小，而能力居中的占的比例很大，如图6－10所示。

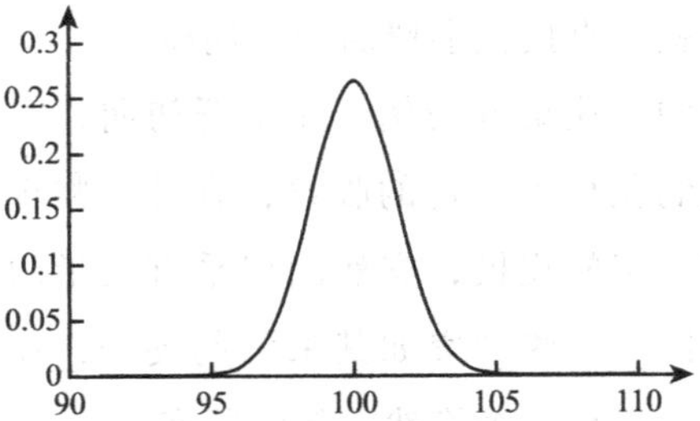

图6－10　个体能力的非均匀性

（2）传播路径的各方异构性。与二维平面中的栅格的逾渗传播时，八个邻居的传播概率不同。在经济与管理中，由于人的社会性，他在传播的过程中必定传向他喜欢的人或他熟悉的人。这种社会依赖性所导致的各方异构性，是按着个体与个体之间的关系连接的。如前所述，有一个叫优先连接的机制所驱动：当一个个体与其他个体建立联系时，必然会按照一定的偏好进行连接，这就是“物以类聚，人以群分”的本源所在。进一步讲，优先连接是一个个体连某一个体的概率，这个概率可能以总的度、点的强度、点的收益、点的位势为依据展开，也可以以点的社会属性定义。以度为例。

$$P_i = \frac{d_i}{\sum_{j \in N_i} d_i} \tag{6.17}$$

可知，当一个点与其他点的连接越多时，它就越容易被连上。在日常中，一个愿意与别的企业合作的企业，会更容易被合作，从而形成了“富人俱乐部”现象——富者愈富，穷者愈穷。故此，这种行为的感染必会沿着特定的方向运动，而非各个方向中的平均传染。另外，由于这种连接是以一个概率连接的，说明连接的随机性。会有一种情况发生：今天一个节点与另一个节点的连接存在，在明天它们就断开了。这种结构的随机性会导致在逾渗的过程中有可能在某一个方向上不通的现象发生——今天如胶似漆的两个人，到明天可能反目成仇，成为陌路人——这种情况下，就不会发生传递。

(3) 个体行为的多样性与随机性。在经济与管理系统中，每个个体的行为都充满了多样性与随机性，这就超越了二元性——但黑与白变成了石头、剪刀、布，变成了接受、拒绝与跟风，情况就完全不一样了。比如，某人在 t 时刻以概率 $x_i(t)$ 选择行为 i，且，按照个体的行为，大约会有以下的方程描述其随机性：

$$x_i(t+1) = f(t, x_i(t)) \tag{6.18}$$

其线性形式为

$$x_i(t+1) = Ax_i(t) + B + w(t+1) \tag{6.19}$$

不仅其某一行为选择是随机的，而且选择的概率也是变化的，这种多样性以及随机性带来的经济与管理的逾渗模型复杂性远超过了那个二维平面中栅格黑白二色的逾渗问题。

由以上三个特点看，利用了经典的 percolation 模型难以解决。我们可以将这个问题抽象成随机复杂网络中的多维行为逾渗模型。基于模型的复杂性，对管理科学家来说，用解析的方法获得逾渗临界状态的可能性少之又少。因此建议用 simulation 的方法进行——此方法《在 vickek 模型，揭开大量个体相互作用涌现的复杂系统的秘密》一节中已有描述，此处不再多说。

经济与管理的系统结构在动态演化过程中呈现出无标度属性，即

$$\log P(k) = \lambda \log k \tag{6.20}$$

这个无标度网络具有鲁棒性与脆弱性并存的特性。不失一般性，不妨假设系统中个体的状态仅有两种：黑与白。假设一开始都是白色的状态，当我们随机的将白色的个体变成黑色时，即使这一概率接近于1，系统中的白色们居多。但如果找到了系统中的感染性最强的点，以一个较小的概率将这些白色个体变成黑色时，不费吹灰之力便可迅速的实现系统的相片。对于高维行为来说，此性质同样适用。

采用逾渗（或渗流）模型，我们可以迅速找到经济系统与管理系统有效激励（控制或诱发）的最小努力量——即只要超过一点点临界值，系统便可自发地实现目标。这一个度，显然是经济学与管理学所追求的。尽管 Percolation 的分析过程比较复杂，但其结果比较深刻准确，是一个较好的模型。

6.5.3.2　经济与管理中群体行为的 Vicsek 模型

——揭开大量个体相互作用所涌现的复杂系统中群体性能的秘密

一般来讲，自然界与社会界中存在着大量的个体，他们之间存在着各种各样的相互作用，正是因为这种相互作用，系统中会涌现出非常复杂的现象，我们称之为集群行为，如超导、漩涡、同步、人群恐慌，经济危机等，这些现象在物理、天体、生态、政治与社会中无处不在。

这些现象是非平衡系统的分簇、传递和相变行为。为了理解这个问题，T. Vicsek 等人提出一个著名的自驱动粒子（self - propelled particle，SPP）模型，假设 n 个个体在平面上运动，其位置 $X_i(t)$ 和角度 $\theta_i(t)$ 的更新方程为

$$\begin{cases} x_i(t+1) = x_i(t) + v(\cos\theta_i(t+1), \sin\theta_i(t+1)) \\ \theta_i(t+1) = \operatorname{argtan} \dfrac{\sum_{j\in \mathcal{N}_j(t)} \sin\theta_j(t)}{\sum_{j\in \mathcal{N}_j(t)} \cos\theta_j(t)} + \delta_i(t) \end{cases} \tag{6.21}$$

其中 $\delta_i(t)$ 表示环境噪声。

该模型规则简单且不失本质，同时抓住了许多系统的共性，有助于理解局部规则如何导致系统的整体行为。Vicsek 模型其实说了一个事实，每个个体决策自己的状态的时候，需观察自己的邻居，分析自己与邻居的行为是否

保持一致，这些邻居们的平均行为对其影响比较显著。这一模型在经济与管理中可得到广泛的应用，在金融中也可以用 Vicsek 模型进行研究。其假定每个个体的可行策略集是一个有限集而非无限维度，假定这些策略均匀地分布在同一个圆上，这些个体的策略与别人之间是否一样，便形成夹角 θ。由于个体的社会性——他的策略容易受到其他人的影响，显然这种相互作用也是非理性行为的源泉。我们经常喜欢听大家的，但大多数人的意见不见得就合理。实际上，从创新的意义上讲，小部分人的策略才是对的。

统计与概率有相同之处，也有不同之处。从统计的意义上讲，小概率事件可以忽略掉，因为它们不会影响整体的属性。但概率不同，即使是小概率事件，它们也不能被放弃，因为概率认为“星星之火，可以燎原”。在 Vicsek 模型中，我们就可以用它分析在复杂经济与管理系统中的“逾渗”或“渗流”现象，这一问题在统计物理中也有一定的阐述，此处不再赘述。通过这一模型，可以分析恐慌、经济危机、暴乱、集体抛售等“相变”行为，也可以分析新技术在经济系统中的传播。其原理也是通过每个个体通过与他人的相互作用，将自身行为传染给别人，乃至于整个系统中的绝大多数主体，从而形成少数派的胜利模型。

Vicsek 模型对于分析经济系统中个体行为的同步——显然经济系统中需要很多个体的同步行为，比如纳税的行为。缴纳税收是每个企业应尽的义务，然而很多企业存在着偷税漏税的行为。对于政府来讲，最希望的是各个企业都要缴税；对于企业来说，要么坚决缴税，要么坚决不缴，要么当一个从众者——如果看到别人不缴税也可以，则选择不缴；看到别人不缴税受罚，则缴。我们可以对企业建一个 Vicsek 模型分析企业全部都缴税的条件，力争让每个企业的行为都同步起来。这种方法对于清除贫困也是一个可以选择的模型。然而，有时候，我们并不希望系统中个体的行为同步，比如在金融危机到来时，我们并不希望所有个体不约而同地抛售自己的股票，而应该保持常态下的“对称性”。的确，这种对称性破缺下的“同步”会给经济系统带来更大的破坏，那就可以通过 Vicsek 模型分析“对称”下的条件，然后再对这个金融系统进行激励，就可达到我们的目的。进一步而言，根据现有的研究，科学家一致认为经济与管理系统满足 scale - free 属性，即

$$\log P(k) = o(\log k) \tag{6.22}$$

线性的表达式为

$$\log P(k) = \lambda \log k \tag{6.23}$$

这一公式表明，有一少部分的个体行为，其实决定了系统中的行为（随机复杂网络中行为“逾渗”的研究结论），如果想要拟制同步，则需把关键个体给出来进行控制即可。

看来，在经济系统中行为的传播也可以用Vicsek模型来进行。不过，人类行为的传播比病毒的传播复杂得多，所以在应用Vicsek模型时，应给予一定的修订。为了说明这一点，我们先简单的分析一下“人”的传播行为。首先人要先收到新的信息，他需要判断这个信息是真是假，有无价值，然后再判断是否接受这个观点，他会使用这个理论，如果很有效，他才会将这个观点传给下一个人，如果无效，他会重新审视自己的选择，批判和修订这个理论。这个过程比病毒传染的过程复杂，但仍可以进行修改。在此基础上修订Vicsek模型，运用其知识，就可以分析经济系统中行为的传播了，比如产业集群、技术创新都可以用这一思路进行分析。

尽管Vicsek模型在经济与管理中有很多广阔的应用领域，从行为分析到极致设计，从均衡到非均衡（尤其是非均衡状态下的群体行为），从经验或理论验证到探索型学习（比如非常规突发事件下的“情境应对”）都有很大的应用场景。然而，这一模型涉及非线性、非平衡性、强耦合性和动态性，尚无成熟理论工具进行严格分析。事实上，物理学家对于远离平衡态的系统也缺乏成熟的工具。其算法目前仍然采用了启发式的学习算法以及一些其他近似算法，比如平均场、流体力学方程等所做的近似处理结果很不准确。数学上对该模型的处理有两种方式，一种是将其角度更新方程线性化，并忽略噪声的影响，称之为线性化的Vicsek模型；另一种将局部相互作用方式修改为全局相互作用方式，称之为Cucker - smale模型。由于行为的随机性很强，且多种随机性耦合在一起产生了更加复杂的随机性，经济与管理研究中的这种随机性连数学家都无力去解决，更何况我们管理科学家。因此我们应当用一些更为有效的方法进行分析，目前比较推荐的方法是simulation。

不管有多么复杂，如果我们有丰富的想象力，都可以通过电脑做出一个模拟仿真的模型出来，Vicsek模型也不除外。对于任何一个可以用Vicsek解决的经济与管理学的问题，在定性分析的基础上，我们就可以弄清楚对应的Vicsek模型中各个参数的性质，确定其模型，甚至可以将这个模型弄得更加丰满一些。然后在收集到数据的前提下，进行模型的参数学习及模型调整，最后可用该模型对该领域中的问题进行分析，并得到结论。

值得注意的是，这一方法又回到了计算实验的路子上，正如在前面的文章中曾经提到。一个准确的模型，其标准就是模型分析的结果与实际的结果一致。这"一致"的意思就是：在同一组参数所组合而成的"情境"中，模型的结果与真实的结果服从同一个分布，并且这个分布不是统计意义上的分布，而是随机过程意义上的。并且这个模型的准确性适用于一定数量的"情境"，而不是唯一一种"情境"。在模型准确的前提下，我们才会对实际的问题（比如火灾下的人群疏散，地震后的物资调运，产业技术创新，港口物流等）进行分析，当然了，这些事件的准确模型已经得到。科学家通过进行实验，看在什么条件下会同步，什么情况下会渗流，什么情况下会对称性破缺的，从而提出更为科学的策略。

Vicsek 模型虽小，但可解决很多大问题，我想随着经济学家，管理学者的深入研究，这一模型将会大放光彩。

6.5.3.3 个体与个体之间的相互作用的回声模型

——难道比博弈更有趣吗

在经济学中，个体与个体之间的相互作用被定义为博弈，而因为人与人之间相互作用的多样性、随机性以及复杂性，博弈的种类五花八门。通过博弈，科学家们揭开了经济学中的一个又一个的神秘现象，是经济学研究的重要分析方法之一。

博弈论虽然取得了巨大的成功，但我们不得不说，我们仍然没有找到揭开经济学与管理学秘密的钥匙，毕竟很多非理性的行为仍然无法进行刻画，其规律也无法获得。可见，我们还需走很长的路才能找到普适规律，找到那个能描述经济与管理中的基础的、本质的模型。就描述非理性行为而言，回声模型不失为一个较为深刻的模型，我们将简述一下这一模型。

在个体的行为中，尤其是相互作用中，个体的能力实际上是最为关注的变量。而这个个体的能力表现为进攻能力与防御能力两种。进攻能力与防御能力这两个维度描述了个体的属性，更像中国武术哲学中的"刚柔并济"，也像曾国藩先生对于人的"气象"判断学说表里的关系。进一步谈"气象"这个词，气指的是人们能力的内在修为，人们真正的涵养；象指的是人们能力在表面上表现出来的那种表象。比如说秦始皇的象大于气，而朱允文的气大于象，李世民的气象则比较均衡。就进攻与防御来说，进攻性强的则会主动一些，象的表现比较突出；防御性强的，被动更多一些，气的集结就深厚一些，二者均衡的则平衡性更好一些。因此说，这个进攻与防御描述个人的实力更准确一些。

在实际中，我们经常会说“物以类聚，人以群分”。但是，到底谁与谁更亲近，谁与谁更疏远，谁可以和谁合作，谁会成为谁的仇敌，这个属性显然是博弈论无法解决的，博弈论直接将这个属性进行了同质化处理——所有的人要么都合作，要么都竞争，要么以一个概率确定是合作还是竞争，对于参与者内在的刻画没有一个明确的说法。我们经常会说，在茫茫人海中，你我相遇，这是缘分。那么这个缘分如何定义，在回声模型中通过“粘着”这一变量来说明这一问题：如果个体的属性相似或相近，他们成为朋友的可能性就越大，如果他们的“基因”“性格”或“三观”差异性很大，很可能成为竞争对象，粘着能力对于刻画这一非理性属性显然比较有效。否则，我们不知道为何当初两个海誓山盟的合作伙伴，有一天反目成仇，也不知道为何硅谷能在短的时间内，可以将很多个IT精英聚在一起。

听过条件性交换吗？在货币发明之前，人们之间的交换就是这个意思。甲有羊，乙有药。那么甲需要药，恰好乙有药；乙需要羊，而甲恰好有，双方一拍即合，从而形成一次交易。在经济与管理中，处处都存在着广义的交易。比如供应链的形成中，恰好是由于资源互补而形成的，这个恰好是条件性交换。显然，如果这个变量值很大，那他们之间的互补优势就可以体现出来，否则二者的替代性就很强，从此，合作与竞争的条件也可以给出了。

资源转换的能力很重要，尤其是将无形资源转化为有形资源的能力。在以前我们都认为有形资源很重要，比如人、财、物，但现在我们仍然记得“科学技术是第一生产力”的口号，记得无形资源比有形资源更重要。对于一个经济人，他不可能拥有所有的资源，有钱的投资者不见得有人才的支持。这其实也是合作与分工的基础。如果一个企业能用一种过剩的资源换来足够用的稀缺资源，这个企业的适应能力就很强。同样的，有的企业明明知识资源很丰富，就是无法转化为可实现的技术。这种资源转换的能力决定了经济人的总体竞争能力、适应能力、创新能力。显然，这种具有差异化的能力具有很强的多样性及其非理性。以非理性行为为例：一个人在有的条件下，创造力就很强，在另一个条件下，则很弱。这种资源变换与条件（也称之为情境）有很大的关系。事实上，这种“条件”在回声模型中非常重要，在后面将重点解释。资源交换的能力，还体现了经济人的学习能力。

选择交配是霍兰当初为了描述生物之间交配的一个子模型。就经济人而言，选择交配相当于个人的选择偏好：有人偏偏喜欢去农村，有人偏偏喜欢吃生鲜，有的企业家喜欢冒险，有些则喜欢保守。在与竞争对手相互作用的过程当中，对于对手的选择，对于自己行为的选择都有一定的偏好，这种偏好貌似用还原论是说不清的。

在相互作用中，我们是否能够模仿对手的策略、技术，并为及所用，这种条件复制也表明了模仿及其条件的个性化。能复制什么？不能复制什么？什么人复制容易？什么人复制困难？什么条件下可复制？什么条件下不可复制？这些都需要给出一个定义。

以上7种子模型构成了回声模型的核心——当然，标识我们没有给出，因为我们经常用标识将不同的事物区分开来。霍兰认为，对于每一种子模型，它的构建需要一个变量，这个变量能够描述每个个体在这个子模型中的大小。而这个变量，他认为是一个字符串，比如说 abba，这种字符串中事先定义好每一个字母的属性，然后通过字母的排列组合，形成差异性能力的大小。这种定义的基础是遗传算法的思想，并且有利于进行随机选择下的选择、遗传与变异等运算，通过此表现每个个体的能力。

霍兰认为，尽管这几种能力可以表达个体的总体实力以及各种能力施展的差异化的、个性化的条件，但仍有一个问题没有解决：有的个体在很短的时间内就可实现这些能力，但有些很慢，故此速度非常关键。比如说，某个经济人在很短的时间内，进攻能力就很强，但其资源转换的速度很低，这意味着该经济人更加善于经营，但不善于管理，擅长于创业，但不善于守业，不善于应付复杂多变的环境。除此之外，我认为，这种能力的持续性以及稳定性更重要。有的能力很高，但如果昙花一现则不是一件好事，故此其能力的持续时间便可描述这一特征，我们将其称之为“三层回声模型”。如图 6 - 11 所示。

回声模型描述了个体的行为，将一些非理性的行为用一些子模型来描述，这种表述是科学的。尽管霍兰教授生前受邀来中国学术访问时，感慨回声模型

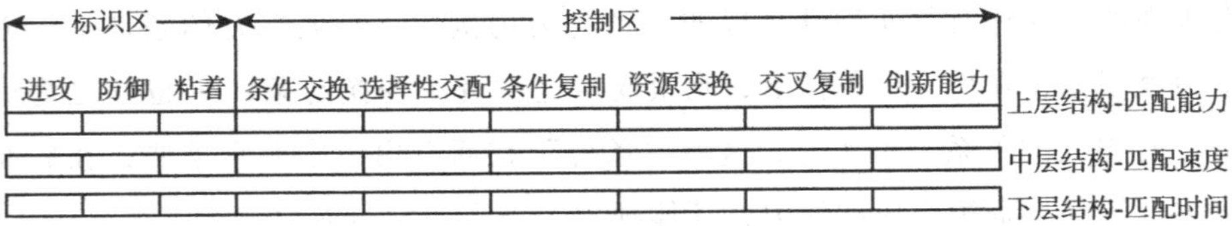

图 6－11 三层回声模型

创建于生物领域，在其他领域中受限很多。但我们仍告诉他，这是一个普适性的基本的模型，这个模型在经济学中可以使用，不过需一定的修订——如果你们读了前文，会发现我在本节中有意无意地将回声模型修订为适用于经济学、管理学的一个模型。既然回升模型描述着个体的行为，那么其行为便采用“IF……THEN……”。这一刺激—反应的基本逻辑来展开。值得注意的是，这个 IF 太关键，它设置了进攻、防御、粘着、条件交换、条件复制、资源转换以及选择交配的前提条件。它会指出，当且仅且一系列严格的条件满足不同的模型发生的要求时，这一行为才会发生。比如，我们不能假设关羽与秦琼进行比武，因为他们的粘着、选择交配的条件完全不匹配。另外，这个 THEN 也很关键，它要求个体按何种规律去与对手相互作用。这个方式可能是一个简单的方式，比如避开，也可能是连续性的行为方程，它描述了个体的行为方式。

回声模型是一个采用自下而上的建模方式的模型，在三层回声模型描述的个体相互作用下，科学家更加关心整个系统的状态与性质，以及状态与性质的变化规律。由复杂性科学可知，这种状态与性质是个体相互作用的“涌现”结果，因此，科学家还关心这种“涌现”规律——在什么情境下，会产生何种涌现现象。现在有一部分科学家认为，回声模型确实是涌现的一个基本模型，并且他们认为，往往，最简单的行为在最简单的相互作用下会涌现出非常有趣的复杂现象。对于经济与管理中的个体来说，正如前面所述，每个个体的行为都是非理性。它们的相互作用又体现出非线性的特征，故此经济与管理中所涌现的系统属性异常复杂。

与其说回声模型是一个基础模型，不如说它是一个站在更高维度上的思维模型。它本来是为生物学所建的，但这种思想与思维却又可以推广到其他领域。无非是我们将其中的“资源变化”转换成“资源更新”等别的术语。但其建模的思想却是一个革命，它可以打开非理性的大门，但我们需要掌握好这个钥匙。

回声模型是一个计算机模型，通过高效的启发式算法对一个又一个的现实问题进行分析，其结果取决于算法的科学性以及计算机的运算速度。如果采用全局搜索，速度太慢，效率很低，但准确性较高。如果采用局部时搜索速度快了，效率高了，但却可能得到错误的结论。并且非理性行为涉及随机性，这会使得同一个模型，同一组参数（描述情境的那些变量）下，绝不可能出现完全相同的结果。最好的结果就是整体趋势相同，但稍有不同。

我们设想一种情况，将回声模型转化成一个数学意义上的模型，并用严格的推理证明在某种条件下系统所具备的属性、状态与规律。一旦这个规律被发现，对经济与管理科学的研究贡献将会很大。

在本篇文章中，虽然我们“抛弃”成熟的博弈论，而是另起炉灶地“推出”回声模型，这个模型看上去似乎很有趣。一般情况下，采用一个新的“模型”或理论进行研究其实具有很大的风险，因为它不一定能成功。但我们说这个回声模型是有吸引力的，我们也略有“夸张”地说这个是一个基准模型。不过这个模型在经济与管理科学界才出生，只是一个婴儿。如果证明它是一个伟大的模型，这个模型后续的修订的事情还很多，这样才能让它逐步成长以至于成熟，由于它更是一种思想，一种思维，它未知的价值更大，更广阔，影响会更深远。

6.5.3.4 经济与管理中的沙堆模型

——尝试揭示经济与管理系统的自组织性、复杂性与临界性

沙堆模型描述了下列一个现象：在一个平盘上，缓慢的放置沙粒，随着沙子的不断增加，我们会发现一个有趣的现象——当沙堆达到一定的规模时，某一时刻，一个沙粒轻轻的落在沙堆之上，将会导致沙堆的坍塌，然后又不断增高，坍塌，循环往复。

本质上，“临界点”可以自发地吸引着那些偏离于临界态的系统朝着该点运动，并且一直让系统保持在此类临界点附近。从雪崩到股市崩盘，到处都充满着突然变化的现象，而沙堆模型在这类临界状态上的应用非常广泛。沙堆模型最后关注的是坍塌大小的概率分布、坍塌频率的概率分布等序参量的性质，不仅关注大小，而且关心频率，是一个比较有趣的模型。在自然界中，这一模型被大量的应用，比如雪崩的研究、地震的研究，都是通过这一模型得到比较深刻的结论。在经济与管理中，也有很多同类的事件，比如股

市的涨涨落落、市场价格的起起伏伏、产业产生、成长、成熟、衰落、复苏，似乎都可以用这个模型来研究。

简单地说，沙堆模型先定义了一个粒子与周围粒子之间相互作用的可能性以及作用力的大小，它假定每次一个粒子只能与周围的某一个粒子按照某个特定的概率相互作用，比如在二维平面上，它只能与周围的 8 个粒子中的一个以 1/8 的概率发生作用（但最上面的新进入的粒子与下面的三个粒子以 1/3 的概率相互作用），对于下面的粒子与两侧的粒子作用力也不同。然后，随着粒子数量的增加，我们分析大组分坍塌的概率分布。这个模型成功地描述了自组织临界性的特征：当沙堆高度达到一定程度后（临界状态时），所有的沙都处于一个整体的状态，新下落的沙子会在周围产生扰动，这些扰动虽小，却能在沙堆中传递，使得沙堆的结构发生变化，沙堆的结构将随着每一粒沙子的落下愈加脆弱。在达到临界状态后，沙崩规模的大小与其出现的频率呈现出幂律分布的性质，如图 6－12 与图 6－13 所示。

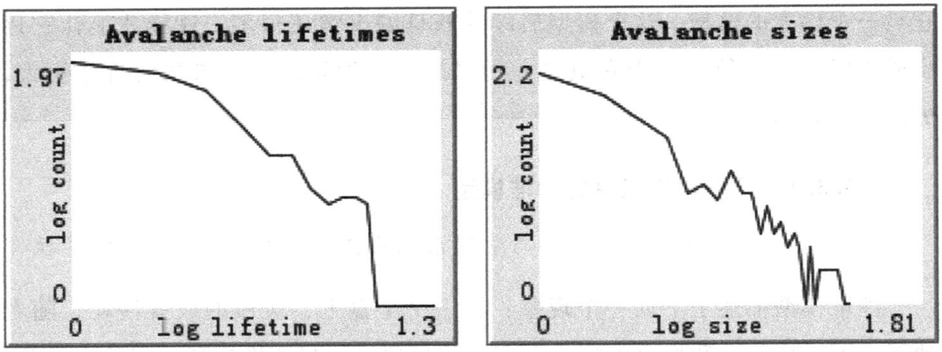

图 6－12　沙堆模型塌崩时间与塌崩大小的分布——情境 1

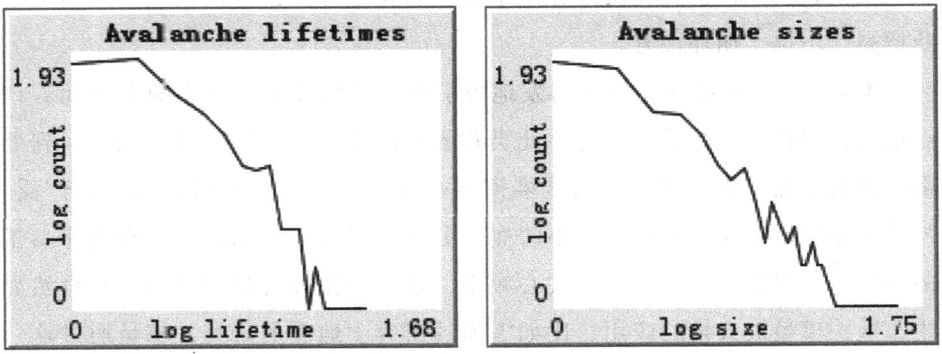

图 6－13　沙堆模型塌崩时间与塌崩大小的分布——情境 2

在经济与管理中，有很多自组织的临界现象，比如品牌的声誉其实就可以用沙堆模型来描述，企业家精神的配置也是如此，都可以用这一模型来分析。鉴于模型的复杂性，我们不在本节中介绍沙堆模型的解析方法，仅仅介绍其基本的思想以及在经济与管理中的应用，其复杂的计算过程，则需要依靠查阅专门的资料。

在前面的 Vicsek 模型、渗流（逾渗）模型的内容中，我们介绍了临界状态。以水分子的状态为例，在临界状态下（100℃），水分子的形态在做布朗运动，水表面水分子的密度比里面的小。由于布朗运动，总有一部分水分子的距离被拉远，其水分子之间的引力小，使得该领域的水分子逸出水面，成为水蒸气；而同时，由于布朗运动，另一部分水分子的密度增加，吸引力加大，这部分水分子就沉入水中。这个表面层，我们称之为接续态，是液态与气态的中间渐进态——“临界”——任何一个微小的波动，都会使它在两个状态下任意的切换。

自组织是指一个系统在内在机制的驱动下，自行从简单向复杂、从粗糙向细致方向发展，不断地提高自身的复杂度和精细度的过程。社会自治组织，它指一定范围内的自治体全体成员在自由、平等的基础上依法对自治体公共事务实行自我管理的不具有强制性的组织形态，包括政治意义上的社会自治组织，如我国的村民委员会、街道居委会及其他政治性社团。一般的，自组织系统都有临界性，而且自组织系统在自然界与人类社会中比比皆是。比如，在人行横道上，行人为了避免相互碰撞，人们不约而同沿着人行道的一侧序贯前行，如果突然有一个人出来，与别人走的方向不一致，就会对这个情况进行一定的干扰，也许会让之前的有序的方向反向。另外，在市场交易中，价格的形成机制中，亦是按照这个思想形成的。

自组织临界是指一个由大量个体组成的系统在输入的驱动下自组织达到临界态。虽然是一种临界状态，但它又与一般的临界状态不同。自临界组织不需要通过调节参数来逼近临界点。系统需要一个持续的外界输入。它的临界态的特性是在一个演化过程中表现出来的。自组织临界在学术界还没有一个准确的人们广泛采用的定义，发生自组织临界的必要条件也还不明确。但人们对于处在自组织临界的系统的属性已经具有了一定的深度认识。在经济管理中，自组织的例子不胜枚举，他们也必然存在着这种原理平衡态的临界现象，因此，沙堆模型是否都适用于这一系列事件的分析？答案是否定的。

原因无他：我们不能被模型绑架了。在研究的时候，我们一定要知道研究的目的，分析研究的科学问题，如果研究的科学问题不是自组织的临界问题，就不必使用沙堆模型。并且，在经济与管理中，还有一些组织是他组织的系统，如果没有进行有效的识别，极易容易将这些他组织的系统按照自组织的方法——沙堆模型进行分析，则会导致错误的结论。因此，我们不能被这个模型所绑架。

6.5.3.5 经济与管理中的随机复杂网络模型

——打开经济与管理系统中关系大门的花样钥匙

复杂网络是一个基础的模型，它描述了个体与个体互相作用不断变化的情况，这种变化不仅限于量上的变化，而且在于结构上的变化。有几个经典的例子可以表明这种结构上的变化。每个人不同时期的朋友不一样，其朋友圈是动态变化的，如果将每一个人抽象成一个节点，可以知道，就某一特定的人来说。朋友以及他的朋友之间的关系是一个动态变化的图，但就不同的人来说，他与朋友以及朋友之间的关系形成的图，又是一个随机变量。故此朋友圈可以由一组动态随机图表示，故而是一个图的随机过程。还有一个例子，叫学术合作网，其原理与朋友圈相似。实际上，用关系描述的图应用范围很广，从细胞到人体器官，从企业运营到产业变化，这种关系都可以用复杂网络来描述。因此，这个模型可以说是一个普适性的模型，通过该模型可以发现世界上一些未解之谜。

一般地讲，一个系统的描述是由元素、关系、环境来表示。在复杂网络模型中，各种元素被抽象成一个又一个的节点，如果这些点是同质的，我们可以假定他们描述同一种 agent 所形成关系的拓扑结构。比如说朋友圈、合作网、股市、产业集群中的企业，但世界上也有一些异质的 Agent 所形成的系统，比如生态网、警察与小偷、产业链合作网等。每个节点的性质都不同，这种异质的节点除了性质不同，强度也可以不同。如果强度不同，可以用大小表示强度的不同；如果性质不同，可以用不同的符号表示。

复杂系统与经典系统最大的区别在于，经典系统认为系统的属性受到环境的影响，并且与环境的性质保持自适应性的变化。自适应系统就是一个该性质的系统。环境的变化必将导致系统的结构功能与性质不断变化，比如说三峡工程就改变了该地区的环境，后来这个环境又反过来影响三峡工程。再比如说。电子商务出现之后，我们的消费购买方式发生了一定的变化，这种变化又加速了网络消费的趋势。在经典的研究中，这种环境与系统之间的闭环的反馈，导致建模与分析异常困难，但复杂网络中我们可以将环境也设置成一个节点，那么它与系统的影响就用环境与系统中各个元素的关系来描述。

元素之间、元素与系统之间存在着一定的关系，我们称之为连接。由前面分析以及实际的特征，这种连接随着时间的推移随机变化。不仅如此，我们可以知道，连接的变化是由节点改变邻居关系而推广到整个系统中的。同时，这种连接不是随机的，而是采用一种优先连接的机制进行的。也就是说，任何一个个体选择连接对象时并非随意，而是根据其个人偏好进行的，这也是“物以类聚，人以群分”的真实写照。每个人都按照自身的选择准则，选择自身喜欢的人进行合作，这种有选择的形式，最终会抽象成一个又一个的优先连接机制。不同的优先连接机制表示了不同性质的个体。如果个体居于内以关系多为荣的人，则目标点优先连接的概率，与其连接的数量成正比。电子商务、企业合作、朋友圈都是在此基础上建立的。如果有一类个体关心其收益，则优先连接的概率取决于可能收益的累积，概率的大小和概率密度函数的性质。如果是一个追求独立的个体，其机制最注重时间的持久性。

优先连接的多样性，随机性与动态性表明了世界的复杂性。总存在各形各色的非理性人，他们的理念不同，处事风格不同，原则不同，从而形成了复杂的系统。假设系统中存在不同的优先连接的机制，这就表明了系统中的个体属性也存在着多样性。由于学习个体在某种条件下会自适应地调整自己的性质，当然，也包括优先连接机制。不妨设某时刻 t，某种机制 i 所占的比例为 $x_i(t)$，x_i 可表示为

$$x_i(t) = \beta x_i(t-1) + \alpha(\omega_t - \omega_{t-1}),\ \sum_{i=1}^{m} x_i(t) = 1 \tag{6.24}$$

其中，β 为行为的自适应水平，α 为学习能力，ω 为噪声。

可以看出，这个混合的机制也具有自适应性能，不仅这个概率可辨，并且它的智能性也可以体现，尽管这一假想用数学比较难以求解，但用计算机则可以实现。

进一步讲，这个关系既可以表示双向，也可以表示单向。前者为一个无

向复杂网络，而后者则是一个有向的复杂网络。其实无向网络不过是有向网络的一个特例，万事皆归于有向网络。既然这个关系是有向的，那么输入与输出皆有其物理意义，这种物理意义不仅取决于谁指向谁，不仅取决于以什么样的优先连接的，而且取决于它们连接中的“流”。在复杂网络中，用权来表示它们关系的强弱，显然这一“流”也是一个随机矩阵。当然，固定的数不过是随机矩阵的特例。进一步说，“流”给这个系统带来了灵魂和鲜活的生命。表示了关系的强弱，表示了资源的流动特征，表示资源分布情况。没有“流”这个系统，便无法实现一个独特的功能。故此，这个“流”是一个多维的向量——当然也可以退化成一个一维向量。

对复杂网络的研究，从朴实到具体，其速度与效率日益增大，越来越多的复杂网络的研究涌现出来，给我们未来的研究提供了坚实的基础。

复杂网络描述了一个耗散系统。在这个系统中，不仅资源可以流入流出，而且元素也可以变来变去，总有一部分个体自由进入这个系统，试图加入系统的运营，并实现个体的自我价值。也有一部分个体无法承受系统中的规则，而从系统中退出，这真真切切地表达了“适者生存”那句话。

个体进入和退出系统不仅取决于个人的意愿，而且取决于群体的环境，这是由局部信息以及系统总体信息的双重效应决定的。其实这也表现了个体的社会性，一个个体要么需要加入某个组织，要么不加入。当然，这种加入或者不加入从广泛上讲也包括与其他个体建立一个链接。从更加深远的意义上讲，这种社会性表现为市场范式下的利润以及社会范式下的利润的结合体。前面讲优先连接的时候，我们假设存在某种机制，将两个个体以更大的可能性连成一片。实际上，市场范式下的利润表示了获得金钱的多寡。那种超金钱上的连接往往更加稳固。而社会范式上的利益伤害是无法用市场方式上的金钱补偿的。故此，这个社会性非常复杂。在经典的模型中很难处理这一问题，但在复杂网络模型中优先连接的复杂性、多样性以及自适应性加上耗散性，真正地描述了其主体的社会性。

事实上，社会性的刻画远大于其他属性，也是非理性行为的核心所在。我们必须考虑非理性行为，虽然非理性行为的定义缺乏，但对其的描述却已经存在。比如锚定可以用策略的惯性来表示，比如偏好可以用优先连接策略与选择对手来刻画，比如社会范式可以用网络结构来表示。在复杂网络中，除了上述的非理性行为，我们还可以描述不完全信息所带来的非理性决策。假定每个个体只能获取整个系统的平均信息与周围邻居的信息，也假定每个个体的记忆是有限的，只能记住部分的信息，而不能记住所有的信息，这种不完全信息所形成的决策就由此产生。

每个个体都是智能的，他可根据历史策略——在复杂网络中假定为对合作者的选择以及流的大小，流表示了个体的收益大小。一般的，在复杂网络中，策略流都可以用一个 PDEC 偏随机微分方程和 ODE（随机微分方程）来表示，而这个方程则表示了个体的智能性。有的情况下，这个过程被抽象成一个马尔科夫过程和鞅过程，这正是智能性的表现。

对于复杂网络的分析，现在的分析方法越来越高端。从以前的模拟仿真到现在的数学推理，各个方面都有涉及。正如 Béla Böllbǎs 所说，复杂网络方面现在缺乏一些基准模型，且由于研究者对于概率知识的把握太欠缺，严重地影响了复杂网络的数学分析以及深刻结论的形成。而概率则是建立在鞅与大多数不等式的基础上，这个对于经济与管理的研究来说难度很大，这个方向可以放弃。

经济与管理的科学家利用复杂网络进行研究的过程中，最关键的是对其思想的理解。将所研究的对象抽象成一个模型，弄清楚其个体相互作用方式，弄清楚流在网络中的变化方式，然后在此基础上建模。并利用合适的分析工具，发现在该定义之下的有趣的结果，就达到了目标。比如我们曾经对大规模定制的生产方式进行研究，按产品簇之间的关系，将零部件通过一个有向图来描述，由于大规模定制的生产方式，这个图就是一个复杂网络，根据这个复杂网络可得到结构变化的特征，并用于通用件的提前生产以及定制件的粗预测，从而有效地指导生产。

值得注意的是，复杂网络视图的随机过程是沿着时间随机变化的，并不是一个静止的图，动态性属于经济与管理的本质之一。故此，千万不能像某些所谓的大师将复杂网络当成一个图，比如我们常说的“六度分离”理论，只是图中的结论，而不是复杂网络中的结果。故此，对其过程管理的意义远远大于对其结果的管理，这就需知道图的演化过程的特征。

复杂网络在经济管理中的应用比较普遍，从生产交通、人力资源的管理，谣言的控制都有比较深入的研究，下面我们给出一个谣言控制方面的例子。

谣言就是从一个人到另一个人进行传播，在这个传播过程中，应该先有事件发生[①]，然后就会产生一定的言论，这些言论有正面的，也有负面的，无论如何，这些观点如果没有被人相信，观点就不会传播。在这个意义上说，谣言止于智者这句话非常有道理。不管是谣言还是真相，在传播的过程中，都会先传给自己的朋友，然后由朋友接着往下传播。这个逻辑如图 6－14 所示。

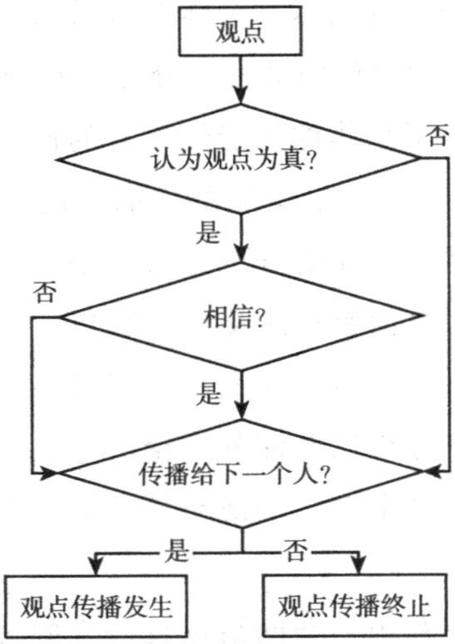

图 6－14　观点传播过程

这样，谣言就从一个人沿着一个特定的关系网络往下传播。据此构建一个复杂随机网络模型，得到下面的结果（如图 6－15 所示）：

从谣言的传播可以看出，一开始传播比较慢，直到某一个时刻点，谣言就迅速传播开来。这个模型在经济与管理很多领域中都可以使用，比如产业集群、技术创新等，都可以使用类似的模型来解释他们的现象与变化规律。

现在让我们回来，专门考虑一个经济与管理领域中的时间：投标。从某种意义上讲，投标也可以抽象成一个复杂网络，每个投标人可以看成一个个体，然后他们之间其实发生着相互作用，一个个体的行为会影响另外一个个体的行为。他们之间的相互作用是随机的，对于每一对个体来说，这种相互作用可能存在，也可能不存在。按照投标的特征，科学家建立了一个对应的复杂网络模型，分析之后，其结果如图 6－16 所示。

① 也可以是虚拟的事件，也就是我们所谓的捏造的事件。

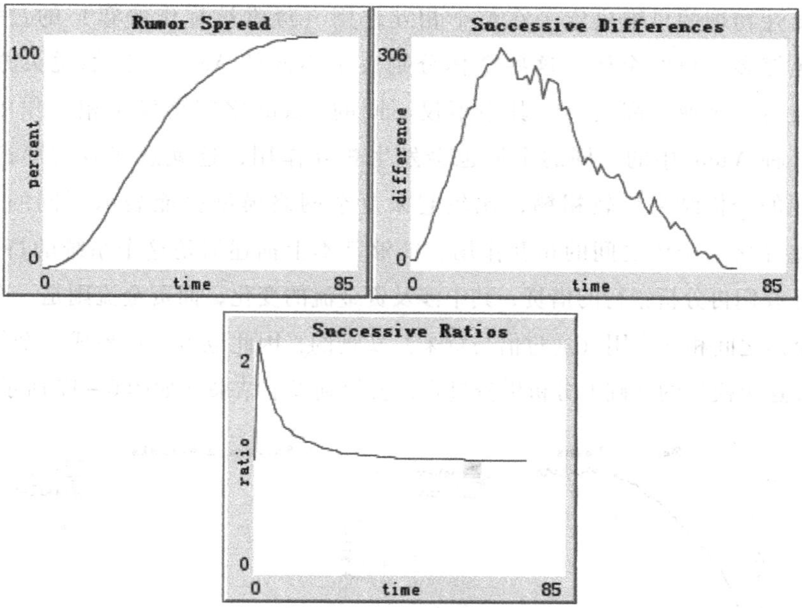

图 6－15　谣言传播的特点

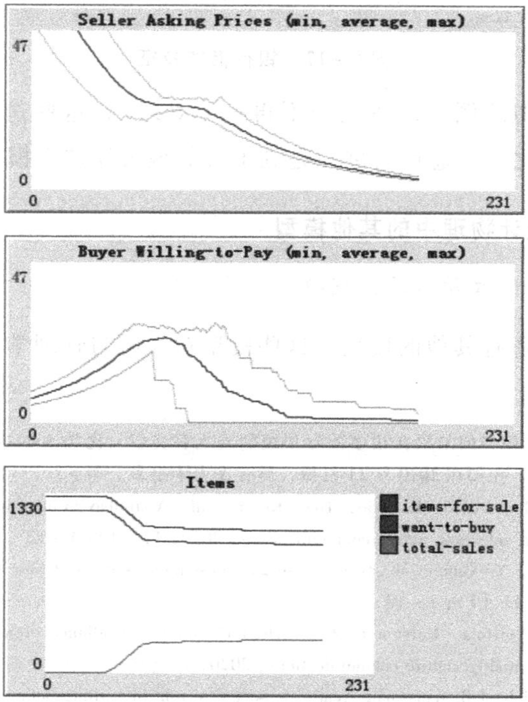

图 6－16　投标的动态变化过程

统计物理的思维决定了在整个相互作用（经常被称作博弈）的过程中，涉及足够多数量的个体，这些个体分别表示不同的 Agent，比如说买方与卖方，政府、企业与高校等。其中不仅不同的 Agent 之间会发生相互作用，而且同一种 Agent 中的不同的个体也会发生相互作用，这就意味着博弈论对这一问题的分析结果比较粗糙，比较起来复杂网络模型就能表示不同的 Agent 以及差异化的个体之间的相互作用，能够基本上描述清楚这个系统的特征。

让我们再分析银行的借贷，其中涉及资金流的变化，而资金流则是一个个不同的个体之间相互作用（通过借与贷来）实现的，因此也可以抽象成一个复杂网络。在这个模型的基础上分析借贷过程，会得到以下结果（如图 6－17 所示）：

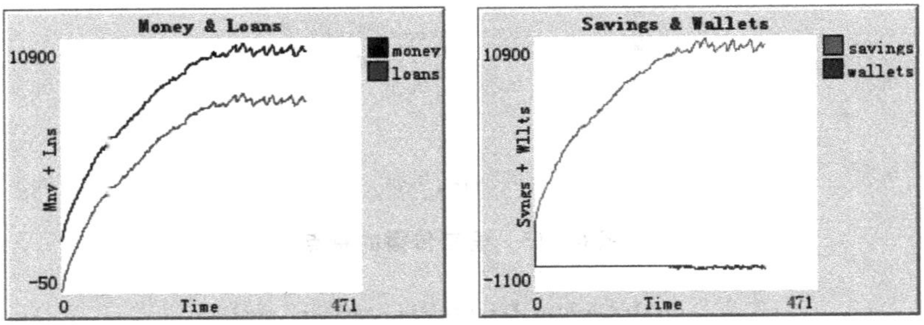

图 6－17 银行借贷特征

还有很多类似的例子，在此处不再一一罗列[①]，这些例子足以说明随机复杂网络的强大之处。总而言之，是到了我们该关注这个模型的时候了。

6.5.3.6 统计物理中的其他模型

——敞开心扉，拥抱别样的声音

统计物理中还有其他的模型：这些模型对经济与管理学有很重要的作用。

① 实际上，这个模型的结果在很多国际顶级期刊上有文章，比如 Science，Nature，PANS，Nature Communications 等。比如在 2020 年 11 月份，就有发表了很多，如下：

Elisa Benedetti，Maja Pučić－Baković，Toma Keser. et al.. A strategy to incorporate prior knowledge into correlation network cutoff selection. nature communications，2020，11（1）：1－12

Xin He，Shiqi Ou，Yu Gan. et al.. Greenhouse gas consequences of the China dual credit policy. nature communications，2020，11（1）：1－10

Jörg Gross，Sonja Veistola，Carsten K. W. De Dreu. et al.. Self－reliance crowds out group cooperation and increases wealth inequality. nature communications，2020，11（1）：1－9

Philip Phillips，Michael B. Weissman. Academic societies' role in curbing police brutality. science，2020，368（6497）：1322

我们在这里简单地描述一下，希望起到抛砖引玉的作用。

比如，元胞自动机模型、Ising 模型，它们从宏观上描述事物的变化，也有布朗运动、鞅差过程等微观上描述事物的相互作用。由于篇幅原因，我们不能一个个详细介绍。只是在这里指出：统计物理中描述的对象和经济与管理中的对象中有一定的相处之处，在相似性上，我们可以根据需要，对对应的模型进行适当的修订，就可以对经济与管理的相关问题进行分析了。

大量的粒子，大量的经济个体；简单的规则，简单的相互作用规则；整体的功能大于个体之和。这些相同之处，足以让对应的模型可以使用。而相变、对称性破缺、平均场、重整化群等思想均可以为经济与管理所用。对于经济与管理学家，现在才用统计物理学的模型、理论与方法揭示了经济学、管理学的冰山一角，前面的路还很长。

与物理完全不一样，经济系统中的人的行为具有更加显著的随机性、智能性、自适应性、社会性、自治性、非理性，这就使得在修订经济物理学模型时，对应的模型变得特别复杂。但无论如何，从这个意义上讲，统计物理中的那些模型可以称之为基准模型，它是其本质所在。随着模型复杂性的增加，在求解的方法上就应有所突破。

关于统计物理的事，我们就聊到这里。在后续的内容中，我们将从其他领域阐述经济与物理的分析。

下面是几种模型的仿真结果。首先先看 Ising 模型，考虑一个如图 6－18 所示的晶格世界：

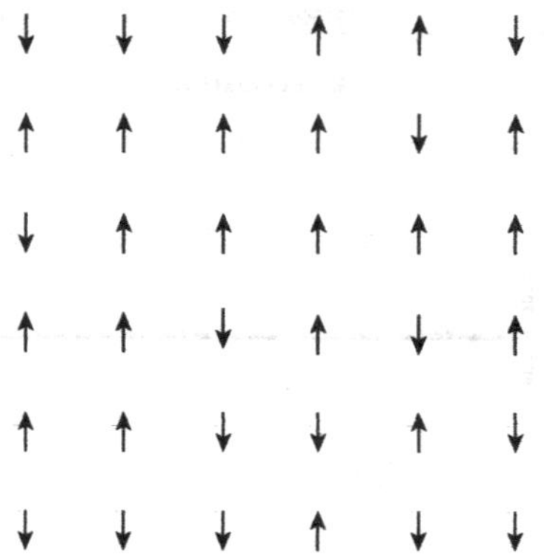

图 6－18　Ising 模型

假设第 i 个节点是一个小磁针（或者一个村民），每个小磁针有上下两种状态（村民有上，下两种意见），我们用 s_i 来表示这个状态，并且

$$s_i = \begin{cases} +1 \\ -1 \end{cases} \tag{6.25}$$

表示磁针朝上或者朝下。网格上相邻的两个小磁针可以发生相互作用。考虑这个模型的总能量，来刻画系统的强弱。

$$E_{\{s_i\}} = -J\sum_{<i,j>} s_i s_j - H\sum_{i}^{N} s_i \tag{6.26}$$

其中 J 是一个能量耦合常数，$E_{\{s_i\}}$ 表示系统处于状态组合 $\{s_i\}$ 下的总能量，$<i,j>$ 表示对所有相邻的两个小磁针进行求和。如果 $s_i = s_j$，总能量就会减少 J。H 表示外界磁场的强度，它是一个参数，如果外界磁场向上 H 为正，否则为负。

这个模型是电磁学中的模型，其数值计算的结果如图 6－19 所示。

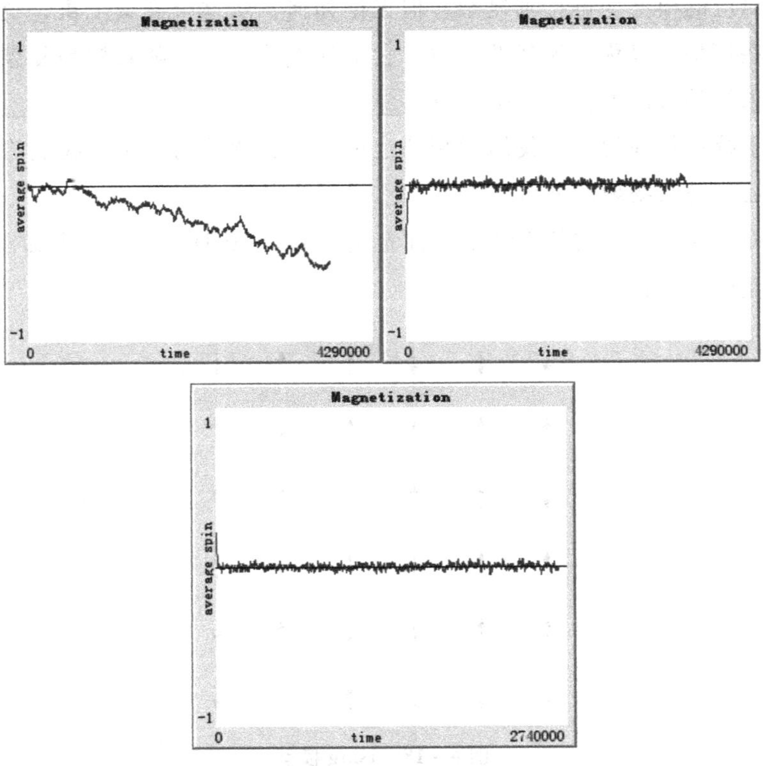

图 6－19　Ising model 分析结果

根据 Ising 模型的仿真结果，我们可以看出来，当系统处于临界状态时，微弱的变化，可能会导致完全不同的结果，这种随机性需要进一步分析才能掌握其规律。Ising 模型目前应用非常广泛，比如说投票（Voter）的模型。假设有一个村落，每家每户都规则地排列在一个网格上。每个人都有自己的政治观点，假设第 i 个村民的政治观点是 s_i，其中 s_i 可以在有限状态集合 V 中取值。我们用不同的颜色来表示不同人的政治观点，如图 6－20 所示。

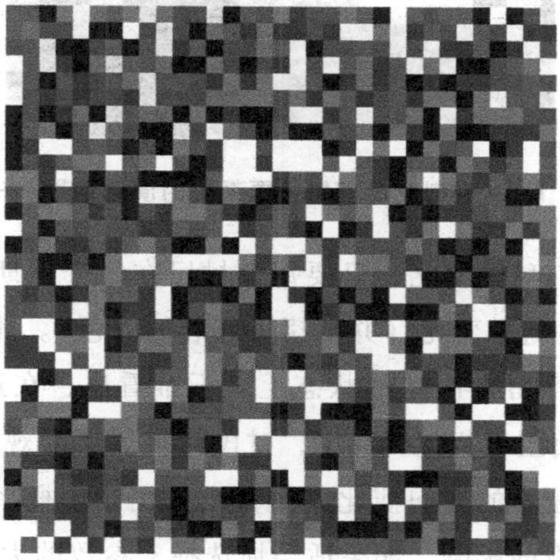

图 6－20　Ising 模型驱动下的投票系统的初始状态——6 个观点

这张图展示了模型的一个瞬间的状态，其中每个村民都有 6 种不同的政治观点，它们被表达为 6 种不同的颜色。

Voter 模型的演化规则如下：每一个时刻，有 n 个村民会改变自己的政治观点，他们会随机地从自己周围的八个邻居中选择一个邻居，拷贝他的政治观点（被他的邻居说服了）。n 越大，就会有越多的村民改变自己的观点，系统变化会很快，而 n 越小，则系统演化就会越慢。

随着模型的演化，相同观点的人们开始形成团簇，如图 6－21 所示。

如果模型继续演化，则 6 种观点中的 5 个将会消失，只剩下一种观点，但具体是哪一个我们无法预测。但我们可以确定系统必然收敛到一种确定的政治观点，这是因为该模型等价于一个带吸收壁的随机游走，系统将最终收敛。

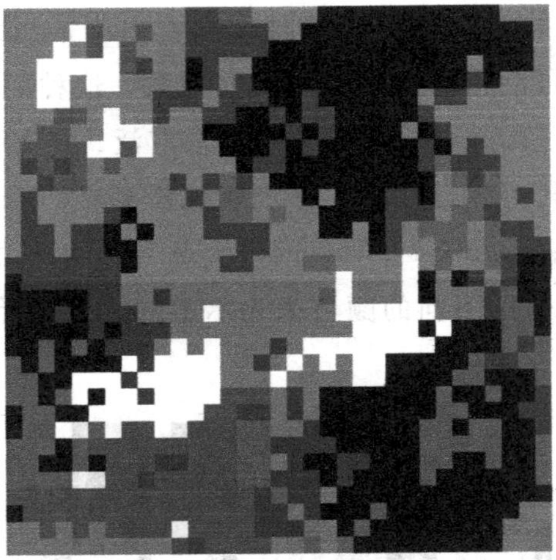

图 6-21 Ising 模型驱动下的投票系统的演化结果——6 种观点

然而，如果我们稍做变化，只要每个村民在每个周期都会有一个小概率 v 让其政治观点发生随机变化（并不拷贝邻居的颜色）。那么这个系统就将持续演化下去，不会停留在固定的状态上。不难看出，在这种改进的模型中，Voter 模型与 Ising 模型很相似。其中，村民拷贝邻居的观点相当于 Ising 模型中，小磁针朝能量减小的方向演化。而每个村民按小概率 v 发生观点随机变化就相当于环境噪声的影响。如果适当地选择 v 参数的大小，Voter 模型将会达到和 Ising 模型类似的效果，即存在着临界的概率 v_c，使得系统处于临界状态。与 Ising 模型不同的是每个村民的状态取值可以更多。

对比 Voter 模型和 Ising 模型不难发现，Voter 模型中并不存在能量，但是给出了每个微观个体状态转变的具体规则，而在 Ising 模型中，单个小磁针的状态改变没有具体的规则，但是系统整体定义了总能量，于是只有那些可以使得总能量变小的微观个体转变才更容易被接受。当运行起来以后，Voter 模型与 Ising 具有相似的行为，这意味着这两种状态更新方式存在着一定的等价性。我们看到，Voter 模型中每个村民拷贝某个邻居的观点相当于使得这两个格点的状态乘积尽量等于 1（当有 +1、-1 两个状态的时候），也相当于降低系统整体的能量。反过来，要想降低 Ising 模型中的总能量，一种明智的方法就是使得两个相邻格点的小磁针状态一致。由此可见，这两种模型存在着天然的对应。也意味着，我们可以定义 Voter 模型的能量函数，也可以为 Ising模型指定微观演化的规则。

与此类似的社会学模型还有很多，例如，著名经济学诺贝尔奖得主 Thomas C. Schelling 的种族隔离模型也是一个类似的温度 T = 0 的 Ising 模型。种族隔离模型假设一个街区中随机分布着两种肤色的人，例如，黑人和白人。假如一个黑人周围的白人过多，则黑人会搬家（移动到周边的方格），否则如果白人周围是黑人，他也会搬家。这样经过足够长时间的演化，系统将形成不同的肤色的区块。这个模型与 Ising 模型有很多异曲同工的地方。

另外，元胞自动机也是一个很好的模型。由冯·诺依曼创始，经数学家 Conway、物理学家 Wolfram 等人的贡献后迅速发展。在物理学定义上，元胞自动机指的是，定义在一个由具有离散、有限状态的元胞组成的元胞空间上，按照一定的局部规则，在离散的时间维度上演化的动力学系统。元胞自动机由下面各个要素组成。

（1）元胞：又称细胞、单元或者基元，是元胞自动机最基本的组成部分。元胞分布在离散的欧几里得空间位置上，每个时刻有着离散的状态，如 {0，1} 等。

（2）元胞空间：元胞所分布在欧几里得空间上的网格点的集合。最常见的为二维元胞空间，通常可按三角形、四边形和六边形三种网格排列。

（3）邻居：元胞自动机的演化规则是局部的，对于指定元胞的状态进行更新时只需要知道其临近元胞的状态。某一元胞状态更新时要搜索的空间域叫作该元胞的邻居。

邻居的划分：在四方网格划分下的二维元胞自动机的邻居通常有以下几种形式，如图 6－22 所示：

边界条件：实际模拟元胞自动机的演化时不可能处理无限网络，系统必须是有边界的。处理边界格点时，可以为边界的信息进行编码，由此选择不同的演化规则。另一种方法是在边界处扩展，以满足边界有与内部类似的邻居。

周期型边界：周期型是指相对边界连接起来的元胞空间。这种空间与无限空间最为接近，进行理论探讨时，常以此类空间作为实验进行模拟，如图 6－23 所示。

固定边界：所有边界外元胞均取某一固定常量，如图 6－24 所示。

绝热边界：边界外元胞的状态始终和边界元胞的状态保持一致，如图 6－25 所示。

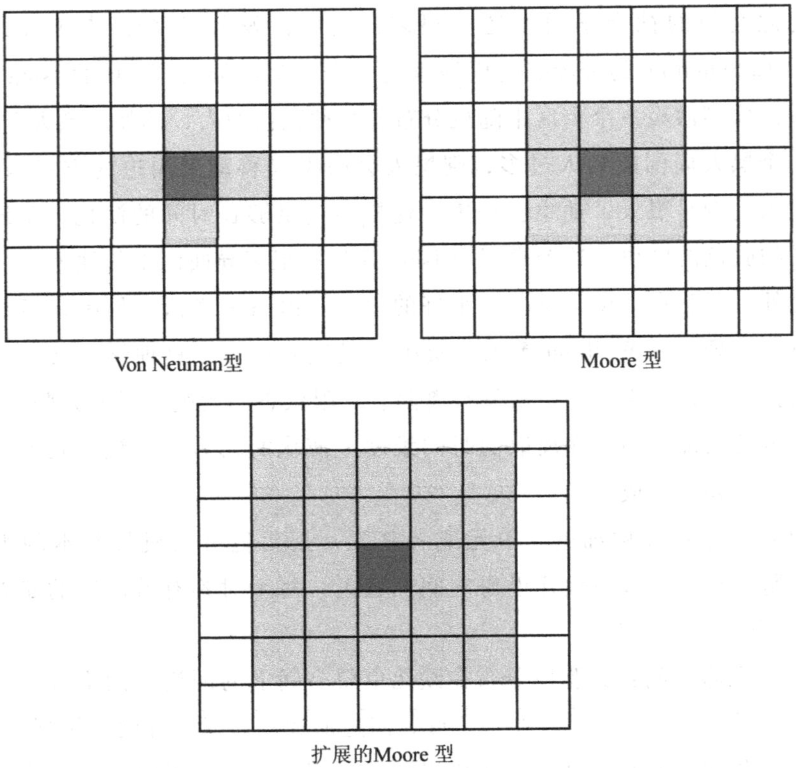

图 6-22　元胞自动机模型

图 6-23　周期型边界

图 6-24　固定边界

图 6-25　绝热边界

(4) 演化规则：根据元胞当前状态及其邻居状态确定下一时刻该元胞状态的动力学函数。

在下面我们给出了随机型的元胞自动机与确定型元胞自动机大脑两个模型的结果。首先先看确定型元胞自动机的一个结果，如图 6-26 所示。

然后我们在分析随机型元胞自动机的分析结果，如图 6-27 所示。

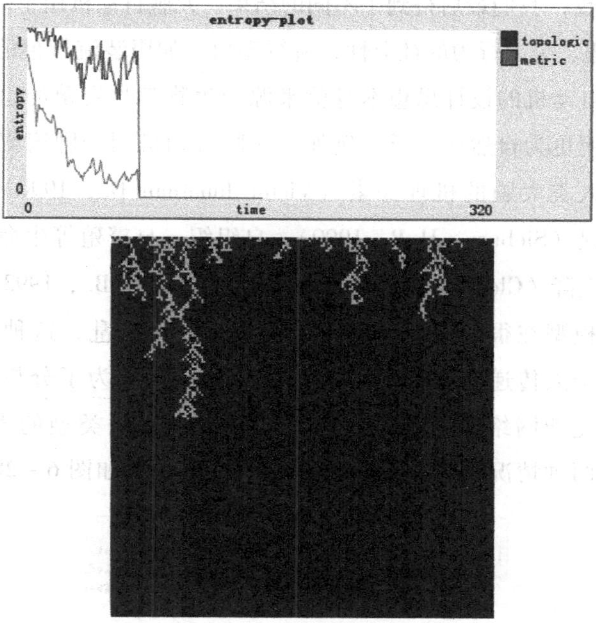

图 6-26　确定型元胞自动机的分析结果

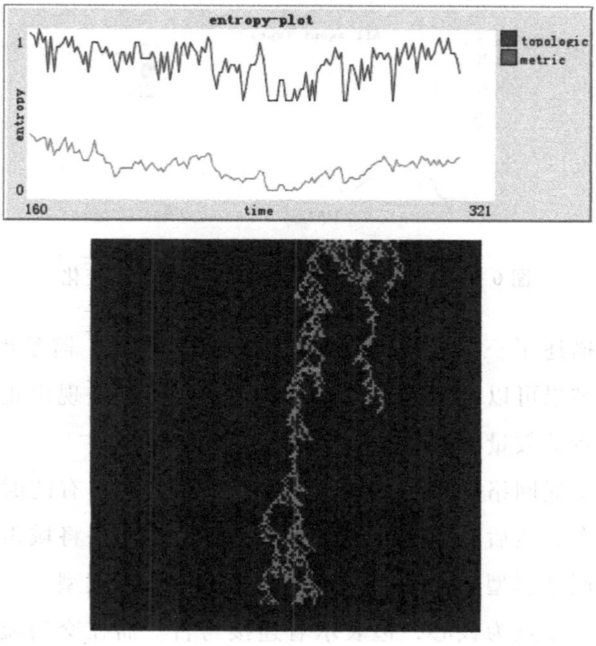

图 6-27　随机型元胞自动机的分析结果

不同的参数，我们最后得到了不同的结果。元胞自动机用于研究经济危机的形成与爆发过程、个人行为的社会性，流行现象，如服装流行色的形成等。在生物学中，元胞自动机的设计思想本身就来源于生物学自繁殖的思想，因而它在生物学上的应用更为自然而广泛。例如，元胞自动机用于肿瘤细胞的增长机理和过程模拟、人类大脑的机理探索（Victor. Jonathan. D.，1990）、艾滋病病毒HIV的感染过程（Sieburg，H. B.. 1990）、自组织、自繁殖等生命现象的研究以及最新流行的克隆（Clone）技术的研究（Ermentrout G. B.，1993）等领域。

统计物理模型在很多方面得到了应用，比如说叛乱，这种行为也是由一个人到另外一个人传递，由一个组织到另一个组织。为了分析这个，科学家们建立了一个复杂网络模型，描述在叛乱过程中不同类型的人的数量变化。下面我们采用两种情况对叛乱人数变化进行了分析，如图6－28所示。

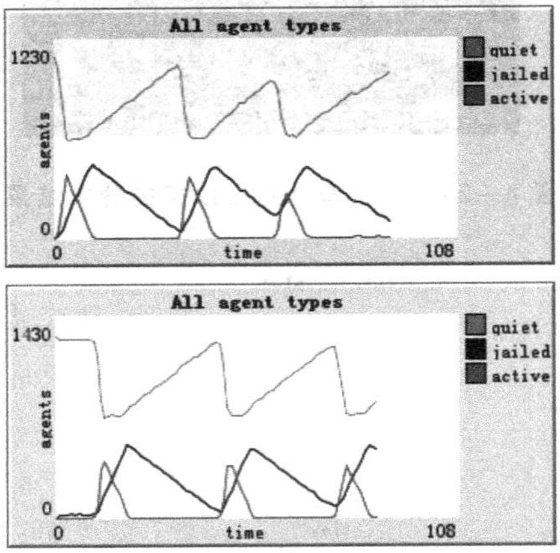

图6－28　叛乱过程中Agent数量的动态变化

图6－28描述了三种Agent数量的变化：平息的、监禁的以及活跃的，从这个模型的结果可以看出，监禁的与活跃的基本上呈现出正向相关，但平息的却与这二者的数量称号成反向关系。

城市内的交通网络是由不同的道路连接成一块的，有的时候由于车流量太大，造成堵车，然后就意味着这条路径不通顺，如果将城市内的交通看成一个随机复杂网络模型，可以看出，这是一个特殊的模型。一般的随机复杂网络模型中，是以点为核心，边表示着连接与否。而在交通流中，是以边为核心，而点在其中的作用则大大弱化。有的边堵死了，可以认为这条边不通，相当于这条边断开。根据这一思想，科学家构建一个基于随机复杂网络模型的交通流的模型，经过分析，得到下面的结果，如图 6－29 所示。

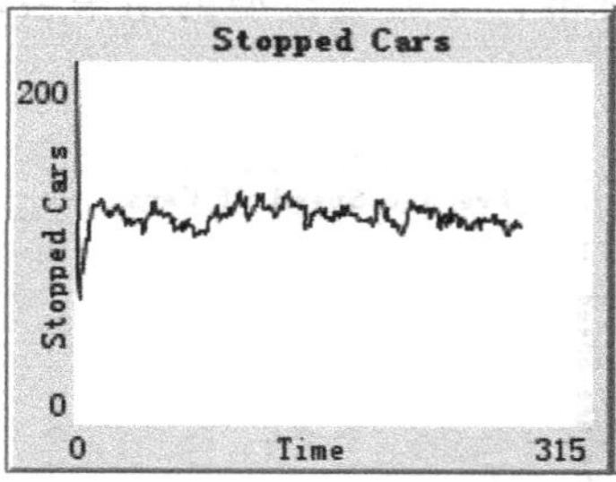

停止运动车辆的数量

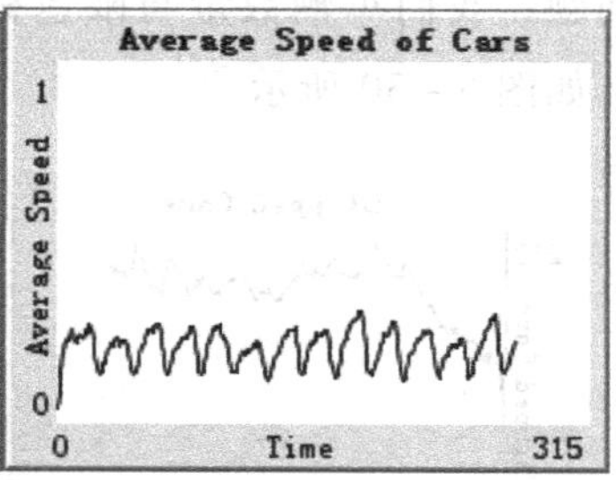

车辆平均速度

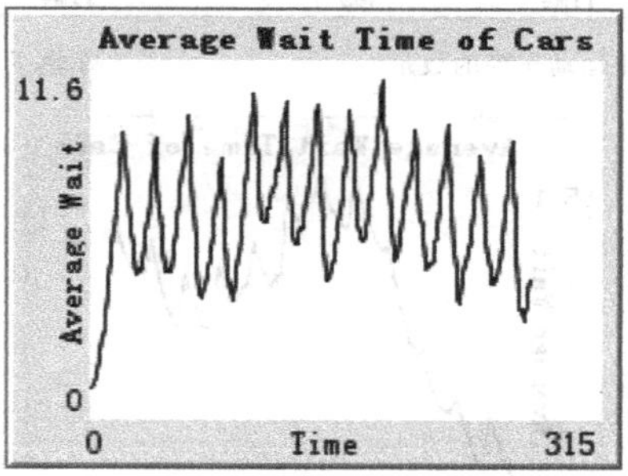

车辆的平均等待时间

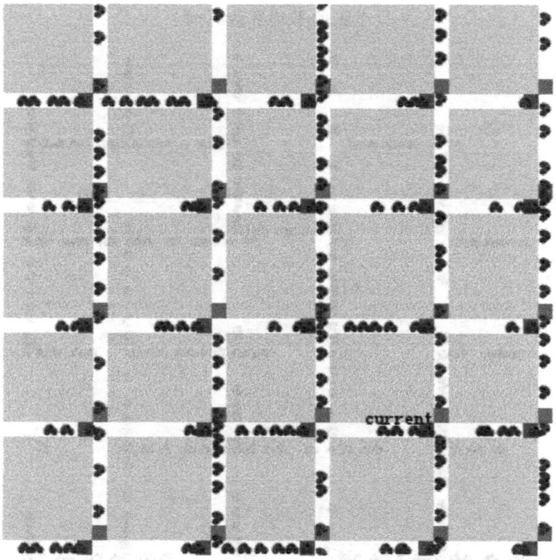

城市交通网格的二维直观图

图 6－29　城市交通系统图——情境 1

从这个结果中，很容易对一个城市的交通系统进行设计，比如说，红绿灯的时间、陈行速度、限号行驶的制度等，均可以通过这个模拟得到结果。为了说明问题，我们车辆数量与限速标准，交通流模型的结果会发生变化，其结果为，如图 6－30 所示。

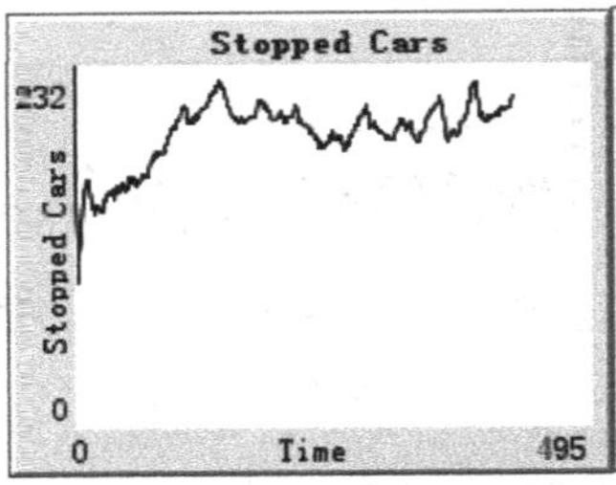

停止运动车辆的数量

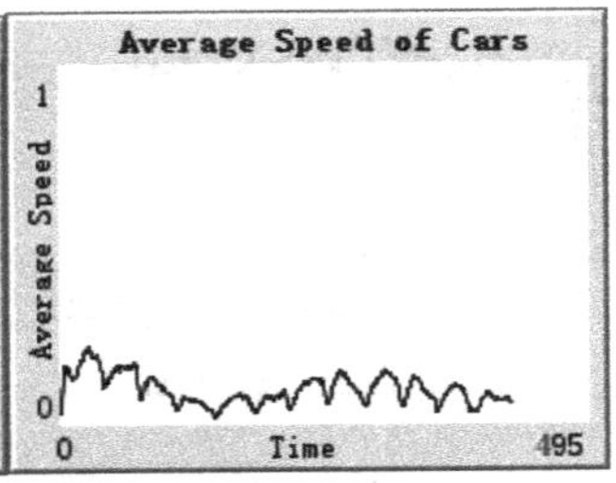

车辆平均速度

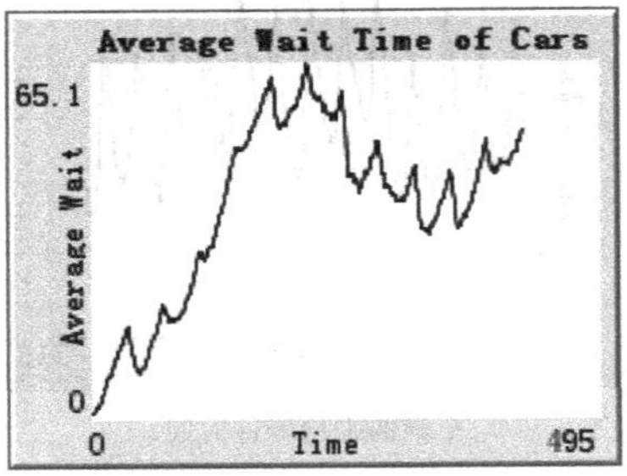

车辆的平均等待时间

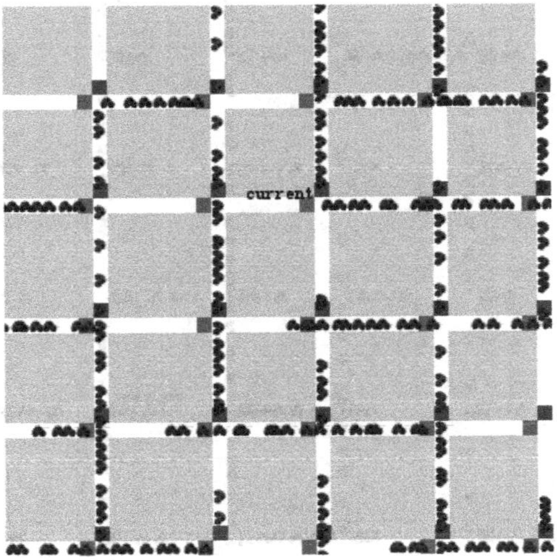

城市交通网格的二维直观图

图 6－30　城市交通系统图——情境 2

可以看出，随着情境的变化，城市交通系统也有一定的特征，根据这些规律，我们可以轻易地对其进行规划设计，以使得整个城市交通系统更加科学合理。实际上，这种系统完全可以外推到道路的修复、地铁修建、桥梁建设等多个领域，可以根据这个模型对其进行适应的规划。更加重要的是科学家完全可以根据城市交通的情况，设计不规则的网络结构，使得研究的结论能够更好地解决实际问题。当然，科学问题仍然要通过一般性的模型给出结果。

顾客是怎么选择酒店，最后导致了价格的波动，其实也有一个模型，通过不同的“粒子”相互竞争，最后导致了价格波动。不妨假设这个区域中仅有4个酒店，他们进行价格竞争，从而导致价格不断的波动，如图6－31所示。

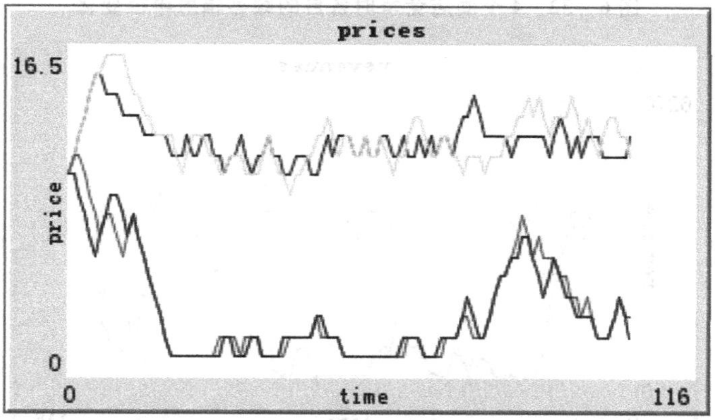

图6－31　4个酒店竞争时各自的价格变化

同时可以知道，每个酒店平均辐射范围的大小（与顾客的数量成正比），如图6－32所示。

节点的收入如图6－33所示。

假设这个区域内有7家酒店，各家的价格变化如图6－34所示。

同时可以知道，每个酒店平均辐射范围的大小（与顾客的数量成正比），如图6－35所示。

各个酒店的收入如图6－36所示。

从上面酒店规律可以看出，随着酒店数量的增加，价格、顾客数、辐射范围、收益都发生非常大的不确定性，因此在整个管理过程中，需要慎重考虑。当然也可以发现，无论复杂性如何变化，各个酒店之间的行为存在很强的同步性，说明在酒店业中，企业模仿能力较强。

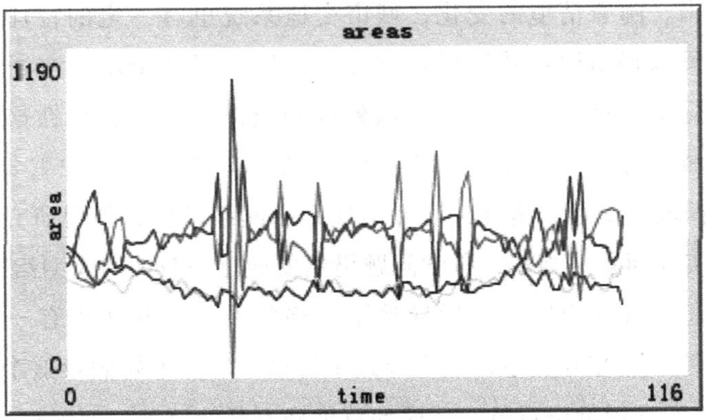

图 6－32　4 个酒店竞争时各自的顾客辐射半径变化

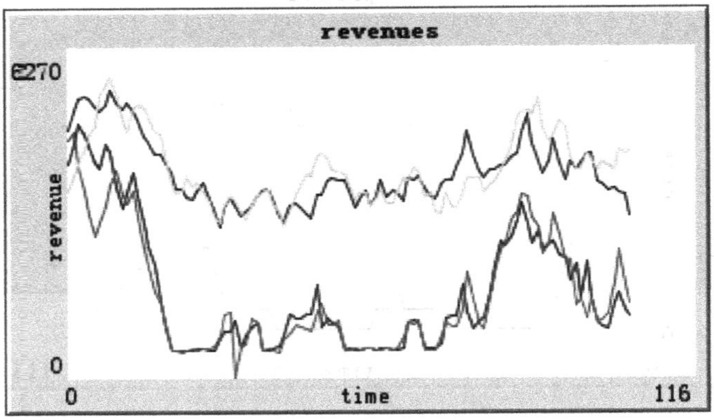

图 6－33　4 个酒店竞争时各自的收益变化

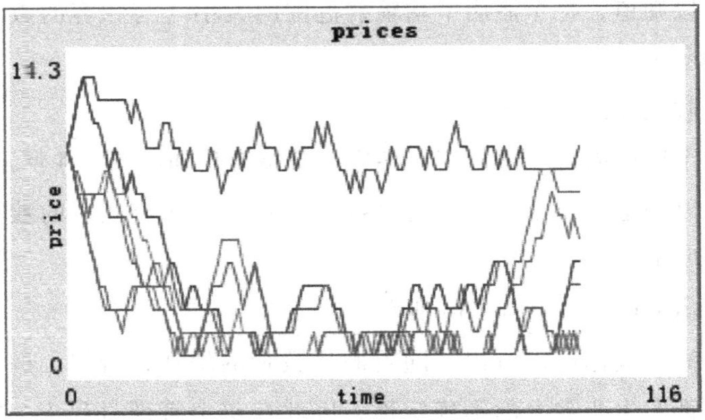

图 6－34　7 个酒店竞争时各自的价格变化

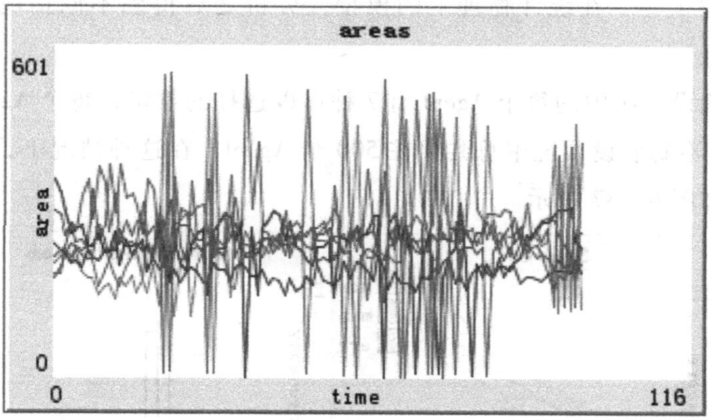

图 6－35　7 个酒店竞争时各自的顾客辐射半径变化

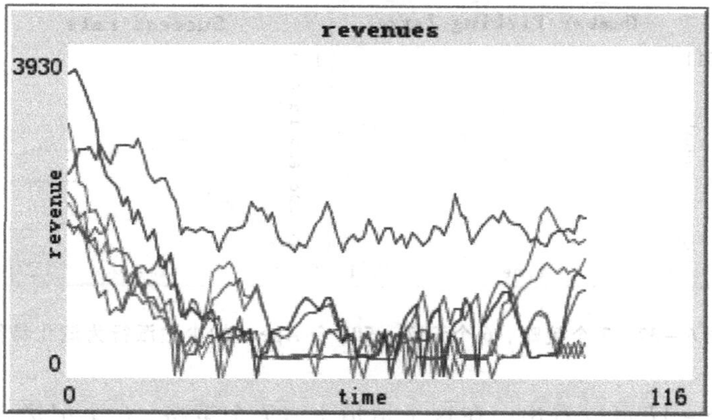

图 6－36　7 个酒店竞争时各自的收益变化

少数派行为指的是系统中的非主流行为，极少数的言论、观点和行为。因为它的弱少，往往被忽视。那么，现在的问题在于，这个少数派行为真的可以被忽视吗？答案肯定是否定的。新中国成立初期，关于北京的规划，梁思成与其他专家的意见完全不同，他的结论属于少数派观点，后来在少数服从多数的机制下，他的方案被否决。为此，他曾怒怼道："你就等着以后后悔吧！"若干年过去了，北京市的发展越来越大，高楼林立、古迹不在、空气污染、交通不便。近几年，我们终于意识到这个错误，就按梁思成的预设重来。在这个反转的过程，少数派行为在某些情况下可以转换成主流的行为。少数派能"赢"吗，其实也有一个模型。根据少数派的行为特征，构建了一个在统计物理上的模型，分析之后得到不同情境下少数派行为的特征。

不妨假设系统中的每个 Agent 有 7 种可以选择的策略，每个 Agent 的记忆长度为 6，不妨假设系统中总共存在 500 个 Agent，在这种情况下，少数派行为的情况如图 6-37 所示。

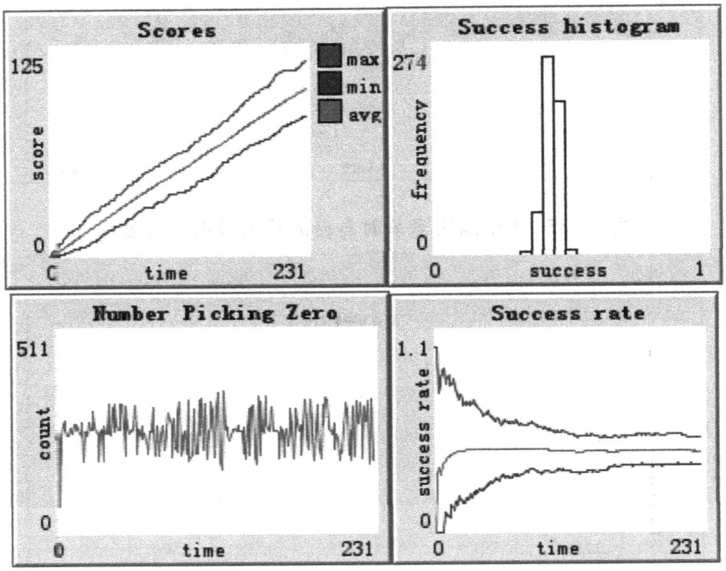

图 6-37　7 个策略，6 个记忆，500 个 Agent 的少数派行为演化特征

从图 6-37 可以看出，在这个情境下（7 个策略，6 个记忆，500 个 Agent 的少数派行为），少数派行为成为主流行为的概率最后逐渐收敛到 50% 左右，其可能性也是不小的。

不妨假设系统中的每个 Agent 有 3 种可以选择的策略，每个 Agent 的记忆长度为 1，而令系统中总共仅有 100 个 Agent，在这种情况下，少数派行为的情况如图 6-38 所示。

在这种情况下（3 个策略，1 个记忆，100 个 Agent），可以看出，少数派行为被接受的概率比较低，并且不稳定。

不妨假设系统中的每个 Agent 有 3 种可以选择的策略，每个 Agent 的记忆长度为 8，不妨假设系统中总共存在 1000 个 Agent，在这种情况下，少数派行为的情况如图 6-39 所示。

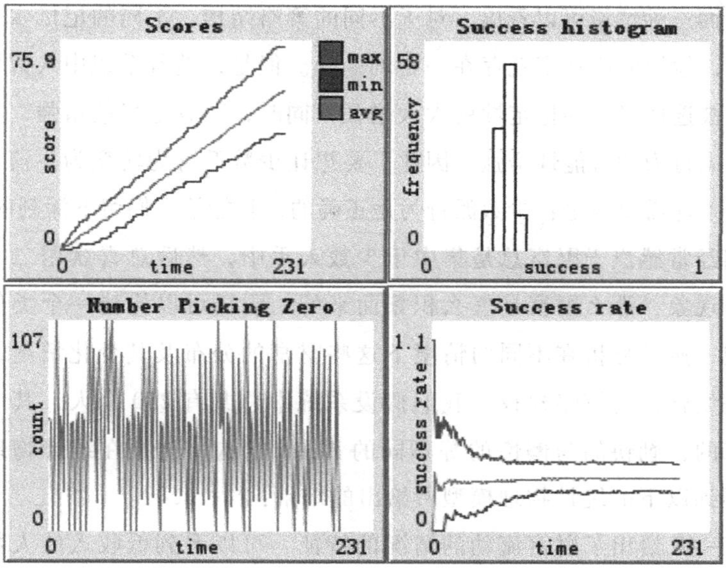

图 6 – 38　3 个策略，1 个记忆，100 个 Agent

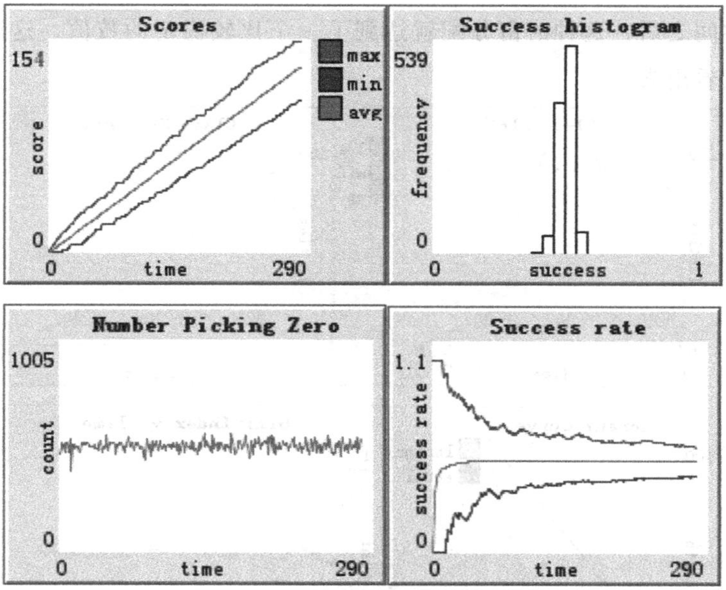

图 6 – 39　3 个策略，8 个记忆，1000 个 Agent

如图 6 – 39 所示，少数派行为被接受的概率还是比较大的。有区别的是，这种情况下，少数派行为被认可程度比较稳定。

从上面三种情境可以看出，对于不同的策略结构、不同的记忆水平、不同的总人数，他们的成功率就存在一定的差异。但是，随着系统中人数增加，少数派行为被选择概率的稳定性就大大增强。同时，随着记忆的增强，少数派行为变成主流行为的可能性增强。因此，要想让少数派行为转变为主流行为，至少有一个条件需要满足：少数派行为是正确的，且能给人们留下深刻的印象。

我们经常感慨于财富总是集中于少数人手中，然后总喜欢用二八定律来解释这个现象，那么财富是怎么积累而来的，同样可以构建一个类似的统计物理模型，然后分析在不同的情境下这些财富的分布及其变化情况，从而对决策者提供合适的策略建议。我们假设系统中总共有250个人，其中有睿智的与愚笨的，勤快的与懒惰的等不同的Agent结构，这是在统计物理模型中运行，得到以下的统计物理模型所给出的结果：

图6－40给出了财富流动的情况的特征，可以看到低收入的人数是如何一步一步增加的，高收入的人数是如何一步一步减少的，并且导致了财富的两极分化情况。从中可以看出，这种变化并非平滑的，其波动性很强。在很长一段时间之后，这种财富分配就达到了一个比较稳定的数值，这通过基尼系数可以看出来。

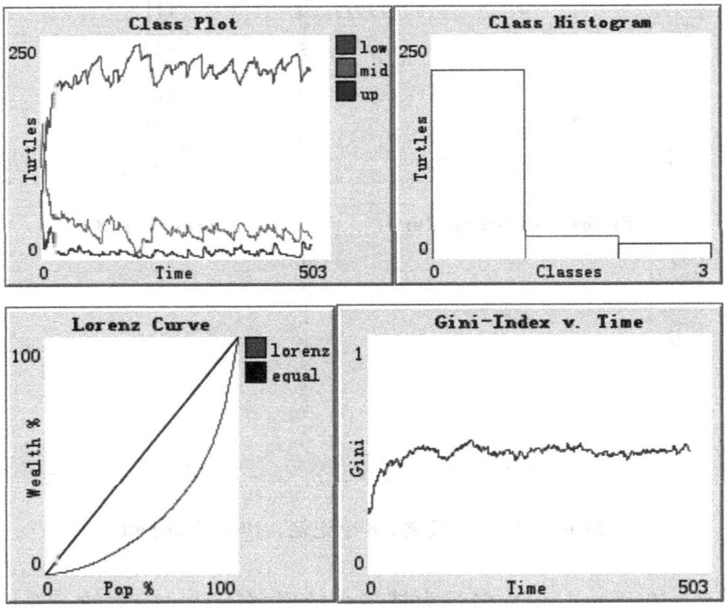

图6－40　财富分布

在著名的囚徒困境博弈中，当系统中存在大量的个体，个体与个体之间按照囚徒困境的机制选择策略，那么他们的收益是怎么形成的，统计物理也给出了一个比较好的模型，如图6-41所示。

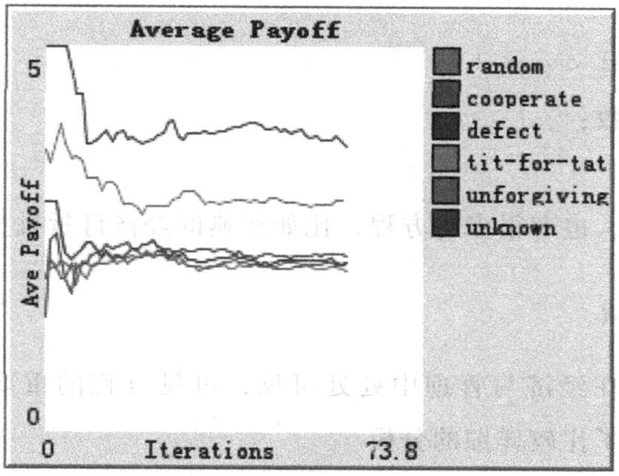

图6-41　囚徒困境

统计物理中还有其他的模型，由于数量众多，我们不再给予意义解释。我们只需要知道，只要把握了这个理论的核心思想，然后就可以发挥我们的创造力，然后构建出很多适宜的模型来。

6.5.4　方程

——天不言而四时行，地不语而百物生。

方程是描述事物因果关系的一种主要的工具。在经典的数学、物理、化学领域中，方程也起到了决定性的作用。

比如说，在描述事物的运动方式时，牛顿经过多次的试验，归纳了物体的运动学公式：

$$\begin{cases} F = ma \\ \dfrac{dv}{dt} = a \end{cases} \tag{6.27}$$

这一公式表明了受力与加速度以及运动之间的关系。当然，爱因斯坦也给出了另一个公式：

$$E = mc^2 \tag{6.28}$$

则描述的能量、质量与速度之间的关系。这个方程可以推导出很多个有趣的结果。

在经济学领域中，方程一直具有非常重要的作用，比如道格拉斯生产函数为：

$$Y = C^{\alpha}L^{1-\alpha}, 0 < \alpha < 1 \tag{6.29}$$

还有需求函数：

$$Q = a - bP \tag{6.30}$$

在管理学中，也有很多的方程，比如经典的经济订货批量模型：

$$Q^{*} = \sqrt{\frac{2c_1}{c_2}R} \tag{6.31}$$

而这种模型在经济与管理中处处可见，可见方程的重要性。在本节中，我们对方程进行了比较详细的分析。

经济与管理所形成的组织（或系统）是由一群人组成的，人的行为很复杂，不仅由多个因素所决定，而且这一行为的描述也具有多维性。即使就某一特征来说，也存在着大量的心理情绪上的一些无刻画变量。在某些条件之下，它们对于人的行为影响非常重要，那么一个人或经济人的行为如何描述则是一个非常重要的事情。这些因素的复杂性也很强。

那么这个行为一般会用一个偏微分方程来描述，比如在人口预测、金融、供应链等都会用 PDE 来描述。

在经济与管理中，我们曾经提到过，有一种决策为量子决策，其量子信息的背景则是薛定谔方程。

$$i\hbar\frac{\partial w}{\partial t} = \hat{H}\psi = \hat{T}\psi + \hat{U}\psi \tag{6.32}$$

而对于单粒子来说，方程为

$$i\hbar\frac{\partial\psi}{\partial t} = \frac{\hbar^2}{2\mu}\nabla^2\psi + \hat{u}\psi, \nabla^2 = \frac{\partial^2}{\partial x^2} + \frac{\partial^2}{\partial y^2} + \frac{\partial^2}{\partial z^2} \tag{6.33}$$

对于多粒子来说，方程为

$$i\hbar\frac{\partial\psi}{\partial t} = -\sum_{n=1}^{N}\frac{\hbar^2}{2\mu_n}\nabla_n^2\psi + \hat{u}\psi, \nabla^2 = \frac{\partial^2}{\partial x_n^2} + \frac{\partial^2}{\partial y_n^2} + \frac{\partial^2}{\partial z_n^2} \tag{6.34}$$

这些都是量子决策的背景。进一步来说，人们决策过程中，混合博弈是一种比较科学的决策方法，我们通常都采用概率来描述这一混合博弈的特征。

但如果这个概率是一个动态变化的量，概率就不是一个固定的值，我们可以称之为随机过程。其实，这并不是最麻烦的，我们有一个问题需要提醒一下，概率是一个标量吗？

谁说概率是一个标量的，它可以变成一个矢量，这个矢量描述在同一个概率大小之下的无数种可能的不确定性——量子。从而，量子博弈能够更加全面地解释信息不对称之下的非理性行为，如图 6－42 所示。

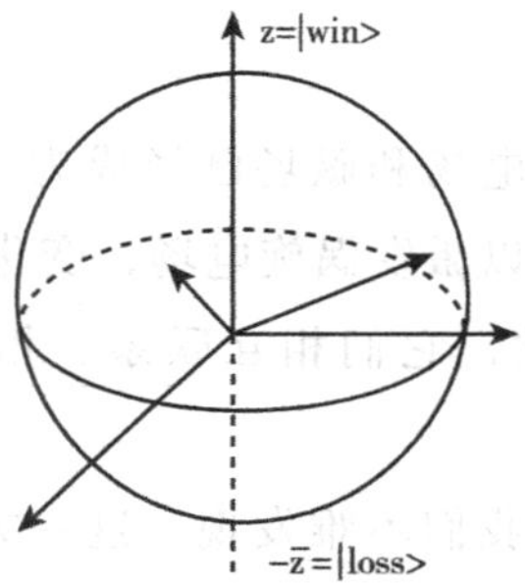

图 6－42　量子信息与量子决策

那么这种博弈就可以描述为

$$|\text{博弈}> = a|\text{输}> + b|\text{赢}> \tag{6.35}$$

通过这种博弈，可以知道，博弈者经常有这么一种感觉：我可能会赢（具有赢的状态|赢>），但是同时我又会输（但是具有输的状态|输>），这种叠加显然更能科学地描述博弈的情况。

如果两个博弈者“纠缠”，那么情况更加复杂，每一个博弈者都会影响另一个博弈者。在这种情况下，对其中一个博弈者进行测量会自动固定另一个博弈者的相应属性。因此，量子纠缠策略不仅是最理性的，也是博弈者双方利益最大化的。这一思想显然应该可以考虑，而量子博弈就给我们打开了这么一扇门。

让我们换一个话题，以伟大的电磁学方程——麦克斯韦方程组为例

$$\begin{cases} \nabla \cdot D = p \\ \nabla \cdot B = 0 \\ \nabla \times E = -\dfrac{\partial B}{\partial t} \\ \nabla \times H = \dfrac{\partial D}{\partial t} + J \end{cases} \tag{6.36}$$

或

$$\begin{cases}\oint_l H \cdot dl = \int_s J \cdot ds + \int_s \frac{\partial D}{\partial t} ds \\ \oint_l H \cdot dl = \int_s \frac{\partial B}{\partial t} ds \\ \oint_s B \cdot ds = 0 \\ \oint_s D \cdot ds = \int_v \rho \cdot dv \end{cases} \tag{6.37}$$

在麦克斯韦方程组中，电场和磁场已经成为一个不可分割的整体。具体的，他认为：变化的磁场可以激发涡旋电场，变化的电场可以激发涡旋磁场；电场和磁场不是彼此孤立的，它们相互联系、相互激发组成一个统一的电磁场。

抛开电磁学自身来说，我们不难发现，这一方程组描述了两个表面上看起来独立，但实际相互影响的事物之间的关系。在我们的经济与管理世界中，这种相关的事情其实很多，这一思维我们也可以借鉴。比如说，不同产业之间的相互作用的关系，不同新产品、新技术之间的非线性叠加效应，都可以通过麦克斯韦方程的适宜性改动给予解决。

从这里可以看出来，方程对于经济与管理的意义非常重要，我们应该重视这一问题。

6.5.5 统计学和计量经济学模型

——昨夜西风凋碧树，独上高楼，望尽天涯路。

过去几十年，随着计算机技术的发展，可应用于经济于管理科学院的模型和计算方法不断推陈出新，比如卷积神经网络、深度学习算法、计算实验等，但是作为经典的统计方法和计量经济学模型仍然被视为现代经济学乃至社会科学领域中核心的方法论基础。

计量经济学模型是从统计学模型中衍生出来的，故将它们一并放在此处进行说明。

先讲一些统计学上的基础故事，主要以猪重估计与沉船搜索为例论述。某个地区每年举办一次猪的重量的竞猜活动，与真实重量最接近的人获得奖金。数学家将这些五花八门的竞猜数据进行统计，发现其平均值与真实值几乎相等。第二个例子说的是打捞沉船的事情，让多个团队进行设想，并估计船只沉的过程及沉落地，然后将所有的结果进行统计，所得的地点与沉船实际地点很近。

可以看出，统计学还是有一定的意义的。上述的两个事例仅仅说明了单变量比较准确。实际上，多个变量之间也存在着一定的因果关系。这种情况下，统计学描述这一问题准确吗？

统计学在这个问题上借鉴了映射的概念，而其中最重要的是函数/方程关系，最简单的莫过于线性。比如假定一个变量 x 是另一个变量 y 的原因，在线性思维的基础上，这两个随机变量大致满足下列的形式：

$$y = ax + b + \varepsilon \tag{6.38}$$

由于 y 与 x 均是随机变量，实际测定的数组（x，y）总不落在直线 $y = ax + b$ 上，而是围绕着这个直线上下波动。

当然，线性化假设不能描述事物的本质，我们往往处在一个非线性的社会之中，非线性现象比比皆是。另外，经济与管理中，存在着大量的非函数映射关系，这个显然是 $y = ax + b$ 无法解释的。更进一步的，经济与管理中不是两个变量所决定的，而是由多个变量所决定，对于每一事物，其表现特征是多维的，不妨假设它们之间的因果关系如图 6－43 所示。

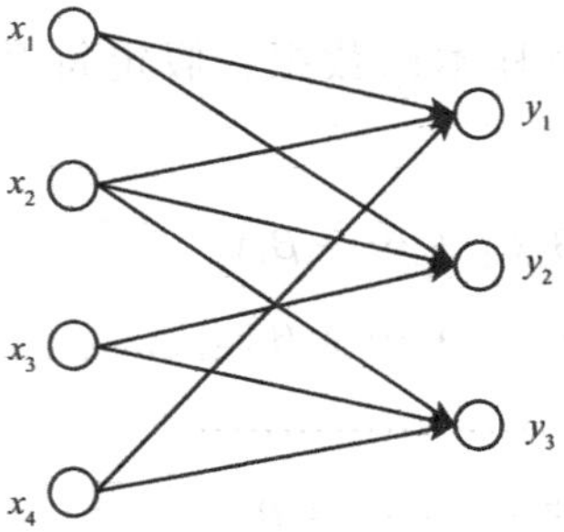

图 6－43　映射

此时，方程 $y = ax + b$ 就难以描述上面的问题。故此，需要有更加先进的方法来分析。为简单起见，我们假设 y_1，y_2，…，y_m 之间独立，互不相关。以其中一个为例，可知：

$$y = \alpha + \beta_1 x_1 + \beta_2 x_2 + \beta_3 x_3 + \cdots + \beta_n x_n \tag{6.39}$$

这个多元函数，需要有大量的数据，才可以将所有的参数估计出来。

在一元函数中，由点离直线距离表示映射的准确性，如图 6－44 所示。

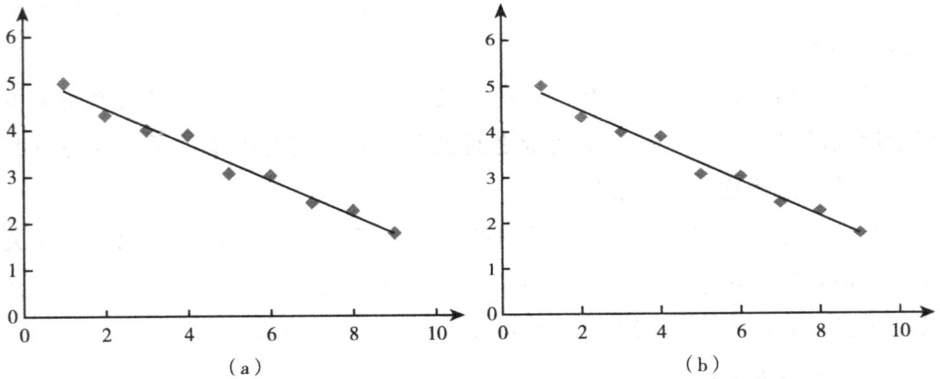

图 6－44　一元函数的回归

图（a）比图（b）所拟合的方程准确。但对于多元函数来说，这个参数在什么情况下是正确的，则成为统计学家与计量经济学家所关注的重点问题之一。一种叫最小二乘法的估计方法——当然是最简单的、最粗糙的方法，确定参数的大小——参数的准确性决定了方程的准确性。计量经济学或多元统计学中对于最小二乘法的讲解异常晦涩，很少有人能理解。今天，我们一改之前的文风，在此处花一点点笔墨，讲一下这个最小二乘法。

不妨假定获取了 m 个样本的数据，假定每个样本基本上服从 i. i. d.，则有

$$\begin{cases} y_1 = \alpha + \beta_1 x_{11} + \beta_2 x_{12} + \cdots + \beta_1 x_{1n} \\ y_2 = \alpha + \beta_1 x_{21} + \beta_2 x_{22} + \cdots + \beta_1 x_{2n} \\ \cdots \quad \cdots\cdots\cdots\cdots\cdots\cdots \\ y_m = \alpha + \beta_1 x_{m1} + \beta_2 x_{m2} + \cdots + \beta_1 x_{mn} \end{cases} \tag{6.40}$$

写成矩阵的形式，可知

$$\begin{pmatrix} y_1 \\ y_2 \\ \vdots \\ y_m \end{pmatrix} = \begin{pmatrix} 1 & x_{11} & \cdots & x_{1n} \\ 1 & x_{21} & \cdots & x_{2n} \\ \vdots & \vdots & \vdots & \vdots \\ 1 & x_{m1} & \cdots & x_{mn} \end{pmatrix} + \begin{pmatrix} \omega_1 \\ \omega_2 \\ \vdots \\ \omega_m \end{pmatrix} \tag{6.41}$$

假定 ω 服从 N(0, 1)，则有

$$Y = XB \tag{6.42}$$

现在已知 X 与 Y，B 未知，由于 X 不是方阵，左乘其转置，使其 X^TX 成方阵，然后左乘 X^TX 的逆阵 $(X^TX)^{-1}$，可得到 B 的值

$$X^TY = X^TXB$$

$$(X^TX)^{-1}X^TY = (X^TX)^{-1}X^TXB = B$$

$B = (X^TX)^{-1}X^TY$ 是最小二乘法的本质，其余的，如加权最小二乘法，便是在此基础上的拓展。在好的估计方法之下，方程的准确性便会增加。

正如前文所述，还有更多的非线性关系，那么这种关系的多样性与复杂性决定了统计或计量的多样性与复杂性，我们关注线性关系的主要原因并不是线性分析的简单性，还是因为很多事物可以转化成线性的，以著名的生产函数为例，

$$Y = L^{\alpha}C^{1-\alpha} \tag{6.43}$$

就可以转化成线性方程

$$\log Y = \alpha\log L + (1-\alpha)\log C \tag{6.44}$$

我们称之为无标度性，或幂律分布。无标度是一个经济与管理中非常著名的特征。正如在《规模》中所述的，世界万物都可以归结为这种属性。不过最关键的是要找到这些变量，一旦发现了这些变量以及这个对应的关系，就有重大的发现。然而，最困难的是发现这些变量，一般情况下这种变量很难找到，不仅需要对所研究对象非常熟悉，而且需要大量的探索。唯有不断的探索、不断的失败，才能找到合适的变量。这种线性关系不仅在数学上成立，更应该在实际中找到对应的因果关系。

无标度性，也称标度不变性，指的是对自变量坐标进行任意的拉伸或压缩后，函数的表达形式不变，即：

$$f(ax) = bf(x) \tag{6.45}$$

而这种形式，仅有幂函数满足它。不妨令 $f(x) = x^{\lambda}$，则有 $\log f(x) = \lambda\log x$，恰好满足这个直线关系。

然而在统计学或计量经济学的模型中，也并非仅仅有这一种映射（函数）关系，还有更多的模型等着我们去探索。让我们以生命周期理论为主，分析一下经济组织的一般发展机制，在事物发展变化过程中，我们一般认为可以分成若干个阶段。不同阶段中，它的影响因素不同——此处的不同不仅仅局限于量

的不同，而且还会包括因素种类的不同。在事物刚刚发展（比如初建企业）之时，它能否成长的原因在于产品本身以及企业努力，此时关注了企业的经营，但当事物成熟之后，对其发展起决定作用的则在于管理，尤其是在发展的制度。可见它的因素会不断变化。如果新研究的问题恰好处于成长与成熟的中间状态——我们称之为“接续态”，则因素的变化非常明显，模型会变成：

$$\|X_{m(t+1)\times}(t+1)\| = \|A_{m(t)\times 1}X_{m(t)\times 1}(t+1)\| + \|B_{m(t)\times 1} + \omega_{m(t)\times 1}(t)\| \quad (6.46)$$

这其中就描述了影响因素的变化性。如果碰到此类问题，就需知道哪个状态变化（拐点）的时间，以及在切换过程中因素的变化情况，如图 6－45 所示。

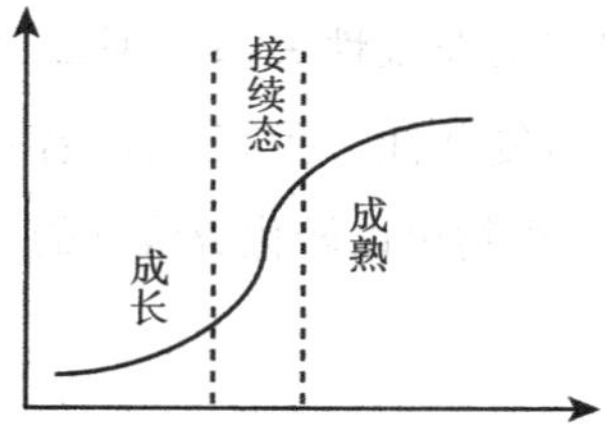

图 6－45　经济与管理系统的演化：从产生到成熟

如图 6－45 所示，在接续态有一个下限与上限，在此区域中，关键因素的切换非常快，也许在前一时刻还是主要的影响因素，在下一刻就会成为次要的因素，反之亦然。

这个过程中的统计模型实际上非常难构建。为了方便分析，在接续状态一般会考虑所有的因素，即使次要因素的影响不显著，也不应在意，也许在下一个时刻就显著。在这个“接续态”中，方程在不断的变化，主要体现在参数不断的变化。这个变化一般有三种：

（1）j 围绕一个数值上下随机波动，但不能超过某一个界。

（2）k 是一个随机变量，但受到近期影响力度强于远期的影响，也就是说，每个时间点的系统特征对后续都有影响。离得越近的系统对其影响越大，如股市属于此类。

（3）参数是一个随机过程，且参数之间构成一个鞅差序列—这种情况最为复杂。在混沌状态下，经济与管理系统就具备这种性质。那么，对于这个系统的统计意义上的模型，最有效的估计方法有 LMS 与卡尔曼滤波。这种时变随机结构的系统更能体现经济系统的复杂性与随机性。

让我们退回来，回到统计模型的多样性上。多元统计除此之外，还有大量的其他模型。计量经济学在此基础上更是推出了形形色色的模型，这些所谓的一个又一个的模型，让分析者的选择难度变得更大。

首先，在这一类模型中，除了连续性变量，也有分类变量、序类变量。不妨假设我们考虑他们，一般的做法是加入一个虚拟变量——哑变量作为参考值，而当与另一种情况进行比较，值得注意的是，一旦建立一个参考——参照物，我们必须弄清这个分类变量的性质—即有无“序”的出现——此处的“序”很关键。进一步来说，当各个类型之间属于平等时，用虚拟变量会让模型变得有意义。但如果不平等，有一些等级关系时，情况则变得更复杂。事实上，当分类变量作为解释变量、控制变量时，我们在做统计模型的时候，相当于提前对总体行为分类，针对每一类型来说，做出的一个对应模型。一般讲，对于关系“平等”的分类变量来说，其最终效用的差异主要体现在类型的差异上，与其他连续型变量关系不大。如果这其中有一些序关系的存在，则与其他连续型变量的影响会截然不同。

举例来说，如果我们的分类变量有一个是“贫富”，而资源获取能力、社会关系的强弱影响会差异很大。对于穷人来说，显然钱比关系重要，但对于富人来说，关系比钱重要。他们获利能力的差异性就很强。如果用经典意义上的分类变量处理方法建模，必将得到一个错误的结果。

当这些分类变量变成被解释变量时，就会衍生出几个模型、Logistic 模型、Probit 模型、Multi - Logistic 模型，这种概率选择模型在近几年被大量的应用，甚至是错误的应用。一般的，某种形式被选择需依赖于一些因素。如果知道某一经济体这些因素的特征，就可以测算出选择特定状态的被选的概率大小。而 Probit 模型与其他两者最大的区别在于，Probit 的被解释变量属于有序分类变量，而 Logistic 与 Multi - Logistic 的被解释变量属于无序分类变量。对于 Probit 模型的分析，难度远远大于其他两者。

无论是 Logistic，还是 Probit 模型，我们都称之为非线性模型。不过这种非线性模型是比较简单的非线性模型，而不是真正的非线性模型，并且这个模型是确定的，而非随机的。

当然，还有一些非线性统计模型，鉴于篇幅原因，不作释解，仅仅提一下，有兴趣的读者可自行学习。

统计学与计量经济学中的基本条件中有一个非常重要，叫多重共线性。

多重共线性的本质原因是对管理与经济系统的性质不清。这时只好把所有能考虑的因素都考虑上。一般的做法有几种：

（1）降维：用逐步回归的做法，将不重要的变量逐个删掉，观测结果的准确性，直到删一个变量之后模型的结果发生显著变化为止，这个工作量极其大。在功利主义盛行的今天，“浮躁”与“学术造假”之风不断的今天，很少有人认真的做研究，也不会有人认真的选择了。

（2）主成分分析与因子分析，将二者放在一起说明，其实也不是很恰当，毕竟这是统计学中一种比较偷懒的方法。然而，在数学上有道理，在经济与管理中不一定行得通，这主要是因为，在经济与管理中，不同类型的变量可以再细分，但他们属于同一个“父辈”，如果能找到这种逻辑关系，主成分分析与因子分析才有意义，如图 6－46 所示。

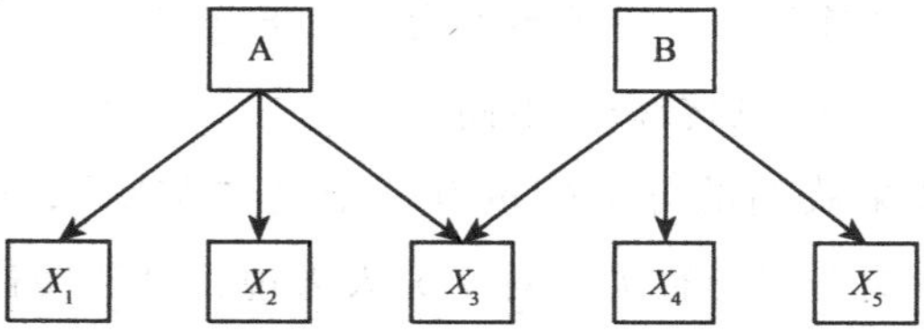

图 6－46　变量之间的关系

从图中可以看出 X_1 ~ X_3 是从 A 中分下来的 X_3 ~ X_5 从 B 的视角下分下来的变量。如果不考虑这个拓扑结构，直接按照统计学的观点来降维这些变量，其拓扑结构将变成如图 6－47 所示。

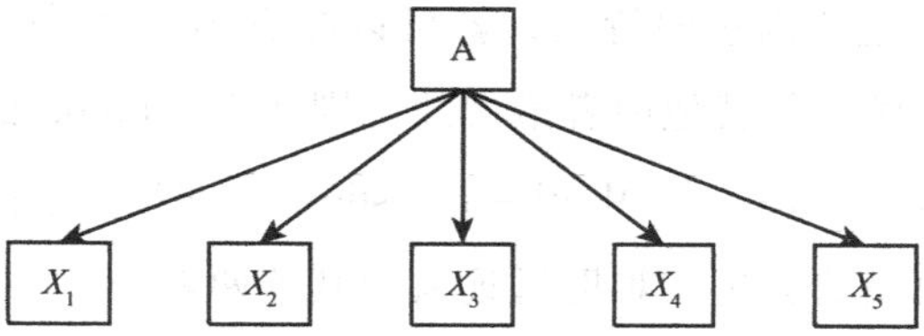

图 6－47　降维后的变量关系

虽然，这二者之间降维后的特征会有很大的区别，故此，在定量降维之前，定性分析的必要性很强。

（3）减少参数估计量的方差——岭回归法。这种方法属于技术上的处理方法，而不属于本质性的分析。就我个人而言，我认为方法并不重要，洞察问题本质才是最根本的解决之道，但作为基本的手段，我们还是需知道一些的，在回归分析中我们认为：

$$x\theta = y \tag{6.47}$$

最小二乘法是让其残差平方和最小，即 $\|x\theta - y\|^2$ 而得到的 $(x^T x)^{-1} x^T y$。但如果出现多重共线性，$x^T x$ 的行列式接近于0，则为一个不适定问题。岭回归的做法就是将这个“不适定”问题转换成“适定”问题：为损失函数加上一个正则化项。

$$\|x\theta - y\|^2 + \|\Gamma\theta\|, \text{其中 } \Gamma = \alpha I \tag{6.48}$$

故 $\theta(\alpha) = (x^T x + \alpha I)^{-1} x^T y$，其中 I 为单位矩阵。从上面可以看出，岭回归并没有从本质上解决解释变量相互解释的现象，反之是从数学手段上对其进行了一定的处理。当系统属性不明确时，我们可以用此类方法来处理。

当然，变量之间相互解释的观察并不一定要死守经典的模型。我们可以选择 SEM（结构方程模型）来处理这一问题。不过需注意的是，SEM 模型对定性分析的要求非常高。

统计学和计量经济学都要求有足够的样本做支撑。如果样本量较少怎么办？科学家构成了一个 SVMC（支持向量机）模型，这个模型可以解决对应的问题。

总之，由于得到充分的发展，统计学的计量经济学中还有大量的静态模型，由于篇幅有限，我们不做一一介绍。我们主要是介绍这一类模型的思想、思维，并不局限于方法的说明。如有兴趣，不妨去查阅专业的资料。

其实，要准确刻画事物的特征，就应加入时间的因素，让这些静态的模型“动”起来。在统计学或计量经济学时，时间这一因素已被重视，尤其是单一变量的时间序列过程，已得到非常全面的描述。

假设经济与管理的问题可由一组变量所描述，这种描述可以分成两种情况。一是刻画特征，二是描述内在机制。无论哪种，都将面临以下三种类型的变量。

（1）即时刻画、影响经济与管理系统状态属性的变量，我们称之为一致性指标、因素。

（2）提前一段时间就可以刻画、影响经济与管理系统状态属性的变量，我们称之为先行性指标、因素，这类具有预兆性的变量往往在事物发展之前就会影响管理系统的特征。

（3）滞后一段时间才会刻画影响经济与管理系统的属性，我们称之为滞后指标、因素，这句话似乎有问题，但你没听错，的确是这样的。比如说，我们要评价某个科学家的科研实力，用一致性指标所得的结果远没有利用滞后性所得的结果准确。因为科学研究结果是真是假需要实践来验证。同样的，未来可能的因素会影响该经济、管理系统的属性。比如说，中国在20年之后的人口结构（以年龄为参考点）将严重影响目前消费产品与服务结构的决策。故此，该模型将变成下面的形式。

$$Y = f(x_{1,t-l_1}, x_{2,t}, x_{3,t+l_2}) + \omega_t, Y = f(x_{1,t-l_1}, x_{2,t}, x_{3,t+l_2}) + \omega_{t+l} \quad (6.49)$$

其中 $x_{1,t-l_1}$、$x_{2,t}$、$x_{3,t+l_2}$分别表示，先行型指标、变量、一致指标、变量、滞后型指标变量。l_1 和 l_2 分别表示先行周期与滞后周期，l_1 和 l_2 是一个正数，故此对 $x_{1,t-l_1}$、$x_{2,t}$、$x_{3,t+l_2}$的识别与构造，以及 l_1 和 l_2 的确定则显得尤为重要。对于前者，我们在前文中的很多篇幅中有提过。但对于 l_1 和 l_2 的确定。则需要进一步的定性定量分析。事实上，也有成形的相关理论对此进行分析，建议有兴趣的读者自行查阅。

如果方程（6.49）具有参数随机时变的特征，则用最小二乘法、加权最小二乘法等经典的算法难以对此进行估算。此时 LMS 算法及 Kalmman 滤波就大有作为了，甚至是更加先进的启发式算法，比如蚁群算法。

在前面的内容中，我们的变量都是结构性的变量，那么，如果这些变量是图片、音频、视频和文字，我们则想知道，统计学模型还适用吗？答案是肯定的，多维统计学习是一种有效的工具，比如深度神经网络模型，其中的变量就可以是非结构化的数据，关于深度神经网络，我们将在后文中进行阐述，此处不再多说。

上面的分析，主要针对的是函数和方程，然而在经济与管理的问题中，更多的是映射。即图 6－43 所述，这种情况下，问题会更加复杂，对于这一问题，结构方程、深度神经网络都是一个比较有效的工具。对于神经网络所存在的梯度消失或梯度爆炸、训练太慢、过拟合等三大缺陷，引入无监督学习算法大大提高了效率，从而使得神经网络应用非常普遍。它是对映射解决的一种较为有效的模型，通过对大量的案例（样本）的学习，我们就可以得到各个节点中的权重，这个权重描述由输入到多输出之间的映射属性，然后在训练成功的基础上，对未知的事件进行分析，以便得到未知事件的性质。

在多维统计学习中，还有一些其他的方法。都会在经济与管理的科学研究中发挥巨大的功能，比如人工智能。正如我们在《大数据是思想，是思维还是方法?》一节中所讲的，目前最关键的是对各种算法进行严密的证明，如果能突破若干个基本问题，则会大大推动这一领域的发展。

鉴于篇幅有限以及本书的目的，我们不再花大量的笔墨分析各个模型，在这里我们将重点讨论如何使用这些模型，以及如何正确使用模型。换句话说，我们不应该为了模型而模型，以及不应该被模型绑架。首先我们必须关注统计学和计量经济学的使用条件，不是所有的问题都可以用它来解决，比如优化、博弈、动力学、复杂网络、概率，都无法用统计学和计量经济学去解释。其次，统计学的回归分析中，其解释变量必须满足几大条件，比如样本的随机性、变量的独立同分布性、误差项为白噪声过程等。然而在我们日常的研究例子中，很少有人完全做到这三大要求。比如样本的随机性在研究中就很难实现，因为我们数据的可获得性较差所致。毕竟这个不等同于随机实验，无法随心所欲地得到数据，故此很多科学家便依赖于统计年鉴和问卷调查。而依赖于某种数据时，本身便失去了随机性。比如，有人研究中国的企业创新问题，但只能获取 A 股企业的数据，没有未上市的企业以及众多的未上市的中小企业。那么，对于技术创新本身来讲，到底是中小企业创新的多，还是上市企业创新得多，这本身就需要论证。如果仅仅采用上市企业的数据，那么未上市企业则被排除，这个悖论应该是一个很好的切入点。一旦选择 A 股企业，那么选择企业时，很多人都会选择竞争力在前百分之 X 的企业。显然，这个选择并不是随机选择，而是典型分析，不符合统计分析与计量经济学的思想，所得的结论也会有所偏差。现在分析第二个条件：在分析时大都要求变量满足独立同分布的条件。在这点上，大家做得都不太好。下面举几个例子，首先变量的类型不一致，在其中有效益变量，也有成本性变量，还有居中型变量。在分析的过程中都应该把变量化成效益型变量。成本型和居中型变量的转化方法分别如下：

$$x^* = \frac{1}{x} \tag{6.50}$$

$$x^* = \begin{cases} \dfrac{x - x_{\min}}{x_{\max} - x_{\min}}, & x_{\min} \leqslant x < \tilde{x} \\ \dfrac{x_{\max} - x}{x_{\max} - x_{\min}}, & \tilde{x} \leqslant x \leqslant x_{\max} \end{cases} \tag{6.51}$$

这里，假定居中型变量的曲线如图 6－48 左侧所示。

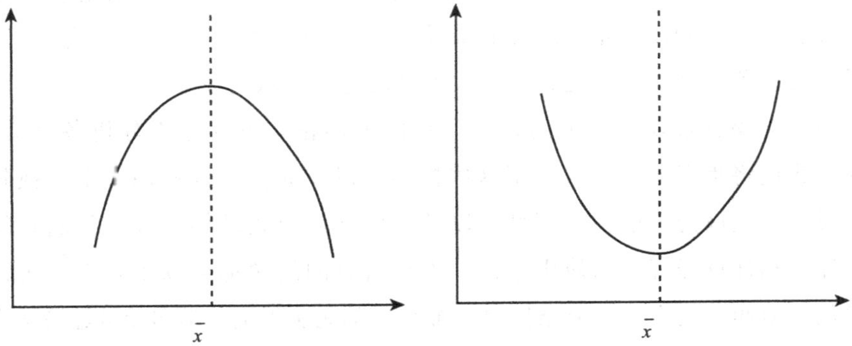

图 6-48　居中型变量的特征

对于图 6-48 右侧的情况则恰好相反。其中很多科研工作者都不对变量进行无量纲化处理，而这个更为重要，当且仅当量纲去掉之后，统计模型才准确可靠。再次，他们也没有进行标准化处理，将所有的变量变成 0-1 之间的一个数。最后，所有很多经济与管理学家在做研究时喜欢采用问卷调查的方法，而在问卷调查中会涉及很多分类变量，并且有一定的无序分类变量，比如性别、民族、地域，然后很多人就用这些数据进行回归分析。显然这是一种错误的做法，举例来说，设 0 = 男，1 = 女，那么他们只能以分类变量进入回归模型中，而不能直接放入。毕竟 1 > 0，但女不大于男。

即使对于有序分类变量，我们也不能随便地采用直接回归，而应当进行适当的处理。再进一步来说，在分析中，自变量必须有且至少有一个连续变量才可以得到正确的结论。因为有序分类变量的组内方差、组间平方差以及总平方差都无法找到。这些科学家混淆了回归分析中的那个最小二乘法的内涵，它只能针对连续变量，对于离散变量则不会如此处理。

在统计学中，噪声一般都假设为一个白噪声，因为所有的变量都假设是一个服从特定分布如正态分布的随机变量，所以多个变量的联合分布也服从正态分布的假设。然而，在实际中，这个噪声并不是白噪声，而是一个彩噪声，我们对于其分析也有类似的处理。详情可查阅对应的资料。

我应该关注每一个模型的适用条件，这一点非常关键，知道每个模型的前因后果才能把我们的问题抽象成对应的模型，这些在前文已有涉及，在此不再赘述。其实我们知道每一个模型都蕴含着一种思想，模型本身的思想思维过程的重要性远远大于形式以及其参数估计方法。

6.5.6 博弈论模型

——大部分博弈的参与者以为任何博弈上的发明成就都没有价值。

有人曾经和我聊起经济学的主流研究方法：计量经济学、博弈论、方程、多 Agent 模型、系统动力学，他把后三个称之为先进的研究方法。但对于管理学来说，应该加上运筹学的。

为什么我们不先讲运筹学而来讲博弈论，其原因只有一个：当博弈论的参与者数量退化到 1 时，就变成运筹学了。

在本篇文章中，我们不想将注意力放在博弈论的知识讲解上，这些皆可在博弈论的教材、专著中找到。我们将致力于博弈论思想和思维的阐述。因为我们如果不知道博弈论建模的思想，那么就很难构造出正确的博弈论模型。

博弈论最基本的假说就是理性。那么，什么是理性？理性就是从自己的最大利益入手，理智地采用一个最优的策略。由于每个人都是理性的，他们所争取的利益都是最大，故此，参与者中间就有利益的冲突——既然每个人都想获得自己的最大利益，那么最终他们交手的结果往往不会是最大的利益那么大。

理性是建立在利益的角度上。在此处，我们并没有采用“收益”这个词。主要有以下的考虑：一个人的价值判断中，不仅要考虑他获得了多少直接的来自市场上的利润的大小——我们称之为市场范畴下的收益，而且还应考虑他们社会关系上的获益，我们称之为社会范畴下的利益。比如说，一个人与另外一个人合作，如果他过于自私与贪婪，总是喜欢占便宜，那么这种合作必然不会长久。而我们知道积极的、长期的合作必然强于消极的、临时性的合作。我们称之为在某种条件下社会驱动力远大于市场范畴的驱动力。不仅如此，人们的情怀、地位等都归属于社会关系。建立社会关系的成本要低于市场关系的成本。但社会关系一旦受到影响，很大程度上将会影响市场关系，并且用市场关系难以弥补社会关系的损失。因此，理性的判断，非常的复杂。然而可惜的是，在学术界对其定义是一个空白，仅仅从描述特征的角度上对其进行了表述，这也是目前博弈论的最大问题所在。

姑且不考虑如此复杂的理性，先从市场范式下的收益为主，分析理性行为。以经典的海盗分赃为例展开说明：有五个海盗抢了100个金币，在分赃的时候出现争执，最后商量出来一个共同认可的方法。先抓阄确定分钱的顺序。比如说，一个人抓到了③，就是第三个可以分配钱的人。在分配的过程中，如果有一半及一半以上的人不同意这种分配，则把分钱的人扔在鳄鱼池中杀死。那么问题是，抽到①号的人怎么分配钱，怎么才能让自己获得最多的钱而不被杀死？当然，这里要假设每个海盗都极度聪明。按照直观的理解，很多人选了（20，20，20，20，20）这个分配方案。但这个方案显然不符合利益最大的目标。而按照逆向归纳法，最后所得的分配方案是（97，0，1，2，0）。这个方案是最理性的方案。从上面的过程可以知道，经验有的时候并不可靠。当然，进一步来讲，最优的策略都依赖于所对应的机制。在不同的机制下，存在着不同的最优策略，这可能就是博弈论的复杂性。

在博弈论中有大量的模型，这些模型被很多科研工作者所使用，比如智猪模型、囚徒困境、鹰鸽博弈、石头—剪刀—布博弈，等等。一如既往的，我们强调这些模型的使用条件。比如，囚徒困境中所体现出来的同质同地位的博弈者所采用的策略也完全相同，智猪博弈则强调同质异地位的博弈者，对于鹰鸽博弈来讲，它的博弈者不同，策略集也不一样。可见，这些使用条件更重要一些。

不仅如此，我们在现实中处于平等地位。比如说我们之前谈到的贫困问题，其本质属于一个弱势群体的问题。实践证明，在所有的案例中，对弱势群体的帮助都会出现问题——因为不公平现象存在。这个不公平不仅体现在市场范畴中，更体现在社会范畴中，并且后者的影响更大。无论是经典的博弈论模型，还是其背后的机制设计，都无法对其进行准确的描述。对于公平，我们可以假定是其约束条件的对等性。比如说，权贵们有改变规则的能力，但弱者没有。我们不能假设他们有——如果假设他们有，就不符合现实，也犯了“公正”的错误，这种公正显然不能替代公平——从而导致经典模型失败。故此，在博弈模型的构建中，我们应重点考虑其约束，比如：

$$
\begin{aligned}
&\max_{u} g^{\{i\}}(x) \\
&s.t., \\
&f^{\{i\}}(x) = 0
\end{aligned}
\tag{6.52}
$$

这种 $f^{\{i\}}(x)$ 就可以描述第 i 个参与者资源（人、财、物、知识、技术、社会关系、信息）等方面的约束，从而知道每个人的约束条件有一定的差异性。如果是强者与弱者的关系，这种差异性更加显著。而 $g^{\{i\}}(x)$ 则表示了目标的差异性——每个参与者的目标不一样（举例来说，在扶贫的活动中，穷人的目标可能是钱，而富人的目标可能是社会关系），这种差异性也表明了理性的多样性和复杂性。

非合作博弈就是这样的思维。可惜的是，在经典的教材中，并没有对此进行更深层次的阐释。我们可以断言，这些年，博弈论的发展多局限于技术上的突破，而思维上，却一再停留在原地。也许有人尝试做这种突破，也许因为技术不成熟而耽误了。

再进一步，在经典的经济学中，我们对理性经济人的定义就存在着很大的分歧。比如说，我们常常认为说当短期目标和长期目标发生冲突时，理性人将放弃短期目标。然而长期的未来是不确定的。当两者发生冲突时，我们的博弈论模型永远以 $\max_u g(x,u)$ 为纽带选择短期目标。即便是动态博弈，其子博弈与总博弈之间的冲突，也无法用现在的方法进行准确深刻地刻画——尽管动态博弈是这一问题较为合理的解决方向。其模型为：

$$
\begin{aligned}
&\max_u \int_{t_0}^{T} g^i(t,x(t),u)\,dt \\
&s.t.\ , \\
&dx(t) = f(x)\,dx + u(t,x)\,dt + w\,dz
\end{aligned}
\tag{6.53}
$$

当然，这一模型也说明在某一时刻中的一个子博弈的策略与总博弈之间不一致时的关系，如图 6-49 所示。

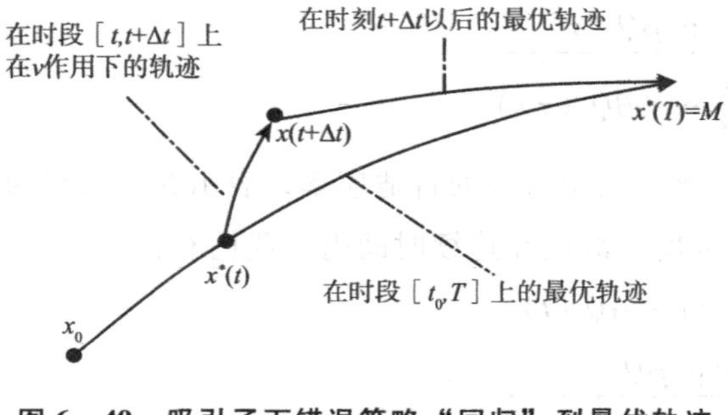

图 6-49　吸引子下错误策略“回归”到最优轨迹

从图 6－49 可以看出，当策略偏离了最优策略轨迹时，在目标及约束的“引力”下，最终会走向最优策略轨迹。

然而，世界上并非所有的理性人都是智者，人与人之间也可能存在着显著的差异。有些理性的做法，从长远来看，并不一定智慧，我们称之为非理性。为说明这个问题，我们以一个动态博弈为例说明。

不妨假设个体在任意时间点 τ 上有 N 种可能的策略：$i = \{1,2,\cdots,N\}$，令每种策略 i 的选择概率为 $x_i(\tau)$，其中 τ 指的是从初始时间 0 开始计算的时间步数。因此，主体行为的状态向量为 $\mathrm{x} = (x_1(\tau),\cdots,x_N(\tau))$，且 $\sum_{n=1}^{N} x_n = 1$。

令 $r_i(\tau)$ 表示在时间 τ 上对策略 i 的强化（或称之为增量），$\mathrm{r}(\tau) = (r_1(\tau),\cdots,r_N(\tau))$ 表示 N 个策略的增量向量，个体对策略的记忆记为 $Q = (Q_1(\tau),\cdots,Q_N(\tau))$，且这种记忆满足：

$$Q_i(\tau+1) - Q_i(\tau) = \frac{1}{T}[\delta_i(\tau)r_i(\tau) - \alpha Q_i(\tau)] \tag{6.54}$$

其中，$\delta_i(\tau)$ 是一个符号变量，当策略 i 被选择时，取值为 1，否则取值为 0。不失一般性令 $Q_i(0) = 0$。T 是个体—环境交互作用的时间尺度，$\alpha \in [0,1]$ 表示个体的记忆损失率（或称之为遗忘率），$\alpha = 0$ 表示对过去的策略强化过程具有完美记忆，$\alpha = 1$ 表示个体对过去的策略完全无记忆，也就是说，这个个体策略选择服从均匀分布。

由于个体具有智能性，我们可以知道个体的一个策略其实依赖于策略的分布以及历史策略的分布，一般的来说，对于个体来说，越偏好于某种策略，其记忆会越深，选择某种策略的概率越大，这一策略将按照下式不断更新策略选择的概率：

$$x_i(\tau) = \frac{\exp(\beta Q_i(\tau))}{\sum_{n=1}^{N}\exp(\beta Q_n(\tau))} \tag{6.55}$$

其中 $\beta \in [0,\infty)$ 表示行为的自适应率，表示在过去行为强化基础上对于策略分布的影响程度。故此在连续时间内，我们有：

$$\dot{Q}_i(t) = R_i(t) - \alpha Q_i(t) \tag{6.56}$$

$$x_i(t) = \frac{\exp(\beta Q_i(t))}{\sum_{n=1}^{N}\exp(\beta Q_n(t))} \tag{6.57}$$

以及

$$\dot{x}_i(t) = \beta x_i(t)\left(\dot{Q}_i(t) - \sum_{n=1}^{N}\dot{Q}_n(t)x_n(t)\right) \tag{6.58}$$

综合方程（6.56）、（6.57）、（6.58），我们可以得到个体行为的基本动力学方程

$$\frac{\dot{x}_i}{x_i} = \beta(R_i - R) + \alpha(H_i - H) \tag{6.59}$$

其中，

$$R = \sum_{n=1}^{N} x_n R_n \tag{6.60}$$

表示了个体可能行为的平均净强化量。令

$$H_i = -\log x_i \tag{6.61}$$

表示个体选择某种策略 i 的自信息熵（通常，一个信号源发出什么符号是不确定的，衡量它可以根据其出现的概率来度量。概率大，出现的机会多，不确定性小；反之概率小，出现的机会少，不确定性大）。在极限条件下，一个信号源只发出一种符号，即内容是确定的，概率为100%。但是接收方无法从接收信号中获得任何信息，即信息量为零。而反之，如果发送方和接收方约定，1代表二进制的0，2代表二进制的1，接收端可以通过接收到的信源符号获取一定的信息。再次，较为不可能的时间具有更高的信息量。这个结合上一点很好理解。最后，独立事件应该是具有增量的信息。这一点有些和随机变量的独立性矛盾。每次独立地投掷硬币，正面或者反面的概率是一样的，但是每次独立事件带来的信息是会变化的，例如，投掷硬币两次正面朝上传递的信息量，应该是一次正面朝上信息量的两倍。这一信息熵刻画了策略分布的宽度。而自信息熵的平均值即是 Shannon 熵：

$$H = \sum_{n=1}^{N} x_n H_n = -\sum_{n=1}^{N} x_n \log x_n \tag{6.62}$$

注意到个体行为动力学式（6.59）的右边体现了两项，其中一项表示行为的自适应能力，由参数 β 表示，另一项描述了个体的记忆能力，由参数 α 描述。前一项 $\Delta R \equiv R_i - R$ 描述了选择策略 i 获得的相对利益——如果某一策略能经常被使用，说明其获得的利益更多一些。第二项 $\Delta H \equiv H_i - H$ 描述了采用某一策略所获得的相对信息的多少。

对于两个个体（分别记为 X，Y）来说，假设他们分别有 N，M 个策略。

在任意时间 t 上，其策略的状态分别记为 $\mathrm{x}=(x_1,\cdots,x_N)$ 与 $\mathrm{y}=(y_1,\cdots,y_M)$，其中 $\sum_{n=1}^{N}x_n=\sum_{m=1}^{M}x_m=1$，初始条件为 $x(0),y(0)$。

这些个体的行为可以从以下三个不同的时间尺度上分析：个体—个体的交互行为，个体内部自适应行为，以及个体与环境之间的相互作用。

记个体 X，Y 的记忆分别为 $Q^X=(Q_1^X,Q_2^X,\cdots,Q_N^X)$，$Q^Y=(Q_1^Y,Q_2^Y,\cdots,Q_M^Y)$，并令 $Q_i^X(0)=Q_j^Y(0)=0,i=1,2,\cdots,N;j=1,2,\cdots,M$。他们的行为动力学分别为：

$$\dot{Q}_i^X=\beta_X(R_i^X-R^X),\dot{Q}_i^Y=\beta_Y(R_i^Y-R^Y) \tag{6.63}$$

R_i^X 分别表示个体 X 选择策略 i 时 Y 自适应更新策略时得到的回报。参数 $\alpha_X,\alpha_Y\in[0,1]$。从而从 $Q^X(t)$ 到 $x(t)$ 以及从 $Q^Y(t)$ 到 $y(t)$ 的映射为：

$$\dot{x}_i=\beta_X x_i\left(\dot{Q}_i^X-\sum_{k=1}^{N}\dot{Q}_k^X x_k\right),\dot{y}_i=\beta_Y x_i\left(\dot{Q}_i^Y-\sum_{k=1}^{M}\dot{Q}_k^Y y_k\right) \tag{6.64}$$

联立（6 63）与（6.64），可以获得对偶的自适应行为方程：

$$\frac{\dot{x}_i}{x_i}=\beta_X(R_i^X-R^X)+\alpha_X(H_i^X-H^X)$$

$$\frac{\dot{y}_j}{y_j}=\beta_Y(R_i^Y-R^Y)-\alpha_Y(H_i^Y-H^Y) \tag{6.65}$$

其中，

$$R^X=\sum_{k=}^{N}x_kR_k^X,R^Y=\sum_{k=1}^{M}y_kR_k^Y,H^X=\sum_{k=1}^{N}x_kH_k^X,H^Y=\sum_{k=1}^{M}y_kH_k^Y$$

这一方程中包含了下列两个动力学平衡：（1）自适应——在时间 t 上根据选择概率确定最优的策略；（2）记忆损失——增加了选择的不确定性。因此，个体如何利用这两种平衡的信息选择策略就是最重要的事情。

事实上，如果假设环境变化比较慢，个体之间的相互作用结构是比较固定的，也就存在一对行为（i，j）以及两个个体的增强 r_{ij}，根据环境的缓慢变化，我们可知，$r_{ij}^X r_{ji}^Y$是常数，不妨令

$$r_{ij}^X(t)=a_{ij},r_{ij}^Y(t)=b_{ij} \tag{6.66}$$

且

$$\sum_{n=1}^{N}a_{nj}=\sum_{m=1}^{M}b_{im}=0 \tag{6.67}$$

不妨假设 x 与 y 独立分布，这就相当于个体从来不会得到群体或他们与环

境（或另外的个体）相互作用的信息，在每一个时刻每个个体的知识环境与其他个体的状态是不相关的。对 X 与 Y 来说，他们的时间平均回报变成了：

$$
\begin{aligned}
R_i^X &= \sum_{m=1}^{M} a_{im} y_m = (Ay), \\
R_i^Y &= \sum_{n=1}^{N} b_{jn} x_n = (bx)
\end{aligned}
\tag{6.68}
$$

在这个严格条件下，其连续的自适应动力学方程变为：

$$
\begin{aligned}
\frac{\dot{x}_i}{x_i} &= \beta_X[Ay_i - x \cdot Ay] + \alpha_X\left[-\log x_i + \sum_k^N x_k \log x_k\right] \\
\frac{\dot{y}_i}{y_i} &= \beta_Y[Ax_i - y \cdot Ax] + \alpha_Y\left[-\log y_i + \sum_k^M y_k \log y_k\right]
\end{aligned}
\tag{6.69}
$$

其中，$x \cdot Ay$ 是 x 与 Ay 的内积，$x \cdot Ay = \sum_n^N \sum_m^M a_{nm} x_n y_m$。

显然，这种属于自适应博弈的行为更适用于那种短期行为的参与方，可以描述唯利是图的人的行为，而且世界上大多数人都属于这种人。因此，我们可以说，这个自适应博弈代表了广大人民的心声，具有一定的代表性。

其实，除了非合作博弈之外，我们还可以看到人世间由各种各样的契约为纽带而形成的合作博弈，那么合作博弈的思想是什么？

因为有一种合作契约，那么所有的个体将主要考虑以下的目标：（1）他们所形成的联盟的收益是否最大；（2）他们分配的利益是否足够公平。关于第一个问题，既然是联盟的利益最大，那么必然是在系列资源机制以及环境等特定条件下，通过一个合理的策略令整体的收益达到最大。故此，这是一个优化问题，可以采用适当的策略来实现。关于第二个问题，这是合作的基础。也就是说，当且仅当一个最合理的分配机制得以实施，所有的个体才不会觉得自身的利益受损，才会心甘情愿地在一起合作。故此，合作博弈的关键便成为研究的核心所在。现在的核函数法、Shapley 向量等都是围绕着这一问题而展开的。

然而，当博弈的性质体现为动态时，这个子博弈的 Shapley 分配并不一定是最理性的。全局非理性、同步非理性、异构非理性等问题也就接踵而来，需一个一个去解决。

虽然如此，我们还应该考虑动态合作博弈过程中的动态性与随机性，尤其是在行为的随机性之下，要想得到其最优策略，还需考虑其随机因素下的策略的波动情况。而我们知道，一旦引入随机性，问题将变得异常复杂，这一区域还需进一步的深入。

让我们退一步，重新来分析这个“理性”。由于理性多样性的存在，每个人对于理性的认识存在着一定的差异性。在同一个事件前面，不同人的目标是不一样的，比如刚才提到的市场范畴与社会范畴下的利益就有显著的差异。一个人既可以优先考虑市场范畴的收益最优，也可以考虑社会范畴中的关系最优。一般情况下，鱼与熊掌两者不可兼得，因此，必须有取有舍。或者是一个多目标博弈的问题，这显然与实际更加接近了。然而，这一问题目前尚未得到深入的研究。

理性是一种理想，然而在实际中，非理性充斥着方方面面。如果将非理性行为不断地引入博弈论模型中，则会取得更大的成绩。对于非理性行为，目前尚无科学的定义，仅仅有其表征上的刻画。

(1) 相对论的真相——我们为什么会攀比和比较。相对论引出的逻辑为：为了促进决策，我们需要引入参照物进行比较，于是形成了我们的惯性比较甚至攀比；因为比较和攀比，我们会产生不满足感。为了打破这样的相对论怪圈，我们要做什么呢？——知足常乐。(2) 关于任意的一致性——锚定的作用。在未对事物形成自有的判断时，我们对它的判定是随机而任意的，这种对事物的判断我们称之为锚定；然而一次任意的锚定会产生持续效应，它不一定反映我们对这个事物的真实需求和真正偏好，但我们仍倾向于保持它，如我们对价格的记忆与过去保持一致的欲望。(3) 免费的代价——常常让我们忘记自己的真实需求。免费的东西让人感觉良好，但如果这个免费让我们陷入与另一种商品的挣扎中时，往往会引导我们做出不明智的决定。(4) 社会的成本——金钱往往是最贵的激励方式。我们生存在两个具有不同规范的环境中，一个是社会规范，一个是市场规范。很好区分的，凡是提及金钱的都被我们纳入到市场规范中，只有当我们所做的无关金钱时才可用社会规范来看待。社会规范成本低，但是只要又一次违反社会规范原则，就很容易回到市场规范。(5) 性兴奋的影响——在冷静与激情两种不同状态下对同一件事情的决策是大相径庭的。(6) 如何克服拖沓——要有明确的限制和目标，能够把任务分解为容易执行的事项。(7) 所有权依恋症——我们会对自己所拥有的一切产生依恋，而且我们总是集中力量于会失去什么，我们有一种对损失的惧怕。并且我们还假定别人看待问题的角度和我们一样。解决症状的方法可以采用“非拥有心态”。(8) 多种选择的困境——你能否放弃选择的余地。选择权是我们活着感受到的人生基本权利，人们是不愿意放弃的，但过多的选择让我们无法抉择，那么这时候应该果断关上一些该关的门，并且考虑延迟决定的后果。(9) 预期的效应——我们选择都不是体验，而是预期。成见会影响预期，因此我们需要一个未被影响的第三方。(10) 价格效应——我们为什么喜欢买贵的东西。其实我们都活在自我催眠中，贵的东西有一种暗示的力量——高价意味着质量更优。(11) 关于诚实——人只有在对它们有用的情况下才会诚实。在与非货币打交道时，人们会比较难以意识到诚实的必要性。

6.5.7 优化模型

——运筹帷幄参有密，翻私雨露泽全闽。

在前文中，我们提到了博弈论模型，在本节中，我们重点讨论一下优化模型。

我们曾经说过，相比而言，博弈论模型其实算一个更加普适的模型。因为一个人的博弈模型其实就退化为一个对应的优化模型。然而可惜的是，由于思想的腐朽性、方法的滞后性以及技术的落后性，导致博弈论模型的研究具有很大的局限性。尤其在信息不完美的情况下，博弈论的成就不如运筹学的结果多。

然而，信息到底是什么？信息无非是环境的性质。环境表示的是系统自身的外部环境以及个体周围一群人的行为环境、个人的历史行为。对于个人的行为，我们不仅要考虑当初的行为还应考虑其历史行为。为简单起见，不妨假设个人的策略集合是一个离散的行为，设其策略集为 {1, 2, …, N}，从历史的统计上，我们可以知道，其策略 i 被采用的概率为 x_i，那么个人的行为所给出来的信息可以用 $-\sum_{i=1}^{N} x_i \log x_i$ 来表示，我们称之为申农熵，是描述信息的较为科学的工具。而 $-\log x_i$ 则表示策略 i 的特征。由此可知，一个人在时间段 (t_0, T) 内的信息，可以描述为 $\int_{t_0}^{T} -x_i(t)\log x_i(t)\,dt$，如果考虑其他人的，则会将其他人的行为也考虑进去。对于环境，我们也如此。而实际上，这个信息的不确定性不仅体现于此，而且还体现于，我们博弈的对象也会随着时间的变化而变化——具体参见计算实验与复杂网络两部分内容。这种随机性给我们带来分析上的困难十分大。当然，如果我们引入量子的概念，从量子决策那部分的分析知道，更接近于现实，但难度也会更大。这就是博弈难以突破的原因之一。

博弈论的另一个难以突破的原因是非理性行为。而群体非理性行为的复杂性远大于个体的复杂性。在博弈模型中，我们的对象经常是组织，它体现了群体的行为而非个体的行为。毕竟，任何一个个体的思维都无法代替群体行为。联合以上的理论，易知，其分析的难度很大。

与博弈论相比，运筹学模型简单得多。毕竟只需考虑一个“经济人”的行为，也可能是一些“物理人”的行为——实际上，对于后者的重要性更强一些。

面对这一堆资源，不同的资源组合将会产生不同的效果，进行投资，按照何种结构，会产生最大的收益，这是自古至今科学界都在关注的一件事情。

显然，不同的资源配置将会产生不同的收益——有的人称之为效用，而这些效用总可以找到一个“最优”的收益以及对应的资源结构，如前文所述，每个决策者都有自身独特的约束条件，我们称之为限制。举例来说，富人与贫困者能调动的资源类型与大小就存在着很大的差异性。这种限制限定了决策者不能随心所欲的决策，为了描述这个问题我们会采取以下的形式：

$$\begin{cases} \max\ g(x) \\ s.t.\ , \\ f(x)\ =0 \end{cases}$$

对于优化问题，$g(x)$ 的设置非常重要，它体现了建模者的思想与对问题的思维分析过程。而之前说过，思想与思维很难进行复制，我们称其为“艺术”。比如说，在一个企业的水电站项目中，一般的工程师将目标函数设置为发电量最大，然后通过这种发电量最大构造出一个对应的优化模型。但我们知道，对于水电站来说，发电量的大小不仅取决于其水电站的设计，还取决于水资源的多寡。显然，水资源的变化是随机的，具有季节性的特点，故此，其发电量本身并不是一个稳定的量。但如果将其目标设置成发电量不小于某个阈值的概率，这个问题则变得更加有趣。再比如说，在股票投资中，经典的模型是令投资收益最大化，但这一目标如果改变一下，可能会获得更多的收益。毕竟，我们知道一句话，世界上距离最短的不是直线，而是曲线。何解？这是因为直线并不存在，不过是曲线的极限方式——直线是指以无穷远为圆心无穷大为半径的圆弧。其次，用间接目标替代直接目标，可能更容易实现——不仅如此，可能会更接近目标。

因此，这个问题的核心在于如何设置这种“间接目标”，这并不是一件简单的事情，需要深厚宽广的知识，也需丰富多彩的想象力。经常的，一个巧妙的构思会帮我们打开神秘的天地。如要做到这一点，需做到以下几点：（1）对问题理解需比较透彻，至少在问题的表征方面有所洞悉。（2）应知道研究的目的，并从更高难度上看待这个目的——具体请参见《经济与管理研究中的trick—升维》《科学问题，想说爱你不容易》，以及《科学思维谋略篇：不识庐山真面目，只缘身在此山中》等内容。（3）从高维上，可以找到高维的目标，并将其设置成中间目标。（4）再降维，找到一个可替换的目标。我们以贫困问题举例说明这一问题，如前所述，贫困的本质在于不平等，这种不公平不仅来自于有形资源的不公平，更重要的是，洞见、格局、知识、社会地位、技术等无形资产的不公平。21世纪，125个science认定的世界科学难题中就有撒哈拉的贫困问题。如果直观上将目标函数设置为收入，肯定毫无建树——毕竟在此问题上纠缠了若干年都无果而归。但如果能升维，从资源不公平的角度看，可以知道该地区的贫困的确定是资源太低所导致，而最大的问题并不在于物资资源，毕竟劳动力可以创造物质，而最大的问题则属于知识、格局、洞见等方面的不足。要想解决这个问题，最简单的方法则是教育，可撒哈拉地区的人民对教育并不认同。故此，需降维到另一个对等的替代问题——如宗教。当然，鉴于问题的复杂性，基础资源也需考虑，需从经济、政治、社会、文化等多个角度入手做出一个多目标优化问题，以解决这个问题——当然此处仅为个人的观点，未加论证，仅仅是一种大胆的猜想而已。

接下来，我们谈一下约束。对约束来讲，其设置也非常关键，一般条件下，约束条件的数量取决于模型求解的复杂性，如果能将这些约束条件降维，则会大大提高分析的效率。进一步而言，在这些约束条件中，有些条件属于关键条件，有些则属于次要条件或可忽略条件，有些条件可控，有些条件则不可控。其实，经过一定的分析，应将关键可控条件识别出来，唯有如此才能抓住问题的核心。可惜在我们绝大多数科学家的思维中复杂化才是科学的标志，而简化是不屑于去做的。殊不知，简化才是科学价值而复杂仅仅是工程问题。

我们终于将一般的优化问题讲清楚了，下面我们谈一下多目标优化问题。多目标优化最大的难点在于目标的设计。其实此处就涉及人们在面临多种选择时的困境，我们相信不同的人在同一个事物之前，他们的选择是不同的。比如在“文革”时期，那些“聪明的人”，为了不让自己受到伤害而选择忘却自己的真实目的，但那些智慧的人则坚定自己的初衷，将优先目标放在了“做实事”上，“文革”结束后，他们之间的差距就凸显出来。再以目前不同国家对于科学研究管理思路为例来说，多与精则是两个不同的目标。如果选择数量第一，则必不能保证质量第一；反之亦然。我们国家的科研管理的目标是数量第一，质量第二；日本的科研管理的目标则相反。但从实际效果来看，日本每年都会产生诺贝尔奖，这一事实让我们望尘莫及。有人说了没有数量哪来的质量；但同时也有人说了，基础是发展的后盾。从这两个不同的目标体系就可以导出不同的最优策略。

因此看来，多目标优化模型中体现了更多的思想、思维，而不在于方法与技巧，建模的思想更多地体现了哲学上的东西，而思维也体现了逻辑上的技巧。虽然这种技巧听起来像耍一个诡计，但在案例中却能给研究带来不同的便利性。这不得不谈一下朝三暮四的典故：一个人养了一只猴子，之前给猴子早上吃了 3 只桃子，晚上 4 只桃子，猴子很不满意，但后来有人给他提一个建议，早上换成 4 只桃子，晚上 3 只桃子，结果猴子很满意。看！不同的顺序，会带来不同的效益。从本质上讲，这个“多目标优化”的顺序为先满足与后满足之间的区别。实际上，不同的序带来的收益差距比较大，从而目标的序不同也会带来很大差距。比如在人力资源的二因素理论中，结论是保健型因素的利益是绝不能损伤，但激励性因素的增加给个人带来的利益会更多。可见，不同的思维所构造的模型差异性还是很大的。

仍然以多目标优化为例。除了多个目标之间的优先级不同带来的效果不同之外，不同的时机设置不同的目标，对整个系统的效益影响也很大。这种动态性也是优化问题的关键所在。比如在生产调度、人工智能、组合优化、工程设计、大规模数据处理、城市运输、水库管理、网络通信、资本预处理等多个领域中大量应用。同一个问题。存在着不同的目标，且目标函数不仅与决策变量有关，而且还会随着时间动态变化。关于动态多目标优化问题是运筹学中比较前沿的研究领域，具体的技术不在此处说明。因为只要掌握一种好的算法，比如遗传算法、粒子群算法等，都可以找到一个合理的 Pareto 最优解。而这个问题的关键在于不同的目标的设计。

让我们退回去再说一下目标优化。举个例子来说，一个运动员参加马拉松比赛，第一次参加比赛就得了冠军，记者采访时，他说凭智慧而赢。第二次马拉松比赛又得冠军，记者采访时，他又说凭智慧而赢。记者追问，他才说，他将整个马拉松比赛分成十段路程，每段路程找到一个参照物，每当完成一个目标，他获得的是一个满足感——又完成一个目标。这样他就相当于跑了十个比较短的路程。相比之下，仅有一个目标的运动员在运动的过程中就没有这种充实感，只有遥遥无期的目标，故此所产生的挫败感会影响他的运动。因此在动态目标优化中，最关键的是不同时间阶段上目标的设计，而非算法的设计。对于动态多目标，优化问题更加重要。那么，如何做到这一点则极其重要，情境的分析是其中的关键所在，而且不同的情境下，目标的优化级及其表达可通过实验的方法确定。

关于优化问题，还有很多的模型，比如相关机会约束规划、随机规划、模糊规划，在此处不给予详述。下面我们说一个问题，优化的逆问题或称之为优化的反问题。在经典的分析中，我们需要判断在特定约束下目标的最优值。但往往我们还会碰到另一个问题，已知最优的目标，分析对应的约束条件，这就相当于我们已知最优的目标值。如何营造一个情境的任务，这类问题也具有普适性。

我们曾经碰到一类问题：在非常规突发事件下，比如地震、火山、海啸发生时，道路的通畅性难以保证，这是一个随机变量。此时，如何将物资运到需求地就是一个非常重要的问题。我们的目标明确，但我们可以认为这个目标是一个随机变量，这个期望的最大（最小）值就是我们明确的目标，然而优化条件是随机的，主要是路线的不确定。这个双重随机下的问题就可以转化成一个逆问题，双重随机下的优化问题很难求解，而逆问题则可解。

6.5.8 Agent – Based Modeling

基于主体建模，是目前比较先进的一种建模方式，在经济、生物、生命、气象、管理等多个领域中大放光彩。这门技术很有趣，尽管在一篇文章中无法将其说清楚，我们还是能够简单地描述一下。

首先应该知道，基于主体建模是一种自下而上的建模方式。那么，什么是自下而上的建模方式呢。系统一般由一定的层次结构构成的，处于最底层的部分我们称之为下层，处于最上层的，叫上层，如图 6 – 50 所示。

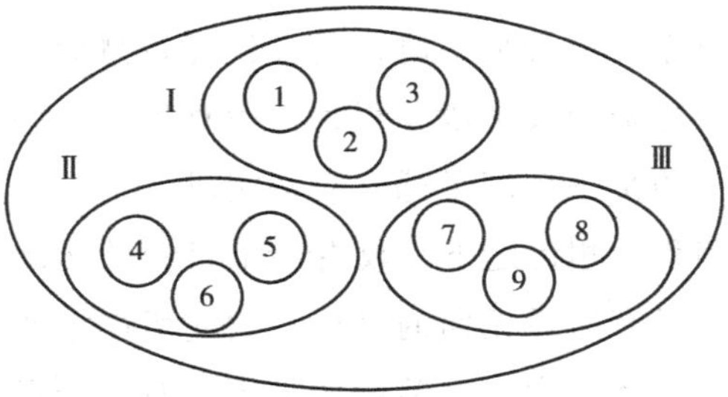

图 6 – 50　多层次系统

这个系统可以分成三层，1 ~ 9 表示最下层的元素，而Ⅰ、Ⅱ、Ⅲ表示了中间层的元素，最高层次为系统。

在经典的建模方法中，科学家首先对系统建模，然后分成Ⅰ、Ⅱ、Ⅲ三个子系统，并对子系统的状态与行为进行建模，在根据Ⅰ、Ⅱ、Ⅲ的性质，将其分解成不同的子系统，在对子系统进行建模，从而知道最底层个体的性质。在这个过程中，任何一个下一层次的元素的性质、状态依赖于上一层系统中元素的性质判断的准确性。如果上一个层次对应的元素的性质有误，必然会导致下面所有层次的分析失误。

在人类探索社会的过程中，自上而下的建模方式取得了巨大的进展，绝大多数研究都是由上而下的，比如机械运动、生物等。

正如前文所说，在经典的研究中，自上而下的研究占主流地位，以至于自下而上的建模方式被忽视。

在介绍自下而上的建模方式之前，我们应该先了解一个术语：涌现。所谓涌现，指的是在相互作用下，一些个体组成了功能与行为更加复杂的群体的行为。换句话说，这就是系统大于部分之和的真实写照。之前与友人谈及供应链的组织，认为系统大于部分之和的解释是供应链整体利润大于各个节点企业利润之和，恰恰相反，在供应链系统中，整体大于部分之和的解释并不是这样的。对于一个既定的供应链来说，系统的利润等于各个节点企业的利润之和。

总的来说，在涌现理论中，简单的个体行为在相互作用下会形成复杂的群体行为，复杂的个体行为也许会产生相对简单的群体行为。但一般来说，我们普遍认为涌现出的群体行为更为复杂、更有趣。

涌现需要几个要素：（1）系统中个体是什么；（2）相互作用的规则是什么；（3）环境是什么。个体指的是 Agent，在一般的系统中，Agent 的种类大于 1，也就是说，系统中不只有一类 Agent，可能有两种、三种，乃至于成百上千种——当然，Agent 数量增加，将增大系统的复杂性。即使是同一种 Agent，也会有不同的属性。举例来说，就企业性质来说，就有国企、央企、民企、私企等不同性质的企业，也有在城市与在城乡的企业之分。相互作用相当于搭积木，在一个机制下，不同的行为组合便形成了复杂的群体行为。相互作用是系统复杂性的根本来源，因此，这个相互作用显然异常重要。而对于环境来说，也很重要。在 Multi - Agent 建模的时候，环境往往被看成一个 Agent，这就解决了系统中的 Agent 与环境的交互作用设计的难题。

现状，我们讨论一下自下而上的建模方式。首先，将实际的问题抽象成一个多层次的系统（也包括单层次系统）。然后设计每个层次中 Agent 及其相互作用关系。再分析上一层次的 super - Agent 的性质及相互作用，以此类推。为简单起见，不妨假设系统中仅有两个层次，如图 6 - 51 所示。

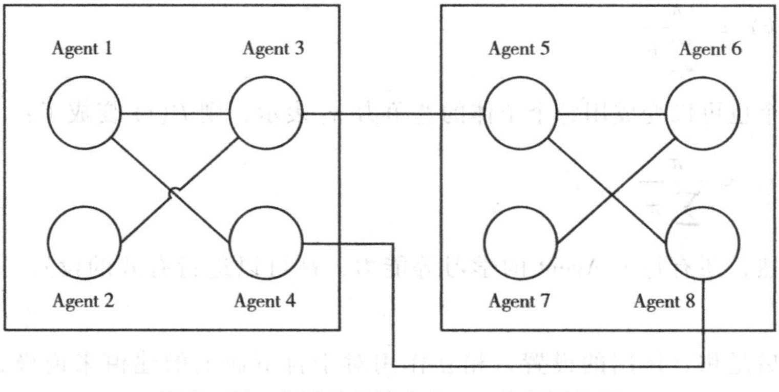

图 6 - 51　多层次系统中 Agent 的相互作用

系统中 8 个 Agent 相互作用，其中，Agent 1 ~ Agent 4 涌现出 Super - Agent 1，

Agent 5 ~ Agent 8 涌现出了 Super - Agent 2，Super - Agent 1 与 Super - Agent 2 相互作用，构成了系统。

那么，首先要确定 8 个 Agent 的行为。每个 Agent 的属性不同，他的行为也不同，对此，他们的策略集、策略选择方式、选择博弈对手的规则等就不同。在分析的过程中，就可以确定出他的行为。如前所述，一般的，Agent 的行为包括策略的选择与相互作用者的选择。如果一个 Agent 选择策略完全随机，也完全随机选择相互作用对象，那么他最后涌现出群体的属性，一定与偏好某种策略与有选择性的选择相互作用对象所涌现的群体属性不同。

对于策略的选择，我们一般设置成一个离散的动力学方程，比如说，我们假设每种共有 n 种策略，每种策略选择都按照下列方程进行：

$$Q_i(\tau+1) - Q_i(\tau) = \frac{1}{T}[\delta_i(\tau) r_i(\tau) - \alpha Q_i(\tau)] \tag{6.70}$$

$$x_i(\tau) = \frac{\exp(\beta Q_i(\tau))}{\sum_{n=1}^{N} \exp(\beta Q_n(\tau))} \tag{6.71}$$

其中 Q 表示记忆，i 表示第 i 种策略，t 表示周期，r 表示策略记忆的增量，x 表示策略的选择概率。

而对于相互作用对象的选择，完全随机与偏好选择的差异性很大，在偏好中，优先连接是一个更容易被接受的方式。这个 story 告诉我们，假设个体的度为，在其被选择的可能性 $P(k)$ 为：

$$P(k) = \frac{k_i}{\sum_j k_j} \tag{6.72}$$

这个也可以变成用每个个体的竞争力 π_i 表示，则 $P(i)$ 变成了：

$$P(i) = \frac{\pi_i}{\sum_j \pi_j} \tag{6.73}$$

当然，还有每个 Agent 的学习等能力，都可以进行有效的设置，此处不多赘述。

然后是相互作用的设置，相互作用对于自下而上的建模来说极其重要。不同的学科，他们设置的相互作用差异性显著，完全体现了本学科的特色。在博弈论中，相互作用方式总被设置成各种不同的模型，如囚徒困境、智猪博弈等。在统计物理学中，这种相互作用又可用 Vicsek 模型、Ising 模型解释，或用动量守恒定律去解释。在生物领域，回声模型也是一种描述个体相互作用的好方法。但无论如何，我们都坚信相互作用的重要性、多样性以及复杂性。

一旦 Agent 的行为得以定义，我们就可以在复杂系统的平台上构建 Multi - Agent 模型——当然，如何数学功底足够好，也可以只构建数学模型。运行这个模型，变化涌现出不同行为的群体，此时，Super - Agent 便产生了。只要 Super - Agent 计算的行为与实际一致，便可以认为第一层的 Multi - Agent 模型正确。同理，可以用自下而上的方式对系统进行分析。

这类复杂系统的建模及模拟平台，对于非结构化决策的管理系统属性的研究，意义非常大。这个部分的主要步骤为：（1）定性分析系统。（2）定义 Agent，相互作用以及环境。（3）在计算机平台上将 Agent 的属性以及系统的结构描述出来。（4）设置确定的情境，然后收集对应的 Agent 以及系统中群体与系统自身状态的对应数据，对特定的情境进行模拟，通过模拟结果与实际数据的偏差，修订模型。（5）换一组情境，重复步骤（4）直至所有的情境下模型都正确。（6）设定一些可能出现的情境，或者在系统中引入一些新的策略，探索系统可能的状态。对每一种未知的情境，反复进行实验，观察实验结果。如果实验结果稳定，则确定其为该情境下的结果。如果结果不稳定，但尚未有奇异现象出现，则采用溯源的方法寻找形成不稳定的原因。如果出现了奇异的现象，则分析奇异现象产生的条件，并在该条件下及附近不断进行实验，观测其是否会反复出现；如果反复出现，则研究有了重大的发现；如果判断的确是偶然因素导致，则给予忽略。（7）分析所有的结果，寻找潜藏的规律，尤其是将情境由一个变到下一个时，系统中群体行为及演化所发生的变化规律。更进一步，将这些离散的情境连续化，就会发现更加深邃的未知真理。

尽管计算实验在 Multi - Agent 建模中取得很大的成绩，但实验研究所得的结论与理论研究所得结论的可行性相比，前者还有一定的距离，故此，我们更加推崇用理论的模型进行 Multi - Agent Modeling。

在国际上，Multi - Agent 的理论模型研究，才刚刚起步。其主要难点在于个体非理性行为的刻画，以及这个复杂的模型的求解，显然，旧有的方法体系很难对此有所贡献，对于新方法的渴求，是当前这一领域中的主要问题。

比如随机复杂网络模型、Ising 模型/Vicsek 模型、回声模型等这些被圈内公认为是较好的模型，其解析的过程非常复杂，很难有好的方法能够让科学家找到满意的答案。其关键在于数学基础理论的突破，当然，如果有好的思想，我们也可以构建一个更加理想的模型。

参考文献

[1] 涂良成，罗俊．实验检验光子静止质量的研究进展［J］．物理，2006（9）：779－784.

[2] 李发福．科学与技术的混同及其评价体系的失真［J］．科技进步与对策，2011（5）：102－106.

[3] 肖雷波，王性忠，董丽霞．科学、技术与社会视角下的“韩春雨论文事件”分析——让科学回归真实的生活世界．科技管理研究，2020，40（12）：255－260.

[4] 谢识予．也论经济学的科学性——兼与丁文锋同志商榷［J］．当代经济科学，1997（3）：5－10.

[5] Frederick Herzberg，Bernard Mausner，Barbara B Synderman. The Motivation to Work［M］．New Jersey：John Wiley & Sons，Inc，1959.

[6] 张应强．人文社会科学学术评价及其治理——基于对“唯论文”及其治理的思考［J］．西北工业大学学报，2019（4）：24－34.

[7] 杨蕙馨．科学研究的过程与研究设计——如何撰写中国企业管理研究论文［J］．科技管理研究，2003（6）：111－113.

[8] 国远．期刊论文的体裁要求［J］．华东政法大学学报，2011（2）：161.

[9] 贺飞，刘德．用数列极限计算函数极限的夹逼定理．高等数学研究，2007（5）：5－8.

[10] 木斋，宋娟．论易安体的写作视角［J］．黑龙江社会科学，2009（1）：119－123.

[11] 费孝通．乡土中国［M］．上海：上海人民出版社，2007.

[12] Bollobás, B., Janson, S., & Riordan, O. The phase transition in inhomogeneous random graphs. Random Structures and Algorithms, 2007, 31 (1), 3 - 122. doi: 10.1002/rsa.20168.

[13] Eric Smith, Supri Krishnamurthy. Symmetry and collective fluctuations in evolutionary games. (未找到出处), 2015.

[14] Springmann, M., Clark, M., Mason - D'Croz, D., Wiebe, K., Bodirsky, B. L., Lassaletta, L., … Willett, W. Options for keeping the food system within environmental limits. Nature. doi: 2018, 10.1038/s41586 - 018 - 0594 - 0.

[15] Ridley, Diana. The Literature Review: A Step - By - Step Guide for Students [M]. London: Sage Publications (CA), 2012.

[16] 陈悦，陈超美，刘则渊，胡志刚，王贤文. Cite Space 知识图谱的方法论功能 [J]. 科学学研究，2015 (2): 242 - 253.

[17] 马克思，恩格斯. 马克思与恩格斯选集第 4 卷 [M]. 北京：人民出版社，1972.

[18] 张彦. 论科学与技术在社会学上的三个主要区别 [J]. 南京社会科学，1998 (8): 3 - 5.

[19] Frederic P. Miller, Agnes F. Vandome, John McBrewster. Bernoulli trial [M]. Saarbrücken: Alphascript Publishing, 2010.

[20] (美) 托马斯·库恩. 科学革命的结构 (第四版) [M]. 北京：北京大学出版社，2012.

[21] 卫郭敏. 打破镜像之界：消解还是开放？——在整体的视域下考察科学的边界问题 [J]. 兰州学刊，2011 (3): 18 - 22.

[22] 陈越，温明章，杜生明. 从自然科学基金项目申请看科学问题的凝练 [J]. 科技导报，2010 (11): 126.

[23] 郭雷. 系统科学进展第 1 卷 [M]. 北京：科学出版社，2020.

[24] 郭雷. 时变随机系统：稳定性与自适应理论 [M]. 北京：科学出版社，2020.

[25] Werner Heisenberg. Physics and Philosophy: The Revolution in Modern Science [M]. London: Penguin Classics, 2000.

[26] 周霞，陈金广. 基于委托代理的企业经理人激励 [J]. 华东经济管

理，2008（4）：104－106.
［27］周清杰．企业黑箱解析：动态企业理论研究［M］．北京：中国财政经济出版社，2005.
［28］陈越，温明章，杜生明．从自然科学基金项目申请看科学问题的凝练［J］．科学通报，2006（11）：126.
［29］李福成．管理思想的演进路径与普适性的管理观［J］．社会科学辑刊，2010（2）：49－52.
［30］谭力文．寻找管理学理论的科学性［J］．管理学报，2014，11（2）：190－195.
［31］吕群燕．科技基金申请项目的选题Ⅲ：科学问题的来源［J］．科技导报，2009（19）：126.
［32］细谷功著，程亮，后浪译．高维度思考法：如何从解决问题进化到发现问题［J］．南京：中国华侨出版社，2018.
［33］夏从亚，刘国红．论科学问题的发现与提出［J］．山东师范大学学报（人文社会科学版），2010（2）：116－121.
［34］郑小京，郑君君．个体规则驱动的群体行为对称性破缺的临界状态［J］．系统工程理论与实践，2016（2）：413－426.
［35］郑湛，郑小京，徐绪松．确定型多局域世界图中 Agent 最优策略解析［J］．管理科学学报，2016（1）：35－46.
［36］Kuhn，Thomas. The structure of scientific revolutions［M］．Chicago：University of Chicago Press，2012.
［37］盛昭瀚，张军，刘慧敏．社会科学计算实验案例分析［M］．上海：三联出版社，2011.
［38］Fleiss Joseph L.，Gross Alan J. Meta－analysis in epidemiology，with special reference to studies of the association between exposure to environmental tobacco smoke and lung cancer：A critique. Journal of Clinical Epidemiology. 1991，44（2）：127－139.
［39］刘志新，郭雷．Vicsek 模型的连通与同步［J］．中国科学（E 辑：信息科学），2007（8）：979－988.
［40］陈悦，宋超，刘则渊．技术科学究竟是什么？［J］．科学研究，

2020，38（1）：3－9、33.

[41] 吴海江．中国现代功利主义科学价值观的确立及其对科学发展的负面影响 [J]．自然辩证法研究，1999（12）：3－5.

[42] 朱高峰．论科学与技术的区别——建立创新型国家中的一个重要问题 [J]．高等工程教育研究，2010（2）：10－14、30.

[43] Stephen Hawking. A brief history of time [M]. New Yorks: Bantam Books, 1989.

[44] 古斯塔夫·勒庞．乌合之众：大众心理研究 [M]．冯克利译．北京：中央编译出版社，1895.

[45] 鲍尔．预知社会——群体行为的内在法则 [M]．北京：当代中国出版社，2010.

[46] 包晓英，唐小我．基于过度自信的供应链协调研究理论综述 [J]．软科学，2011，25（7）：124－125.

[47] 郑君君，明思颖，郑小京．社会系统中个体和群体行为及其计算实验研究的分析范式 [J]．技术经济，2016，35（3）：95－101.

[48] 郑小京，郑君君．个体规则驱动的群体行为对称性破缺的临界状态 [J]．系统工程理论与实践，2016，36（2）：413－426.

[49] 王荣德．思想实验及其在科学发展中的作用 [J]．科学研究，2001（1）：14－21.

[50] 吴晓英，明均仁．基于数据挖掘的大数据管理模型研究 [J]．情报科学，2015，33（11）：131－134.

[51] 李军，乔立民，王加强，高杰．政务大数据环境下基于案例推理的网格事件数据应用研究 [J]．情报理论与实践，2019，42（2）：151－157.

[52] 欧阳景根．问题驱动还是方法驱动——对政治科学研究中一些重要理论问题的反思 [J]．晋阳学刊，2007（4）：13－20.

[53] Schich M, Song C, Ahn Y Y, et al. A network framework of cultural history [J]. Science, 2014, 345 (6196): 558－562.

[54] 白世贞，郑小京．供应链复杂交互作用 Agent 的资源流分析 [J]．系统工程理论与实践，2007（6）：71－79、85.

[55] 白世贞，郑小京．供应链系统资源流动过程中的涌现（英文）

[J]. Journal of Southeast University, 2007 (2): 302 –308.

[56] 郭雷. 系统科学进展 [M]. 北京: 科学出版社, 2017.

[57] 欧阳莹之. 复杂系统理论基础 [M]. 田宝国、周亚、樊瑛等译. 上海: 上海科技教育出版社, 2017.

[58] 张康之. 论社会科学研究中的思维方式 [J]. 社会科学研究, 2018 (2): 1 –9.

[59] John H. Miller, Scott E. Page. Complex Adaptive System: An Introduction to Computational Models of Social Life [M]. New Jersey: Princeton University Press, 2009.

[60] Melanie Mitchell. Complexity: A Guided Tour [M]. Oxford: Oxford University Press, 2009.

[61] 刘丹, 曹建彤, 陈建名. 基于 Agent 建模的应用: 研究综述 [J]. 技术经济, 2014, 33 (11): 96 –102.

[62] 李建标, 李朝阳. 社会科学研究的系统范式——ACE 研究概览 [J]. 系统科学学报, 2014, 22 (2): 37 –40.

[63] John H. Holland. Complexity: A Very Short Introduction [M]. Oxford: Oxford University Press, 2014.

[64] 霍兰. 隐秩序: 适应性造就复杂性 [M]. 周晓牧, 韩晖译. 上海: 上海科技教育出版社, 2011.

[65] Goldenfeld N, Kadanoff L P. Simple Lessons from Complexity [J]. Science, 1999, 284 (5411): 87 –89.

[66] 张涛, 孙林岩, 孙海虹, 李刚. 供应链的系统运作模式分析与建模——基于复杂自适应系统范式的研究 [J]. 系统工程理论与实践, 2003 (11): 8 –13.

[67] 约翰·霍兰. 涌现: 从混沌到有序 [M]. 上海: 上海科学技术出版公司, 2006.

[68] 程永生, 汤兵勇. 供应链大系统广义算子模型 [J]. 系统工程理论与实践, 2007 (2): 123 –125、132.

[69] 托马斯·C. 谢林. 微观动机与宏观行为 [M]. 谢静等译. 北京: 中国人民大学出版社, 2005.

[70] ERDÖS P, RÉNYI A. On the evolution of random graphs Ⅱ [J]. Bull Inst Int Stat, 1961, 38 (4): 343 -347.

[71] ERDÖS P, RÉNYI A. On the evolution of random graphs [J]. Publ Math Inst Hungar Acad Sci, 1960, 5 (1): 17 -61.

[72] S. H. Strogatz. Exploring complex networks [J]. Nature, 2001, 410 (6825): 268 -276.

[73] R. Cohen, S. Havlin. Complex Networks: Structure, Stability and Function [M], Cambridge: Cambridge University Press, 2010.

[74] M E. J. Newman. Networks: An Introduction [M]. Oxford: Oxford University Press, 2010.

[75] BROADBENT S R, HAMMERSLY J M. Percolation processes I. Crystals and Mazes [J]. Proceedings of the Cambridge Philosophical Society, 1957, 53 (3): 629 -641.

[76] 宾尼伊等. 临界现象理论——重整化群导论 [M]. 北京: 科学出版社, 2008.

[77] NAGLER J, LEVINA A, TIMME M. Impact of single links in competitive percolation [J]. Nature Physics, 2011, 7 (3): 265 -270.

[78] Earl R. Babbie. The Practice of Social Research [M]. Cambridge: Wadsworth Publishing, 2009.

[79] 徐绪松, 郑小京. 定性分析的工具——探索图、循环图、结构图 [J]. 技术经济, 2010, 29 (5): 1 -6.

[80] 徐绪松, 郑小京. 定性定量结合的分析框架 [J]. 技术经济, 2010, 29 (5): 1 -5、55.

[81] 陈晓萍, 徐淑英, 樊景立. 组织与管理研究的实证方法 (第2版). 北京: 北京大学出版社, 2012.

[82] 赵煦, 管雪松. 思想实验研究: 以当代科学前沿为背景 [M]. 北京: 科学出版社, 2020.

[83] 张莉, 林与川. 实验研究中的调节变量和中介变量 [J]. 管理科学. 2011 (1): 108 -116.

[84] Robert K. Yin. Case Study Research: Design and Methods. London:

SAGE Publications, 1994.

[85] John Gerring. Case Study Research: Principles and Practices. Cambridge: Cambridge University Press, 2016.

[86] D. Q. McInerny. Being Logical. New York: Random House Trade, 2005.

[87] 顾樵．数学物理方法．北京：科学出版社，2019.

[88] 艾萨克·牛顿．自然哲学之数学原理。北京：北京理工大学出版社，2019.

[89] 中国科学院理论物理研究所．从夸克到宇宙：理论物理的世界．北京：科学出版社，2019.

[90] G. 伽莫夫．从一到无穷大：科学中的事实和臆测．北京：科学出版社，2020.

[91] MAHAPATRAR, SEN A. Case - base management systems: providing database support to case - based reasoners [J]. Journal of Database Management, 1994, 5 (2): 19 - 29.

[92] 赵卫东，李旗号，盛昭瀚．基于案例推理的决策问题求解研究[J]．管理科学学报，2000，3 (4): 29 - 36.

[93] 张连文．贝叶斯网引论 [M]．北京：科学出版社，2006.

[94] Christophe Simon, Philippe Weber, Eric Levrat. Bayesian Networks and Evidence Theory to Model Complex Systems Reliability [J]. Journal of Computers, 2007, 2 (1): 33 - 43.

[95] 厉海涛，金光，周经伦，周忠宝，李大庆．贝叶斯网络推理算法综述．系统工程与电子技术，2008 (5): 935 - 939.

[96] 杨建民，张宁．复杂网络演化的自组织现象 [J]．上海理工大学学报，2005 (5): 1368 - 1371.

[97] 许国志．系统科学 [M]．上海：上海科技教育出版社，2000.

[98] 曾国屏．自组织的自然观 [M]．北京：北京大学出版社，1996.

[99] Vicsek T, Czirok A, Ben Jacob E, et al.. Novel type of phase transition in a system of self - driven particles. Physical Review. 1995, 75 (6): 1226 - 1229.

[100] 高建喜，陈卓，蔡云泽，许晓鸣．一种提高 Vicsek 模型收敛效率

的新方法．控制与决策，2009（8）：1269－1272.

［101］白世贞，郑小京．供应链复杂交互作用 Agent 的资源流分析．系统工程理论与实践，2007（6）：71－79、85.

［102］韩敏，许美玲，王新迎．多元时间序列的子空间回声状态网络预测模型．计算机学报，2014（11）：2268－2275.

［103］Dmitriy Shutin. Regularized Variational Bayesian Learning of Echo State Networks with Delay&Sum Readout［J］. Neural Computation. 2012，24（4）：967－995.

［104］A. J. Berlinsky，A. B. Harris. Statistical Mechanics：An Introductory Graduate Course. Heidelberg：Springer publishing company，2019.

［105］John von Neumann. Theory of Self－Reproducing Automata. Burks：Urbana，University of Illinois Press，1966.

［106］Heather Betel，Paola Flocchini. On the Asymptotic Behavior of Fuzzy Cellular Automata［J］. Electronic Notes in Theoretical Computer Science，2009，252（1）：23－40.

［107］Heather Betel，Paola Flocchini. On the Relationship Between Boolean and Fuzzy Cellular Automata［J］. Theoretical Computer Science，2011，412（3）：703－713.

［108］Sandra Tavares Silva，Aurora A. C. Teixeira. On the divergence of evolutionary research paths in the past 50 years：a comprehensive bibliometric account［J］. Journal of Evolutionary Economics，2009，19（5）：605－642.

［109］陈海强，方颖，胡毅．经济系统计量建模的方法、理论与应用专辑序言．系统工程理论与实践，2019（4）：815－816.

［110］黄凯南．制度演化经济学的理论发展与建构．中国社会科学，2016（5）：65－78.

［111］Richard R. Nelson and Sidney G. Winter. An evolutionary theory or economic change. Cambridge：Harvard University Press，1982.

［112］Marcelo Fernandes Pacheco Dias，Eugenio Avila Pedrozo，Tania Nunes Silva. The innovation process as a complex structure with multilevel rules［J］. Journal of Evolutionary Economics，2014，24（5）：1067－1084.

[113] Christian Schmidt. Are evolutionary games another way of thinking about game theory? [J]. Journal of Evolutionary Economics, 2004, 14 (2): 249 - 262.

[114] Shannon C E. The Mathematical Theory of Communication. BSTJ, 1948.

[115] Shannon C E. Communication in the Presence of Noise. PROC. IRE, 1949; (1).

[116] 刘佳，王先甲．系统工程优化决策理论及其发展战略．系统工程理论与实践，2020 (8): 1945 - 1960.

后 记

梧桐落，又还秋色，又还寂寞——经济与管理科学研究

在整个科学研究的体系中，经济学与管理学并非主流，尤其是管理学，在国际科学研究中处于末流地位。除了时间短之外，应该还有更深层的原因。

让我们退一步，可以说，经济与管理学的难度被大多数科学家所低估。通过在前文的讲述，我们知道，这个经济与管理系统的复杂性远远大于自然界的系统。从结构、行为（非理性）、功能（市场与社会共存）等多个角度上看，都比自然系统复杂得多。然而，在目前的经济与管理学界，大家都看轻了这种复杂性，所有的复杂性都在分析中被忽略，这使得经济与管理中很多深刻的结果没有被发现出来，很多所谓的结果只停留在浅层次上，甚至有些分析得到的结果竟然是直观就可以得到的，这就是其中一个原因。

进一步讲，这种复杂性远超过经济学或管理科学家的分析能力。大大地阻碍了有建设性的、深刻的、革命性的成果出现。故此，在经济与管理领域的研究中，基础性研究成果的多与寡、深与浅将在很大程度上决定了学科的发展。

然而，可惜的是在经济与管理研究领域中，对于基础研究的重视度远远不够。其实原因也很简单，首先在功利主义笼罩的今天，从基础研究入手见效太慢，不适合当前主流思想；其次，要重建经济与管理论体系，难度太大，估计几十年的奋斗，都不见得会有所突破。故此，我们会放弃；再次，我们很多人，将经济与管理学科定义成应用型学科，但有更多的科研工作者，将应用型科学解读成为“实用型”科学，那自然将基础性研究排除在外，认为基础研究属于数理、信息等学科应该做的事情，经济与管理学科的研究，拿来即可——但他们拿来却不“改造”，造成基础理论与实际问题或多或少的脱

节；最后，人们总是不由自主地将经济与管理的划分为“社会科学”，并且想当然认为社会科学不需要基础理论。——这种分类本来就是科学的敌人，严格地说，科学就是科学，哪里来的社会与自然之分，并且所有的科学都必须有基础科学结果的支持。

基础研究的薄弱，使得经济与管理的研究被一些问题挡住了，比如说，非理性的问题、非理性群体行为的性质、人类合作的本质、信息对人类行为的影响、现代人类行为的提升、国家发展、政府高额赤字对国家利益与经济增长速度的影响等问题。在目前都属于未解难题，其最核心的问题就是我们对于经济与管理这一特别复杂的系统难以给出确定的根本原因。比如说，人类的合作是短期行为还是长期行为，为什么有些合作会在某些条件下破裂，而有的则会持续更长一些。再比如说，在国家发展过程中，同样的策略，为什么有些国家会发展，而有些国家则会衰退，这其中的原因到底是什么。这些问题，单靠经典的基础理论，显然，我们是无法做出一个确切的答案，故此，有必要在新的理论上下功夫。

不仅如此，将实用研究误解为应用研究在很大程度上误导了经济与管理的研究，这种误解与将实用数学当成应用数学供起来是一样的。经济与管理科学研究的目的并不是用现成的成熟理论来解决实际的个别问题，这应该属于经济与管理决策者和实施者应该干的；经济与管理科学研究的目的在于，通过对一些事件的分析，获取事件背后所隐藏的科学问题以及具有普适性、深刻性的经济学和管理学的潜在规律，就像我们发现了边际效应递减、边际报酬递增的规律一样。

由于人的参与，非理性行为是一件很奇妙的现象，即使对于同一个人或同一个组织，即使采用同样的方法，也会得到不同的结果。这种现象很神奇，在物理领域中不会出现此类事情，但在经济与管理学界，便是比较正常的事情，现在恐怕只有非理性行为才可能会对它有解释。然而可惜的是，至今为止，非理行为并没有标准的定义。比如说在某个条件下，在理性定义下的某些行为放在另一个条件（时间尺度、时空域、资源组合、系统特征）下，则属于非理性行为。举例来说，宏观经济中，我们认为 GDP 为主要的考量指标，并在此目标下确定出最“理性”的行为，然而唯 GDP 论实际上造成于经济结构的不合理以及与环境的不和谐（环境，在前文中已多处描述），最后必然会导致大的问题，甚至会导致经济的塌崩。因此，这种“理性”是不确定的。而非理性则是必然的。在非理性的思维下，经济与管理科学研究的大部分结论都会失败，对此的研究既迫在眉睫，又是十分困难。

对于经济与管理的研究，存在着大量的“借用”自然科学的理论、方法、模型的现象。在借用过程中，很多科学家并不去“改造”模型使之与研究的问题对应，而是直接拿来用。前文说过，自然界的系统与经济管理系统存在着显著的差异。这些理论、模型与方法，如果不加以修订、肯定不能刻画经济与管理系统的特征与性质，那么得到的结果必然是有缺陷的，甚至是错的。这也是目前经济与管理科学研究的乱象之一。为了掩饰这个问题，他们就用社会科学无定论的谎言来自我解脱。但我们深信，经济与管理学界有很多未曾发现的“铁律”，这些铁律不仅仅要靠自然科学中的成果，更要依赖经济与管理中的本质特征。故此，我们要学习鲁迅先生的“拿来主义”，而不应该学习王明同志的“借来主义”，要融合他们才能发现真正的规律。

经济与管理研究的尴尬不仅在于此，尽管由于上述原因被学术界看不起。它还在于自身的发现太少了，这也为我们留下了大量的机会，我们真正的学者，经过自身不断的努力，必将揭开一个又一个谜团，最重要的前提是，不要浮躁，要静下心来，从基础做起，一步一个脚印，一个谜团一个谜团解决，就会实现这个目标。

最后，祝经济与管理的研究，越来越好。

附录　产品与供应链同步演进的变更控制体系及方法研究

研究内容

针对参与协同制造的供应链企业间存在语义、概念、方案、系统等层面的差异，构建面向产品与供应链同步演进的产品设计知识图谱；研究并提出面向产品与供应链同步演进的产品设计方法框架；研究产品对所引入变更的适应度评估模型及系统，揭示变更效应传播对产品服务性能的影响机制；研究面向产品设计演进的供应链协同行为建模及分析方法，提供面向多目标约束的供应链协同行为表现评估及预测，揭示变更效应传播对供应链架构的影响机制；研究基于多源数据驱动的变更效应传播分析及预测方法，构建变更效应传播动力学模型，研制变更效应传播多智能体仿真系统和变更效应传播数据可视化系统，提供变更控制方案评估辅助决策。

研究的目标

建立面向产品与供应链同步演进的产品设计知识图谱，提出基于产品与供应链同步演进的产品设计方法框架、变更效应传播动力学模型、变更效应传播分析及预测方法，阐述变更效应传播对产品服务性能和供应链架构的影响机制，形成面向协同制造的变更控制基础理论和核心分析方法。

问题的描述

(1) 供应链中对各企业。

(2) 企业都在多目标约束下运行。

①多个目标不兼容——企业与企业的目标不同，这种不同不仅体现在数量上的不同，而且优先序也不同。

②约束条件也存在着多样性与差异性。

a. 约束条件在多个维度上体现出来——人、财、物、信息、理念、企业家精神、管理等。

b. 每个企业因自身的特色，也存在着差异性，表现出随机性、多样性的约束。

③产品变更，导致市场供给的变化，需求及需求曲线也随之变化。

产品变化导致了顾客选择变化，导致需求变化，需求波动意味着顾客行为变化。

问题的核心是，以顾客的行为为导向，还是以供给行为为导向。前者需要考虑供方对消费者需求的调查这一步骤，复杂性相对高一些。

④由于产品变化，供应链也在变化，这种变化不仅表现为供应链企业中的行为会适应性的变化，而且其供应链的结构也会变化。故供应链节点成员的行为与产品、结构、消费行为有关。

⑤在协同制造的供应链的大背景下，需要厘清几个问题：

a. 如何描述这种“协同性”?

b. 主要考虑目标、约束、还是流；

c. 从行为上，协同制造供应链的基本特征是什么?；

d. 串行与并行同时存在。

⑥变更的过程中的同步控制，需要弄清：

a. 同步演化导致供应链的“情境”发生变化，不同的情境中，管理的方法不同。

b. 从一个情境到另一个情境的切换过程中，如何进行“中间式渐进切换”是一个关键问题。

⑦最核心的问题有：

a. 如何描述“协同”行为，在这个背景下协同的测度至关重要。

b. 协同的机理是什么？尤其是对于这种文化差异较大的不同组织之间参与的合作，其协同的机理是什么，能否设计出一个协同制造系统，MES 能否做到这一点。

c. 协调策略决定着协调效应的大小，由于产品与供应链共同演进，这种策略应该是动态变化的。

d. 策略变更之后，供应链的收益也随之变化。

科学问题

通过分析，可以找到以下三个科学问题：

（1）差异性约束的多目标博弈（或同步控制）问题；

（2）效率与稳定之间的关系；

（3）产品与供应链拓扑结构共同演进的同步控制问题，或者称之为流与拓扑结构共演化的网络同步控制问题。